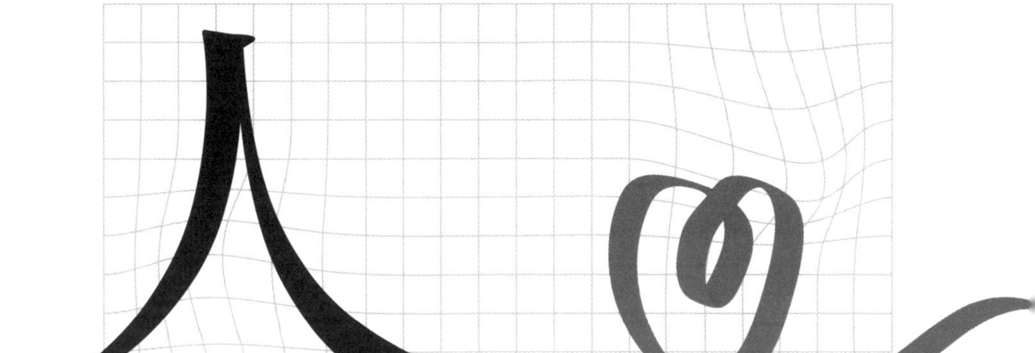

人的心

The Story of the Human Mind

耶魯大學最受歡迎的
心理學公開課,
探索人性的心智旅程

PSYCH

Paul Bloom
保羅·布倫 著
陳岳辰 譯

推薦序

跟著 Paul Bloom 教授一同在故事中探索心智奧祕

簡晉龍

約莫二、三十年前，心理學對一般社會大眾而言還是一門很陌生的學科。若旁人聽到你念心理系，可能會皺起眉頭，心中不免疑問：念這個能做什麼？這是學算命嗎？曾幾何時，心理學已變成一門顯學，也成為大學的熱門科系之一。談到心理學，很多人會直接聯想到心理醫師，但台灣並沒有心理醫師，只有諮商／臨床心理師或精神科醫師。事實上，心理學是探索心智奧祕的科學，不僅限於諮商臨床；諸如人的所思、所感、所為，都是心理學探討的範疇。

因為在心理系任教的緣故，經常有機會遇到對心理學有興趣的高中生或大學生，也不時會被問到：教授，有無推薦的心理學入門書？對有心想瞭解心理學的同學，讀「普通心理學」（普心）教科書，或許是最快、最全面瞭解心理學的方法。在心理系，「普心」是大一學生的必修科目，各大學的通識課幾乎也都有開設相關課程（如心理學導論、心理學與生活）。坊間的普心教科書，除了原文書之外，也有不少中文書或中譯版。不過，對於初學者來說，教科書通常不是很容易閱讀，讀起來或許也不是太有趣。我認為：一方面是因為教科書寫作通常都是中規中矩，顯得較為生硬；二方面是因為心理學有種特殊思考方式（重視科學程序與邏輯），不見得符合一般人的日常思考模式（或許星座、算命大家還比較容易接受）。

就在人們渴求瞭解心理學之時，《人的心》（*Psych*）的出版正好滿足這樣的需求。本書作者是耶魯大學教授Paul Bloom。此書源自Paul Bloom任教多年的心理學導論課程。後來這門課改編為線上課程，超過百萬人參與。喜歡閱讀心理科普書的讀者，或許對Paul Bloom並不陌生，他也是《失控的同理心》（*Against Empathy*）的作者，該書對同理心提出的觀點與反思，相信讓不少人留下深刻印象。此次有機會在《人的心》中譯本出版前，搶先閱讀此書，不但令人期待，也深感興奮。此書果然也不負所望，在讀完一章後，會有迫不及待的渴望，想趕快瞭解後面章節探討哪些有趣的內容。對我而言，這本書確實有著這樣的魅力，如同追劇一般。

本書介紹的內容涵蓋心理學的各主要領域，包括：心理學的生理基礎、意識、學習與制約、發展心理學、感覺與知覺、記憶、語言、動機與情緒、社會心理學、智力、性格、精神疾病與治療等等（讀者可以拿一本普心教科書跟本書各章節對對看）。比較特別的是，本書最後一章的主題是正向心理學，反映了當代心理學的目標，不只要解決人們的心理苦痛，也希望能提升人們的心理幸福，邁向美好的人生。雖然本書是根據普心課程撰寫，但讀起來完全不像教科書。在閱讀時，你會感覺到，作者正在用說話的口吻，娓娓道來，十分流暢。當然，會有這樣的感受，也有可能是事前已經知道本書來歷，因此，原本在腦中既有的知識或印象影響到評價（這就是所謂的「由上而下」的處理歷程，請見本書第七章）。

這本書讓我最喜歡的地方，就在於說故事的風格；本書的原文副標題，即是「人類心智的故事」（The Story of the Human Mind）。Paul Bloom 教授會將這些教科書的內容，放在歷史脈絡中來介紹，偶爾也會引入心理學家（如心理分析的佛洛伊德、行為主義的約翰・華生）的軼事或八卦、心理學的小故事（如曾有人運用 Stroop effect 來辨識間諜），讓整個心理學活生生地呈現在讀者面前，增添不少趣味。另外一個讓我欣賞的地方是，針對有爭議的主題（如人類的行為是理性的嗎？金錢可買到幸福快樂嗎？），Paul Bloom 清晰地表達多元觀點，讓不同論述或證據都能呈現。這顯示了心理學做為科學的本質：心理學理論必須經過科學檢驗，在證據中不斷抽絲剝繭，以找到較為可信的答案。

整體來說，這本書不但容易閱讀，也頗具有趣味性，解決了教科書較難以消化的問題，很適合社會大眾閱讀。再者，本書逐一地介紹心理學各主要領域，可讓有志進入心理系的學生，對心理學有整體全面的關照。另外，本書中援用大量的例子、軼事，這些不見得能在一般教科書中看到，故也很適合本科系學生，做為教科書之外的補充讀物（個人認為很適合在搭火車或高鐵時閱讀）。未來，若遇到同學問到：有無推薦的心理學入門書？我會直接推薦這本《人的心》。現在，讓我們一起跟著 Paul Bloom 教授，在故事中探索心智的奧祕！

本文作者為東吳大學心理學系副教授兼系主任

前言

多年前一個夏日的星期天早晨，我情緒低迷，工作與人際關係都陷入低潮好一陣子了，整個人沉悶又焦慮。八歲兒子柴克要去參加朋友的生日派對，出門前我順手從門旁那堆書裡帶了一冊不怎麼厚的精裝本。柴克睏了，一路上都躺在後座打呼睡覺，我倒是沒什麼意見。派對地點是康乃狄克州郊區大宅子的後院，我與家長們稍微交際過後，就躲到一棵樹下坐著看書。

那本書是理論物理學家約翰・巴羅（John Barrow）的《宇宙起源》（*The Origin of the Universe*）。（原注1）內容從愛德溫・哈伯（Edwin Hubble）發現宇宙膨脹切入，接著陳述「大霹靂」理論如何解釋萬物的開端及相關證據。

我越讀心跳越快，能接觸到這些知識真令人興奮。我居然能坐在樹下讀到一百四十億年前的事件！或許信仰虔誠的人誦讀宗教聖典時也有這種感受，覺得偉大的真理被揭露了。瞭解宇宙以後，我發現自己在時空中如此渺小且微不足道，同時又深深為人類這個物種感到驕傲，我們能夠探索的歷史與距離遠得難以置信，而且我們在各種最根本的問題上都得到長足進展。等到派對結束，我起身帶兒子回家，突然覺得眼前世界充滿光明。

開車回家的路上，我與兒子聊起自己讀到的內容，過程中我腦海裡蹦出一個想法：乾脆辭職不幹、拿個新學位，從心理學跳槽到天文學。然而我心裡明白那不適合自己。哲學家康德的墓碑上有一段文字引自他的《純粹理性批判》（*Critique of Pure Reason*）：「世界上有兩樣事物，越是深入思考，越會激發新的憧憬和敬畏。其一是滿天星空，其二是自己內心的道德規範。」那天上午我受到星空震懾，多年後研究主題則走向道德及道德心理學，確實體會到康德所說的「憧憬和敬畏」。

不過說實話，只要是心理學都能打動我。對我而言，最有趣的話題不外乎我們自己，也就是人類的情感、經驗、計畫、目標、幻想等等切身相關的元素。

讀者手中這本書，源於我在耶魯大學任教多年的心理學導論課程。心理學導論在耶魯是很受歡迎的選修課，我教過數千名大學部學生，其中不乏剛入學就選了這門課。後來我以授課內容為基礎，將其改編為需要註冊的線上課程，至今也有百萬人參與。（原注2）

我自己很喜歡心理學導論的課程，可是透過講課方式能傳遞的知識終究有限，值得探討的題材又實在太多。於是我決定藉由書籍的形式，既有廣度亦有深度，如果讀者從頭到尾讀完，就能對心理科學的各個主要層面都建立起基礎認識。此外，這本書將針對下列問題提出現階段的最佳解答：

- 人類的大腦不過是三磅重的肉塊，如何能夠產生智能與知覺？
- 佛洛伊德（Sigmund Freud）對人性有什麼正確理解？
- 史金納（Burrhus Frederic Skinner）對人性又有什麼正確理解？
- 知識究竟從何而來？
- 兒童的心智與成人的心智有何不同？

- 語言與思維之間有何關係？
- 成見如何影響我們對外界的看法和記憶？
- 我們是理性的動物嗎？
- 我們有什麼心理驅力？恐懼、噁心、憐憫這些感受有什麼意義？
- 我們如何對包括其他社會與種族在內的他人做出判斷？
- 我們的性格、智力與其他特徵如何（與為何）有所不同？
- 不同心理疾病的成因為何與如何治療？
- 什麼能使人感到幸福？

本書每一章都可視為獨立內容，如果你對佛洛伊德、語言、心理疾病特別感興趣的話，可以跳到對應章的節閱讀，甚至直接翻到最後探討幸福感那一章也無所謂。不過整體而言，內容仍有連貫的脈絡，部分主題和觀念在各章節反覆出現，按部就班慢慢瞭解故事全貌會有另一番滋味。

書中部分內容或許會讓人感到不安。我們將看到現代心理學接受一種心智生命的機械性概念，這種概念是屬於唯物論（將心智視為物質實體）、演化論（認為人類心智是生物演化的結果，天擇在其中占有重要地位），而且具有因果性（思想和行動是基因、文化、個人經驗的產物）。

有些讀者或許因此懷疑內容不夠全面，畢竟上述概念與自由選擇和道德責任的常識性論述相互扞格，也與人類具有超越性或靈性本質的觀念有所衝突。約翰·厄普代克（John

Updike）的作品《兔子安息》（*Rabbit at Rest*）活靈活現描述出這種對立關係，主角是外號「兔子」的哈利．安斯特朗，他與朋友查理聊到查理剛動了手術：

「豬的瓣膜？」兔子努力不要表現出感到噁心的模樣：「應該很可怕吧？他們切開你的胸膛，把你的血液灌進機器？」

「不會啦，反正麻醉睡著了。何況血液放進機器有什麼好大驚小怪？大哥你覺得自己的身體和機器差很多嗎？」

上帝創造出人類，吹進獨一無二的不朽靈魂，我們象徵神的恩典，在善與惡的戰場上拚搏，可謂見習的天使……

「你只是肉做的機器，」查理還是這句話。（原注3）

眾人對此反應不一。我認識的某些哲學家和心理學家，斬釘截鐵表示自由意志或道德責任是虛幻的。但我也見過某些人駁斥心理科學，擔心人類會因此失去自身的獨特地位，他們說現在的研究太粗糙也太偏重還原論，將人類貶低為電腦、細胞或白老鼠。這種人的想法是：「如果心理學堅持把我看成機器，認為我的存在基本上就只是神經訊號，那我不會再相信心理學。」

我個人認為我們可以在兩種極端立場之間找到平衡點。現代心理學的核心觀點與選擇、道德、責任完全能夠相容。沒有錯，人是肉做的機器，但不代表我們**只是**這樣。

前言的最後，我想提醒大家謙虛的重要。人類對物質世界的理解進展很快，對心智生命的認識卻如此貧乏。癥結自然並非物理學家聰明、心理學家愚笨，而是我選擇的這個領域相較於約翰・巴羅的研究課題更為困難。時空的奧妙對我們的心智而言其實容易理解，人類的意識與選擇則不好懂。在接下來的內容中，我會坦承心理科學的侷限所在，並對自認已經解決一切疑惑的學者提出質疑。

但必須說的是，我很慶幸自己走入這門年輕的學術領域。研究心理其實和研究宇宙同樣令人沉醉，希望讀者也會有同感。心理學已經有了蓬勃進展，我迫不及待要與大家分享，願讀者也能領略其中的趣味美好，就像多年前我在樹下讀到宇宙起源時那般感動。

目錄

基礎篇

第一章

「大腦製造思想」

驚人的假說

一八四八年九月十三日傍晚，一件既神奇又可怕的事發生了，當事人是在佛蒙特州卡文迪許市工作的工地領班。當時費尼斯．蓋吉（Phineas Gage）正在為鋪設鐵軌打路基，他有自己的一套步驟：首先在岩石上鑽孔，接著塞入火藥粉與導火線，在孔洞上覆蓋沙土，再來是拿鐵夯將沙土打到結實堅固；所謂鐵夯是狀似標槍的鐵棒，長約三英尺半、重十三點五磅。沙土夯實之後將爆裂物封塞在孔洞內，最後點燃引線爆炸清除岩塊。

沒人知道哪個環節出了問題。也許有什麼因素導致他分心，總而言之，那天蓋吉還沒鋪上沙土就忽然將鐵夯刺進孔洞，引爆了火藥。鐵棒向上彈射，威力巨大，從蓋吉的左下顎穿過左眼後方與左半邊腦袋，再從顱骨頂部噴出，墜落在他背後好幾碼外的地方。

蓋吉失去知覺卻又很快清醒。同事將他扛上牛車，運回他在卡文迪許旅店租的房間，他竟然還能坐在陽臺向其他人交代事情經過。等到醫師抵達時，蓋吉說：「醫生，得麻煩你了。」

最初情況不妙。傷口感染需要妥善治療，但過了幾個月他似乎完全康復，沒有失明、沒有癱瘓、保有說話和理解語言的能力，也沒有智力受損的跡象。大家認為他實在很幸運。

可惜事實不然。他的醫生約翰．馬丁．哈洛（John Martyn Harlow）在事件報告中提到：蓋吉曾經「效率與能力極佳，自制力良好又活力充沛，商業頭腦也十分敏銳」，但經過意外以後，「他不再是從前的蓋吉了，性格變得反覆無常，待人態度無禮，偶爾會脫口而出粗鄙的話語，非常不尊重同事。」根據哈洛的描述，蓋吉的「智力像個孩子」，卻具有「壯漢的動物性情感」。

無法回去當工地領班的蓋吉之後幾年換過很多份工作，像是到智利駕駛公眾馬車、去紐約巴納姆博物館展示他的鐵夯和分享他大難不死的故事。距離意外發生十一年後，他的身體開始出現痙攣，幾個月後便死在母親家中。

費尼斯・蓋吉是個非常鮮明的例子，讓我們看到腦損傷（具體而言是額頭後方的額葉）會對人類最重要的層面產生巨大影響，包括克制力、待人接物，以至於性格。

這個案例的細節長期以來存在許多爭議，而且隨著時間推移故事越來越離奇。（原注1）上述情節是我盡可能拼湊出的準確內容。重點在於世界上像蓋吉這樣的人不少，在許多不幸的腦損傷事件中，病患本身都產生了很大改變。

下一個案例的結果又有所不同。神經科學家奧利佛・薩克斯（Oliver Sacks）在〈最後的嬉皮〉（The Last Hippie）這篇文章中，講述了葛雷格（Greg F.）的故事（原注2）：葛雷格青少年時期極為叛逆暴躁，輟學以後加入哈瑞奎師那（Hare Krishna）[1]並且搬到紐奧良的一座寺廟，居住一段時間以後團體內的靈性領袖對他印象頗佳，甚至稱其為聖人。然而後來葛雷格漸漸失明，團體內部卻表示不必治療，因為那是靈性顯現：

> 他的「內光」（inner light）越來越明亮，已經成為「光明之人」……事實上，葛雷格也真的一天比一天更有靈性——整個人散發無與倫比的寧靜祥和，不像過去沒耐性或貪

1譯按：基於古印度吠陀的大型宗教團體，宗旨包括奉愛瑜珈及推廣素食等等，但也發生過許多爭議事件。

食，時常進入冥想狀態，同時臉上掛著奇妙微笑（團體成員描述為「超凡境界」）。導師說他已經開悟成聖。

四年後，寺方允許葛雷格的家人前去探視：

父母見狀驚駭不已，以前結實、毛髮多的兒子，如今不僅身材臃腫，還光了頭，臉上永遠是那抹「低能」笑容（至少他父親是這樣想），時不時就唱歌吟詩、講些「瘋癲」的話，幾乎沒有表現出任何深層情緒（他父親描述「像是整個人被挖空了一樣」）。葛雷格對「當下」的人事物沒有興趣，時空感非常錯亂，何況眼睛也全盲了。

後來才發現他腦部長了一顆柳橙大小的腫瘤，除了損壞大部分的視覺區，也壓迫到額葉（腦部前上方）與顳葉（腦部側面），即使切除腫瘤，病程依舊不可逆。葛雷格的處境比費尼斯．蓋吉還慘，他不只失明，也失去之前數十年的生命回憶，甚至無法再形成新的記憶，成為沒有情感只會順從的人，缺乏獨立生存的能力。

費尼斯．蓋吉與葛雷格這類患者符合諾貝爾生理醫學獎得主暨生物學家弗朗西斯．克里克（Francis Crick）提出的「驚人的假說」（Astonishing Hypothesis）：

你，你的悲喜，你的回憶與展望，你的自我認同與自由意志，實際上不過是超大量神經細胞及其間分子組合而成的結果。（原注3）

達爾文則在筆記本裡用更短的文字表達同一個概念：「大腦製造思想。」（Brain makes thought.）（原注4）

若以哲學術語來定義，達爾文和克里克的立場叫做「唯物論」（materialism）。（請注意，這個詞有時會與金錢財富相關的「物質主義」混為一談。）唯物論者認為，宇宙萬象都是物質交互作用的結果，並且否定非物質性的靈魂。

這樣的觀點其實突兀又不自然。（原注5）多數人更青睞「二元論」（dualism），也就是將心智（或靈魂）視為與肉體截然不同的對立面。在二元論底下，每個人都不是單一個體，而是身體與靈魂的二合一。這種思想普見於多數宗教及哲學體系，例如柏拉圖就非常認同二元論，而投入最多心力進行探討闡述的則是笛卡兒，因此將身心區別看待的觀點時常被稱作「笛卡兒心物二元論」。

笛卡兒的時代是十七世紀初，他針對物質的侷限提出很多論述，而且或許很多人會感到意外的是：他熟悉機器人這個概念。哲學家歐文．弗拉納根（Owen Flanagan）將法國皇家花園比喻為「貨真價實的十七世紀迪士尼樂園」（原注6），笛卡兒也曾經前去參觀，看到水力自動裝置留下深刻印象：

在皇家花園的噴泉與造景中，水自源頭流出這樣單純的力量竟足以推動各式各樣的機器，甚至藉由管線排列的不同，做到演奏樂器或學人類講話的效果……訪客進入房間時一定得先踏過特定的地磚或區域，底下藏有機關。他們順著路線靠近正在沐浴的月神，結果月神就躲進玫瑰花苞裡頭。如果他們窮追不捨，海神便會跳出來執起三叉戟威嚇阻攔。（原注7）

他也將機器與人體做了對照，彈簧與馬達好比肌肉與肌腱，各種管線則與神經呼應。如此一來不免令人疑惑：人類只是比較複雜的機器嗎？

笛卡兒不這樣認為。他主張這種比喻僅適用於非人類的動物，因為牠們的行動單純源於生理構造，所以不過是*bêtes machines*，也就是「野獸機器」。關於笛卡兒的故事，有些令人膽寒，但是否屬實不得而知。據說他曾參與對活犬進行手術，更白話一點就是活體解剖。對他而言，狗的哀號說不定等同於機器故障的噪音，畢竟沒有靈魂就不具有感受能力。

但人類不同，從我們行為的不可預測性就能理解這一點。沒錯，如果醫生輕敲你的膝蓋，你會不由自主地抬起小腿，這是身體自己的反應，與機器月神、機器海神遵循同樣的運動機制。但即使沒有人敲你的膝蓋，你此時此刻也可以選擇將腿抬起來，無論有沒有理由。在笛卡兒看來，純粹物質性的個體做不出這種自發的行為，於是他下了結論：我們不只是物質存在。

笛卡兒對二元論的另一個主張更廣為人知。他從「我們可以確定什麼？」這個問題切入，並開門見山回答：其實並不多。你以為你知道自己出生在什麼地方，但也許大家都隱瞞了真相。或許童年幻想才是真的，你其實是皇室後裔，因為變故淪落至此，被平民撫養長大。更天馬行空一點，說不定宇宙是五秒鐘前才創造的，你的記憶全都是虛構。可能性微乎其微，但又不為零。

你可能相信自己處於某個特定的時空環境，坐在椅子上有忠犬陪伴，一手拿著我的書、另一手拿著雪茄（隨便什麼都可以）。但是笛卡兒表示，人類做夢時也會相信一切都是真的，即使你覺得目前不是在做夢，問題是大多數做夢的人並不能意識到自己正在做夢。

甚至你覺得自己擁有一副肉體都不一定正確。哲學家一直很害怕人類經驗其實是魔鬼創造的幻覺，這種憂慮的現代演繹就是我最喜歡的電影《駭客任務》（*Matrix*）：在電影的世界中，人類的日常生活是幻覺，由具惡意的電腦運算而成。部分哲學家將這種觀點發揚光大，主張我們都是電腦模擬，類似電玩遊戲的角色。或許你和我一樣覺得這些想法很神經病，但有辦法徹底排除這種可能性嗎？

答案是沒有。不過笛卡兒指出，有一件事情毋庸置疑，那就是我們做為思考主體而存在。他留下了名言 *Cogito ergo sum*，亦即「我思故我在」。你無法百分之百確定自己有一具身體，但你可以確定有個「你」正在發問。基於身與心的這一層區別，笛卡兒得出結論：

> 我察覺自己的完整本質或天性就是思考。思考的存在者不藉助於特定空間或特定物質……也就是說，我之所以為我是基於靈魂，與肉體斷然不同。（原注8）

感覺他說得沒錯。我們直覺認為自己不僅僅是肉體，反而更像是寄居於軀殼內，好比漫畫家士郎正宗的經典作品《攻殼機動隊》的標題原意：我們都是「殼中的魂魄」（*Ghosts in the Shell*）。因此人類能夠輕易創作和理解身心兩相分離的故事，比方說卡夫卡的《變形記》開宗明義就是：「格里高爾・薩姆莎做了個不舒服的夢，一早醒來就發現床上的自己變成一隻巨大的蟲子。」或者《奧德賽》中的一幕是女神瑟茜（Circe）把奧德修斯的部下變成豬：「他們有豬的頭顱、豬的叫聲、豬的鬃毛和身體，然而思想保持不變，只能困在原地淚流滿面。」還有數不清的故事以附身、交換軀體、可愛或可怕的鬼魂為創作主題。（原注9）

二元論之所以吸引人有個很現實的因素：如果你不等於你的身體，或許軀體毀滅了你也不會煙消雲散，而是進入靈界、飛升天國，或者重新依附於不同肉體。其實唯物論者稍微動點腦筋，換個形式同樣能建立來世論述，譬如上帝總該有能力讓遺體重新動起來，就像修理壞掉的鐘錶那樣將一切回復原狀。不過唯物論通常堅守冰冷的教條，習慣在個人存滅與脆弱肉體的命運間劃上等號。

二元論得到許多論述支持，而其本身也極具吸引力，那麼為何現代心理學家信誓旦旦認為與二元論相對的唯物論才正確？

讓我們先回到笛卡兒的主張。他觀察到物質有其侷限，這並沒有錯，因為他是好幾百年前的古人。現在則不同，人類對於物質能夠引發的現象有更深入的認識。從笛卡兒的角度來看，要機器下棋是很荒謬的想法，因為這類複雜的活動不能只靠反射動作，必然包含了理智運作。但是想必大家也都看過新聞了，如今論棋藝，人類已經徹底輸給機器。於是我們也會合理懷疑物質事物的極限究竟在什麼地方——電腦能夠感受嗎？相關疑問我們之後再探討，現階段的重點是：笛卡兒的論述已經不成立了，人類行為的複雜性無法用於證明二元論。

至於笛卡兒能想像什麼又不能想像什麼，已經有許多哲學家針對這點提出評論：他太輕易認定透過概念的運作就能判斷事物本質。我們當然可以懷疑肉體是否真實存在，也可以想像自己沒有身體的情況，但能夠想像不代表有可能成真。例如我們可以想像比光速更快的太空船，這種設定在科幻小說裡頭多不勝數。笛卡兒的論證方法反映了人類如何看待心智，未必就是心智的真實樣貌。

將二元論的漏洞及反證全都納入考量後，心理學家史蒂芬・平克（Steven Pinker）針對笛卡兒的非物質靈魂表示：「這樣一個幽靈如何與實物互動？這個虛無縹緲的存在如何對閃光、觸碰、聲響做出反應，又如何運動自己的手臂和雙腿？」（原注10）這些質疑自古有之，一六四三年波希米亞前女王伊麗莎白・斯圖亞特（Elizabeth Stuart）就曾致信笛卡兒，表達自己很難接受他的說法，因為「非物質的東西怎麼移動，又怎麼隨著身體移動」。（原注11）

公平起見，另一個選擇，也就是思想由大腦產生的說法，同樣令人抗拒。一七一二年，哥特佛萊德・萊布尼茲（Gottfried Leibniz）說道：「想像一下，如果有個機器從結構上獲得了思考、感受與知覺，那麼應該可以等比例加以擴大，我們就可以像走進磨坊一樣進入這個機器。但就算這麼做了，我們應該也只會看到層層疊疊的零件，根本找不到能夠解釋直覺的東西。」（原注12）不少現代的神經科學家在踏上研究生涯終點前，都回頭對二元論起了興趣，理由往往與萊布尼茲的論述很接近——明明大半輩子都在觀察腦部，卻未能就物理層面解釋意識的存在，因此懷疑所謂的靈性世界是真有其事。

問題關鍵在於，所有證據都指向大腦與思想直接相關，縱使並非打開頭蓋骨以後一眼就能看得明白，比方說費尼斯・蓋吉的性格變化肇因於物質性明確的鐵夯穿過同樣物質性明確的頭顱。實際上，人類不必等到一八四八年才明白頭部重創會對意識與記憶造成影響、傷勢過重的話意識和記憶都會消失。現代人也都知道了失智症患者會失去理智、咖啡和酒精會以不同機制挑動情緒。（如平克所言：「我們現在發現所謂非物質的靈魂居然可以被刀子切割、被藥物影響、被電流觸發或抑制，還會因為受到重擊或缺氧就湮滅了。」（原注13））

更新的發展則是人類已經有技術可以觀察大腦如何運作。例如請某人接受腦部掃描，從大腦活動的區塊就能夠判斷他當下想的是喜歡的歌曲、公寓的格局，還是一道數學難題。或許再過不久，只要對睡著的人進行腦部掃描，就能探知夢境內容。（原注14）

那麼笛卡兒的想法沒救了嗎？心智現象和物理現象之間存在重要區隔，部分當代哲學家仍舊堅持所謂折衷的二元論。（原注15）他們的觀點很有討論價值，但就留待日後再論。目前幾乎不再有人堅守笛卡兒那種極端立場，亦即「實體二元論」（substance dualism），主張心智與大腦由不同質料構成，思維過程是在無形的領域中進行，因此不受自然法則限制。就理論而言，這套說法確實徹底死去了。

有知覺的肉

那麼思想的物理基礎是什麼？情緒、決策、感動、痛苦，以及其他所有心理活動的來源在哪裡？即使二元論者，同樣得針對這個問題提出足夠的解釋，譬如靈魂與肉體必定有某部分連結，身體才有了行動與接收感官刺激的能力。（笛卡兒認為靈魂與肉體透過松果體[2]相連。）

歷史上很長一段時間，人類認為答案是心臟。世界各地不同民族顯然都抱持同樣的觀念，包括瑪雅人、阿茲特克人、因紐特人、霍皮人、猶太人、埃及人、印度人和中國人。西方哲學也以同樣概念為起點，從亞里斯多德的描述可見一斑：「理所當然，大腦的功能並不是感受。正確觀點是，感受的源頭與器官是心臟。無論愉悅和痛苦，或者其他所有感受，都源自心臟，這是顯而易見的事情。」因為心臟會對感受產生回應，渴望或憤怒時心跳會加速，情緒平靜時則反之。（原注16）

但大腦從未自心智器官的競賽中退場。有心理學實驗發現，人類的常識觀點是：意識位於頸部以上。（原注17）我和同為心理學家的妻子克莉斯蒂娜．史塔曼（Christina Starmans）的合作研究也有類似發現：儘管樣本為幼童，若採用不同方式詢問人「真正的位置」在何處，答案通常並非胸部，而是雙眼之間。（原注18）

到底是頭，還是心臟？歷史上有許多論辯，十六世紀晚期莎士比亞的作品《威尼斯商人》（*The Merchant of Venice*），有句臺詞活靈活現描述這個疑問：

請問愛情生在何方？

2 編按：pineal gland，一個深藏腦內的細小腺體，分泌調節人體生理時鐘的褪黑激素。

是在腦海？還是心房？（原注19）

讀者應該都知道答案是大腦。大腦僅占體重五十分之一左右，但即使處於休息狀態，大腦消耗的熱量約為整體熱量的四分之一，是能量需求極其巨大的器官。事實上，人類的腦部確實巨大，嬰兒頭部就是保齡球的尺寸，因此相較於其他物種的雌性，人類女性分娩時會特別痛苦又耗時。

常有人將腦部喻為已知宇宙中最複雜的物體之一，從來沒看過大腦的人可能因此生出誇張的想像，例如會發光、有不同顏色閃爍等等。事實並非如此，它就只是一塊肉，而且還能食用——我就吃過沾奶醬的腦（但不是人腦，提醒各位千萬不要吃人腦以免感染庫魯病，它類似狂牛病，所以又多了一個不當食人族的理由）。從顱骨取出的大腦是暗灰色，但在顱骨內則因血液而呈現鮮紅色。

泰瑞・畢森（Terry Bisson）的短篇科幻小說，將這種矛盾描寫得很有意思。（原注20）故事主軸是兩個超先進文明的外星人穿越宇宙尋找智慧生命，因此發現了地球人：

「肉。他們是肉組成的。」

「肉？」

「證據確鑿。我們從地球不同地區帶了幾個樣本回偵察艦進行全面檢查，他們的身體完全只有肉。」

「這不可能。無線電訊號是怎麼回事？發送到外太空的訊息又是怎麼回事？」

「他們使用無線電波交談，但訊號不是來自身體，而是機器。」

「製造機器的是誰？那才是我們要聯絡的對象。」

「機器都是地球人製造的。我從剛剛就想告訴你：重點就在於肉製作出了機器。」

「太荒謬了。肉怎麼可能做得出機器？你的意思是肉能有知覺嗎？」

外星人同意刪除紀錄，回報太陽系沒有智慧生命。

想探索「有知覺的肉」這個謎團必須始於微而後成，也就是以神經元（neuron）為起點，再慢慢擴大規模。按重量計算，腦部大部分是脂肪和血液，除了神經元，也有其他細胞（腦部大約一半為膠質細胞，負責支撐、清理和滋養神經元）。然而心理活動基本上就是神經元活動，因此針對思想的生物基礎進行研究，在英語裡稱作neuroscience[3]。（原注21）下面先介紹神經元的結構。

如同其他細胞，細胞體能維持神經元的活力，其內部有細胞核，細胞核承載由DNA構成的染色體。此外，細胞體也負責協調來自其他神經元或感官的資訊輸入，細胞體上如樹枝般突出的樹突（dendrites）可以接收訊號；「樹突」一詞就源自希臘語的「樹」（tree）。細胞體從樹突接收到對應訊號就會啟動神經元，接著電訊號通過名為軸突

3 譯按：神經元的英文是neuron，neuroscience即神經科學。

（axon）的管線傳遞。樹突很小，軸突則很長，有些軸突沿著脊髓一直延伸到腳拇趾。軸突外面包覆著髓鞘，由脂質構成[4]，作用類似電線外的絕緣層，可以提升神經元通訊的效率。多發性硬化症之類疾病就涉及髓鞘受損，導致動作、知覺與思考方面的問題。

神經元彼此進行通訊，偶爾也會直接與器官或肌肉交流。訊號傳遞的順序簡化起來通常是這樣：

樹突→細胞體→軸突→其他神經元的樹突

神經元有不同類型。**感覺神經元**從外界接收資訊，**運動神經元**與外界互動。手碰到燙的東西覺得痛，是感覺神經元的作用；伸手拿東西則是運動神經元的作用。另外，還有**中間神經元**不直接對外而是互相連接，然後就產生了思考。

這裡出現一個疑惑：神經元彼此通訊或連接外界時，作用模式是全有或全無，也就是只有發送訊號與不發送訊號兩個狀態。就像槍枝一樣，扣扳機

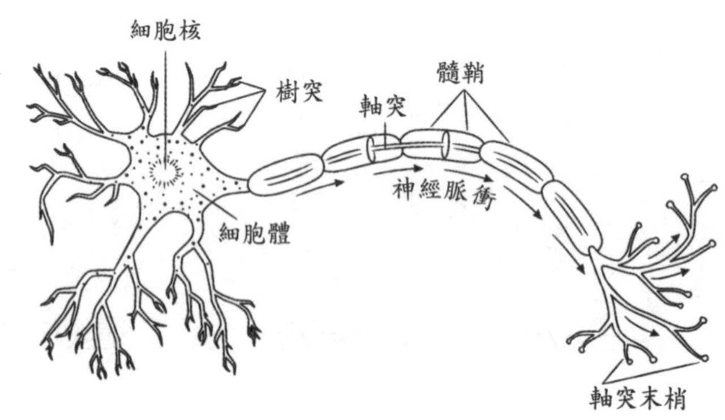

的力道不影響子彈飛行速度。然而知覺和動作卻有程度之別，例如暖過的盤子與滾燙的火爐觸感完全不同，戳別人可以很溫柔也可以很用力。

答案是：神經元集群透過某些辦法表達經驗和動作的強度。首先是發放訊號的神經元數量。如果N個神經元對應微弱的經驗，N×100個神經元或許就對應了強烈的經驗。再來還有單一神經元的訊號頻率，比方說一個單獨神經元透過「啟動……啟動……啟動」的形式傳達微弱感受，而「啟動啟動啟動啟動啟動」則會製造強烈的感覺。運動神經元也能藉由同樣的編碼系統表示強度，所以我們可以重拳擊打牆壁，也可以輕撫新生兒的臉頰。

十九世紀的神經科學家桑地牙哥·拉蒙卡哈（Santiago Ramón y Cajal）研究神經元又有一個重大發現。之前提到神經元可以經由軸突與其他神經元的樹突進行通訊，然而實際上神經元並不直接相連：這個神經元的軸突與那個神經元的樹突之間會有一條微小間隙，通常約為二十到四十奈米。這個間隙稱作突觸（synapse）。

訊號如何在這條通道傳遞，是上個世紀非常重要的科學論辯，史稱「湯和火花之戰」，因為有化學訊號（湯）和電氣訊號（火花）兩個選項。（原注22）簡言之，「湯」派獲勝。拉蒙卡哈發現神經元發出訊號時軸突也會釋放化學物質，現在我們稱之為神經傳導物質。這些物質能穿越突觸，對目標神經元的樹突發揮作用。

之前還提到細胞體是根據樹突的訊號輸入來決定是否啟動神經元，這部分需要稍微解釋清楚：輸入的神經傳導物質可以分為兩大類，刺激性傳導物質會提升神經元啟動的可能

4 譯按：因此髓鞘也可稱作髓磷脂。

性，而抑制性傳導物質則降低神經元啟動的機率。細胞體綜合所有資訊進行計算，加減之後若強度足夠才會啟動。

神經傳導物質是大腦運作的重要機制，在實務上也造成深遠影響。許多藥物能以不同方式影響神經傳導，藉此治療疾病、提高愉悅感或專注。

又或者，用來結束生命。「箭毒」（curare）就是一種能致命的傳導物質，原本是南美洲原住民塗在飛鏢或箭鏃等狩獵工具上。箭毒屬於拮抗劑（antagonist），意思是會降低神經傳導物質的效力。具體而言，箭毒抑制了神經元對於傳導物質乙醯膽鹼的敏感度，而乙醯膽鹼是運動神經元與肌肉之間的通訊方式，結果就是獵物會癱瘓。箭毒劑量夠大時會致死，因為運動神經元也控制了動物的呼吸。幸好箭毒這個成分吃進肚子反而無害，所以可以安心食用以箭毒鏢取得的獸肉。

另一類藥物是促效劑（agonist），會增加大腦接收的神經傳導物質。例如促效劑可以作用於正腎上腺素，強化警醒感、欣快感、清醒度和注意力控制，安非他命、利他能、古柯鹼等藥物就是這樣運作，但作用方式與程度各有不同。

所謂思考，就是神經元通過神經傳導物質與其他神經元交流。一份研究估計，成年人腦部約有八百六十億個神經元，每個神經元都與成千上萬其他的神經元相連，連結數量有數百兆之多，組合多得難以置信。（原注23）

但神經傳導如何化為實際體驗？「啟動、啟動、不啟動、啟動、不啟動」這種訊號排列，怎麼轉譯成：看網路貼文會笑、親友死去會悲慟？又怎麼變成肢體動作？儘管大腦是物質的東西，但裡面的神經連結引發出來的行動似乎超越了物理法則。威廉・詹姆斯（William James）就說：

> 在桌子上撒鐵屑，然後拿磁鐵接近，鐵屑會飛越一定距離附著在磁鐵表面……但如果以卡片覆蓋磁極，鐵屑就會永遠附著在卡片表面，完全不會繞道而行接觸磁鐵……將鐵屑的行動與生物做比較，我們會注意到顯著差異。羅密歐像鐵屑受到磁鐵吸引那樣渴望茱麗葉，如果沒有障礙，他會學鐵屑沿直線走向她。但如果兩人之間多了一堵牆，羅密歐和茱麗葉可不像磁鐵和鐵屑那樣痴傻地將臉貼在牆壁上。羅密歐會開始尋找別的路線，例如爬牆之類的辦法，以求直接親吻到茱麗葉的唇。對鐵屑而言路徑永恆不變，是否到達終點取決於機緣巧合。但對戀人而言，不變的是終點，路徑卻可以無限修改。（原注24）

其他有大腦的生物也具備類似的情感能力和基於理性採取行動的能力。黑猩猩可能因害怕而顫抖、因憤怒而大吼；獵豹追逐跳到樹後躲藏的羚羊時，不會撞上樹幹而是會繞過去。大腦如何完成這些行為？

許多人在這一關會開始覺得很矛盾：用自己的大腦理解大腦，這不是很奇怪嗎？物理學家艾默生・皮尤（Emerson M. Pugh）在文章中提到：「如果人類大腦簡單到我們能夠理解，那代表我們自己就很簡單，簡單到沒辦法理解大腦。」喜劇演員艾摩・菲利浦（Emo Phillips）則說：「起初我認為大腦是身體裡最神奇的器官，接著我意識到那句話是誰想出來的。」

達爾文則有不同看法，他似乎認為人類大腦的神奇程度在自然界只能排第二。第一名是誰？請你低頭看看地上：

毋庸置疑，極小質量的神經物質就足以創造非比尋常的心智活動。大家都見證了螞蟻具備各種本能、心智能力，甚至情感，但牠們的腦部神經節體積還不到小別針針頭的四分之一。從這個角度來看，螞蟻大腦是世界上最奇妙的一團物質原子，也許比人類的大腦更神奇。（原注25）

不過若想瞭解大腦如何使我們或螞蟻變得聰明，理由倒是能令人保持樂觀。先前談到笛卡兒二元論時，我曾經以電腦為證據，指出看似粗糙的物質也能展現人類認為的高度智能。那麼現在更進一步，電腦的基本原理是將零轉為一或一轉為零。乍聽之下笨極了，但如果運算次數足夠多並且以正確方式組合，電腦不只會下棋、算數、解析語言，還有其他各式各樣的能力。現在導入神經科學就會發現一個巧合：大腦神經元的基礎運作機制就是啟動與不啟動兩個狀態，與二元運算未免太相似。於是我們又向前邁進了一步——電腦技術的進展代表神經科學走對了方向，本身不具智能的零件進行適當交互作用之後，確實可以產生智能。正如博學的艾倫·圖靈（Alan Turing）在一九四〇年代所推測，人類心智或許就是電腦運算。（原注26）

將心智視為電腦？這種解釋很容易引來輕蔑反應，畢竟人類曾經將大腦視為水壓機械或時鐘，接著是電報網，然後是電話交換機，現在又要說成是電腦。反正只是個新的比喻、一種方便的說法，不知道什麼時候又會被別的東西給取代了。

我也同意將大腦當作類似Mac或PC只是比喻，而且還不是很好的比喻。神經元的訊息傳遞速度遠低於電腦零件，人腦的「接線」方式與我用來輸入這些文字的電腦也大相逕庭。大腦的很多功能可以同時間、平行式運作，電腦基本上得按照序列來處理。

電腦和人腦運作模式不同的地方多不勝數，下面這個例子在我們討論記憶的時候還會更深入分析：詢問一個人過去經驗的時候，問題的陳述方式就能改變他們對場景的記憶。譬如先給某人看一部電影，然後問他：「記不記得小孩搭校車那一段？」結果即使校車根本沒出現在電影裡，對方卻很可能一直以為自己真的看到過。（原注27）事實上，反覆詢問更容易引導出虛假的記憶。電腦的運作規則並非如此，就算搜索「校車」一百次，也不會讓硬碟憑空生出名為「校車」的檔案。人腦和電腦對於記憶的處理方式明顯有別。

但是在另一層意義上，人腦又與電腦相差無幾：大腦處理訊息的方式同樣是運算。艾倫．圖靈透過突破性研究為人工智慧奠定基礎的年代，距離現在並不久遠，但如今英語裡代表電腦的單字computer，在當時還是人類職稱，意思是負責運算的人。從這個角度來看，將大腦視為計算機不只是比喻，而是十分有趣的詮釋，代表人腦會進行數學和邏輯演算並操作符號。「一加一等於二」是演算，「人都會死，蘇格拉底是人，所以蘇格拉底會死」這種邏輯推論同樣是演算。也就是基於這種觀點，將人腦等同於電腦的概念塑造出心理學的心智活動理論，之後我們討論語言和感知等能力時會再深入探究這一點。

將人腦與電腦擺在一起討論還有別的好處：研究電腦演算推動了心理學發展，心智研究也有助於打造更好的電腦。如果想要製造能夠直線行走、識別面孔、理解語言的機器，合理的起點就是觀察人類如何能夠做到，就像達文西為了製作飛航機器先仔細研究了鳥類翅膀一樣。

———

人腦不是一鍋粥。大腦的各個部分司掌不同功能，可以稱為區塊、系統、模組、官能等等，語言學家諾姆·杭士基（Noam Chomsky）則稱之為「心智器官」，以強調大腦區塊彼此之間極為不同，就像頸部以下的器官（如腎臟或脾臟）那樣各有千秋。[原注28]其實將心智活動分為不同部分這個概念，在人類得知大腦存在之前已經風行。例如柏拉圖談到靈魂三分：「精神」位於胸部主導義憤，「慾望」處於胃部主導欲望，還有「理性」藏在頭部（終於！）監督其他兩者。

早期嘗試對大腦進行細分的弗朗茲·約瑟夫·加爾（Franz Josef Gall）創立了顱相學（Phrenology），他有個想法很棒，卻又有個想法很糟糕。好的想法是：大腦不同部分專精於不同事物，他提出的功能分類有不少能獲得現代神經科學家的同意，譬如數字、時間和語言。加爾的理論在十九世紀初大受歡迎，也留下一些精緻圖表以虛線將顱骨劃分出不同部位，就像某些牛排館展示的牛肉分區圖，有肩胛、沙朗、臀腿等等，只不過大腦是依據心智特徵與能力進行分割。

顱相學裡的糟糕觀念則是：腦部區塊使用越頻繁就越膨脹，並且會在顱骨形成突起，加爾甚至聲稱顱相學專家只要觸摸別人頭部就能知道對方的性格。顱相學曾經蔚為風潮，連卡爾·馬克思（Karl Marx）都相信，所以他有時候會去觸摸別人的腦袋瓜。還有維多利亞女王也一樣，她特地聘請顱相學者檢查孩子的頭骨。（原注29）應該不必解釋大家也看得出來這套理論有多傻。儘管如此，光是能夠主張大腦不同部位具有不同功能，而且不侷限在理性或欲求這些籠統分類，而是能指出語言這種具體項目，加爾就已經堪稱那個時代的科學先驅了。

既然大腦由不同部分組成，我們就可以透過拆解來研究它的運作方式。一六六九年解剖學家尼古拉斯・斯坦諾（Nicolaus Steno）婉轉表達了以下看法：

> 大腦確實是機器，我們如何研究其他機器的結構就如何研究大腦的結構，如何處理別的機器就如何處理大腦。也就是說，我們需要一塊一塊拆卸，分析每個部位單獨有何功能、組合以後又有什麼功能。（原注30）

學者著手實踐這種研究方法時，神經科學才算是正式起了頭。最初的研究樣本是因為自然原因不幸遭到分解的腦袋。直到一八六一年，法國醫師保羅・布羅卡（Paul Broca）找到一位特殊患者，對方明明很聰明，完全理解別人講的話，卻只能說出一個詞：tan。無論對他說什麼都只能得到這個答案，通常還會連續說兩次，也就是 tan、tan。病人去世後進行解剖檢查，才發現他的額葉有一部分受損，那個部位現在就稱作布羅卡區。

多年後，神經學家卡爾・韋尼克（Carl Wernicke）遇上另一種語言障礙的患者。這位女性無法理解別人說的話，雖然她能發出快速流暢的聲音，卻淨是胡言亂語。這與大腦另一個區塊有關，位於顳葉後方，通常在大腦左側，現在也就稱為韋尼克區。（找出這些區塊的確切位置有非常實際的意義：進行腦部手術時，醫師也會希望能避開負責重要功能的部位。）

透過語言功能，我們已經發現大腦不同部位各有不同職責。現在來一場腦內觀光，簡單扼要介紹一下其他區塊。

皮質位於大腦表面，緊貼顱骨下方，許多與心智活動高度相關的大腦區塊被分類為「皮質下」，顧名思義是因為它們就在皮質底下。我聽過一個很棒的比喻是將大腦想像成桃子，皮質就是桃子皮，所謂皮質下區塊則是果核。（果肉部分名為大腦白質，主要成分為膠質細胞。）皮質下的結構包括：

延腦：控制心跳、血壓、吞嚥等自動功能。

小腦：與運動、姿勢、動作學習和某些語言功能有關。（不清楚這些系統多複雜的話，先想想小腦的神經元數量大約為三百億。）

下視丘：影響睡眠、清醒、飢餓、口渴和性功能。（最符合柏拉圖所說的「靈魂的欲求」，只不過他以為是在胃部。）

邊緣系統：與情緒有關。

海馬迴：影響長期記憶、地點與事物空間位置的記憶。

腦下垂體：分泌的荷爾蒙與性、生殖等多種功能有關，許多科學和哲學歷史的研究者對它特別有興趣，因為笛卡兒認為這是身體與靈魂的中介。

再來看看桃子皮。觀察大腦時首先會注意到的就是皺褶，因為它確實非常皺。將大腦皮質部分拉平的話，長寬約有兩英尺。

皮質可以分為幾片「葉」（lobe），包括額葉（位於腦的前半）、頂葉、枕葉和顳葉（就在太陽穴旁邊）。

皮質某些部分就像「地圖」，這些區域對應某部分的肢體。如果對初級運動皮質的神經元進行輕微電擊，相應部位的肢體就會抽動。而對初級體感皮質（「體感」的英文是 somatosensory，詞源 soma 就是「身體」的意思）的神經元進行電擊，相應部位就會產生感覺。之所以用「地圖」比喻，是因為這些區塊與身體有同構性，例如代表右手食指的部位會靠近代表

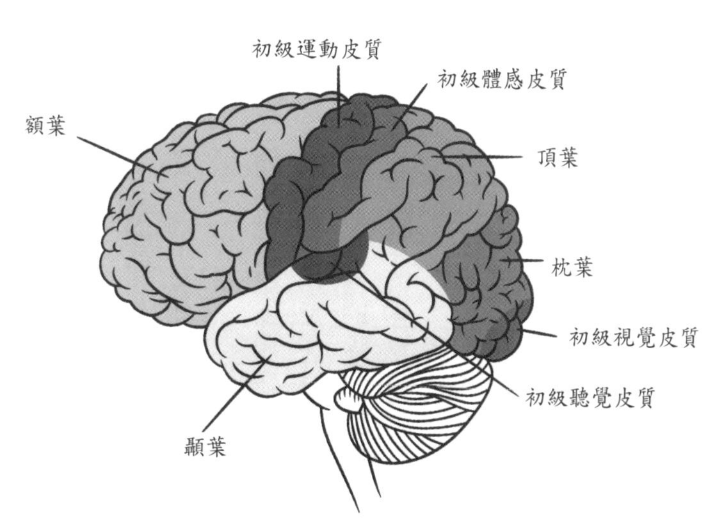

右手拇指的部位，而代表右手拇指的部位又會靠近代表右手腕部的部位。

儘管運動和體感的皮質地圖與身體結構能相互對照，但大小比例卻不一樣，腦部區塊的體積對應的是運動控制或體感辨別的複雜度。比方說，對應手的區塊比起對應胸部的區塊更大，因為手部的感覺比胸部要豐富得多，所以也得占用更多腦部空間。

除了這些地圖的部位，其餘皮質多數都參與高層次功能，如語言、推理和道德判斷。魚類沒有大腦皮質，爬蟲類和鳥類只有一點點，哺乳動物再多一些，包括人在內的靈長類動物則有大量皮質。

如何判斷皮質每個部分負責的功能？剛才已經提到對大腦特定區域施加電脈衝，但這並非常規做法，通常僅用於接受腦部手術的病患。比較常見的實驗方法是即時觀察頭部完好、身體健康的人腦部如何活動，功能性磁振造影（fMRI）是目前流行的技術，藉由強力磁場偵測腦內血流分布以判斷思考不同事物時，什麼部位特別活躍。這種檢查技術有可能成為名符其實的「讀心術」。

同時新技術不斷問世，其中一種方法甚至不必掃描，而是直接影響大腦。「經顱磁刺激」（TMS）利用磁場刺激腦細胞，例如對大腦特定部位施加TMS會使人語言功能失靈，對另一個區域施加刺激則會導致肢體不由自主地動作。（我曾經在日本京都某實驗室體驗過，手指自己抽搐起來的感覺非常怪異。）

此外，也能透過「自然實驗」更加認識腦部，例如罹患腫瘤、中風發作或遭遇意外事故的病人，以及費尼斯・蓋吉或葛雷格這類不幸案例。研究他們的變化也能觀察到大腦哪些部位對應哪些功能，進一步理解心智與大腦之間的關聯。

舉例而言，某些類型的腦損傷會導致失認症（agnosia），也就是認知障礙。患有失認症的人即使視力很好也常常無法辨識物體，看圖片時能描述部分內容卻無法將零碎的部分拼湊為整體。細分下去，有一種失認症叫做臉盲症，患者無法辨識人臉。奧利佛·薩克斯多年前有本經典著作《錯把太太當帽子的人》（*The Man Who Mistook His Wife for a Hat*），內容描述許多令人訝異的神經疾患和症狀。（原注31）書名那個故事的主角臉盲極其嚴重，不僅認不出妻子長相，還會誤認為帽子。常見的臉盲不這麼誇張，病人能夠辨識出不同容貌的差異，但無法對應到個人身分。這種現象凸顯感官與認知兩者有別，之後會再針對這個主題深入討論。

直接觀察大腦，例如從某人頭部取出大腦後放在桌上，它看起來是對稱的，但實際上並非如此。大腦的不對稱展現在慣用手，有些人是右撇子、有些人是左撇子。既然運動受到大腦控制，就代表大腦本身並不對稱，儘管可以分為左右腦，但兩邊並非一模一樣。熱門文章中往往對大腦兩側的差異誇大其詞。「右腦人」和「左腦人」這種分類並不存在，多數功能同時分布在兩側。

但差異確實存在。大腦左側通常著重語言及邏輯推理，而大腦右側與社會化過程、想像力和音樂更有關係。一部分的左右差異是先天，其他則是經驗。文化重塑大腦的驚人案例就是讀書識字，這種能力就人類歷史而言其實還是新發明。識字以後大腦結構有了變化，左腦出現閱讀字詞時特別活躍的區塊（稱為「文字箱」letterbox），辨識面部的功能因

此朝右腦挪移。（原注32）

大腦兩側與外界互動時依據的是對側原則（principle of contralateral organization），這是目前我們無法完全理解的演化過程所造就出來的奇怪結果：右腦看見左邊的世界、左腦看見右邊的世界；右腦控制身體左側、左腦卻控制身體右側。

假設有位心理學家拿著圖片朝你左側視野一閃而過，速度太快你來不及轉頭正眼看清楚，接著他請你說出圖片上有什麼東西。圖像會先傳遞到你的右半邊大腦，但由於語言處理通常依賴左半邊，於是你會在微乎其微的延遲之後才給出答案，這是因為訊息需要從右側傳遞到左側才能找到物體名稱儲存的位置。如果圖片是從右側視野快速竄過，你的反應會快上那麼一點點。

訊息從大腦這一半傳遞到那一半主要是通過胼胝體，也就是位於頭顱中間的神經元網路。我們可以將大腦兩半想像成被河流一分為二的城市，就像多瑙河從布達佩斯中間穿過那樣，而胼胝體就像成千上萬條小橋將市區連結起來。

切斷胼胝體會有什麼後果？過去有醫師以此做為最後手段，對癲癇嚴重到極點的病患施行手術。癲癇就像大腦裡起了一場電風暴，而切斷胼胝體這麼激進的手術就是希望能隔離並縮小風暴範圍。手術確實減少癲癇發作了，但大腦左右兩半溝通不良也造成一些嚴重後果。

一位接受胼胝體橫切術而裂腦的女性病患，會用右手穿衣再用左手脫衣，另一位病人購物時一手將東西放進推車再以另一手取出。有病人會突然伸左手毆打妻子，也有病人的左手想勒死他自己。這些怪異行為在裂腦病患身上很常見，於是有個名詞叫做異手症

（alien hand syndrome）。（原注33）左右兩半大腦分離後就無法協調整合，彷彿兩個個體共存於同一具身軀，偶爾還會競爭主導權。

有些科學家和哲學家基於裂腦案例做出很聳動的結論，他們主張：無論胼胝體是否完好無損，所有人類的各半邊大腦都該被視為獨立人格。通常掌握主導權的是運用語言的那個你，現在閱讀這些文字的也是那個你。但還有另一個你，雖然具有意識卻總是安安靜靜守在使用語言的自我旁邊。一旦你的大腦被分割，無聲的自我就得到解放，不再受制於平日那個「你」，接下來兩個自我可能會爭奪控制權。然而這個論點相當極端也充滿爭議，目前學界對於裂腦人的心智（或者心智「們」）究竟是什麼狀態無法達成共識。（原注34）

對大腦的簡單導覽告一段落。接下來各章節還會探索決策、記憶與情緒經驗等心理過程。現在我們知道這一切都源自大腦活動，是神經元協調合作的結果。這是十分驚人的科學發現。

但有時候我們過分專注在大腦，忽略了心智。有些神經科學家會主張自己研究的才是真科學，他們認為觀念、情感、短期記憶這些雖然也值得討論，但追根究柢最重要的理論還是得回到腦部區塊、神經元和神經傳導。既然神經科學的主題這麼重要，心理學相較之下無足輕重。

像這樣輕視心理學，是誤解了科學解釋的實際意義。分子生物學問世了，但不代表心臟、腎臟、呼吸系統這些會失去研究價值，解剖學和生理學也不至於因此消失。就好比汽車是由原子組成，但想理解汽車運作依舊得從更高層次的結構切入，像是引擎、變速箱和剎車系統。所以物理學永遠無法取代汽車專業。或者換個更接近心理學的比喻：想瞭解電腦下棋的策略應該是研究程式內容，而不是研究製造電腦的材料，畢竟同一套下棋程式在一九八〇年代的大型主機、一九九〇年代的桌機、兩千年的筆電或今時今日的智慧手機上都能執行，即使硬體的物理結構隨著世代更新變化也未必會影響到軟體。

遇到懷疑上述論點的神經科學家，不妨問問他們：如果物理學家說關於心智的真正科學終歸要回到分子和原子，而分子及原子又是由基本粒子組成，所以為什麼要浪費時間研究神經元、膠質細胞、海馬迴？神經科學家可能會立刻提出反駁，主張某些重要科學發現如海馬迴與保存記憶有關、缺乏多巴胺與帕金森氏症有關，這些都無法以物理學的語言來表達。這樣的回應非常好，問題是心理學家也能夠以同樣道理反駁神經科學家。

其實即使大腦等同心智，我們仍舊可以在不研究大腦的前提下繼續發展心理學。心理學領域中一些最驚人的發現，來自分不出神經元和線蟲差異的學者。同理，即使大腦經歷過演化，即使所有人都有過童年，不代表一定得研究完演化和兒童發展才能夠研究心理學。就像尤達大師[5]說過的：通往理解的路徑不只一條。

我認為過分重視大腦的現象反而證實了二元論深植人心。偶爾會看到有人為了吹噓某種治療或教學方法的影響，就聲稱：「它改變了大腦！」問題是任何事物都能夠改變大腦，現在讀完這句話就改變了你的大腦，因為你正在思考它，而思考是在大腦中進行。而且讀過這句話會在大腦中創造出持久的變化，因為你明天（我向你保證）還是會記得部分內容，代表這份經驗已經調整了你的大腦結構。如果有哪種心理活動**不會**改變腦部，它才能用來支持笛卡兒二元論，而且有潛力成為這時代最震撼的新發現。只可惜可能性為零，因為笛卡兒二元論並不正確。

同樣道理，儘管心智和大腦之間還有許多有趣細節，但大腦與心理活動息息相關應該顯而易見——偏偏有時候似乎又不是這樣。多年前《紐約時報》科學版的一篇文章標題是：在嫉妒的痛苦和喜悅中，大腦可能發揮了作用。我當下反應就是：可能？不然呢？嫉妒的痛苦和喜悅還能發生在哪裡，腳拇趾嗎？

也有人認為神經科學對心理學影響甚微，他們尤其對腦部區塊不感興趣。哲學家傑瑞．福多（Jerry Fodor）寫道：「即使心智現象就發生在這個空間，位在頸部以上某個地方，但知道離脖子多遠對我們有什麼幫助？」（原注35）敏銳的當代觀察家馬修．科布（Matthew Cobb）也提出類似觀點：「最好的條件下，fMRI數據不過就是一張地圖。地圖沒辦法告訴你事情背後的運作機制，知道位置不等於理解過程。下次再讀到有文章聲稱特定的能力、情緒或概念被定位到人類大腦某個特定區域的話，先問自己一個問題——『所以呢？』」（原注36）

我個人則對神經科學沒有質疑到這種程度。雖然我也認為神經科學與心理學的相關性常被誇大，但某些研究結果確實對心理學理論有幫助。

5 譯按：電影《星際大戰》裡的角色。

舉個例子：娜歐蜜・艾森伯格（Naomi Eisenberger）團隊的實驗裡，受試者參與一個虛擬投球遊戲，同時接受腦部掃描。研究人員告知受試者共有三名玩家，但實際上另外兩個是電腦程式。（原注37）實驗目的是製造被排擠的感受，電腦控制的角色只傳球給彼此，人類玩家遭到冷落。

這種經驗很傷人，遭到排擠非常難受。研究旨在驗證一個理論：被排拒的痛苦是否與實際肉體疼痛有深刻的共同點。大腦掃描結果發現，相較於沒有遭受社交排斥的受試者，承受排擠的人大腦背側前扣帶迴皮質以及前島葉這些部位都變得活躍，重點是肉體疼痛時同樣區塊也會有反應。這項研究發現指向一個出乎意料（但也有爭議）的結論：減輕生理疼痛的方法說不定還能緩和心理疼痛，而且的確有證據顯示像泰諾（Tylenol）[6]這種原本為身體痛楚設計的止痛劑，居然可以降低孤獨引發的不適。（原注38）

心理學無法被化約為神經科學，但神經科學確實能從有趣的角度觀察心智運作。

以上就是將大腦當作心智現象源頭的唯物論觀點。現在我們知道腦部特定活動如何對應到實際的經驗，也能通過fMRI等工具加以觀察。如同賓・克羅斯比（Bing Crosby）歌曲中的聖誕老人，神經科學家仔細分析就能知道你何時睡著、何時清醒，也許不遠的將來真的能判斷你是好孩子還是壞孩子，或至少知道你當下的念頭是乖巧還是調皮。

然而哲學家戴維・查爾莫斯（David Chalmers）提出的「知覺難題」（hard problem of consciousness）（原注39）至今無解：腦部活動如何對應意識經驗？我們知道兩者確實存在對應

關係，也確定透過物質或者說身體的作用，可以產生像是用手拍打車門、吃辣醬炒蛋、初吻等等五花八門的感受。但這一切是怎麼發生的？簡直像是魔法。

換個方式陳述問題，讓我們先回到電腦的例子。我的筆電能下棋，下棋需要智能，所以不相信複雜行為能自物質產生的笛卡兒被駁倒了。但據我們所知，筆電並不會因為孤獨而難過，也不可能氣得怒火中燒，還對贏棋輸棋都無感。就算拿起筆電砸到樓下，心疼的只有我自己，即使把它拆開取出零件，也不會覺得奪走誰的性命。中間缺了什麼？為機器添加什麼才能讓它擁有感受的能力？又或者永遠不可能——意識只存在於血肉之軀？

要探索的還有很多，下一章就會觸及部分主題。但說實話，至少目前，我想沒有人知道答案是什麼。

6 譯按：有效成分是對乙醯氨基酚，用於緩解疼痛與發燒。

第二章

意識

本章主題或許會讓人覺得離題，因為內容涉及行為主義者如史金納的觀點，他們認為無論心理學如何發展都無法理解意識經驗。畢竟研究老鼠的時候，我們不會討論老鼠的意識，而且我們又時常以老鼠的行為對照人類的行為。不過史金納之後的認知心理學派又將他幾乎所有的觀點都推翻了，只保留一項。畢竟研究電腦時我們也不會討論意識，但同樣會以電腦對照人類。

我的研究生生涯在麻省理工學院度過，那裡可說是認知心理學的發源地。我個人的博士論文主題是兒童語言學習，探討孩子如何理解詞語含義等問題時，我從未思考過一點：學習語言對孩童本身而言是怎樣的經驗？同窗與教授們的專長涵蓋語言、認知、注意力、記憶和推理等等，他們和我一樣純粹將種種能力視為腦內過程，類似電腦的運作機制。人的意識從來就不是我們的重點，想研究意識請移步校園另一頭的二十號樓，那棟木造建築的歷史可以追溯到二戰時期，是哲學系所的基地。

如果當年有人質疑心理學為什麼不重視意識，我們會強調知覺並非智能的必要前提。電腦能做數學運算，ＧＰＳ可以規畫路線，恆溫器可以調節溫度，但它們不具備絲毫的自我意識。沒知覺卻有智能的不只是機器，自然界其他生物也一樣，以下這段文字摘自幾年前出版的《真菌微宇宙》（*Entangled Life*）：

> 真菌習於探索土壤之類的複雜三維環境尋找食物，所以菌絲體能準確找到迷宮出口並不令人訝異。此外，真菌還擅長建立起兩個重要地點之間最有效率的路線：真菌學家琳恩·博迪（Lynne Boddy）用土壤製作等比例的英國模型，之後將真菌繁殖的木塊放在主要

城市的位置上，木塊面積與代表的地點也是等比例。菌絲網迅速在木塊間生長，形成的網路與英國公路系統幾乎一樣（「可以找到M5、M4、M1、M6公路」）。其他研究裡，有人在縮小的東京模型主要樞紐點放置食物，然後讓黏菌自由活動，結果一天內就重現人類的地鐵路線；或者讓黏菌在Ikea平面圖上移動，結果找到出口的效率比設計研究的科學家更高。由於黏菌在這類測驗表現如此出色，學者便開始利用它們的能力來規畫市區交通網路與大型建築的緊急逃生路線。（原注1）

看起來真的很聰明，而且黏菌（就我們所知）沒有意識，代表不具意識也能有智能。既然我們關心的是人類智能，為什麼要煩惱意識這個問題？

難以理解的意識

我念研究所的時光已經是很多年前的事情，隨著時代改變，如今意識成為心靈科學的主軸，獲得應有的地位。智能需不需要意識其實不是重點，但是不探討意識的話，心理學理論不可能完整，畢竟自我意識是我們唯一能肯定的現象。正如笛卡兒所言，人可以質疑一切，卻無法質疑自己是否有意識，例如我無法確認世界上其他事情的真假，但脖子痠痛的感受卻毋庸置疑。

意識問題還具有道德意義。人類砍伐樹木沒有罪惡感，因為我們堅信樹木沒有感受。但若這一點遭到推翻，我們恐怕就不敢輕舉妄動。哲學家傑瑞米・邊沁（Jeremy Bentham）

指出，涉及道德問題時，重點並不在於某物是否具有推理或交談的能力，而是對方是否感受得到痛苦。（原注2）而感受痛苦的前提，就是意識。

試圖理解意識會立刻遭遇難題，因為意識看來基本上是第一人稱的現象。我能確信自己經歷了什麼，卻難以肯定其他人（包括各位親愛的讀者）跟我一樣。

或許每一個會思考的人在生命中都曾經採取唯我論（solipsistic）[1]的觀點，開始擔心同樣的問題：身邊其他人說不定只是個空殼子，即使大家能發出各種咿咿呀呀的聲音，會微笑、尖叫和哭泣，但內裡根本沒有所謂的體驗存在。例如我家裡有智慧語音助理Alexa[2]，「她」會向我道謝和道歉、表示想要幫我，但我傻了才會信。Alexa不真的有感謝、歉疚的情緒或任何意圖。搞不好其他人類全都與Alexa一樣，只是演技更出色。

如果你也煩惱這一點，代表你走在成為哲學家的道路上。不過絕大多數人，包括絕大多數放下研究工作的哲學家在內，平日生活都會擱置這些疑慮，假設他人與自己一樣存有意識。人類外形相同，擁有同類型的大腦，行為也接近，所以自己身上的現象應該在其他人身上也能成立。之後我們還會探討，為何假設別人有心智、信仰、慾望、經驗是人類天性，認真懷疑身邊每個人都是機器，反而更像是腦袋出了問題。

然而，另一個隱憂比較值得深入探究。即使接受他人也有意識這個前提，仍然得擔心別人的體驗與我們自身的體驗符合到什麼程度。不過我們已經可以肯定有所差異。基因變異造成某些人成為色盲，而且男性居多，所以他們無法區分紅蘋果和綠蘋果。也有基因會影響味覺，不幸受到影響的人會覺得香菜吃起來像肥皂。有人無法在腦中構成圖像，但有人腦內畫面極其生動。更特殊的是聯覺（synesthesia），這種人體驗感官訊號的方式非比尋常，本書之後會介紹一位能嚐到色彩的人。

其他經驗差異或許就不那麼容易察覺，甚至根本無法判斷。約翰・洛克（John Locke）提出了經典的哲學案例：如果我看到的顏色在你眼中是另一種顏色怎麼辦？（原注3）我們都用「綠色」形容草，「紫色」形容茄子，因為我們習慣在詞語和經驗之間建立連結，但如果兩個人的經驗其實相反，你的「綠」是我的紫，你的「紫」是我的綠，我們又有什麼方法能知道？

很難得知別人腦袋裡裝了什麼。馬塞爾・普魯斯特（Marcel Proust）寫道：「儘管我們盡己所能試著與一個真實的人產生共鳴，很大程度上終究只能透過感官來察覺，於是不透明依舊存在，也是我們感性無力承受的沉重負擔。」（原注4）

不過也不能說在這方面人類徹底失敗。所謂溝通，就是根據線索對他人心思進行猜測，這方面我們通常還算成功。如果黑道開口說：「你這家餐廳不錯，出什麼事情就可惜了。」雖然對方沒有明確帶著威脅的詞語，店主卻能明確感受到危險。有時我們會透過別人表情推斷其心理狀態，例如看著某人的臉就會意識到對方是生氣、無聊，還是害怕。此外，人類能夠以自身經驗做為推測基礎，比方給別人做義大利麵的時候會自己先試吃醬汁味道，這個簡單行為反映出隱藏在大家心中的信念：這東西的味道對我與對別人是差不多的。換言之，我們能以自己的經驗代替別人的經驗。

但這麼做不是完全不會失敗。有時候過度依賴自身經驗會忽略人與人的差異。像我在

---

1 譯按：哲學理論，認為人類唯一能確認的就是自己的心靈。

2 譯按：Amazon 出品的人工智慧語音助理。

心理學導論課堂上用羅斯・佩羅（Ross Perot）說了笑話卻無法引發迴響，因為學生對一九九二年的美國總統選舉不像我那麼熟悉。我喜歡大蒜，但我的朋友不喜歡，所以晚餐我做了煙花女義大利麵[3]他吃不了幾口。我曾經以為《鬥陣俱樂部》（*Fight Club*）是適合約會時看的電影，結果大錯特錯，但是大家應該都懂吧，預告片在我眼中就是那樣子。

試著進入別人腦袋的行為，通常稱作同理，而當同理對象的意識與我們自己差別很大的時候，特別容易出問題。你怎麼有辦法想像匈人帝國領袖阿提拉（Attila the Hun）是怎麼想的？或者患有妄想性思覺失調症的人？還是一隻猴子？

換成蝙蝠又如何？湯瑪斯・內格爾（Thomas Nagel）在經典文章〈成為一隻蝙蝠是什麼感覺？〉（What Is It Like to Be a Bat?）中點出一個問題：人類可以想像自己成為蝙蝠飛行、從蝙蝠的眼睛觀察世界（原注5），但並不會變成蝙蝠，只是將自己的意識投射到蝙蝠身體裡。想真正知道成為蝙蝠是什麼感覺，那你真的得變成蝙蝠。

但我們也並非完全沒有推論依據。嬰兒會有什麼感受？威廉・詹姆斯的理論很著名，他認為心智始於混沌：「嬰兒同時受到眼睛、耳朵、鼻子、皮膚和內臟的侵擾，所以感覺百花齊放，卻反而雜亂無章。」（原注6）發展心理學家艾莉森・高普尼克（Alison Gopnik）提出不同觀點（原注7），她表示成年人能夠控制注意力（本書後面會更詳細討論這點），雖然可能會被外部事件吸引，譬如聽見有人叫自己名字就會特別留意，但大致上能決定自己要注意的目標是什麼。不過掌管抑制與控制的大腦區塊前額葉皮質發育得最晚，因此高普尼克推論嬰兒缺乏調節注意力的能力，他們很大程度上受環境支配，受困於當下，難怪經常

尖叫哭喊。（原注8）

前面關於意識的論點多半來自哲學、文學和日常觀察，從嬰兒這個例子我們才終於看見科學研究，例如大腦結構的科學研究，如何幫助我們瞭解意識的本質。

另一個例子是對時間流逝的主觀經驗。想像一下將蘋果拋向半空中看著它落地，我們可以想像一種生物覺得這個過程緩慢到極點，但對另一種生物而言則快得過頭。如果有一天地球人接觸到有知覺的外星生命，想成功溝通的話就需要雙方對時間的主觀經驗大致相似。（原注9）假如我們的一秒對他們來說感覺像一年，那要怎麼有效互動？反之亦然。

外星生命另當別論，我們自己的時間體驗又如何與地球上其他生物相對應？有些人認為這個問題無法回答，但也有人試圖比較不同物種之間的主觀經驗速度，儘管答案仍不確定也容有爭議。（原注10）其中一種方法是觀察「閃爍融合臨界頻率」（critical flicker-fusion frequency, CFF），也就是快速閃爍的光線在什麼頻率下會變成不閃爍的持續光點；當大腦速度跟不上，無法將每次閃爍視為獨立事件，意識也就察覺不到一次次的閃爍。人類的CFF大約是每秒六十次閃爍，但其他物種有不同數字，例如狗大約是每秒八十次。根據這個測試，牠們的意識比人類快，所以或許狗看人類總覺得是慢動作。

人類對意識的神經反應已經瞭解不少，觀察大腦狀態就能判斷如清醒、昏睡、專注、

---

3 譯按：spaghetti alla puttanesca，由於puttanesca本為粗話（類似中文「婊子」），因此現在店家很少用這個名字稱呼料理，中文也習慣以文藝方式譯為煙花女。

渙散等不同意識程度。腦電圖（EEG）可以記錄皮質的電活動振盪，振盪頻率反映出意識強弱。如果是8-15 Hz（每秒峰值）之間稱為阿爾法波（α），對應於放鬆狀態。如果低於4 Hz則稱為西塔波（θ），對應於睡眠。如果在較高的16-31Hz之間稱作貝塔波（β），對應於緊張。

我們也知道某些意識經驗能對應到大腦特定區域的活動。如果你躺進fMRI機器，兩隻眼睛前方各有一個獨立螢幕，神經科學家讓左邊顯示房子的圖片，右邊顯示人臉的圖片，而你只能聚焦於一側看見其中一張圖，但是意識經驗能夠在兩個圖像之間迅速切換。（原注11）房子和人臉會刺激不同腦部區塊，因此科學家通過fMRI數據，就知道你的注意力放在什麼地方。

這種研究發現的價值不限於理論層次。有研究團隊以同樣方法測試所謂的植物人，（原注12）雖然他們處於「閉鎖」狀態，無法說話或移動，但研究人員透過fMRI的方法，仍然能觀察到大腦活動。其實一般人想像自己在家裡走動，也會造成前額葉海馬旁迴的活動激增；要是想像內容為打網球，則會刺激運動皮質。一項研究十分引人注意：研究人員嘗試與代號「患者二十三」的受試者溝通，表示要訊問一些事情，請他想像打網球來代表「是」，想像在房子裡走動代表「否」。第一次對話由神經科學家馬丁·蒙提（Martin Monti）進行：

「請問你父親的名字是亞歷山大嗎？」

該男子運動皮質產生活動。他想的是網球，代表「是」。

「你父親的名字是湯馬斯嗎？」

海馬旁迴開始活動。他想像自己在屋內走動，代表「否」。

「你有兄弟嗎？」

網球——「是」。

「你有姊妹嗎？」

房子——「否」。

「受傷之前，你最後一次渡假地點在美國嗎？」

網球——「是」。

答案全部正確。蒙提驚訝不已，不顧他的研究夥伴歐文（Owen）還在開會，直接打電話過去。歐文認為需要多問一些才能驗證，小組也討論了可能的題庫，例如「你喜歡披薩嗎？」因為不夠明確而排除。他們決定深入探索，於是蒙蒂再度啟動對講機。

「你想死嗎？」

那天晚上第一次，研究團隊沒有得到明確答覆。（原注13）

「全局工作空間理論」（Global Workspace Theory）嘗試詮釋意識如何在大腦運作，（原注14）其核心觀點在於大腦的感官區塊會在接收到外界訊息時啟動，例如身處派對聽見旁邊的人

談話。起初這是無意識的反應，但如果信息引發專注，例如開始留意他們談話的內容，就會進一步刺激前額葉和頂葉，於是訊息進入意識中。進入意識的訊息會被廣播到大腦其他部分做更深入的有意識處理，例如開始思索對話的內容。全局工作空間理論提出可以測試的預測方式，學界對於這個模型和其他競爭選項的利弊得失有非常豐碩的討論。（原注15）

但還有一個更大、更難處理的問題，就是如何從更概括的角度思考意識。（原注16）部分哲學家認為意識是運算系統的產物，而運算建立在什麼物質上並非重點。以大腦來說，運算由神經元進行。若換作其他生物，意識或許可能經由別的媒介產生，比方科幻小說會出現的矽基生命形態。意識甚至不必與生命掛鉤，在這類觀點的變體下，我們可以掃描大腦，將所有資訊上傳到機器，然後由機器人延續本人存在，又或者本人還存活時機器人就只是個複製品。在這種詮釋意識的模式底下，永生並非不可能。

也有人將意識視為類似消化或有絲分裂的生命現象。若採取這種觀點，電腦就只是模擬人類思維，因此期望電腦產生意識就像期望虛擬雷雨真正淋濕身體一樣荒謬。（原注17）所謂將意識「上傳」雲端其實有點混淆視聽，因為意識是生理大腦的產物，失去大腦的同時意識就跟著消失。

很多人加入這場論辯，我認識的每個參與者都決定選邊站（原注18），兩邊各有擁護者。如果運算論的觀點正確，代表以某種方式改造我的 MacBook Pro，或許設法大量提升處理器效能與記憶體容量，它就會和人類一樣有自我意識，能夠感受痛苦和愛。（屆時摧毀這臺機器等於殺死一條生命。）這樣的結論似乎有點詭異。

但換個角度，如果大腦的物理結構是必要前提，代表透過程式賦予機器意識絕對不可能成功。即使仿生人的行為、語言、情感表達等各方面都與人類並無二致，在這種觀點底下，它的直覺也不會比一塊石頭更多。可是許多人會認為這樣太武斷，同樣有道德疑慮。

可惜現在連如何判斷何者正確都沒有辦法。就算製造出言行高度複雜的機器（就像電影裡那些機器人，無論是敵是友），我們又怎麼知道對方是否具有意識？兜了一大圈我們又回到原點，卡在最初就參不透的問題上。

大腦如何產生感知經驗

現在我們又掉進意識難題，也就是物理性質的大腦究竟如何產生感知經驗。所以姑且退一步問：有沒有**比較簡單**的部分？

哲學家戴維・查爾默斯引入「難／易」區分。他認為相對容易的部分是解釋「接近經驗的各種認知與行為功能，包括感知辨識、分類能力、內部存取、口語表達」。（原注19）我們很難解釋大腦如何產生「看見紅色」這種難以言喻的經驗，但要解釋人類如何將某物歸類為紅色、孩子如何學習「紅色」這個詞彙、為什麼有人是色盲則相對容易。（順帶一提，「易」在這裡有點玩笑性質。查爾默斯明白這些問題還是極其困難，他只是要表達這些問題可以處理，也就是能透過現行的科學標準方法找到答案。）

對這種種問題的另一種思考方式由哲學家內德・布洛克（Ned Block）提出，他認為應當區分「現象意識」（phenomenal consciousness）和「取用意識」（access consciousness）。（原注20）現象意識是「處於那種狀態時是如何」（難題），取用意識則是「進行推理、以理性引導言語及行為時的意識有無」（易題）。如果你對某事存有意識而可以告知別人（例如你現在正在閱讀的字詞），這是取用意識，與有這個意識時是什麼感覺（如果有的話）無直接關係。

心理學家對取用意識（以下我直接稱為「意識」）有了一些發現。首先，取用意識是有限的，先前提到的例子裡，研究者分別在受試者左右眼前面播放房子與人臉的圖像，受試者或看見房子，或看見面孔，但無法同時體驗兩者。另一個例子是當我們觀察外界時，通常先注意到自背景凸顯出來的人事物，或者稱為「圖」（figure）和「底」（ground）的分別。一般而言，圖和底很好分辨，但聰明的心理學家能製作出模稜兩可的圖像，畫面中的兩部分何者為圖、何者為底都能說得通。下面這個經典範例是由艾德加·魯賓（Edgar Rubin）於一九一五年開發而成。（原注21）

這張圖可以說是黑色兩張面孔互望而白色是背景，也可以視為白色花瓶放在黑色背景上。重點是我們無法兩種版本同時看見，而是交互輪流浮現在腦海。

還有其他方式能看到意識的極限。認知心理學的一種巧妙手法是讓人戴上耳機，左右耳分別播放兩段不同演

講。要是人類能夠兩側同時注意，就好像同時聽兩個不同的podcast，豈不是很棒嗎？可惜我們做不到。如果被迫專注於一側，例如要求受試者複述聽見的內容（稱作「跟述」shadowing），通常他就會直接忽略另一邊耳朵聽見的訊息。

雖說是忽略，但其實並非完全忽略。受試者可能對另一邊的訊息沒有取用意識，但依舊在無意識[4]中注意著內容。例如進行跟述的受試者專注在一側聲音，另一隻耳朵聽見很多字詞卻通常不知道意思，然而若忽然出現自己的名字還是會發現（原注22），因為注意力被拉過去了。

大家可能在現實生活中經歷過類似情況，稱作「雞尾酒會效應」。當你在宴會上專心進行一段對話時，很難注意旁人說了什麼，但某些詞語出現時，你的注意力就會跑掉，例如當你聽到自己的名字，或者特定的禁忌用語也常有這個效果。（原注23）或許你就有過這種經驗：本來非常熱絡的場面裡忽然有人冒出不堪入耳的髒話，於是瞬間鴉雀無聲，大家都停下來注意吐出那個詞的人。

不過實際上只有很小一部分的感官經驗能得到處理，其他的確實遭到忽略並且永久遺失。「我們之中的大猩猩」是一次很有名的研究，受試者得看一段影片，內容是穿著白襯衫和黑襯衫的人站在走廊互傳籃球。（原注24）研究人員請受試者注意穿白襯衫的人，計算他們傳球多少次。受試者不會覺得難，但這確實占用了他們全部的注意力。有趣的是：影片中間會有個扮成大猩猩的人走進場景，站在畫面擊打胸口一陣子才離開，但竟然大約有一

---

4 譯按：unconscious目前有潛意識與無意識兩種譯詞，心理學專業領域採用無意識較多。

半受試者根本沒發現。對於沒被要求專注於傳球的觀眾而言，大猩猩跑進畫面實在顯眼到不行。

多數人對意識的限制一無所知，以為自己能留意到世界的一切，而非只是其中一小部分。我們還常常覺得自己能做到真正的一心多用，而不是單純的注意力來回往復。邊寫電子郵件邊看電視、邊修草坪邊聽podcast的時候，這些限制不會造成太大危害，但在需要全部注意力的場景，分心則可能致命。駕駛就是個例子，即使以免持手機模式講電話也會降低反應時間，程度其實與法律規定的酒駕相差無幾。（原注25）

意識的專注力有限，人類如何好好生活？其實我們有個長處，就是反覆進行相同行為之後，可以將其轉入無意識，因此能夠釋放意識空間注意其他事物。例如一個人剛開始學開車，駕駛這個行為會占用他全部注意力，他幾乎無法同時做別的動作。但是慢慢地，經過一段長時間，駕駛就會變成習慣，心思可以轉移到別的地方，比如對話或聽廣播，就像進入自動駕駛模式。人可以邊走路邊嚼口香糖、邊開車邊聊天、邊修草坪邊聽podcast。只要習慣了，就可以在無意識中進行。

「習慣」解放了我們。亞里斯多德主張行善的極致就是自然且本能、無需思考地做出正確的行為。無獨有偶，儒家主張透過禮樂儀式與反覆練習達到從心所欲的無為。（原注26）就連現在流行的勵志書也提醒大家：無論飲食、運動或與親友相處，如果想改變自己的生活方式，關鍵在於將期望的行為養成習慣，之後就會覺得容易了。

威廉．詹姆斯於一八九〇年出版《心理學原理》（*The Principles of Psychology*），他在書中以一貫的文采宣揚養成好習慣的重要性。（原注27）（其實稍微潤飾，現在重新出版應該也能登上《紐約時報》暢銷榜）：

日常生活中越多瑣事能夠不費心思自動進行，心智就能騰出越多高階能力處理更重要的事物。無法養成習慣，事事懸而未決，每次點菸、每喝一口飲料、每天何時起床上床、每個動作如何起頭都要再三斟酌的人，會活得非常辛苦。他們有一半時間花在做決定與回心轉意，但這些事情正常來說應該早就烙印在腦海裡，根本不必占用意識。如果讀者之中有人無法靠習慣處理上述這類小事，請立刻設法解決這個問題。

如果你會自動自發運動，身材自然不會差。如果你每天都在掙扎要不要運動，基本上已經失敗了。因為失眠問題進行心理諮商（這是我個人經驗），得到的第一個忠告會是盡量固定時間就寢與起床。我也建議指導的研究生每天保留同樣時段進行寫作，習慣以後就不會被雜務分心。早晨最合適，不僅因為（但的確）晨間是多數人心理最適合深層工作的時間，(原注28)也不僅因為（但的確）早上會分散注意力的事情比較少，還因為這個時段最容易建立無需思考的例行程序——起床、梳洗、煮一杯濃縮咖啡，然後走到桌子前面開始工作。（這本書就是這樣寫出來的：每天早上醒來以後花一小時耕耘。）

先前曾經提過：成年人與嬰兒的意識差別之一，在於是否能夠控制。瑪莉亞·柯妮可娃（Maria Konnikova）在《福爾摩斯思考術》（*Mastermind*）書中，教大家如何培養福爾摩

斯的思考能力，她引用奧登（W. H. Auden）的一句話做為開場白：「留意何者、忽略何者是內在的關注，其地位等同於外在的行為，兩者都是自己的選擇，也必須由自己承擔後果。」（原注29）

然而人並非時時刻刻都能控制得宜，我們體內還留著一點嬰兒的特質，有可能受到外界的影響和操縱，就像先前提過的雞尾酒會效應。如果身旁的人說起自己不想聽的話，真正有效的方法是堵上耳朵，因為一旦聽覺神經開始對詞語產生反應就來不及了，你想不聽也不行。（原注30）放在閱讀也成立，一旦識字並化作習慣，看見文字自然會接收到意義。無論你多不想知道下一頁寫些什麼，只要眼睛掃過去你就回不了頭：

有隻猴子躲在你的頭髮裡！

上面這個現象在一九三五年發展為「斯特魯普效應」（Stroop effect），以其發現者約翰．萊德利．斯特魯普（John Ridley Stroop）命名。（原注31）假設你看到一列以不同顏色寫的單詞，例如「杯子」是紅字、「遊戲」是綠字、「方塊」是黃字，然後有人請你忽略文字內容，直接報出顏色。這個階段並不難，大家很快能說出：紅色，綠色，黃色。

但再想像一下：如果字詞本身就是顏色怎麼辦？「綠色」是紅字寫的，「藍色」是綠字，「紅色」是黃字。規則相同，報出字是什麼顏色，結果卻變得很困難，多數人反應慢了好幾拍。之所以有這種現象，是因為習慣閱讀的人一讀到「綠色」兩字，腦袋裡想的就是綠色。花點心力可以克服這種反應並正確回答「紅色」，但需要多點時間。

說到這兒，我忍不住想跟大家分享一個故事：斯特魯普效應可以用來抓間諜。我很喜歡一部叫做《冷戰諜夢》（*The Americans*）的電視劇，故事描述一九八〇年代兩個住在美國的俄羅斯特務。想像一下，如果你是聯邦調查局探員，正在審問這兩個俄羅斯間諜。你想先判斷他們看不看得懂俄文，他們理所當然會否認，聲稱自己一輩子沒離開過美國，與蘇維埃毫無瓜葛。即使你懷疑他們撒謊，但能怎麼辦？

很簡單。給他們一長串不同顏色書寫的外語詞彙，要求他們盡快說出文字顏色。先用印度文、韓文和芬蘭文讓他們熟悉規則，然後就拿出這個：

красный（綠色字體）
зеленый（紫色字體）
синий（黃色字體）

像我這種看不懂俄文的人，很快能夠回答「綠色、紫色、黃色」。但想必各位讀者都猜到了，這幾個詞是俄文，而且意義本身就是顏色：綠色字體寫了「黃色」，紫色字體寫了「紅色」，黃色字體寫了「藍色」。如果你懂俄文，就會不由自主反應出字詞意義的顏色，於是根據斯特魯普效應的邏輯，間諜回答的速度會變慢。

———

意識這個主題能夠涵蓋整個心理學領域。神經科學家研究意識的體現，也就是大腦。

認知心理學家探索感官、知覺、判斷、選擇如何取用意識。發展心理學家研究兒童如何出現意識，包括所謂自我意識情感，如尷尬和自豪。臨床心理學家則研究意識障礙，例如某些病人感覺身體不屬於自己。

許多有趣的發現來自社會心理學研究，探討人類日常生活中有意識的經驗的本質。一項研究請受試者在手機安裝特殊的應用程式，每天隨機跳出訊息[原注32]，內容是詢問受試者當下的感受、行為、注意力是否渙散（「你是否正在思考與目前行為無關的事情？」）。這項「經驗抽樣」研究發現，人類分心的頻率非常高，幾乎占了一半時間。順帶一提，研究還發現，相較於專注當下，人在思緒漫遊的時候反而更不快樂，因此該論文標題是〈胡思亂想的心，是不快樂的心〉（A Wandering Mind Is an Unhappy Mind）。

當我們的思緒沒有亂跑的時候，經常會好奇別人在想些什麼，然後結論通常都是：他們在注意我們。公元兩千年，心理學家托馬斯・吉洛維奇（Thomas Gilovich）的團隊提出一項研究，方法是請大學部學生穿上印有尷尬照片的T恤——最後的選擇是不太「酷」的歌手兼詞曲創作人巴瑞・曼尼洛（Barry Manilow）。[原注33]研究者請學生穿著T恤去上課，事後詢問受試者自認為有多少人注意到，而答案往往會高估了。另一項研究中，受試者的T恤圖像是較受歡迎的人物，如巴布・馬利（Bob Marley）、馬丁・路德・金（Martin Luther King Jr.）或傑瑞・史菲德（Jerry Seinfeld）。結果一樣，受試者大幅度高估旁人注意到圖像的機率。

這就是所謂「聚光燈效應」（spotlight effect）：我們通常會高估別人注意自己的程度，無論正面或負面。

聚光燈效應源於意識的第一人稱性質。吉洛維奇團隊引用大衛・福斯特・華萊士（David Foster Wallace）的句子：「你在你所有經驗之中都是絕對的中心。」我非常關注自己的外表，於是假設別人也很關注我的外表，但我沒意識到的是他們和我一樣，關注的是他們自己的外表。

我喜歡向大學生說明這些研究發現，因為班上常有很多人剛脫離青少年階段，而青少年又非常容易陷入自己是世界焦點的錯覺，對於外觀、舉止、出糗太過介意。一旦他們明白別人根本不太在乎你的尷尬，心裡反而輕鬆許多。

這些發現對青少年之外的人也頗有意義。吉洛維奇團隊進一步將研究結果連結到遺憾（原注34），研究者訪談壽命所剩不多的人，發現他們的遺憾通常都是自己沒做的事情，而他們之所以不去冒險或逃避某些選擇則是擔心被別人嫌蠢。既然知道其他人沒空時時刻刻盯著自己，我們就能活得更坦然自在。

有什麼辦法可以脫離過度的自我關注？一個答案是身處人群中。社會心理學家古斯塔夫・勒龐（Gustave Le Bon）在一八九五年指出，進入群體中可以消解一部分的自我意識，「人群中的個人就像沙漠中的沙隨風翻騰。」（原注35）

失去自我關注有好有壞。有時候這能帶來很大的歡愉，例如狂歡派對、音樂會或熱鬧的成人禮中，所有人的活動都同步了，自我與他人之間的界限模糊，就像饒舌歌手阿姆（Eminem）說的：最好沉浸音樂中（Lose Yourself）。

但是身處人群也可能導致愚蠢和殘暴。隨著意識程度降低，良知也隨之消散，於是我們可能不願對他人伸出援手，這就是所謂的旁觀者冷漠。（原注36）身邊人越多，你對別人的關心就越少。一種解釋是個體責任遭到稀釋：如果我獨自走在樹林，看見一個孩子迷路哭泣，內心會生出幫助對方的衝動；但如果身處人群，我就能告訴自己會有別人去處理，個人的不作為無關緊要。

另一種降低意識程度的方法就在酒櫃裡。漢學家森舸瀾（Edward Slingerland）在《我們為什麼愛喝酒》（*Drunk*）裡點出酒精造成諸多問題，但也主張酒醉是個逃離意識的抒壓手段。（原注37）他引用陶淵明《飲酒詩》系列的其中一首：

故人賞我趣，挈壺相與至。
班荊坐松下，數斟已復醉。
父老雜亂言，觴酌失行次。
不覺知有我，安知物為貴。
悠悠迷所留，酒中有深味。

脫離自我意識的最後一個辦法，是在正確的情境下，施以適量的痛楚。（原注38）一位女調教師的名言得到所有愉虐愛好者引用：「鞭子是幫人活在當下的好辦法。他們挪不開眼睛也思考不了別的東西。」（原注39）

「取用意識」的優點在於能夠將心智某部分的資訊傳遞給另一個部分運用。這種優勢可以反映在語言：溝通是為了將特定資訊從這個人的大腦傳遞到那個人的大腦，譬如「果樹在那邊」、「我有魚可以賣給你」、「你朋友受傷了」。這類訊息只是擺在腦袋裡頭發揮不了作用，必須有**意識地**加以運用。

但並非大腦裡所有內容都能隨便取出。舉例而言，儘管人類透過間接手段能夠測量自己的血壓和心跳，卻無法直接得知這些身體數據。後面章節會提到另一個現象：人類根本無法意識到大腦如何將視覺刺激轉換為資訊、將聲音或符號解析為語言，甚至有些情況下連心中特定的念頭、成見，以至於情緒都無法察覺。有首童謠以命令句起頭：「如果你快樂，你就拍拍手。」寫這歌詞的人對心靈運作觀察入微，所以發現孩童有可能**不知道**自己很快樂。

為何不讓所有訊息都進入意識？或許人類的生理系統處理能力有限。你可以看到花瓶，又或者看到臉孔，但無法同時看到兩者。換作更聰明的生物，或者進行了神經改造的未來人，大概就能夠辦到。

另一種觀點認為，隱藏某些訊息或許對人們是好事。下一章會談到佛洛伊德，他就主張某些內容對表面意識刺激過大，因此會遭到抑制。比方說有個男孩怨恨自己的父親，但又覺得自己的心態可恥且危險，於是這股仇恨就被隱藏到意識之外，儘管有可能以口誤或夢境等隱微的形式洩漏跡象。直接詢問的話，男孩會發自內心堅稱自己敬愛父親。總而言之，健康的心靈有可能掩蓋某些特定想法。

也許你對佛洛伊德的理論有所保留（我個人也是），但演化生物學家羅伯特．泰佛士（Robert Trivers）提出了相關理論（原注40），他的推測是，將訊息保留在無意識內有助我們欺騙他人。

舉例而言，想像你正在玩撲克牌，但偏偏你是喜怒形於色的人，大家都能從你的反應猜到牌面。如果有個辦法幫你不意識到手牌卻能繼續玩牌，你就可以做到名符其實的撲克臉。雖然玩牌的時候做不到，但泰佛士認為我們能夠在生活其他層面實現，無論戀愛關係還是敵對衝突。（原注41）怎麼欺騙別人的感情？在意識中，你是真的愛對方，欺騙的部分都放到意識之外了。怎麼嚇唬敵手，讓對方以為你絕對不會讓步？在意識中相信自己不會讓步——即使事實並非如此。

這種對自己無知有更簡單的運用方式：兔子被狗追趕時，逃跑路線是隨機的，牠會盡可能使路線曲折到難以預測。（原注42）原因很簡單，如果兔子自己知道下一步往哪個方向跳，身體一定會有準備動作，狗就能夠預判而搶得先機。對兔子而言，最安全的做法是跳躍瞬間才知道自己的落點，換句話說，缺乏自知反而是生存關鍵。

還有一些時候，人類希望徹底消除意識。最常見的形式是嘗試入睡，偏偏有時候入睡困難得超乎想像。心智沒有開關，只能改造環境來舒緩。行銷大師羅里．薩瑟蘭（Rory Sutherland）對失眠的比喻很貼切（原注43）：

想像宇宙間有一種想入睡就入睡的外星物種，在他們眼中地球人的就寢行為一定荒謬到極點。「這個星球的人睡覺不好好睡，偏要進行奇怪的宗教儀式，」外星的地球人專家做出評論：「需要關掉燈光、將聲音減到最低，然後挪開床頭的七個靠墊。靠墊為什麼堆在那裡目前仍是不解之謎。之後他們躺在寂靜與黑暗之中，不只期盼睡眠降臨，還會設置一個奇怪的機器在指定的時間發出鈴聲喚回意識，而不是想清醒就能夠清醒。整個過程莫名其妙。」

身為大半輩子都失眠的人，我唯一的慰藉就是自己情況還不到最糟糕。有個德國神話是水仙子溫蒂妮愛上人類與其結婚，但男方出軌了。溫蒂妮以一個特殊的方式懲罰丈夫：將無意識的行為——呼吸——變成需要意識控制。換句話說，如果她丈夫睡著了失去意識，很快就會停止呼吸窒息而死。

令人感慨的是，現實中也有這種案例，因此「中樞神經性換氣過度症候群」有了「溫蒂妮的詛咒」這個別名。（原注44）罹患此症的人睡覺時無法保持正常呼吸，很可能因此死亡，所幸及早診斷的話，藉由呼吸器就能得到保障。意識平時是種恩賜，卻也可能成為沉重的負荷。

第三章
佛洛伊德與無意識

說起大家都認識的心理學家，想必就是西格蒙德．佛洛伊德（Sigmund Freud）。他生於一八五六年，在維也納度過大半生，納粹占領奧地利後他逃到倫敦定居，一九三九年過世。佛洛伊德成年後一直頗有名氣，就影響力和受歡迎程度來看，可以與愛因斯坦相提並論。愛因斯坦解釋了空間、時間和能量的奧祕，佛洛伊德則揭開了靈魂的面紗。

精神科醫生彼得．克拉馬（Peter Kramer）簡單扼要描述了過去到現在支持佛洛伊德的人如何看待他：

他透過獨特的洞察力將治療工作轉化為創新科學，還藉由自己開發的方法發現並繪製出無意識（unconscious）的地圖。佛洛伊德為心智各部位命名並探索運作原理，同時勾勒出人類從嬰兒到成年的心理成長軌跡。他辨識出多數精神疾病的成因，而且發明了治療方法。（原注1）

佛洛伊德的發現不同凡響：

他發現表面理性之下潛藏著黑暗衝動與矛盾渴望，兩者融合形成可預測的模式，稱之為「情結」（complex）。他向世人證明了文化和個人生活都充斥著隱藏的象徵；人類的風俗和行為想要隱藏卻又披露出與文明社會不相容的性和攻擊驅力。佛洛伊德的理論可以更新古代哲學，從現代角度演繹生命的悲劇。在佛洛伊德之前，我們彷彿從未認識過自己。（原注2）

這是對於佛洛伊德諸多觀感的其中一個版本，而且接受的人依舊不算太少。然而這套說法退流行了，亂髮不羈的愛因斯坦依舊受人尊敬，佛洛伊德卻受到許多人摒棄和鄙視。部分原因在於他個人品行問題遭到揭發。在克拉馬引用的文獻裡，佛洛伊德「曲解事實以配合理論，以幾乎無關其個人理論的方式進行治療，還將實際失敗的案例宣稱為成功」。（原注3）另外，他搶了別人的功勞，卻將自己的失敗歸咎他人，曾經故意媒合他的患者（兼同業）與一名貴婦結婚，但該位女士明明是那位同業的病人；事後他也坦承，這麼做是希望她出錢支持他的精神分析計畫。弗雷德里克・克魯斯（Frederick Crews）曾經為佛洛伊德寫傳記，一位評論家讀完之後將克魯斯筆下的佛洛伊德總結為：「騙子、無賴、亂倫、戀童、仇女、拜金、剽竊慣犯，從骨子裡就壞掉了。」（原注4）

至於他的理論也有很多爭議。許多學生得知心理學系幾乎不開設有關佛洛伊德的課程會覺得訝異。實際上，即使你沒聽過他的名字，也能拿到一流大學的心理學學士文憑。（其實人文學科對他的興趣比較大，英語文學教授聊到佛洛伊德的機率比心理學教授大得多。）我剛開始在亞利桑那大學擔任助理教授時，就開過一門「達爾文、佛洛伊德和圖靈：對心靈的三種觀點」的討論課程，但不只一位資深同事給我忠告：把中間那個人拿掉，這門課程會更棒。很多心理學家承認佛洛伊德創立的心理動力學派（Psychodynamics）是這個領域很重要的發展階段，但同時認為那是不堪回首的過往，好比藥廠靠賣毒品起家。

持平而論，佛洛伊德很多想法確實奇怪。他堅持陰莖嫉妒（女孩發現自己沒有陰莖所產生的心理創傷）、閹割焦慮（男孩擔心自己會失去陰莖）和「原初場景」（佛洛伊德以此指稱兒童看見父母做愛）的重要地位。在他眼中，母親去世以後的男孩被父親養大會如何呢？他會因為「放大的閹割焦慮」變成同性戀。治療過程中將裙子下擺拉去蓋住腳踝的年輕女孩是怎麼回事？有暴露狂傾向。還有個年輕男性患者第一次接受治療，躺下之前先撫平長褲皺褶，這又怎麼了嗎？佛洛伊德的註解是，病人「透露自己曾經是極度講究的糞便戀者」。所謂糞便戀，顧名思義是對糞便有性幻想！（原注5）

提出驚人主張本身不是問題，許多出色的心理學家都提出過反直覺又造成不安的理論。這是好事，代表科學趨於成熟，能夠超脫常識、挖掘人類還不具備的知識。而且性或許真的比很多人以為的更重要。可是佛洛伊德對自己異想天開的說法少有佐證，絕大多數情況毫無論述可言，因此他的激進觀點幾乎都沒能通過時間考驗。

話雖如此，我個人仍然認為佛洛伊德的思想價值不低。我認為可以保留他理論的某些核心見解，愚蠢的部分就加以排除。許多佛洛伊德追隨者就是如此處理，例如阿爾弗雷德・阿德勒（Alfred Adler）更加強調自尊心（也創造「自卑情結」這個術語），卡倫・荷妮（Karen Horney）則專注於溫暖和情感在孩提時代的重要性。

對我來說，無意識心靈與它自己的鬥爭是最吸引人的部分。佛洛伊德及其追隨者認為人類並非單一的思考個體，每個人都有內在衝突，其中很多遭到隱藏壓抑。第一個聚焦在無意識動機與衝突的學者絕非佛洛伊德，但他對此的思考程度前所未見，其心靈科學本質就是研究不受控的無意識。

佛洛伊德的發展理論

將無意識視為第一優先令人不安，有可能比先前提到只顧大腦的唯物主義更令人不安。放棄非物質的不朽靈魂的觀念都已經很難了，承認我們對於自己生命並不具有完整控制權自然更加困難。

假設你決定結婚，有人問你為什麼，你可能會說出類似以下的答案：「嗯，我覺得時機到了，準備好要定下來。我真的愛這個人，不希望生活裡缺了一塊。」但佛洛伊德派的人可能會主張真相並非如此，妳那麼想嫁給約翰是因為他讓妳想起父親、你那麼想娶蘿菈是為了報復母親的背叛，又或者提出各式各樣奇奇怪怪的原因。當事人聽了這些說法可能會憤怒並加以否定，可惜這麼做無法阻止佛洛伊德派認為他們比你更瞭解你自己。（事實上，佛洛伊德派會認為你生氣就代表他們說中了。）

上面這個結婚的例子很極端，但有很多比較單純的例子能顯示我們似乎受到自身意識外的力量所影響。你曾經強烈喜愛或厭惡某個人但不知道原因？你曾經在最不恰當的時間點忘記某個人的名字？你曾經明明做好萬全準備要赴約最後卻錯過？

根據佛洛伊德的理論，無意識滲透到日常生活許多方面，也反映在夢境、笑話和某些語言錯誤上，所以現在常常將口誤稱為「佛洛伊德式錯誤」（Freudian slip）。他本人的形容則是：「有眼能看、有耳能聽的人就該知道，世上沒人守得住祕密，即使雙脣沉默也能透過指尖說話，全身上下每個毛孔都可能出賣自己。」（原注6）

唐納．川普談到妻子梅蘭妮亞時提到：「她有個兒子。」這話似乎是忘記巴倫也是他自己的骨肉。一位神經科學家對著大廳裡數百位聽眾講課，先描述一連串自閉症的研究，接著脫口而出：「後來也對人類進行了類似研究。」彷彿他認為自閉症患者不算是人類。《六人行》（*Friends*）其中一集（「羅斯婚禮」）劇情是羅斯的婚禮毀了，因為他向艾蜜莉說結婚誓詞的時候，竟然說成：「我，羅斯，願意娶妳瑞秋為妻。」他不小心說出自己心裡真正愛著誰。

許多人懷疑這種例子是否真的有意義，然而在某些情況下，佛洛伊德的方法似乎確實能挖掘出我們從前不知道的東西。接下來的討論會舉出實例。

———

如果無意識能像電腦一樣遵循理性並保護當事人利益，那麼強調無意識不成問題。但佛洛伊德認為無意識是一團混亂，由立場迥異、衝突劇烈的三個心理程序結合而成。

第一個過程名為「本我」（*id*），人出生時已經存在。本我是一個人的動物部分。本我想要吃喝、排泄、獲得感官愉悅，按照佛洛伊德所謂的「快樂原則」（pleasure principle）運作，追求立即性的滿足。

可惜世界不任人予取予求，即使最受寵愛的嬰兒也很難什麼慾望都能立刻滿足。孩子想吃奶不代表母親乳房就在面前，孩子要擁抱的時候大人或許在隔壁房間。

沒能從世界得到滿足導致第二個系統出現，名為「自我」（*ego*）。意識由此展開，自我就是「我」。自我的出現使人對現實產生基本理解，促使我們設法滿足慾望，或者克制慾望，這是「現實原則」（reality principle）運作的結果。

到了發展後期，三位一體結構成型，「超我」（*superego*）隨之出現。這部分的心靈內化了道德規範，最初來自父母，之後來自廣義的社會。嬰兒生氣的時候可能想打自己父親的臉，如果只有本我就真的會動手。但長大以後擁有了自我，孩童會意識到這麼做後果不妙，爸爸會生氣，於是學會收斂脾氣。再過一段時間，孩子有了超我，就有可能僅僅因為認知到行為不當而克制。從某個階段開始，人的慾望不僅受限於對後果的恐懼，也受限於特定的道德準則。

佛洛伊德認為自我服務兩個主人，夾在本我狂暴的動物慾望與超我的良知中間。看到這種文字敘述，應該很容易覺得本我就是愚蠢、禽獸；超我則先進、文明，就像漫畫裡一個人（自我）的肩上一邊是惡魔（本我），一邊是天使（超我）。然而這不完全正確，超我設定的許多禁忌建立在社會的偏見與信念上，未必是透澈清晰的道德理解，因此人有可能理智上相信某些行為（也許是與性有關的行為）無傷大雅，畢竟沒有傷害到別人，但超我卻在內心大吼大叫說那樣做很噁心、很不恰當，並對個人的幸福快樂造成阻礙。

以上是佛洛伊德的發展理論的基礎：人以本我為起點，發展出自我，然後再發展出超我。仔細留意會發現他對心理發展的一些觀點非常眼熟，因為自從一百多年前在維也納提出之後，這些觀點已經滲透全球流行文化。

佛洛伊德還提出五個主要發展階段，每個階段連結到身體不同部位。如果某個階段遭遇問題未能適當解決，人的心理可能就會卡在那裡，這個現象佛洛伊德稱之為「固著」

（Fixation）。往後當事人追求愉悅的方式會與生命中未能成熟的時期相呼應。

第一個階段是生命開始之後第一年，稱為**口腔期**。在這個階段裡，愉悅與嘴連結在一起，因此佛洛伊德認為斷奶方式不正確可能導致成年後的口腔固著。從字面意義解釋，代表可能食量過大、愛嚼口香糖或抽菸；若以隱喻的角度切入，代表性格會變得依賴他人、需要情感支持。口腔固著也與信任和嫉妒這兩方面的問題有關。

接下來是**肛門期**，大約從滿週歲到三歲。這階段的愉悅與肛門相關，重要事件包括如廁訓練。若在肛門期遭遇過困難，成年後可能表現出強迫症、潔癖與吝嗇，因為他們不願意與自己的糞便分開（隱喻角度）。這種概念已經融入語言，例如英語會用anal（肛門）來形容過度完美主義、吹毛求疵的人。

然後是**性器期**，約在三歲到五歲之間，此時愉悅焦點轉移到生殖器。佛洛伊德認為人格在這個階段會發生重要轉折，稱為伊底帕斯情節，典故來自公元前四三九年索福克里斯（Sophocles）的戲劇《伊底帕斯王》（*Oedipus Rex*），故事主角在不知情的前提下手刃生父還娶生母為妻。

佛洛伊德的觀點是，每個男孩都要經歷類似事件。處於性器期的男孩很在乎自己的陽具，而且想尋找外部的情感對象。哪個女人是他所愛而對方也愛他？答案就是母親，所以男孩想和媽媽睡覺。但他父親怎麼辦？一山不容二虎，所以佛洛伊德聲稱男孩會開始憎恨父親，希望他消失，為了娶媽媽不惜弒父。

佛洛伊德還認為男孩會誤以為大家都能看穿自己的心思，於是擔心父親會發現計畫並先下手為強，以閹割自己做為報復手段。因為後果不堪設想，所以男孩放棄謀殺計畫還轉而與父親結盟。這個階段成功會如何？根據佛洛伊德的說法是：建立起男性的身分認同和成為異性戀。失敗的話呢？可能變成同性戀，又或者發展為過於關注權力和權威的超陽剛氣質（hypermasculinity）。

讀者可能已經留意到這個理論只針對男孩。女孩是否也有獨特的發展階段？精神分析學界對此爭論不休，有人主張也存在厄勒克特拉情結（Electra complex），這個術語並非出自佛洛伊德，而是由他知名的追隨者卡爾．榮格提出。（典故來自另一個希臘神話，厄勒克特拉與親生母親爭奪父親的愛。）榮格的論述很複雜，涉及陰莖嫉妒、渴望造出沒有丟失陰莖的兒子、從陰蒂到陰道是一種性成熟的表達等等，架構非常龐大。

經歷混亂的性器期之後會有一段喘息時間，名為**潛伏期**。此時性慾休眠，孩子較認同父母中同性一方，注意力放在嗜好、校園和友誼。

從青春期開始，性感覺重新浮現，健康成年人不只能從性關係，也能自其他活動中得到快樂。這個階段稱作**兩性期**。佛洛伊德認為若人在哺乳或如廁訓練等早期階段發展不順利，成年以後得一輩子面對相關的心理問題。

佛洛伊德的夢境解析

就算是相對健康的成年人依舊要面對各種挑戰，其中之一是本我會產生各種慾望，其中許多遭到超我禁止。不僅僅是不能做，甚至連想都不該想。可是遭到壓抑的慾望有一部分會溢出，有時候反映在笑話與口誤，也就是先前提到所謂佛洛伊德式錯誤，有時候則反映在夢境。

佛洛伊德對夢境提出很多看法，最有名的著作就是《夢的解析》（*The Interpretation of Dreams*）。這本書的論點是夢代表禁忌的願望（原注7），為了出現在意識而偽裝成其他模樣。因此佛洛伊德區分出我們能夠記得的**顯夢**（manifest dream），以及具有真正意義的**隱夢**（latent dream）。

佛洛伊德還提出所謂的「防衛機制」，並由佛洛伊德的女兒安娜．佛洛伊德（Anna Freud）進一步闡述，她本身也是成就斐然的心理動力學理論家。防衛機制與佛洛伊德很多理論一樣耳熟能詳，已經進入大眾對心智的常態理解。以下是一些主要的防衛機制：

一、**昇華**（sublimation）：將不可接受的慾望引導到更有價值的活動，例如性慾強烈的人可能將大量精力投入工作或學習。

二、**理性化**（rationalization）：將不可接受的慾望改造為容易接受的方式，例如喜歡體罰的父親可能認為那種暴力行為是為了孩子好。

三、**轉移**（displacement）：為可恥的念頭尋找適當目標，比如男孩憎恨父親，恨到希望父親死亡，防衛機制則將敵意轉向不會出問題的目標，像是和其他男孩展開激烈競爭。

四、**投射**（projection）：將自己可恥的想法歸因於他人，比如一個女性想要與同性發生性關係，由於成長環境導致超我認為這種慾望不可接受，結果她可能將慾望壓抑至無意識，反過來認為是其他女性對自己有性慾。

五、**反向**（reaction formation）：將可恥的想法和幻想替換為相反的事物。浪漫喜劇常用這種情節，兩個主角起初視彼此為眼中釘，後來卻在一起了，因為表面上的厭惡只是掩飾內心受到對方吸引。還有一種老掉牙的說法是，最厭惡同性戀者的男性其實是無法面對自己對同性的性慾（順帶一提，這種說法缺乏證據（原注8））。

佛洛伊德學派將這些防衛機制當作正常心理運作的一環，如果防衛機制無法適當壓抑本我的衝動，就真的會出問題。十九世紀晚期，法國醫生尚・馬丹・沙爾科（Jean-Martin Charcot）和皮埃爾・讓內（Pierre Janet）研究了女性為主的歇斯底里[1]患者，她們可能失憶、失明或癱瘓，即使檢查不出任何生理障礙。

佛洛伊德曾經是沙爾科的學生，他發展出一個理論，認為歇斯底里的症狀是人類將自身的禁忌面鎖在心底的一種機制。舉個簡單例子，有些人遺忘了對自己而言過分痛苦的事件。最初佛洛伊德將許多歇斯底里的病歷與童年性虐待做連結，但在職業生涯後期他卻回心轉意，認為這些事件並未實際發生，只是患者的幻想。

從對歇斯底里的治療可以瞭解佛洛伊德獨特的療法體系，也就是他同事約瑟夫・布羅伊爾（Josef Breuer）一位有名患者（稱為安娜歐〔Anna O〕）所謂的「談話療法」。現代精神治療如認知行為療法會直接處理患者面臨的日常困難，但佛洛伊德的做法不同，他將那些問題視為症狀，主張精神分析的目標是洞察（insight），帶領患者的意識進入核心問題，通常是壓抑的童年創傷。佛洛伊德相信患者可以通過洞察得到解放，不再受困於導致

1 譯按：目前「歇斯底里」已經不是正式的精神疾病。

他們需要求醫的問題根源。在早期執業階段，佛洛伊德嘗試利用催眠來瞭解患者，後來則轉向夢境詮釋與自由聯想，例如請患者想到什麼就說什麼，不要過濾也不要控制。

佛洛伊德還談到了移情（transference），也就是將自身感情和慾望從一個目標投射到另一個目標的現象。在實務意義上，這代表患者可能開始將治療師視為生命中的重要人士，待之如同父親、母親或戀愛對象。移情可能有所幫助，例如治療師藉此鼓勵患者探索心理反應；但移情也有其風險，受過專業訓練的治療師會十分警惕，因為這個現象若逆向發展就成為反移情（countertransference），意思是治療師開始對患者產生不適當的情感。

佛洛伊德開發的療法，包括最傳統的形式在內，至今仍然有人運用，但至少在北美地區並不常見。對多數讀者來說，前面提到的內容應該在電視或電影裡才容易看到（尤其HBO製作的《黑道家族》〔*The Sopranos*〕第一季，針對心理療程著墨不少，若想瞭解佛洛伊德療法很值得參考）。

至於我們該如何看待佛洛伊德的理論？其中多少是真的，多少是合格的科學？這些疑慮源於哲學家卡爾．波普（Karl Popper）提出的概念（原注9），也就是可證偽性（falsifiability）。波普認為科學與非科學的區分標準之一在於：科學理論對世界的主張可能會被實證推翻。

想想以下這幾個句子：「地球上無論何處，平均而言男性都比女性更傾向肢體暴力。」「幼兒最早學會的詞語，很高比例是名詞。」「智商可以預測壽命。」「某些藥物可以減輕思覺失調症狀。」這幾句話本書之後都會討論，現在提出只是做為範例。它們是好的假設，部分原因在於能夠證偽，也就能以科學方式進行討論。

目前很少哲學家認為可證偽性是區分科學與非科學的絕對標準（原注10），畢竟實際情況複雜許多，尤其大規模理論需要保留詮釋彈性以排除明顯無關緊要的證據，否則好比說微生物致病理論就不可能只靠單項觀察報告來證偽。即使如此，有個道理仍舊成立：對於無法證偽的理論必須提高警覺。物理學家沃夫岡．包立（Wolfgang Pauli）曾經以很有名的一句話貶低同儕的研究：「他說的不只不對，連錯都談不上。」這個批評下得很重，因為科學家的目標是提出能在現實世界進行測試的實質理論。

再舉個佛洛伊德之外的例子。我常聽到一種說法：「只要是人，就是享樂主義者，我們每個行為都是為了要讓自己快樂。」如果縮限範圍，即使有些行為會變成反證，這句話還是值得玩味。可惜通常這種觀點會以無法證偽的方式呈現，任何行為都能被囊括其中。就算對心理享樂主義持懷疑態度的人（例如我）嘗試反駁，指出有人為了理念犧牲性命、為了至親至愛承受苦痛，享樂主義擁護者還是會說：「他們一定就是從中得到某種愉悅，否則根本不會那樣做。」如果一個主張無論如何都為真，從科學角度來看並不有趣。

回到佛洛伊德，對其理論最主要的批評之一，便在於不可證偽。所謂治療的洞察力是最明顯的例子。想像你與治療師互動的場景，甚至就想像是佛洛伊德親自為你進行治療：他說你的心理問題根源在於憎恨父親。你聽了很火大就嚴詞否定，但佛洛伊德還是可以說：「嗯，你會憤怒就表示思考這件事情對你而言很痛苦，證明了我說的沒錯。」就算你什麼反應也沒有，或者乾脆附和他的看法，佛洛伊德當然也會認為想法得到支持。換言之，沒有辦法能真正證明他錯了。甚至佛洛伊德可以提出完全相反的論點，聲稱你對父親懷抱不健康、近似愛情的執著，那份感情過分強烈——然後上面那幾種回應方式在他眼中依舊能當作證據。

要是覺得這樣太誇張，不如直接看看佛洛伊德《夢的解析》有什麼內容。首先是對夢境的描述，做夢的人是個年輕女性，她患有廣場恐懼症，在公眾場合會感到恐慌：

時間是夏天，我走在街上，戴著一頂形狀很特別的草帽，中間部分向上彎，側面向下垂（她在這裡遲疑了），而且有一側比另一邊低。我很愉快，充滿自信，途中與一些年輕警察擦身而過，心裡有個聲音說：你們不能對我怎麼樣。（原注11）

接著佛洛伊德開始解釋夢境的意義。他對病人說：這頂帽子實際上是男性陽具，所以中間向上彎、兩側向下垂。如果嫁給一個有漂亮性器官的男人，她就再也不會害怕那些警察，其實真正涵義是不再懷抱期盼。所以佛洛伊德的結論是，病人的廣場恐懼症源於誘惑，也就是她對陌生男子的性幻想。

嗯哼。無論是解夢，還是針對病人的問題根源，佛洛伊德都提出相當大膽的理論。我不敢說它錯，這誰知道呢？但有任何方法說服佛洛伊德思考其他可能性嗎？有任何證據足以叫他改變主意嗎？都沒有，所以這套理論沒有價值。

可證偽性的反對力道很強，但精神分析理論的擁護者仍會提出辯駁，認為癥結點出在佛洛伊德和他的同僚身上，是這些人處理假設的方法不對。如果交到客觀科學家手中，佛洛伊德的實際理論似乎仍具有可證偽的性質。例如，如果佛洛伊德的理論正確，喝母奶及如廁訓練的經歷應該能做為日後性格的可靠依據，畢竟會直接影響當事人是口腔性格還是肛門性格。同理，如果佛洛伊德沒說錯，那麼單親還是雙親、雙親是一男一女或兩男或兩女，應該會深刻影響孩子的發展狀態。

由此出發確實能夠導出具有可證偽性的假設，可惜佛洛伊德的擁護者從這一步開始沒了氣勢：他的理論始終得不到實證支持。基本上，想證明佛洛伊德假設的嘗試都算是失敗了。（原注12）

數據科學家賽斯・史蒂芬斯・戴維多茲（Seth Stephens Davidowitz）做了一項頗具啟發性的調查。他透過計算分析來研究佛洛伊德的其他主張（原注13），例如夢境報告中提到的食物之類。就佛洛伊德的角度而言，夢裡應該要有很多關於性的意象，所以夢到吃東西的話應該很容易出現陰莖形狀的食物，如香蕉、黃瓜、熱狗。史蒂芬斯・戴維多茲卻發現結果並非如此：沒有證據顯示夢境報告中出現大量具有陰莖意象的食物，反而看得出來食物出現的次數呼應其美味程度和現實中的接觸頻率，因此排行榜前兩名是披薩和巧克力。

再來看看佛洛伊德式口誤。戴維多茲以微軟收集的四萬個打字錯誤為樣本進行分析（此處對錯誤的定義是「拼寫錯誤但立即更正」），其中一些確實有佛洛伊德風格，如penistrian（而不是pedestrian）和sexurity（而不是security）[2]，但絕大多數錯誤並沒有引人遐想的地方，例如pindows（而不是windows）。計算分析顯示，與性相關的錯誤並沒有高於隨

2 譯按：penis為「陰莖」，sex為「性」。

機值。

我不確定這些分析是否造成佛洛伊德支持者的擔憂。他們大可理直氣壯表示：夢境的性內容和語言錯誤未必以這麼還原主義的形式出現。（回想一下：上面引用的夢境內容裡，陰莖符號是一頂帽子，而不是一般想像的陽具象徵物。）但如此一來又回到了原點，佛洛伊德的理論依舊無法提供可證偽的預測。

總而言之，佛洛伊德的理論不是模稜兩可就是缺乏實證，因此多數心理學系所不再深入探究。

既然如此，我又何必花這麼大篇幅來聊他？

一個答案是，佛洛伊德是心理學歷史很重要的環節。其實不僅是心理學史，也是整個西方思想史。就算他所有主張都錯了，也已經留下不可磨滅的痕跡。你是否曾經說過「我又不是你媽」這種話，或者形容某人是肛門性格？即使你否定佛洛伊德一切學說也該瞭解他的想法，就像無神論者同樣應該涉獵聖經內容。

佛洛伊德的作品值得一讀。他是出色的作家，除了獲得多次諾貝爾醫學獎提名，還曾經獲得一次文學獎提名，也拿下備受追捧的歌德獎。他的著作蘊含許多聰慧思想，為許多文人提供靈感也啟迪許多思想家，我個人最喜歡的作品是《文明及其不滿》（*Civilization and Its Discontents*）。

隨便舉個例子，最近我讀到一篇文章說：心不在焉的教授都是混蛋，理由是健忘與不負責並非天性而是抉擇；做出這個抉擇，你會為了一己之私虧待他人。（原注14）然而，通常具有權力的人才能這樣選擇，研究生可沒辦法心不在焉，因為必須承擔後果。作者在論述中表示，首先提出這個觀點的其實是佛洛伊德，並且引用他在《日常生活的精神病理學》（*The Psychopathology of Everyday Life*）中的一段話：

我們認為有些人特別健忘，而我們原諒他們就好比我們會原諒近視的人與自己擦肩而過卻沒有打招呼。健忘的人忘記自己做過的承諾、收到的命令，在小事上也不可靠，卻又要求大家別去挑剔這些過失，因為他們說這種缺陷並非性格，而是生理使然。我本人不健忘，也尚未有機會針對這樣的人進行分析以找出背後原因。然而我始終懷疑真正理由其實上不了檯面：他們特別不尊重別人，才會以體質當藉口占別人便宜。（原注15）

或者看看佛洛伊德如何關注性的複雜性和中心地位。儘管我不同意他的這份執著，但散文家喬治．普羅契尼克（George Prochnik）則比較認同：

透過將性慾標示為基於個人經驗與記憶而有無限特異性的普遍驅力，佛洛伊德達成了別人做不到的事：不僅指引世人看見女性慾望不下於男性，是一股實質且強大的力量；也使所有性癖能夠站上同樣一條光譜共舞。佛洛伊德藉此闡述了基本概念，讓過去所謂的專家再難給不同性衝動貼上退化或病態的標籤。因為有他，許多人面對最深沉的渴望與恐懼時不再徹底孤立，也不再覺得自己是個怪胎。（原注16）

佛洛伊德對性的大書特書確實達到解放作用，對於在性方面遭到歧視與邊緣化的族群尤其有幫助。既然每個人都變態，那就誰都算不上變態。

最後也最重要的一點在於：佛洛伊德將無意識這個概念推上高峰。接下來的章節，我們會討論心智的各個層面，包括語言、成見、情緒等等，首尾一貫的主題則是許多心智要素藏在表面之下，無法被有意識的心智輕易探知。佛洛伊德說錯了很多東西，但在這一點上他是對的。

第四章 史金納革命

我們可以把史金納看成美國版的佛洛伊德。他的全名伯爾赫斯・弗雷德里克・史金納（Burrhus Frederick Skinner），生於一九〇四年，卒於一九九〇年，知名度媲美佛洛伊德，曾登上《時代雜誌》封面，街頭巷尾無人不知，是報紙社論和大學宿舍的熱門話題。如果他仍在世，想必會有自己的熱門 YouTube 頻道，Twitter 粉絲人數超過百萬。

和佛洛伊德一樣，史金納以其激進的心理學論點聞名，但兩人理論恰好相反。佛洛伊德會在著作中詳述年輕男子溺水的夢如何反映他希望與母親發生性行為；史金納的文章則會概述造成鴿子更頻繁選擇黑色地磚啄食的精確條件。佛洛伊德擴展我們對心理生活的理解，主張豐富而動態的無意識；史金納希望的則是不再聚焦於內在心理過程。對史金納而言，心理學的正確方向不該在人與老鼠之類動物之間做出根本區別。

兩位學者與自身代表的理論之間也有不同關係。佛洛伊德當然也受到前人影響，但很大程度上是他自己創造出精神分析的觀點。反觀史金納進入心理學領域時，行為主義的核心思想已經存在，主要由伊凡・巴夫洛夫（Ivan Pavlov）、約翰・華生（John Watson）和愛德華・桑代克（Edward Thorndike）等學者發展而成。佛洛伊德首次提出精神分析理論時，史金納年紀還小；華生寫出經典文章〈行為科學家眼中的心理學〉（Psychology as the Behaviorist Views It）時，史金納依舊還小。佛洛伊是創始者，史金納則繼承既有的行為主義思想並進一步發展，將其帶進科學界。甚至全世界。

他的思想內容是什麼？行為主義有不同流派，但通常對三個基本且有趣的主張具有共識。

首先三個流派都承認學習居於核心地位，也都排斥所謂的先天想法或先天差異。約翰・華生對此做出簡要的說明：

給我十來個健康沒殘缺的嬰兒，讓我在自己安排的環境中撫養他們長大，然後隨便挑一個沒關係，想讓他們成為什麼專家我保證都做得到。無論醫生、律師、藝術家、商業大亨，甚至乞丐和小偷也不成問題。與孩子本身的才能稟賦、天性好惡或者祖先是什麼種族沒有關係。（原注1）

這是十分吸引人的論述。華生在一九三〇年表示全人類平等，不只人權平等，能力也平等。他認為一個人的未來發展不會受到種族限制（不難想像放到現在的話，華生會說性別也並非侷限），與現代平等主義的精神非常契合。

第二個觀點是連不同物種之間也不存在明顯差異。認知心理學家奧瑞克・奈瑟（Ulric Neisser）曾經在著作中提到：一九五〇年代初他就讀斯沃斯莫爾學院時，學界共識是「能用老鼠證明的心理現象才真的存在」（原注2）。有好幾十年時間，基礎心理學研究幾乎等同於穿白袍在實驗室裡面對老鼠。事實上以老鼠為樣本也比研究人類要容易得多，不必付錢、無需徵求同意、做完實驗也不必向對方做報告。

目前心理學家都同意其他動物也有類似人類的某些心理能力，譬如許多關於視覺認知的重要研究其實是靠貓來進行，多數心理學系所也有專門研究非人類的學者，我一位同行好友就以研究猴子和狗而聞名。但行為主義者將這種理論推到極致，我曾經向其中一位詢問過：為什麼老鼠不像人一樣，隨著年紀增長能夠理解語言、邏輯並進行藝術創作？他聳聳肩回答：因為老鼠與人類的孩子在不同環境中長大。伊凡．巴夫洛夫曾經對記者說：「無論我在狗身上發現什麼都會立刻轉移到自己身上。因為，你明白吧，人與狗基本上一樣。」（原注3）

行為主義的第三個主題則不一定適用在所有行為主義者身上，可以稱為反心靈主義（antimentalism）。想瞭解反心靈主義是什麼意思、激進到什麼程度，讀讀看維吉尼亞．吳爾芙（Virginia Woolf）的小說《戴洛維夫人》（*Mrs. Dalloway*）第一頁對克拉麗莎．戴洛維的內心描寫：

> 在西敏（Westminster）這兒生活多久了？超過二十年了吧，因此無論走在路上還是夜裡醒來，克拉麗莎都能明顯感受到一種特殊的寂靜或莊嚴、無法描述的凝滯，那是大笨鐘被敲響前的懸而未決（但也有人說是不是流感影響到她的心臟）。來了！鐘響了！最初的提醒彷彿一首樂曲，接著報出時刻以後就再也無法挽回。（原注4）

有人認為現代主義散文反映人類的思維模式，誰會懷疑我們的思緒就是如此的發散、如此的流動？要記住，笛卡兒說過，唯一無法否定的是正在思考的自我，而這個自我很活躍。讓我也試試看描述研究生懶散的一天：

> 星期天你醒得晚，昨晚睡不好心情煩躁。你明知道應該起床打掃公寓或者寫論文，但你還是賴在床上，不由自主又漫無目的一直滑手機，看著別人都有得獎，你努力壓抑心裡

那股不平。在廚房流理臺上泡了穀片當早餐，吃完以後你決定去Ikea購物，穿好衣服走出公寓的時候一陣愕然，昨天停車的地方居然空空如也。車子被偷了！但一回神又想起昨晚深夜回家時街上停滿了車，你只好把車子開去隔壁那條街。失而復得精神一振，上了高速公路就開始思考與朋友的渡假計畫。

好吧，我不是吳爾芙，反正這也不真的是什麼現代主義散文，只是多數人平日心理狀態的一個例子。我們做選擇、回憶經歷、想起某些事情、然後也做白日夢，諸如此類。我們會感到無聊、嫉妒、驚訝、愉悅，我們是有意識能思考的個體。

但行為主義者認為這是胡說八道。他們認為完整的心理學理論應該是關於行為的理論，僅此而已。約翰．華生在一九一三年表示：「時機似乎成熟了，心理學應當完全放棄以意識為基準，無需自欺欺人繼續聲稱觀察對象是心理狀態。」（原注5）行為主義者同意我們需要解釋為什麼學生賴床、走到車上等諸如此類的問題，但這些解釋不必涉及情感、規畫、記憶等等。（部分行為主義者遭到逼問時，可能會承認人有內在，但不認為那適合做為科學研究的主題。其他行為主義者則可能完全否認所謂的內在。）

常有人認為行為主義的反心靈態度是對佛洛伊德的過度反應。佛洛伊德提出很多心理建構，如本我、自我、超我、防禦機制等等，但詮釋方式多半玄之又玄。行為主義者對這個情況的回應是：「我們想做真正的科學，所以得先擺脫佛洛伊德式的胡言亂語。既然跨出第一步了，不如就擺脫大家口中那些不科學的東西，什麼欲望、目標、記憶、情緒之類的。」

這種歷史重構具有一些真實性。詹姆斯・華生（James Watson）在《行為主義》（*Behaviorism*）一書中嘲笑佛洛伊德，還說精神分析是「巫毒教」。（原注6）但就跟多數起源故事一樣，這個說法過度簡化。其實正如前面提到的，行為主義和精神分析有個重要共同點，就是不認為意識有我們以為的那麼重要。（本書後面會提到：貶抑意識重要性這個立場，在二十一世紀社會心理學的某些學派中重新興起。）

此外，行為主義者對佛洛伊德的態度或許比想像的更寬容些。職業生涯早期時，約翰・華生就讚揚過精神分析學派，史金納本人更是畢生都很崇拜佛洛伊德，引用次數比任何人都多。美國政府在《軍人權利法案》加入免費的精神分析治療以後，史金納也去申請過，可惜申請人數太多沒有排到他。（為什麼他要申請？「動機很複雜，」史金納提到：「但最重要的是，我認為想繼續對人類行為做出推論〔感覺自己越來越常這樣做〕，能親自體驗佛洛伊德派觀點一定有好處。」（原注7））

行為主義的核心理論

行為主義關注刺激和反應，也就是動物從環境中得到的經驗如何塑造未來行為；換言之，它也關乎學習。行為主義者專注於包含人類在內所有生物都有的兩種學習模式。

第一種是**古典制約**（classical conditioning），可以藉由一個大家或許聽說過的實驗來解釋，場地在生理學家伊凡・巴夫洛夫的實驗室。

巴夫洛夫對消化系統的研究獲得了一九二八年諾貝爾獎。進行研究時需要從狗的口腔收集唾液，所以他發明一種輔助裝置將狗固定，然後給狗肉粉，狗流出來的口水會通過置於口內的導管收集。

實驗過程中巴夫洛夫注意到了一個現象：其實沒有肉粉，狗還是會分泌唾液。只要平常負責餵肉粉的人靠近，狗就會開始流口水。被挑起好奇心的巴夫洛夫針對這點詳細測試，看看經過訓練之後狗是否會對其他象徵肉類出現的訊號有反應，結果真的可以。例如多次讓節拍器聲響與食物一起出現，以後狗聽見節拍器聲音就會流口水。

（這個發現本身很重要，不過科學上的偶然也令人欣喜。學術工作者觀察入微便能留意到研究目標以外的特殊現象，大家都該積極培養這種敏銳度。還有個小插曲是巴夫洛夫結合了科學和商業：當時俄羅斯人相信狗的消化道液體對胃弱或所謂消化不良有治療效果，所以巴夫洛夫靠販賣狗唾液來維持實驗室運作。（原注8））

古典制約過程分為三個階段：

第一階段：制約之前

動物一開始對世界上某種刺激會產生自然、無制約的反應，可能是天性，也可能是過去學習累積。以巴夫洛夫的實驗而言，分別是放進口中的食物（非制約刺激）和流口水（非制約反應）。動物在進入實驗室接受制約之前，就是這個狀態。

第二階段：建立制約

然後實驗者加入中性刺激，也就是原本不會引起反應的事物，比如鈴聲。（其實巴夫洛夫從未在實驗中使用鈴聲，但多數人留有這種印象，反正用於舉例也合適。）這個中性刺激（鈴聲）和非制約刺激（食物）開始同時出現，非制約刺激導致動物做出非制約反應（流口水），久而久之動物會將中性刺激（鈴聲）與非制約刺激（食物）關聯起來，於是……

第三階段：制約之後

……鈴聲將從中性刺激變成制約刺激，能夠引起流口水的反應。此時流口水的也就成為制約反應。

舉個例子，想像你第一次上牙醫診所的經驗。醫生啟動牙鑽，機器發出特殊的聲響，這個聲音原本對病人應該沒有意義，因為它只是中性刺激。但牙鑽接觸牙齒，病人感受疼痛，身體開始緊繃。這個接觸是非制約刺激，緊繃則是非制約反應，所以這是第一階段

牙鑽接觸到牙齒，病人聽到嗡嗡聲。一開始聲音是中性刺激，但此時與牙鑽接觸這個非制約刺激產生關聯，也就是第二階段。行為主義者所謂的「增強嘗試」（reinforced trial），就是第二階段中制約刺激和非制約刺激的結合。對狗來說，鈴聲和食物化為一體；對病人來說，牙鑽嗡嗡聲和牙鑽接觸牙齒化為一體，連結增加也就造成學習。

然後通過古典制約的神奇作用，隨著時間推移，病人只是聽見鑽機嗡嗡聲就會開始緊繃。這就是第三階段，病人已經受到制約，聲音本身無痛，但已經成為制約刺激，能夠引發以前實際鑽牙才會出現的制約反應。

也可以反過來進行「無增強嘗試」（unreinforced trial），也就是製造制約刺激的同時卻沒有非制約刺激，結果會導致關聯減弱。想像一下，如果對巴夫洛夫的狗搖鈴鐺卻不提供食物，並且反覆進行，時間久了狗分泌的唾液就會越來越少。同樣地，如果我們自己成為牙醫，常聽到牙鑽機器嗡嗡響卻不感到疼痛，於是反應越來越弱，最後徹底消失。此處的邏輯是：外界會變化，頭腦足夠靈活，能察覺兩件曾經相關的事物已經不再相關。若X不再是Y即將來臨的信號，頭腦就會試著斷開X和Y之間的連結。

為了使制約真正發揮作用，就必須再「泛化」（generalize）到不同種類的刺激。古希臘哲人赫拉克利特（Heraclitus）說過我們無法踏進同一條河流兩次，因為任兩次的經驗不可能完全相同。如果牙鑽稍微不同病人就不會緊繃、鈴鐺稍微不同狗就不會流口水，古典制約其實沒有意義。

古典制約理論底下的泛化作用，在約翰・華生及其門生羅莎莉・雷納（Rosalie Rayner）的經典實驗得到證明。（原注9）研究論文中，對實驗對象的描述是正常健康、十一個月大的嬰兒，代號小阿爾伯特。實驗開始時，他們給阿爾伯特看白老鼠、狗、幾張面具和燃燒的報紙。阿爾伯特起初一直很冷靜。接著研究者讓阿爾伯特與老鼠一起玩，他還是很鎮定。基於老鼠沒有引起特殊反應，可以將牠定義為中性刺激。

但在第一次互動之後，每當阿爾伯特伸手想觸摸老鼠，華生就會敲打鋼條製造巨大噪音，結果阿爾伯特會發抖、哭泣。按照古典制約術語，噪音是一個非制約刺激，引起了非制約反應：對兒童來說，大聲的噪音很嚇人。過沒多久，阿爾伯特看到老鼠就會害怕退縮，老鼠成為制約刺激，能夠引起恐懼這個制約反應。也就是說，華生和雷納給這個小孩創造了針對特定目標的恐懼症。

後來阿爾伯特連白兔、毛外套和聖誕老人面具都會怕，僅僅因為它們與老鼠的外觀相似。這代表阿爾伯特的恐懼已經泛化。

這個實驗很有名也似乎很具說服力，但其實背後有非常多瑕疵。首先，現在大多數實驗不會只用一個樣本，最少數十個，可以的話就數百，甚至更多，因為我們想知道實驗結果能不能擴及一般人。上述實驗使用單一受試者更是問題重重，有些心理學家起了懷疑：正常健康的小阿爾伯特或許本名道格拉斯．梅里特（Douglas Merritte），實驗開始前已經重病，後來連走路和說話都沒學會，幾年後就死於腦積水。（原注10）此外，希望當代讀者都很清楚意識到這個研究違反倫理，所以我們告訴新進研究生的第一件事就是：**絕對別害幼兒罹患恐懼症**。

說個八卦：華生於一九一九年榮獲約翰霍普金斯大學「最帥教授」頭銜，也正好與學生雷納有了婚外情，被當時原配發現之後鬧得風風雨雨，最後離婚收場。期間華生寫給雷納的情書被報紙刊登出來。他丟了工作，輾轉進入廣告業——對擅長影響人類行為的他來說很適任。在廣告業工作期間，他被派去為麥斯威爾咖啡做行銷，利用古典制約原則為現代職場提出不錯的創新：休息一下，喝杯咖啡（coffee break）。（原注11）

行為主義在解釋恐懼症時遭遇阻礙。許多恐懼症並非源於不良經驗，比如很多人怕蜘蛛和蛇，但從未與這些生物有過負面互動。之後會討論到這種現象更符合演化心理學的觀

點，也就是將某些恐懼視為生物適應的結果。

人確實有可能因為具體的負面經歷而形成恐懼症，惡犬襲擊、險些溺斃、搭乘的飛機失事導致重傷等等。這些例子顯然符合巴夫洛夫的理論，可以用古典制約解釋沒錯吧？事實卻並非如此。古典制約的一個重要條件是反覆多次試行，制約刺激和非制約刺激經過長時間才會形成連結，基於單一不良經驗而形成恐懼症，不符合這個理論。

撇開恐懼症起因，古典制約是某些療法的理論基礎。例如系統減敏法（Systematic desensitization）主要是訓練病人在暴露於令其害怕的事物時保持放鬆。（原注12）立論點在於，時間久了內心恐懼的連結就會消散。

然而現實世界的狀況很少這麼簡單。我之前和朋友在多倫多散步，同為心理學教授的他指著一棟公寓說自己以前住在那裡的五十四樓。

「等等，」我想起之前與他聊到相關話題：「你不是怕高嗎？」

「對呀，」他還有點得意：「所以才去住那邊。我想只要多待在陽臺，就能治好懼高症。你懂吧，無增強嘗試的概念。」

「了不起，」我回答。

「並沒有，」他告訴我：「因為我根本不敢踏進陽臺。」

———

毫無疑問，古典制約做為學習方法有其效用。我們可以利用古典制約訓練各種動物，不僅限於狗、貓、黑猩猩和馬之類，甚至包括看似更單純的生物，比如蟑螂。（原注13）這種學習機制是心理學上的重大發現。

但古典制約有所侷限。這是一種被動的學習：接受制約的生物待在原位觀察刺激作用，逐漸學會信號代表的意義，然後做出適合的反應。但人如何學會在這個世界上行動？行動這件事情如何解釋？

這個問題牽涉到行為主義的核心理論中另一種學習方式，稱為**工具制約**（instrumental conditioning）或**操作制約**（operant conditioning）。

操作制約的理論基礎由心理學家愛德華・桑代克確立。（原注14）他提出疑問：動物如何解決問題？為了探索答案，他打造了箱型迷宮，將貓咪放進去看看牠們如何逃脫，先決條件是從正確方向移動控制桿。

貓咪成功逃出來了，但明顯不是透過思考解決。一般來說貓會拚命亂動，直到正好扳動控制桿才迅速溜出籠子。即使再被關回去，貓不會立刻盯上同個控制桿，而是再次進行一連串動作——不過這次用的時間會變短。反覆進行之後會發現貓咪的成績越來越好，最後終於懂得立即觸碰控制桿逃出籠子。桑代克分析發現，導致正面結果的動作頻率增加，無用的動作則頻率降低。基於一連串研究，桑代克提出了著名的「效果律」（law of effect）：

> 可得到滿意效果的反應，在特定相同情境中重複出現的機率會上升；而得到不滿意效果的反應，重複出現機率則下降。

古典制約和操作制約

終於輪到史金納登上舞臺。他原本在哈佛大學主修英語文學，夢想成為小說家，直到二十三歲才轉換跑道攻讀心理學，起因是他讀了威爾斯（H. G. Wells）關於巴夫洛夫的文章。後來他去參加巴夫洛夫的一場講座，還拿到這位偉大生理學家的簽名照，照片後來一直掛在史金納的辦公室裡。（原注15）

話雖如此，史金納主要的研究主題卻不是古典制約，而是如何通過操作制約來塑造人類和其他動物的行為。

比如想訓練一頭豬在我們拍手的時候向前走，操作制約能提供解決方案：拍手之後根據豬所做的隨機動作給予獎勵或懲罰，如果牠不動或後退就懲罰，如果牠向前就獎勵。行為主義者將獎勵稱為「增強」，並分為兩種類型，**正增強**就是給動物想要的東西，**負增強**是移除動物不喜歡的東西。（給負增強舉個例子：如果豬背上有個重物，取下重物是一種獎勵。）「懲罰」則是降低該行為可能性的事物，也許是以豬討厭的方式戳牠之類。

再假設想訓練豬在我們拍手的時候跳舞。問題來了，只是拍手就等著豬跳舞，然後在牠跳舞時給予增強？這主意很差勁，顯然不會奏效，跳舞這種複雜行為沒辦法自發出現。

史金納的解決方案叫做「行為塑造」（shaping）。即使豬只做出稍微類似跳舞的動作，譬如稍微向左擺動一下，就直接給予獎勵，於是豬會更傾向那種行為。等豬向左擺完又向右擺，這個動作看起來又更像跳舞一些，我們再度給予獎勵。豬的行為一次一次越接近目標，我們就一次又一次給予獎勵。動物訓練師就是這樣做，藉由塑造技術確實能讓豬學會狐步舞。

有個很可能純屬虛構的故事，背景是一次大型講座課堂，學生決定對教授運用塑造技術。當教授朝講臺右邊走的時候，他們假裝很無聊，偷偷聊天或低頭看自己的東西。當教授往左邊移動，他們則變得很專心，聽故事的時候會點頭、對笑話也很捧場。結果講座結尾時，教授已經站到講臺最左側角落，而且事後表示不知道自己怎麼會站到那種地方去——答案是學生以細膩手法，應用增強與懲罰的塑造技術引導而成。

操作制約的過程就是某些隨機行為得到增強，久而久之行為會達到最佳結果。史金納將此現象稱為「後果選擇」（Selection by consequences）（原注16），一九八一年他在知名期刊《科學》（*Science*）發表的論文也以此為標題。論文比較了操作制約和自然選擇（天擇）：雙方的基礎都是隨機變異，某些變異有優勢（操作制約時得到獎勵，自然演化時成功繁殖），時間拉長之後，行為或物種會越來越針對環境達到最佳化。

這個類比非常棒，因為演化生物學家並不相信動物會在某一次突變後忽然長出眼球，從而得到繁殖優勢。動物應該是從對光線的微弱敏感度開始得到些許繁殖優勢，經過很多世代發展、生理結構逐步複雜，差異化的繁殖成果引導物種慢慢從無眼演變出完整器官。同理，行為學家也不認為豬能一眨眼間就學會跳舞，必須靠環境（訓練師）反覆獎勵接近跳舞的行為，動作逐漸複雜化才組合成狐步舞。

通常操作制約會引導動物展現更複雜且更具適應性的行為，但並非絕對。在早期研究「鴿子的『迷信』」（"Superstition" in the Pigeon）裡，史金納將鴿子放進裝置，無論牠們當下行為是什麼，都按照時間規律提供食物。（原注17）他發現鴿子有了奇怪的行為，會順時針繞著高臺轉、四處晃動，或者把頭伸進籠子角落。

史金納認為這些行為是鴿子得到食物當下的動作，根據效果律這些行為比較有可能再次發生。然而這個案例與桑代克的貓不同，行為與結果之間並無實際關聯。史金納一如往常類比到人身上，舉例說保齡球選手如果在球滾下球道時扭動了身體，而結果球瓶有被撞倒，這個行為就會得到增強並可能持續，即使行為本身與得分根本無關。從保齡球的例子衍生出關於增強的重要概念：截至目前的動物例子中，增強是類似食物這種滿足天性的愉悅，但在保齡球的例子裡，增強只是撞倒瓶子，這與天性有何關聯？史金納觀察到增強或懲罰未必要針對天性才能成立，拍拍狗的頭或者說句「乖狗狗」都有效，不一定得給牠吃東西。這是怎麼回事？

這些案例是操作制約和古典制約的結合，意思是行為主義者可以使用古典制約在中性刺激與正向非制約刺激之間製造連結。例如每次給狗狗美味零食都順便摸摸牠的頭，不久後摸頭對狗狗來說就會帶有獎勵性質。同樣方法適用於懲罰，如果過去曾在遙控器與電擊之間建立殘酷的連結，就能訓練狗一看到遙控器就畏縮。透過這種方式，以往視為中性的刺激都可以變成獎勵或懲罰。

迄今的例子，我們每次都使用增強的方式，但現實生活不會總是這樣運作。有些行為對生物體有益，卻並非每次都能直接得到好處。這就牽涉到何謂「不完全效應」（partial reinforcement effect）[1]。

1 譯按：亦稱為「部分增強效應」。

如果想要快速教會目標對象某個行為，就每次都進行增強。但如果希望教學結束之後行為還能持續，就只能偶爾進行增強。這很符合直覺，畢竟如果每次做某件事情都得到獎勵，然後獎勵忽然沒了，我大概再試幾次之後就會放棄（而且心想是自己誤會了什麼）。但如果我是偶爾得到獎勵，有一天獎勵忽然停止了，我還是會堅持下去，總以為再努力一會兒獎勵就會到手。（當然，「想」和「以為」並不是行為主義者用來描述過程的語彙。）

想像有個小孩鬧脾氣，父母的回應方式是每次都加以關注，最後也都拗不過孩子的要求而讓步。直到某一天，大人覺得必須適可而止，於是無視小孩胡鬧。雖然轉變很突然，剛開始每個人都難受，但成功率反而很高。孩子終將意識到哭鬧不再奏效，於是戒掉這種習慣。

但反過來，假設父母最初只是偶爾在孩子鬧彆扭時妥協並給予獎勵，一旦父母停止讓步就得等很久才會等到孩子放棄這種策略。彷彿（再次強調這不是行為主義者的說法）孩子心裡偷偷盤算：「嗯，好一陣子沒得到增強，有可能只是運氣不好，再拚拚看說不定還有希望，我要加油。」這種情況下，父母像是一臺偶爾開獎的角子機[2]，而孩子則成為賭徒。

曾經有一位十幾歲的中國女孩在網路看我講課之後，寫了電子郵件過來道謝，因為我講解的不完全增強效應觀念，幫她解決了戀愛之中的難題。她說自己認識了一個男孩，與對方還處在傳訊息聊天的階段，每次對方發訊息過來她就回覆愛心符號表達心意，久而久之不免擔心如果自己錯過幾條訊息沒回，那個男孩子是不是就會想放棄？但後來想想，如果她偶爾才使用這個符號（也就是不完全增強），對方就有繼續聯絡的動力，然後兩個人才能真正開始交往——後面這部分超出我講課範圍了。

古典制約是真的，操作制約也是真的，但這個心理學流派涵蓋範圍更廣的理論前提，包括以學習為主體、主張人與鼠鴿之間沒有差異，甚至認為心理學研究根本不必涉及內在運作，是否也都是真的？好的行為理論是否同時適用於人類與非人類動物？

可惜事實不然。先撇開人類，下面提供三個例證說明其他動物就能夠撼動行為主義的觀點。

第一個例子來自布里蘭夫婦（Marian and Keller Breland）的研究，他們原本師從史金納，後來將動物訓練的技能運用在影劇製作。然而布里蘭夫婦根據自身工作經驗指出矛盾之處：認為所有動物以相同方式學習的行為主義假設並不正確。比方說，怎麼訓練都很難透過操作制約原則教浣熊將硬幣放入盒子，牠們總是會用爪子摩擦硬幣。布里蘭夫婦發表論文〈生物的錯誤行為〉（The Misbehavior of Organisms）（標題很幽默，因為史金納第一本書叫做《生物行為》〔*The Behavior of Organisms*〕），內容指出浣熊不受教的現象反映了自然演化的行為比較強勢。（原注18）操作制約成功通常是因為我們要動物做的事情符合天性，譬如鴿子本來就會到處啄食，老鼠也總愛亂竄找食物。無論行為主義者是知情或無意，以往設計的研究都鑽了生物天性的漏洞。

---

2 譯按：又稱老虎機、吃角子老虎、水果盤、拉霸等等。

布里蘭夫婦發現生物會抵抗學習，這個現象已經夠叫行為主義者訝異了，結果心理學家約翰・加西亞（John Garcia）又發現動物的學習能力實際上比行為主義者預測的好上許多。（原注19）他讓老鼠暴露於具獨特氣味或口味的刺激（例如加糖的水），同時加入毒素或輻射導致老鼠們幾小時以後身體不適。如他所料，老鼠開始迴避那種味道的水，也就是發展出厭惡。然而加西亞嘗試以食物之外的東西像是光線或聲音來連結這些疾病卻沒有作用，老鼠不因此厭惡。

從古典制約的角度來看，這出乎意料。前面提到過，古典制約理論只要求制約刺激和非制約刺激同時出現並多次試行，與刺激種類沒有關聯。可是加西亞的研究證實，古典制約的條件全都不成立：老鼠一次就學會，味道和不適之間僅相隔幾小時，而且能生效的刺激侷限在食物。正如加西亞所言，從演化角度來思考這種學習機制完全合理，吃了某種食物然後過幾小時後變得非常不舒服，很明顯就是食物有毒，以後動物當然會想要避開。

（許多人的味覺好惡其實也是同樣道理。我念高中的時候在希臘裔同學推薦下狂喝烏佐酒結果反胃，後來很長一段時間只要聞到那個特殊甘草味[3]就覺得噁心。醫護也會建議癌症患者進行化療前謹慎飲食，否則本來喜愛的食物可能會變得噁心。）

第三個例子或許呈現出行為主義的致命缺陷，而且牽涉到心理學研究是否該排除所有心智表徵。

想像一個古老的哲學情境：狗追著松鼠跑進森林，之後朝著樹吠叫。對這個情境的合理解釋是狗相信松鼠在樹上，也就是說牠腦袋裡有一個心智表徵是「松鼠在這棵樹上」。這樣最能夠解釋狗的行為。或者再想想更前面的例子，思考「下棋機」的運作原理時，我們多半會認為規則與策略都內建在機器裡（機器知道主教只能斜向移動、讓王后盡快進攻），嘗試解釋和預測機器行動時就從這種內在表徵切入。這個角度很正確，像電腦確實具有內在表徵，畢竟那就是人類放進去的。

但如果有人不相信人類和動物的腦袋裡也有內在表徵，該怎麼說服他們？來看看心理學家愛德華．托爾曼（Edward Tolman）的精心傑作。（原注20）他在實驗中讓老鼠進迷宮亂竄，學習如何找到獎勵。其中一組老鼠每次到達迷宮終點都會獲得獎勵，為期兩週的訓練後，不出所料牠們的速度越來越快，乍看之下操作制約與效果律都運作如常。問題是另一組老鼠前十天完全沒獲得食物，單純是在迷宮裡遊蕩，可是等托爾曼在最後四天放獎勵進去，這組老鼠的表現與前一組不相上下；換句話說，牠們在迷宮散步的時候已經摸熟路線，即使沒有增強也完成了學習！

托爾曼進一步推論，老鼠在小腦袋瓜裡構建了迷宮的表徵，現在則將這個概念稱為**認知地圖**（cognitive map）。不懂的話，先別管老鼠，想像自己住在紐約曼哈頓，經常要從第十街和第六大道交叉口的豪華公寓走到第十一街和第五大道的避險基金公司上班。該怎麼過去？一種方法是向北走一個街區（從第十街到第十一街）再向東走一個街區（從第六大道到第五大道）。行為主義者將這個過程視為兩個行為——

向北走到第一個路口

3 譯按：烏佐酒是以氣味與甘草有些相近的茴香為主調味。

右轉並向前走到第一個路口

這個行為模式透過之前得到的增強效果建立起來。

但我敢打賭大家的聰明才智不僅於此。假設有一天中間那排大樓都拆了變成綠地，正常人都會走捷徑，也就是沿對角線穿過公園。能夠這麼做就是因為大腦對公寓和辦公室的相對位置關係建立了心理表徵。

愛德華·托爾曼發現老鼠能以類似方式進行推理。假設牠們被放入複雜迷宮，食物在起點東北方四十五度角但無法直線通行，為了取得食物，牠們只好先往北再往東。但摸清楚地形以後，只要迷宮構造改變、對角線沒有阻礙，老鼠就會選擇最短路徑，一如人類懂得穿越公園。

多年後神經科學家觀測老鼠大腦，特別留意與空間理解有關的腦部海馬迴。結果顯示，無論老鼠看見什麼或正在做什麼，都有一種「位置細胞」會精確地根據所在位置起反應。（原注21）基於以上證據，可以確信老鼠和人一樣，頭腦裡存在對外界空間的心理表徵。而且從達爾文的觀點來說也很合理，自然環境中即使路途存在障礙和危險，老鼠仍然必須在食物與巢穴之間來回。如果牠們只能學會「直走、左轉、前進三英尺、找巢穴入口」，那麼每次被迫偏離常規路線，應該就會徹底迷失方向。

行為主義者認為古典制約和操作制約原則適用於人類，他們並沒有說錯。正如巴夫洛

夫在狗身上的發現，中性刺激如牙鑽聲可以與疼痛連結而產生意義。史金納在老鼠身上觀察到的也對，人類對環境中的因果關係有反應，東西好吃的餐廳我們會多光顧，被火爐燙傷過就會不想靠近。你拿刀砍我，我當然會流血？你對我做出不完全增強，我想持續那個行為也是理所當然？

然而，簡單的學習機制是否足以描述人類心理？方才提到過，許多情況連老鼠和鴿子都不適用，因此似乎對於人類來說也不可行。桑代克的貓一直亂扭，直到找出受增強的行為才能逃出箱子，但人類可以在腦袋裡預先嘗試不同選擇直到找出正解，也就是單靠思考就逃脫。

另外，人類還可以藉由觀察他人進行學習。「我做給你看，」媽媽看到兒子丟飛盤動作笨拙時會這樣說：「不對，寶貝，不是像投球那樣。」她開始示範如何甩動手腕，兒子全神貫注看完就懂了。甚至我們沒有想要學的時候卻自然而然就學會了，許多觀眾看了電影《大白鯊》開始害怕下水，《霹靂鑽》那部片的牙醫拷問場景害我延了好多次牙醫預約。

至於空間地圖？托爾曼對老鼠做的實驗是很巧妙，神經科學也找到了處於特定地點時啟動的位置細胞，但其實不靠這些證據也能知道人對外界空間是有心理表徵的，譬如多數人應該能為房子、公寓或宿舍房間畫個粗略的平面圖，如果沒有關於空間的心理表徵（認知地圖），很難解釋為什麼我們有這種能力。好多年前我和妻子做了《紐約時報》的填字遊戲，其中一題是「從葉門往辛巴威的方向」，她毫不猶豫寫下ＳＳＷ（南南西），因為她喜歡玩網路地理測驗，常常被問到世界各國位置，那天因此立下大功。

再來就是史金納提出涵蓋層面更廣的主張：他認為人類受到「刺激控制」左右，所有行為都由環境決定。老鼠也就罷了，放在人類身上是個大膽的主張。我在加拿大寒冷冬晨對著電腦打字，寫下的每句話都是由思考內容驅動，並不是任何感官刺激所導致。

史金納不這樣認為。而且正由於對人類行為的觀點分歧，才促使史金納於三十歲寫下他自認最好的著作《言語行為》（*Verbal Behavior*）。以下是他在書中敘述的緣起：

一九三四年的哈佛學會晚宴上，我正好坐在阿爾弗雷德．諾斯．懷海德（Alfred North Whitehead）教授旁邊，也就與他針對行為主義展開討論。當時行為主義真的還是個「主義」，而我是充滿熱情的追隨者，對我而言這是天賜良機不容錯過，我便滔滔不絕說起行為主義的主要論點。懷海德教授聽得很認真，而且不是為了捍衛自身立場，他是真心想聽懂我說的內容，（我猜）也想瞭解為什麼我居然說得出口……最後他以友善口吻提出一項挑戰為討論做結：「那你試試看，解釋一下我現在為什麼坐在這裡跟你說『沒有黑色蠍子掉在餐桌上』。」（原注22）

翌日早晨史金納就著手為《言語行為》擬定大綱，然後超過二十年後，直到一九五七年才正式出版。《言語行為》規模宏大，多數內容專業到難以理解的程度（也引入新術語如mand〔表達需求〕和tact〔標示指稱〕），行為主義者盛讚其寫作成功並將其理論原則擴展至人類最複雜的行為。

結果這本書反而造成行為主義不再主導心理學研究。一九五九年，年輕語言學家諾姆·杭士基（Noam Chomsky）對史金納的著作發出嚴厲批判，說這是現代知識史上最重要的書評之一毫不誇張。（原注23）

我很推薦大家直接讀一讀這篇評論，裡頭不是全無瑕疵，後來許多行為主義者提出異議，認為杭士基將史金納與其他行為主義者的思想混為一談，這樣討論並不公平。這個說法並非全無道理（原注24），但即使如此，杭士基的論述強而有力，同時又常被只有耳聞沒有實際讀過的人曲解。日後很多人對杭士基的既定印象，是他將語言視為先天能力，後面章節也會探討這個立場。可是儘管大家這樣描述他的文章，杭士基本人卻很少談到所謂先天論。還有不少人記得杭士基點出行為主義的道德疑慮，其實他沒有在評論中提及此事，甚至沒有將實驗結果納入討論，無論新舊。

杭士基的主要論點如下：史金納在《言語行為》書中列舉無數人類口語範例，並針對每個例子提出行為主義的重構，聲稱特定言語行為受到刺激控制，是由環境引起。譬如史金納說我們聽見某首曲子會說「莫札特」、看見某幅畫會說「荷蘭」，這些都源於「性質極為隱晦的刺激」。人還會自言自語、對敵人送出假情報、模仿別人講話，這些案例都是行為後果具有增強意義。藉由這類例子，史金納自稱證明了人類的言語行為可以用刺激與反應這種行為主義概念加以解釋。

而杭士基的切入點並非史金納的論述對錯，而是過於空泛。他以看到繪畫說出「荷蘭」的例子來說明癥結點，指出同一個人還可能說出：

我以為你喜歡抽象畫
第一次看到
掛歪了
掛得太低
好美
不好看
還記不記得去年夏天我們露營那次？

對史金納來說這算不算是問題？其實可以說完全不算，因為他大可聲稱每個不同的回應受到環境不同層面的控制。但杭士基強調的重點是：看似解釋一切，其實什麼都沒解釋到。他說：「就因為例子多不勝數，反而能清楚看見刺激控制的說法只是徹底迴避心理現象的心理學並粉飾太平。我們根本無法依據說話者所處環境中的刺激來對言語行為進行預測，一定得等到話說出口才回頭分析刺激究竟是什麼。」（原注25）畢竟像去年露營這個例子與當下環境毫無關聯，但結果任何一句話都能被詮釋為某種刺激控制的結果，代表刺激控制理論實際上既沒有解釋力也沒有預測力，只是以更繁複的方式表達「每句話在當下都有意義」。

再看看增強這個概念。人有時會自言自語或偷偷哼歌，孩童也會模仿汽車和飛機的聲音。史金納以自我增強解釋這些現象，認為我們那樣做是因為得到某種增強。杭士基再度點出這個理論看似「解釋」一切，卻其實什麼都沒說：

書中提到一個人會播放自己喜愛的音樂……閱讀自己喜愛的書，思考自己喜愛的事情等等，因為他發現這樣做以後得到了增強。人還會透過寫文章或口耳相傳來推廣，因為大家想成為心目中真正的書迷或樂迷，這也是一種增強。如此說來，所謂增強純粹是儀式功能，聲稱「X受到Y（刺激、狀態、事件等）增強」只是想模糊掉「X想要Y」、「X喜歡Y」，「X希望Y成真」等等。採用增強這個術語並未提供更好的解釋力，以為透過兩個字就會將希望、喜好這些描述看得更透澈、更客觀，是非常嚴重的錯覺。（原注26）

當然「刺激」和「增強」這些詞彙在史金納討論以老鼠為樣本的實驗時有明確意義，不過這些明確定義不適用於史金納自己在書中舉出的例子。我們說任何話或唱歌給自己聽，並不符合增強做為術語的字面意義，因此杭士基的批評主軸就在於：以行為主義分析人類或許錯了（採取術語的字面定義），又或許對是對了，但無趣且無價值（採取譬喻方式解釋）。《言語行為》一書結尾就呼應了杭士基的批評，因為史金納試圖解釋當年懷海德對他的挑戰：「沒有黑色蠍子掉在餐桌上。」史金納的反應很合乎邏輯，他認為懷海德這句話（或者以史金納本人的說法是「發出的回應」）是為了表達觀點。但問題是，懷海德為什麼不能說「秋葉」或「雪花」之類？史金納的想法是，「『黑色蠍子』是對討論主題的隱喻，代表行為主義。」就我個人所見，他或許沒猜錯，可是行為主義以非人動物為研究對象時十分講究科學，一旦訴諸隱喻就偏離了原本方向。同時可以留意一下：史金納的口吻似乎朝佛洛伊德靠攏了，但並非在好的層面上。

討論懷海德那句話的時候，史金納的態度有點惆悵：「刺激不一定得強烈，但只要系統固定了就一定能找到。」（原注27）這話或許沒說錯，畢竟萬事皆有因，我想杭士基不會反對，佛洛伊德則會大力贊同。但假如史金納停在這裡會很無趣，想要有趣的話就得主張懷海德那句話的背後有個刺激存在。

偏偏這樣思考不正確。某些情況下環境與行為相關，但必須建立在中間的大量思考上。最近我和朋友聊天，有人提起歐巴馬最喜歡的戲劇角色是《火線重案組》（*The Wire*）裡的奧馬。聊著聊著我想起劇情裡還有個比爾・羅爾斯，於是又聯想到哲學家約翰・羅爾斯，然後我提醒自己一個月以後的講座內容可以多加點與公正相關的內容，幾小時後我在辦公桌前寫下筆記。確實可以說我寫筆記（和一個月後的講座）是受到朋友談話內容的影響，或者說「刺激」，但這當然與巴夫洛夫用節拍器讓狗流口水的刺激是兩回事。心理學家和普通人一樣，會將整個事件描述為一連串的思緒牽動，但這樣描述的前提就是承認人類有思緒，同時等於承認了人有內在的心靈。

心智運作的複雜程度遠非史金納框架能夠侷限。若說佛洛伊德的問題是理論包山包海但太過模糊，且缺乏實證基礎才無法完整詮釋心智，那麼史金納的問題則在於理論難以解釋人類心理為何如此豐富多變。本書接下來就會探討行為主義思想不足以解釋的許多層面。

不過本章末尾我要強調：一如佛洛伊德，史金納的思想延續至今，而且理所當然。

首先，他幫助我們對重要的學習機制有了更深的理解。

再者，無論對史金納的理論架構抱持什麼觀點，我們都必須承認它的實用價值。舉例而言，他的觀點用於治療恐懼症或動物行為問題都確實有效。

最後，也是和佛洛伊德一樣，史金納的想法能夠融入日常生活。我常常在想不完全增強的效果有多大，偶爾才能得到獎賞反而導致行為非常難戒除。儘管我目前不必應付幼兒鬧脾氣，也沒有想玩吃角子老虎，但其實我挺容易沉迷於網路，常常茫茫然盯著手機點連結看影片，反覆滑動頁面期盼螢幕冒出什麼東西讓自己心情變好。回神過來的時候，我總會想到行為主義者籠子裡頭的老鼠。

思考篇

第五章 皮亞傑的研究

所有心理學都令人著迷，但我尤其對兒童研究特別感興趣。多年前我還在麥基爾大學（McGill University）心理系就讀時，就開始鑽研發展心理學，對兒童心智的熱情至今仍未動搖。

我相信很多人都對兒童心智頗為好奇。大家應該都被童言童語逗笑過，也會訝異於孩子們明明學得很快，卻又好像傻乎乎的。凝視嬰兒的時候，你是否思考過那雙眼睛底下藏著什麼心思（如果有的話）？

我也要藉此機會提出呼籲：發展心理學沒有獲得與其他心理學領域同等的重視。詳細原因我並不確定。一個可能是性別歧視。照顧孩童傳統上被視為女性職責，或許連帶影響到大眾對兒童心智研究的看法，覺得不必那麼認真看待。另一個不利發展心理學的因素則是這個領域相對低科技，實驗往往在測試室、托兒所和學校進行，除了少數特例，通常不會做出彩色腦部掃描之類容易爭取補助也令學校高層和媒體印象深刻的東西。

無論如何，不夠重視發展心理學是個錯誤。兒童研究不僅能滿足我們對小朋友的好奇心，還能探索人類長久以來懸在心上的許多問題。

其中一個例子是生涯發展。人的命運有多少在成長初期就被基因和童年經驗所決定？我們無法根據嬰兒或兒童時期的表現完美預測某個人將來會變成什麼樣子，然而阿夫沙洛姆．卡斯皮（Avshalom Caspi）的一項研究仍然值得好好瞭解。（原注1）一九七五年心理學家在紐西蘭但尼丁市對三歲兒童進行了九十分鐘訪談，這次調查的研究人員根據答案將受試孩童分為三類：

一、自制力不足：衝動、坐立不安、情緒不穩定

二、拘謹壓抑：慢熱、擔心害怕、容易受陌生人影響

三、適應良好：恰如其分、能夠自我控制、相對自信且冷靜

十八年後，同一群受試者再次接受測試與問卷調查，卡斯皮取得兩次資料便得以建立早期評估與成年後發展狀況的關係。他發現三歲時被評為「自制力不足」的孩子，到了二十一歲時會出現較多就業、酗酒、觸法問題；而被歸類為「壓抑」的孩子，成年後的憂鬱比例和自認沒得到社會支持的比例偏高；至於（幸運地）「適應良好」的孩子，則比較不受上述問題困擾。

要注意的是，這樣的效應並非很顯著，許多三歲時自制力不足或表現壓抑的兒童後來成長得很好，也有不少適應良好的兒童後來開始出現問題。然而從前後兩次資料確實能夠找出關聯，於是卡斯皮引用詩人華茲渥斯（Wordsworth）的一句話做為標題：孩童是尚未長大的成人。

這種前後一致性有很多可能的解釋。譬如基因，畢竟基因不會隨時間改變。也可能是環境，一般人的環境變動不會太大，小時候上附近學校、住同一個社區，周圍朋友幾乎總是同一群。又或者兩者皆有，卡斯皮認為基因和環境、先天與後天時常相輔相成，例如物以類聚但同時近朱者赤，性格剽悍的少年容易加入逞凶鬥狠的團體，同儕彼此鼓勵導致那份攻擊性不會消失。同樣道理，好爭論的書呆子會一步步朝著接納自身特徵的族群與行業靠近，後來說不定成了心理學教授並寫下你眼前這本書。

生涯發展這件事情後面還會詳細討論，本章先將焦點放在看起來更基礎的問題上：知識從何而來？成年人腦袋裡的東西有多少是天生，又有多少靠學習？格局再拉大些，兒童和成人的心智之間有什麼區別？

嬰兒看起來不聰明，表現得也不聰明。大約二十年前，報紙報導了一個引人注目的實驗，從結果可以看出嬰兒能力非常有限。加州大學洛杉磯分校兒童發展研究所的研究人員將嬰兒置於一系列困難情境，若不發揮智力就無法存活。這些嬰孩需要從瀰漫氰化物毒氣的密室脫逃，用開罐器取得食物避免餓死，或者學會使用水肺才能在水中呼吸。可惜他們全都失敗，一個也沒活下來。科學家得到結論：「心理學家長久以來一直認為人類嬰兒充滿好奇心且適應力強大，但事實上他們蠢到了極點。」

故事出自專走諷刺路線的《洋蔥報》（*The Onion*），這次的嘲諷目標是媒體熱中的「嬰兒很聰明」這種說法，之後我們也會談到這個研究內容。雖然「嬰兒很笨」的故事只是虛構，但恐怕歷史上很多學者對此會產生共鳴。比如上一章提到一八九〇年威廉．詹姆斯將嬰兒心智描述為「百花齊放，卻反而雜亂無章」。（原注2）（考量到我的姓氏[1]，希望不會有人拿這句話寫書評。）一個世紀前，盧梭（Jean-Jacques Rousseau）以更嚴厲的措辭表達了同樣想法，他說如果孩子出生在成人身體裡，「這樣的成人小孩就跟白痴沒兩樣，只是模仿人類外形的雕像，沒有動力也幾乎沒有感情可言，什麼也看不懂、聽不懂，而且誰都認不得。」（原注3）

人因為接觸環境而獲得知識，這樣的觀點稱為**經驗主義**（empiricism）。之前談到行為主義者，如約翰·華生和史金納，也認為環境至關重要，立場與經驗主義很接近。不過行為主義者能否歸類到經驗主義者底下就很難說，因為他們的研究內容迴避了知識這個主題。（應該不難想像史金納聽到老鼠也有知識會嗤之以鼻。）

經驗主義的早期代表人物是一群哲學家，通常統稱為「英國經驗主義學派」，包括約翰·斯圖亞特·彌爾（John Stuart Mill）、大衛·休謨（David Hume）、約翰·洛克（John Locke）等等。其中以洛克的經典論述最為人所知，他認為心靈最初處於空白狀態：「讓我們假設心靈是……一張白紙，上面沒有任何字母也沒有任何想法。這些東西後來怎麼加上去的？對此我只有兩個字——經驗。」（原注4）比喻也可以與時俱進，現代經驗主義者可能會說，嬰兒的心智就像沒裝應用程式的智慧型手機。

與其對立的觀點則是**先天論**（nativism），主張人類許多的知識和能力是先天稟賦，出生的同時已經存在。再次以智慧型手機比喻，買一支新手機時，裡頭通常會有預先安裝的應用程序如聯絡人、地圖、字典等等，先天論認為大腦也一樣。早期哲學家如柏拉圖，將內在思維詮釋為靈魂記起前世所學；現代先天論者則視其為演化歷史的產物，直接編碼在基因中。

有些人對這種先天後天的二分法持懷疑態度，譬如有本優秀的心理學導論教科書就說：追究先天後天何者重要，就好比是在問：「定義矩形面積時，長度還是寬度比較重

1 譯按：作者姓氏Bloom原意即「開花」。

要？發展需要兩者兼備，先天與後天缺一不可。」（原注5）

這段話點出的重要道理在於，沒有初始構造（先天）就無法進行學習（後天）。老鼠能學會走迷宮，岩石則不可能，即使史金納也無法否定這個事實，背後原因則在於老鼠才有能夠接受操作制約的大腦（以及能移動的腿）。而初始構造（先天）通常需要與世界（後天）接觸後才能發揮作用，譬如多數人認為色彩視覺是與生俱來的心智系統，但事實上缺乏經驗它無法運作的——如果一直在黑暗中長大，小貓會全盲。在有些可怕案例裡，孩子被殘忍或發瘋的父母隔離，缺乏正常環境對身心都造成可怕傷害。（原注6）

先天構造對環境敏感有個不錯的例子是睡醒週期（sleep-wake cycle）。由於地球自轉是環境內長期不變的現象，因此人類身體也做出回應，演化出二十四小時的晝夜節律並內建在基因中。然而如果讓某個人住在黑暗中，去除明暗變化的環境跡象，這時會發現人類的生理時鐘其實能有幾小時誤差。神經科學家大衛·伊格曼（David Eagleman）認為：「這顯示大腦採用的解決方案很簡單，就是打造不完全精準的時鐘，然後配合陽光規律進行修正。而這個方法的巧妙之處在於基因不必寫死，可以讓世界幫忙上發條。」（原注7）

先天後天相互結合還有一種形式更常見，就是大腦能夠獲取新資訊和新能力。我們經常說人類是文化物種，學習能力遠超過地球上無論自然還是人造的其他心智。雖然語言學習是下一章的主題，但它同時是這種結合的典範：所有語言共通的普遍性質一開始就存在於嬰兒的大腦中（先天），然而具體學會什麼語言當然受到所處環境的影響（後天）。

因此沒有先天就沒有後天，但沒有後天的話，先天也無法發揮。即便如此，將某些現象描述為先天、某些現象描述為後天，並非全無道理。比方說我知道電影《捍衛任務》

（*John Wick*）每一集劇情，但再怎麼堅定的先天論者也沒辦法說有人先天就能施展那些招數。有些思想和行動則又不同，剛才警告大家別搞先後天對立的教科書，後面另有一小段標題是「生來就做好準備：新生兒的早期能力」。作者群指出，大人將手指放在嬰兒手掌時，嬰兒會本能地抓握，合理推論「這種反應承襲自猿人祖先，因為猿人一出生就得攀附在母親身上」。（原注8）由此看來，他們確實將其定義為先天能力。

即使我們知道先天後天並不彼此矛盾，甚至相輔相成，但先天後天孰輕孰重的爭辯並不因此結束。

皮亞傑的理論觀點

之前章節介紹過大家都認識的心理學家佛洛伊德，還有一個是史金納。不過說起發展心理學家，最多人認識的應當是瑞士通才尚．皮亞傑（Jean Piaget）。他生於一八九六年，卒於一九八〇年，就任何標準而言都是天才。皮亞傑十歲就進入高中並寫下了第一篇科學論文，主題是白子麻雀。上課對他而言很無聊，回到家也不開心（皮亞傑對宗教不熱中，但他母親極度虔誠，同時可能有精神方面疾病），但他從小就醉心於學術研究。一位觀察家談到他的早年生活時表示：「將皮亞傑描述為書呆子可能不太公平。」（原注9）通常會說出這樣一句話，前提就是認為對方是個書呆子。皮亞傑高中畢業時就已經是軟體動物領域的知名專家，發表過二十篇相關論文，後來在二十一歲時取得自然科學博士學位。

皮亞傑在長達六十年的學術生涯中非常多產，出版超過五十本著作和五百多篇論文，因此有個外號是「老大」（*Le Patron*）。不僅研究生和助理這樣叫，連與他素昧謀面的人也朗朗上口，而且這個暱稱表達了崇拜，是布魯斯・斯普林斯汀（Bruce Springsteen）[2]那種老大，而不是東尼・索普拉諾（Tony Soprano）[3]那一種。皮亞傑很受學生愛戴，不像那位奧地利同行，雖然名聲更大卻是聲名狼藉。

話說回來，皮亞傑和佛洛伊德見過一次面。皮亞傑曾經在一九二二年的國際精神分析大會上發表演講。對他來說那是一個需要提心吊膽的場合，因為就某些關鍵問題上，他與佛洛伊德意見相左，不知道精神分析學派眾人會如何攻擊。所幸演講順利完成，但皮亞傑對自己與佛洛伊德同處一室做了以下的敘述：

> 佛洛伊德坐在我右邊的扶手椅上抽雪茄。雖然是我向觀眾發表演講，但觀眾注視的一直不是講話的人，而是佛洛伊德。大家想知道他對演講內容是否滿意。佛洛伊德微笑，房間裡每個人就跟著微笑，佛洛伊德板起臉，房間裡每個人就跟著板起臉。（原注10）

皮亞傑真正的興趣並非兒童發展，相關研究對他而言只是路徑，而非目的地。他想研究知識如何發生在人類這個物種之中，並將其稱為「發生知識論」（genetic epistemology），也就是探究知識起源的學問。皮亞傑認為，最佳的研究方式是觀察個別人類的智力發展，其策略邏輯則來自動物學家恩斯特・海克爾（Ernst Haeckel）的一句豪語：個體概括系統（ontogeny recapitulates phylogeny）。意思就是物種（系統）的發展歷程會在每個個體身上重現。對人類早期階段感興趣？那麼目光應該放在幼兒圍欄、托兒所和小學。

回到先天與後天的辯論，皮亞傑比較傾向後天。他的理論核心是：人與環境會有物理性質和社會性質的互動，這些互動長時間持續之後，就塑造了成年以後的思維。然而皮亞傑與英國經驗主義者或行為主義者的想法不同，他既不認為學習只是建立連結，也並未從增強和懲罰的角度切入。

皮亞傑主張心智活動包含複雜的認知結構，他稱之為「基模」（schema），並進一步提出兩種心理機制：基模轉變或新基模創建。首先是**同化**（assimilation），也就是使用既存的基模處理新情況。舉個例子，嬰兒有個簡單的基模是吸吮母親乳房，而嬰兒吸吮奶嘴或自己腳趾就是進行同化。然而這兩個動作要成功，嬰兒必須對行為進行一些修正，這就是**順應**（accommodation），過程中會改變現有的基模或創造新的基模以符合新資訊與新經驗。

這個例子非常具體，不過皮亞傑認為同化和順應也能運用在抽象層次。物體、數字、人都有對應的基模，擴展與修改，也就是同化和順應的過程，會將孩子推向更高的智力水準。如同史金納，皮亞傑也在學習和生物演化之間看到共通點，他有幾次表示同化與順應兩種學習過程就是孩童在「適應」環境，達到自身心智和外部世界之間的平衡。

皮亞傑還提出孩子會經歷一系列不同階段，每個階段對應一種獨特思維，每個思維都經由不同方式理解世界運作。（每個大階段下面還能細分子階段。皮亞傑理論在某些層面很複雜，但此處會保持簡單扼要。）佛洛伊德也為人類發展區分階段，但偏重於性心理，以愛好和慾望為主。皮亞傑的階段論是普級版，重點放在思考方式有何差異。

2 譯按：美國搖滾歌手，暱稱「老大」（the boss）。
3 譯按：電視影集《黑道家族》主角，後來成為黑幫老大。

新生兒一開始處於**感覺動作期**（sensorimotor stage）。在生命最初大約兩年間，嬰兒是純粹的感覺生物。一開始嬰兒雖然能夠感知和操作，但不會嘗試理解，沒有時間感，無法意識自己和他人的區別。最重要的是，嬰兒沒有物體恆存的概念。

這樣的主張長久以來吸引許多心理學家，因為這個說法相當大膽。球滾到櫃子後面，我們都知道它依舊存在，這不是顯而易見嗎？但皮亞傑認為，嬰兒大約六個月之前並不理解物體獨立於自己的行動或感知。對嬰兒來說，眼不見為淨就是看不見的時候就真的不存在。這或許能解釋為什麼躲貓貓[4]能用來逗弄嬰兒：你蓋住臉再露出來，嬰兒見狀會呵呵笑或抽一口氣，因為你蓋住臉的時候在他們眼中是真的消失了。

這種觀點並非皮亞傑首創。英國經驗主義者喬治．柏克萊（George Berkeley）認為嬰兒得等到實際在空間中移動、與外界互動時，才真正理解何謂物體，因為視覺經驗本質是個平面，進入眼睛的光線類似濺在兩塊畫布上的顏料。柏克萊據此主張人必須經由觸覺才能建立立體的概念。（原注11）

皮亞傑理論的第二階段名為**前運思期**（preoperational stage），大約始於兩歲終於七歲。從嬰兒變成幼童時，理解力有所成長，這個年齡階段的孩子會思考也能區分自己與他人，對時間有基本理解，並且瞭解物體離開視線之後依舊存在。但前運思期的孩童仍受到某些有趣的限制。

其中之一皮亞傑稱之為自我中心（egocentrism），但與平日大家所謂的自我中心有所不同。如果我說某個同事自我中心，那他大概整天吹噓自己的成就，卻不會注意到我換了髮型。皮亞傑說幼童自我中心則不帶貶義，而是兒童真的尚未理解每個人眼中和心中的世界都不同，也就無法模擬別人的思考角度。

自我中心的經典範例是三山實驗，適用於三到四歲的幼兒。我們向孩子展示景觀模型，反別為三座高度不同的山，比如從左到右分別為小、中、大，接著要求孩子畫下三座山，然後詢問站在山對面的人會怎麼畫。成年人懂得翻轉方向，所以從左到右是大、中、小，但孩子們無法做到這點，還是按照自己看見的順序作畫。皮亞傑的結論是：幼童相信每個人看見的世界都和他們看見的一樣。

與小孩子相處過應該都會理解何謂自我中心，而且前運思期結束以後，這個特徵還會持續很長時間，只是程度比較輕微。我姪女最近用 FaceTime 跟我通話，興高采烈提起六歲生日收到很多禮物，像是玩具、洋娃娃、糖果，還有蘇菲送她什麼、雪莉又送她什麼，滔滔不絕沒完沒了。那些人我一個也不認識，但小丫頭完全不在乎，直接無視對話邏輯，彷彿我根本不存在似的。以六歲孩子而言這種行為還算可愛，放在成年人身上就十分奇怪。

皮亞傑認為前運思期還有另一個限制，就是孩子無法理解對外界進行操作時可以只改變事物的部分性質，但其餘性質能夠留存。如果我將一堆糖果故意攪散些然後問：「糖果變多了嗎？」讀者會笑著回答：「怎麼可能，只是散開而已。」但幼童通常會回答：糖果真的變多了。類似情況還有水，如果將水從短而寬的容器倒入長而高的容器，成年人明白水的形狀變化了但體積不變，幼兒則會覺得水變高的同時也變多了才對。

前運思期還會有第三個限制，就是小孩無法區分表象和真實，不能理解物體的外觀和

4 譯按：此處是指大人遮住自己面孔再忽然露出的逗嬰兒遊戲。躲貓貓在其他語境中可能與捉迷藏同義。

本質未必完全對應。我寫到這段的時候正好有一系列影片很紅，畫面上會出現像是書本、鞋子或筆記型電腦的東西，然後一刀落下將它們切開——哇！其實是蛋糕！對成人而言很有趣，但如果皮亞傑理論正確的話，幼童會感到很困惑：看起來是書，就應該要是書。

一九六〇年代的經典實驗凸顯出幼童心智在前運思期受到種種限制。（原注12）芮塔・德弗里斯（Rheta De Vries）帶了隻名叫梅納的貓咪進實驗室跟不同年齡的兒童一起玩。與孩子確認過梅納是貓之後，德弗里斯就在孩子眼前給梅納戴上惡犬面具，許多三歲孩子看到之後會說梅納變成狗（六歲孩子則不會）。如果詢問梅納的皮膚底下裝了什麼，幼童會覺得是狗的骨骼與內臟。看起來像狗，一定就是狗。

皮亞傑的研究以及正反雙方的焦點大都放在感覺動作期和前運思期，因此剩下兩階段就簡略介紹。大約從七歲開始會進入**具體運思期**（concrete operational stage），此時孩童的思考趨於成熟，但在抽象和假設性推理方面仍略有困難。認知完全成熟得等到大約十一歲的**形式運思期**（formal operational stage），然而皮亞傑指出，「並非所有文化的所有人都會達到形式運思階段，而且多數人實際生活中並不會用到形式運思。」（原注13）

概述皮亞傑理論時我標示了大致的年齡範圍，但皮亞傑本人對於兒童達到與脫離每個階段的確切時間點並不特別在意。即使如此還是有人會問：「怎樣讓孩子更快度過這些階段？」皮亞傑被問多了覺得好笑，戲稱這是「美國人的問題」。至於答案呢？他反問：為什麼會想要加快？（原注14）

皮亞傑不算特別謙虛，但他與佛洛伊德或史金納不同，並不打算提出恢弘的理論完整解釋人類天性，也沒有撰寫達文西心理史（佛洛伊德做了這件事）或試圖改革刑法體系（史金納做了這件事）。他專心在自己的研究。

然而在自己的領域內，他是個大膽的理論家。一位熱情的學者曾在文章中表示：「皮亞傑的研究成果可能是迄今為止最深入、最連貫也最廣泛的生命科學理論整合。」（原注15）感覺話說得太滿了，把達爾文放在哪裡？但盛讚皮亞傑我也能夠理解，因為他的思想豐富值得深究。但如果讀者有興趣，我的建議是從次級資料著手，因為「老大」的寫作功力有點糟，而翻譯的英文很難懂，畢竟（據說）法文原版就不大行。

後面好幾世代的發展心理學家以皮亞傑為基礎繼續研究，複製並擴展各項發現、嘗試提出解釋，或者解釋其中漏洞。之前提到佛洛伊德和史金納的理論無法被證偽，夢境反映內心深處願望、人一切行為受到刺激控制這類說法的問題不在於對錯，而在於過分模糊，解釋空間太大，所以根本不可能錯。皮亞傑的理論則沒有這種問題，他提出的主張不僅有趣也可以證偽。例如發現一歲嬰兒理解物體恆存，或者三歲孩子懂得性質留存，就會對皮亞傑理論造成很大挑戰，而且他自己很清楚這一點。

不過皮亞傑的許多觀察推論都得到證實。舉例而言，找個願意配合的孩子就很容易證明他們不理解性質留存：在你面前放一小堆糖果，然後在孩子面前放上同樣數量的糖果，一個一個對齊之後問誰的糖果多，孩子會說兩邊一樣多。但是把糖果分成兩排，一排分散一排密集，再問一次，通常孩子會說長的那排糖果比較多，完全符合皮亞傑的預測。這些對兒童心智現象的新發現很令人訝異。

發展論述。

理論也因此蓬勃發展。不過科學持續演進，時至今日很少學者徹底接受皮亞傑的兒童

限制之一在於理論層次，因為皮亞傑以同化與順應解釋發展過程，但學者很難將這兩個概念具體化。他經常借鑑生物學的思想，卻又一直停在比喻的程度。皮亞傑及其追隨者未能從神經層次上解釋轉變和重構如何運作，也沒有針對各種變化建立出可運算的模型。

另一個問題在於研究方法。皮亞傑的理論奠基於他與嬰兒或幼兒的互動，倚賴自身的敏銳觀察力。他與大到會說話的孩童相處時則採用問答方式，請孩子們解決一些問題，然後解釋解決問題時的思維過程。皮亞傑確實從中收穫不少，然而這些方法的限制在於眾所周知的兒童表達能力並不好，應該說成年人都常常說不清楚自己的心理過程，又怎麼能期待兒童講清楚？加上孩童其實很敏感，能夠察覺心理學家提出的任務需求或實驗需求，有時會努力給出「正確答案」而不是自己的真實想法。

最後一個問題是，皮亞傑及其團隊在解釋兒童思考和行動的出發點時有時太過嚴苛，一下子就導向認知不成熟這個結論，卻忽略有可能存在其他解釋。回到兒童無法區分表象與實質的例子，德弗里斯在實驗中給貓咪梅納戴上狗面具，幼童就覺得梅納變成了狗。但這真的是孩童認知有誤嗎？我們稍微更改一下內容，以四歲小孩和父親的對話做示範：

爸爸：我是誰？

小孩：爸爸。

爸爸：（戴上星際大戰黑武士面具）現在我是誰？

小孩：黑武士！

爸爸：（自言自語）唔，果然分不清楚表象和現實，皮亞傑沒說錯。她過個幾年應該就懂了。

這個結論不大公道。孩子可能完全沒搞混，如果她真的認為父親變成黑武士，怎麼可能會高興，應該嚇死了。所以說不定兒童先發展的並非如何深刻理解現實，而是如何判斷語境，結果大人卻希望他們根據字面回答。年紀較大的孩子若意識到自己正在接受測試就會更小心，答案會變成：他實際上沒有變成黑武士，父親只是假扮的。但將父親稱為黑武士其實不是認知混淆，甚至在德弗里斯實驗中幼童將貓說是狗也未必是誤解。（不然她為什麼要把狗面具戴在貓身上？不就是希望孩子在那一刻將牠「當作狗」嗎？）

心理學的進展不僅反映在新理論或新發現，也包括新的研究方法，比如精神分析的夢境詮釋、神經科學的腦部成像、認知心理學的反應時間測量等等。同樣地，發展心理學也開發出更巧妙的手法來判斷嬰兒和孩童的思維，運用這些技巧會忽然發現孩子們比皮亞傑預測的聰明得多。

物理世界和本質主義

人類一出生就有的知識到底包含什麼？從柏拉圖、洛克，再到現代心理學家與認知科學家，各方對先天知識始終爭辯不休。想要找到答案，觀察嬰兒是一個辦法。

先前已有很多例子顯示，除了交談還有很多辦法能瞭解生物的心智活動，例如行為主義者讓老鼠走迷宮。不過受試者是小嬰兒的話，實驗變得很困難，他們不會說話、不會走路、不會啄食、不會拉操作桿。年齡大一點的或許可以爬，但爬不遠也不快，還不一定走直線。大多時候嬰兒只是可愛地坐在原地或哭或笑或拉屎拉尿。

能不能直接研究他們的大腦？面對無法直接表達思維的生物，觀察腦部活動是探索心智活動最簡便的方式，因此也確實有很多發展性研究採用這種做法。功能性磁振造影（fMRI）能用於成人也能用於孩童，藉此便得以探查嬰兒大腦觀看不同圖像時什麼部位開始活躍。更新的技術叫做功能性近紅外光譜（fNIRS），以紅外線照射頭部來觀測心智過程。（這個技術用在沒頭髮和頭骨薄的人效果最佳，嬰兒成了最合適的對象。）事件相關電位（ERP）則在學界運用已久，可以觀察腦部電位變化，雖然不適合判斷心智活動對應的腦部區塊，卻能用來偵測時間軌跡。

有這麼多方法十分振奮人心，而且我們已經從中觀察到與動作相關的大腦區域，例如聽人講話和注意數字。（原注16）但是目前為止，關於嬰兒心智最有趣的發現仍然是透過更簡單的方法獲得，主要利用嬰兒本身的強項，像吸奶嘴和動眼睛。聽起來或許不怎麼厲害，但到了聰明的研究者手中，就能揭開嬰兒心智的神祕面紗。

比起陌生人的聲音，嬰兒是不是更喜歡聽母親的聲音？一種方法是將奶嘴放進嬰兒嘴裡，然後給嬰兒戴上耳機，只要吸奶嘴就會聽到耳機傳出聲音。某些情況會是媽媽的聲音，其他情況則是陌生人的聲音。還記得效果律嗎？嬰兒與老鼠和鴿子一樣，如果某個行為有獎勵作用就應該會增加頻率，因此比較不同情境的吸吮行為就可以看出嬰兒更喜歡哪種聲音。甚至也能藉此調查語言偏好：出生在英語母語家庭的嬰兒是否喜歡英語多過俄語？（這個問題的答案留待下一章討論語言時再公布。）

另一種方法叫做**習慣化**（habituation），其定義是重複暴露之後熟悉了刺激，於是降低回應頻率，其實口語的習慣就是描述這個過程。如果我講課到一半忽然停下來大叫，起初學生會嚇得跳起來。但如果一分鐘後我再次大叫，並且反覆持續，後來學生就不會再驚訝，因為習慣了。

這是很重要的心理機制，習慣化有助我們集中注意力在新奇事物。環境中已經存在一段時間的東西不該像新奇事物那樣吸引人類注意力，所以大腦記錄下來做出對應處理。至於新奇事物則可能很重要、很危險，所以值得關注。我十幾歲的時候在金屬片工廠打工整個夏天，那裡非常吵，機器運轉火花四濺，起初我對一切都很小心（也很焦慮），但很快適應了，也就是習慣化了。但如果又有新現象，比如不同的噪音、機器以不同方式運轉，還是會引起我注意，這是正常反應。

結果證實，習慣化是研究嬰兒知識的好方法。想像自己是個嬰兒，大人給你看了一些圖片：紅圈圈、紅圈圈，還是紅圈圈……

你大概也膩了，準備轉頭找點新鮮的東西，結果面前忽然出現——綠圈圈。

你自然而然抬起頭，心想總算有新顏色了！心理學家則因為你抬頭（也可能是注視更久或心跳加速等等）而察覺你能分辨紅色與綠色。如果你的辨色力不足，應該根本沒有反應，繼續覺得無聊。

再想像自己看見的是：兩隻貓、兩隻貓、兩隻貓、兩隻貓……

你又漸漸覺得無聊，直到看見三隻貓。注意力被拉回去，代表你能分辨兩隻與三隻的差異。

可是能看出兩隻貓與三隻貓不同，就代表具有數字二和三的觀念嗎？別太快下定論，畢竟三隻貓加起來通常比較大，也許你這個嬰兒只是察覺了面積變化。那麼心理學家下一次就會將三隻貓的比例縮小，面積與兩隻貓差不多。即使如此，嬰兒說不定能分辨大貓和小貓？究竟如何設計實驗才能避開其他可能性，精準偵測到嬰兒對數字概念的敏銳度？應該還是有辦法（我認為），不過實驗過程會變得極其複雜，有興趣的讀者請參考註解。（原注17）

效果律、習慣化，再來是新奇事物。嬰兒和大人一樣，遇上意料外的東西會注意比較久。想像一下：在街上遇見的男人拿著帽子蓋在頭頂，這沒什麼特別。但如果他的帽子從手中飛起，飄到頭頂上再降落，那你應該會忍不住多看兩眼，而這個反應就說明了所見現象違反預期時的心智運作。嬰兒覺得奇怪的時候也會盯著看，心理學家利用這種反應可以分析他們對物體的認知。

經典實驗之一是在嬰兒面前的桌上擺個磚塊，磚塊前面有平放的板子。接著將板子直立並且完全遮蔽磚塊，然後朝著磚塊方向傾斜倒下。（原注18）假設皮亞傑說的沒錯，對嬰兒而言看不見的東西就等於不存在，那麼板子往後倒對他們而言應該理所當然，畢竟磚塊不存在所以無法阻擋。但實際上五個月大的嬰兒看到板子能傾倒放平（因為研究者用暗門將磚塊抽走）的時候會注視比較久，彷彿小腦袋正在思考：「好奇怪，不是應該有個方塊擋住這片東西才對嗎？」

再換個情境：在空檯子上放了一隻米老鼠玩偶，然後一片板子掉下來擋住玩偶。緊接著又有人拿著另一隻米老鼠放到板子後面，接著板子被抽走。你是成年人，明白一加一等於二，所以預期後面會有兩隻米老鼠，而不是一隻或三隻。五個月大的嬰兒其實也明白這道理，要是板子拿掉以後是一隻或三隻玩偶，他們是會驚訝的。這同時指向嬰兒認為板子後面的米老鼠會持續存在。（原注19）

類似研究還有很多，發展心理學家伊麗莎白．史培克（Elizabeth Spelke）基於這些發現提出見解，認為人類天生就有對物體的認知系統，至少在能夠實驗的最早年齡已經存在（而且也能在人類之外的物種發現這樣的系統，例如剛出生的小雞）。（原注20）她主張嬰兒對物理世界的初步理解包括下列原則：

一、**物體凝聚**：各部位相連，拉扯一個部位會造成整體移動。

二、**物體無空隙**：不可隨意穿透，例如以手指觸碰時手指不會鑽到另一側。

三、**物體路徑持續**：不會從一點消失再從另一點出現。

四、**物體受力才移動**：不會自發性移動。（這條原則僅限於特定物體，不包括生物如人類和狗，以及複雜結構如機器人或汽車。）

大量研究指向這四條原則在嬰兒滿週歲前就成立，反駁了皮亞傑描述的嬰兒心智限制論述。更重要的是，這些研究衍生出現代心理學極其重要的發現——證明了心智對物理世界有與生俱來的認識。

到目前為止我們都聚焦在嬰兒對物體的認知，現在來看看年紀稍大的孩童表現如何，同時我們會找到另一種認知方式的相關證據，與人類對世界萬物的分類模式有關。思考下面這句話：所有人天生就是本質主義者（essentialist）。（原注21）

所謂本質主義原本屬於形上學的概念，主要探討世界的真實狀態。本質主義也可以有不同程度，但基本概念就是某些分類標準不受到表面特質如所見所觸的限制，有更深層的性質造就其存在。約翰・洛克的說法是：「真正內在但普遍的……在事物可探知的特質之外的未知構成，就能稱之為本質。」

舉例而言，黃金一般就是特定顏色的金屬，但現在我們知道有些東西看起來不像金子實際上卻是金子，同時有看起來像金子實際上不是金子的東西，例如別名「愚人金」的黃鐵礦。就像貓之所以為貓並不僅僅因為外觀，還與動物展現的特性有很大關係。這就是為何至少成年人不會因為貓咪戴上狗面具就認為牠不再是貓。

人類通常對本質都有基本理解。很多人可能以為這和科學常識有關，例如水和黃金都能以分子結構來表示、貓有自己的DNA等等，但其實沒有這些知識一樣能看見本質。早在現代科學興起前，古人也明白什麼叫做虛有其表。

換言之，人一開始就知道可以用兩種不同方式理解這個世界。首先是表象、事物的外觀或形貌；再來則是真實的性質。有時候表象與本質很難連結，所以挖掘事物真實性質的科學有時會得出驚人結論，例如蜂鳥、鴕鳥、鷹隼外表如此不同卻都是鳥類，然後外表更神似一般飛鳥的蝙蝠卻又不是鳥類。日常生活中也常常需要區辨表象和本質，比方說生了皮疹去看醫生，如果醫生回答「看起來像曬傷」我們恐怕不會滿意，因為我們想知道的是事實上是怎麼回事，而驗血、切片等等檢查也是為此目的而存在。

本質主義並非現代西方專有的思維，所有文化都或多或少出現過。古今中外的人都明白有時看起來是甲實則是乙，也會提出「所以究竟是什麼」的疑惑。各地居民都有本質的概念，不過對本質的定義會隨文化信仰體系而有出入。譬如西非約魯巴農民對物種本質的認識不是基因，而是「上天賦予的結構」。（原注22）

本質主義如此普遍，因此有人認為這就是人類天生看待世界的模式。這套先天論觀點對皮亞傑而言不成體統，他認為新生兒最初只能認知表象，受限於感官能看見、聽見、觸碰的部分。可是後續證據證明皮亞傑錯了，學齡前孩童就已經表現出本質主義的認知能力。（原注23）

一項研究以三歲幼童為樣本，給他們看了知更鳥圖片，再解釋這隻鳥有點特殊，譬如血液裡有特別的物質。接著研究者給幼童看了另外兩張圖，分別是樣子接近但屬於另一類的動物如蝙蝠，然後是樣子差距較大但同類的動物如紅鶴。若問這兩種動物哪一個也有看不見的特殊之處？結果孩子們傾向根據類別判斷，所以選擇紅鶴。這不足以證明本質主義思維，但已經顯示幼兒也會注意外表以外的特性。其他研究修改了實驗方法，發現未滿兩歲的幼兒也展現出同樣的能力。

在別的實驗裡，幼童回答將狗的內部取走（血與骨頭）牠們就不是狗了，但只是取走外表可見的部分則牠們還是狗。類似研究進一步發現孩子們對內部特質相同的事物會給予相同的名字（「身體裡有一樣的東西」），只是外部特質相同的則沒有這種待遇（「住在同個動物園和同樣的籠子」）。

與我同在耶魯大學進行研究的法蘭克．凱爾（Frank Keil）引導孩子們以最為驚人的方式展現出本質主義思維。（原注24）他給幼童看了一系列轉變的圖片，例如豪豬經過手術變得像仙人掌、真狗被妝扮得像玩具之類，最主要的發現是，孩童並不認為這種巨大轉變會導致分類跟著轉換。無論外觀怎麼變化，豪豬依舊是豪豬、狗也依舊是狗，但若告知孩童這些動物體內有了變化，比方說內臟換了，他們就會接受這樣的轉變導致分類也得跟著轉換。

這些例子之中，幼兒的認知是對的，與成年人（包括成年科學家）的想法一致，能夠從更深入的角度思考如何分類。不過如果過度傾向本質主義，別說是孩子，連大人也可能變得有點蠢。譬如對人類的不同群體也採取本質主義思維，這個問題本書之後還會再探討。再來就是如何看待器官移植，研究顯示幼兒與部分成人相信器官移植等同將動物的某些內在特質也轉移過去，例如四歲幼童覺得接受豬心移植就會變得像豬。（原注25）這些都是失控的本質主義。

討論了物理世界和本質主義，現在進入第三個部分，有時稱作**通俗心理學**（naive psychology）[5]或**心智理論**（theory of mind），主題是我們如何瞭解其他人。

證據顯示人類一開始就是社會性動物。出生後僅僅幾分鐘，新生兒的眼球就有特定的追蹤目標：比起沒有明確五官的東西，他們更注意具面部特徵（有雙眼、鼻子、嘴巴）的形體。（原注26）而且他們喜歡會注視他們的面孔多過於會別開視線的臉，這代表新生兒已經對社會溝通有興趣。（原注27）稍後，嬰兒會期待面孔與其他物體有不同的行為模式。本來在動的物體停下來，他們就會失去興趣，但若與他們互動的人臉忽然停下來，嬰兒則會開始不安。（原注28）

嬰兒預期人都有目標。想像一張桌子，上面有兩個東西，一隻手朝其中之一靠過去。要是那兩個東西換了位置會怎樣？對成年人而言，手屬於某個人的，人有心理動機，合理動機下他是要拿特定的物品，而不是單純伸到某個位置。（譬如我想拿玉米片來吃，有人忽然把玉米片和一盆花交換位置，我的手就會伸到玉米片那邊，而不是停在花朵上。）但其實六個月大的嬰兒就有同樣的期待。（原注29）

嬰兒甚至對於一個人的目標得到支持或阻礙後的反應都有預期。多年前我與維勒莉．庫邁爾（Valerie Kuhlmeier）、凱倫．韋恩（Karen Wynn）做了一連串實驗，給嬰兒看的第一支影片裡有一顆球想要上坡，然後會有一個人物幫忙往上推，另一個人物幫倒忙往下推。第二階段分為兩種情境，第一種是球會靠近幫忙的人，第二種是球會靠近妨礙的人。從嬰兒的注視時間變化可以發現他們與成人相仿，都假設一個人應該去找幫助過自己的人，而不是干擾自己達成目標的人。（原注30）凱莉．漢姆林（Kiley Hamlin）進一步研究又發現，年齡更長的孩童會欣賞幫助他人的角色更勝於妨礙他人的角色。（原注31）

嬰兒的其他社會理解很容易察覺，並不需要進入實驗室。通常不滿週歲的小娃娃就懂

5 譯按：Naive psychology 通常被視為與 folk psychology（通俗心理學、大眾心理學）高度重疊，意思是人不特別學習也會根據直覺及常識去推敲別人思維，而 naive 在此處則更強調與生俱來的本能性質。

得要大人注意身邊的某些事物，方法包括發出咕嚕聲、揮手或扭動肢體，後來逐漸學會用指的。有時候這些行為是為了滿足需求，譬如坐在高椅子上的寶寶會盯著大人發出叫聲，然後手朝有吸嘴的杯子伸過去，訊息很明顯是：「那邊那位，幫我拿杯子！」有時候他們只是希望別人也看看自己留意的東西，譬如指著一幅畫一直想要吸引別人注意，代表：「喂，你們也看看嘛！」（原注32）

這些例子透露出嬰兒深層的心智狀態，顯示他們明白其他人具有思考能力，注意力可以在世界上不同事物間轉移。這種理解似乎僅限於人類，因為成年黑猩猩明明在許多方面都有超乎人類嬰兒的能力，但若是在野外長大就不懂得如何展示、提供或用手指向物體。

學會說話之後，幼童對自己與他人心智的認知更加明顯。（原注33）下面範例是兩歲的伊芙表達對自身喜好的理解。

大人：妳要吃餅乾嗎？

伊芙：要。我吃餅乾會開心。

然後是三歲的艾畢，他似乎能理解其他人對世界的認識可以與自己不同。

艾畢：有些人不喜歡老鷹。他們覺得老鷹……不可愛。

母親：你覺得呢？

艾畢：我覺得牠們是好的動物。

再來是三歲的亞當清楚表達自己過去的想法現在可以改變。以前他會吃膠水。

亞當：不喜歡了。
大人：以前為什麼會把膠水放進嘴巴呢？
亞當：那時候以為好吃。

最後艾畢還有一段對話讓我哈哈大笑。我以為他在開玩笑。

艾畢：以前我會在這裡畫畫（指他的手）。
大人：為什麼呢？
艾畢：那時候我以為自己的手是紙做的。

比較細心的讀者應該已經察覺不大對勁。本章先提到在皮亞傑的理論下，年紀更大的小孩心智也非常受限，包括無法從他人角度思考事情（也就是自我中心），還強調他的發現屬實、實驗都可以複製。後面我卻又說嬰兒就有社會觀念，還提出二、三歲小朋友就具有內省能力，也可以分辨自己和別人，甚至現在與過去自己的不同思考。

那麼究竟何者正確？幼兒究竟傻，還是聰明？

這是一個很複雜的問題，也帶我們進入發展心理學領域最有趣的辯論。看看下面這個故事：

莎莉和小安一起待在房間，裡面有籃子和箱子。莎莉把彈珠放進籃子以後走出房間，淘氣的小安趁她不在把彈珠換到箱子裡。莎莉回來以後，會去哪裡找彈珠？（原注34）

對讀者而言這個問題不難。儘管彈珠實際上在箱子裡，但是莎莉不知道，她以為彈珠還在籃子裡，所以當然會去翻籃子。錯誤信念決定了莎莉的行為。

這項「錯誤信念任務」背後有段歷史，其實最初是哲學家丹尼爾・丹尼特（Daniel Dennett）在討論黑猩猩是否能理解他者心理狀態時提出的，並非針對人類孩童。（原注35）丹尼特指出，若一個人對世界的認知是正確信念，其實我們根本無需從他的角度思考也能預測其行為。以上面的例子而言，假如彈珠根本沒被動過，無論兒童還是猩猩都能猜到莎莉會去翻籃子，但這能證明他們推敲得到莎莉的心思嗎？恐怕不行，因為這個推測是基於客觀事實（彈珠真的在籃子裡）。反觀必須基於錯誤信念預測行為的情況，只注意彈珠的實際位置沒有幫助，要在錯誤信念任務裡給出正解就必須進入莎莉的心理狀態。

這顯然不容易。莎莉與小安的故事直接在眼前上演後，五歲孩童通常能夠答對（刻意簡化時四歲孩童也能答對），年齡較小的孩子們則辦不到。他們還是覺得莎莉會去看箱子，因為彈珠就在箱子裡。（黑猩猩通常也答錯，即使已經將題目簡化到牠們應該能理解

也沒有用。（原注36）

實驗之外的場合也能看到錯誤信念造成的影響。幼兒不擅長說謊，不擅長到臉上沾著巧克力還會堅持自己沒偷吃點心。他們捉迷藏也玩得不好，因為捉迷藏的訣竅同樣是打心理戰以假亂真。小小孩就是不懂，常常躲在上一次被捉到的位置、藏了上半身卻露出屁股或腿，再不然就是直接要求大人去躲特定地點。旁人看了不免懷疑這些孩子覺得好玩之處不在於猜測心機，而是享受演出，因為大人總是先裝傻（「提米怎麼不見啦？我找不到！」）再一副很驚訝的樣子（「你一直都在毯子下面啊？我都不知道！」）

部分心理學家仍然堅持皮亞傑的理論，認為孩童並不真正理解心智，既無法猜測心智狀態，也無法意識到主觀信念與客觀世界有落差。可能原因是尚未練習對他人進行推理，又或者理解他人信念的大腦區塊需要時間發育。

另一派心理學家則認為孩童其實知道他人心智的存在，因為在一些真實情景中，他們能表現出對信念的複雜理解，其中包括錯誤信念。（前面提到三歲的艾畢就能說出「那時候以為自己的手是紙做的」這種話。）而且其他研究發現不需要等到能夠完成錯誤信念任務，才大約滿週歲的嬰兒似乎已經理解什麼是錯誤信念——從注視時間來判斷，他們看見不該知道彈珠正確位置（受錯誤信念影響）的人竟然會往對的地方找，心裡會覺得訝異。（原注37）

支持幼兒夠聰明的這派學者又如何解釋孩子在錯誤信念任務中會犯錯？多數人，包括我自己很久以前也發表過論文，都指出這個實驗之所以困難其實與錯誤信念本身關係不大（原注38），而是因為正確回答必須讓自己的思考分裂成兩塊，一塊反映世界的真實樣貌（彈珠在箱子），另一塊反映某人內心看到的世界（彈珠在籃子）。這種分裂思考對成人都不算容易，就像同一時間記兩本帳。（原注39）孩童認知能力還有限，當然沒辦法好好運作。

而且人類習慣假設自己知道的別人也會知道，這個現象有時稱作**知識的詛咒**。好幾項針對成人的研究發現，我們一旦取得特定知識，譬如某個問題的答案，或者某個人說了謊，就會傾向假設別人也曉得這些事情。（原注40）可是對錯誤信念進行推理就必須克服這種想法（所以教書並不是容易的工作）。莎莉會去哪裡找彈珠對孩子們很難，部分原因是他們無法跳脫既定印象，會以為自己知道彈珠位置就代表莎莉也知道。

不過指出錯誤信念任務的困難之處，有點像是將問題再丟回去而已。追根究柢，為什麼幼童沒辦法像大人一樣有效率地處理這種問題？結果可能又要觀察大腦，畢竟幼童的腦部發育程度不及哥哥姊姊或成年人。回想一下，神經元外側有一層脂質名為髓鞘，有助於資訊傳遞效率，而研究發現髓鞘的發育形成很緩慢，因此幼童腦部運作的效率沒那麼高，尤其額葉需要更多時間，一直到青春期都不算發育完成。未成年人就像本書首章提到的費尼斯．蓋吉，腦袋並不笨，但對衝動的控制能力較弱，反映在發脾氣或大笑時會停不下來，也反映在處理事情時無法壓抑內心的強烈反應。在錯誤信念任務中，那個難以克制的衝動就是自己已經知道彈珠在哪裡。

現在我們提出了兩套理論，其一是幼童根本無法察覺錯誤信念，其二是他們雖然能察覺錯誤信念但受到其他阻礙。感覺這兩個版本恐怕都不完全正確。如果幼童不明白什麼是錯誤信念，如何解釋連嬰兒都能在實驗中做出回應，而艾畢又怎麼能明確指出自己以前的誤解？於是有些研究者提出新的想法，他們懷疑人類天生有個較單純的系統足以理解錯誤信念（解釋了嬰兒也有反應的現象），但同時有較細緻、具彈性、有意識的系統需要多年才能發育完整（解釋了幼兒在實驗中失敗的現象）。（原注41）不過關於新理論的辯論還在持續進行。

本章結尾，我們回到發展心理學更基本的問題上：孩童與成人的思考方式是否不同？有些人認為並非如此。經驗主義者的想法是無論年幼或成年（任何物種皆然）都經由相同的大原則來學習。先天論者也持否定態度，他們相信四歲孩子的心智包含與生俱來的知識、特定功能的模組、促進學習的機制，而且與四十歲的大人沒有差別。

但有些人則認為孩童與成人確實有別，皮亞傑就大力主張在發展過程中，認知能力會產生巨大變化。許多當代心理學家儘管不怎麼提到發展階段，卻也站在老大這邊。

在我個人看來，關於認知階段改變的各種說法中，以蘇珊．凱瑞（Susan Carey）的版本最有潛力，她多年前正好擔任過我的指導教授。凱瑞認為兒童的概念轉變與成年科學家的思考過程轉變很類似，因此這個版本也叫做「兒童科學家理論」（child-as-scientist theory）。（原注42）她的想法受到物理學家托馬斯．孔恩（Thomas Kuhn）《科學革命的結構》（*The Structure of Scientific Revolutions*）影響很大，書中描述科學界在不同階段有不同世界觀，比如從牛頓物理學到愛因斯坦物理學，就是一次所謂的典範轉移（paradigm shift）。（原注43）孔恩認為以物理學界而言，新世代不僅知識比前輩們多，連看待世界的方式也完全不同。

凱瑞將其挪用到人類，認為我們剛出生時的處世理論來自直覺，理論在成長過程中持續修正變化，與正式科學理論的發展模式幾乎一模一樣。後來發展心理學界也針對不同層面的理解探究「理論轉移」的現象，試圖瞭解兒童對他人心智、生物學、生死、神有什麼看法，並且產出許多好的研究分析。

之前討論所有人天生就是本質主義者，其實已經觸及兒童科學家觀點的另一個證據：根據數項研究的結果判斷，兒童很可能與科學家一樣，都認為事物有其深層本質。

兒童科學家觀點也影響我們如何看待學習過程，更容易體會為何許多家長說年幼子女不僅僅是吸收資訊，還會進行實驗和驗證假設。有人認為所謂兩歲小惡魔愛跟父母作對實際上是在探索大人的心思，他們想知道大人會對什麼事情感到訝異、有趣、厭煩。（原注44）

孩童的科學思考模式透過一次巧妙的實驗展示得淋漓盡致。（原注45）研究對象為十一個月大的嬰兒，學者給他們看了好幾段違反物理定律的事件，例如物品穿透牆壁或浮在半空。之前提過這個年紀的孩子對不合常理的現象會注視較久，這次實驗則有更進一步的發現：相對於正常的東西，他們把玩這些怪異物品的時間也比較久，而且把玩方式呼應物品的特異性質。比方說嬰兒拿到能穿牆的物品會朝桌子之類的物體砸，拿到能飄浮的物品則試著朝地面丟，彷彿心裡正在發問：剛才看見的事情是真是假？能否重現？他們的好奇、專注、實驗執行力確實能與科學家相提並論。

兒童科學家觀點的另一個魅力，在於帶領我們回歸初心，想起皮亞傑研究嬰幼兒的原始動機是探究知識的來源是什麼。假如兒童發展的歷程類似成人科學家的理論變遷，那麼發展心理學與人類的智力成長就密不可分。換言之，皮亞傑的猜想沒錯，研究嬰幼兒可以探索人類本質很大一部分，因此意義非同凡響。

第六章
會說話的猿猴

語言是個有趣的課題，任何分析心智的理論都必須跨越這一關，解釋人類如何學習並使用語言，因此洛克、休謨、萊布尼茲這些哲學家都曾經嘗試，過去一世紀的心理學理論也都朝這個方向前進。先前也提到過，行為主義學派之所以失去主流地位，也是因為史金納沒能真的成功解釋語言——或者以他自己的說法是「言語行為」。

撰寫本書之際，語言依舊居於重要地位。心理學界出現了許多新的心智理論，如貝氏學習、預測處理等等，但十年後這些理論能得到多少重視，很大部分取決於在語言主題上能夠走多遠。

探索語言奧祕之前，我們必須先釐清「語言」的定義，因為這個詞的用法太多。比方有人認為鳥和黑猩猩有語言、動物可以使用肢體語言、電腦上有R或Python等各種程式語言，交通號誌能視為一種語言，流行、音樂，以至於DNA都能叫做語言。語言學家大衛．克里斯托（David Crystal）提到，曾經有出版品取名為《烹飪的文法》（*The Grammar of Cooking*）和《性愛的句構》（*The Syntax of Sex*）。（原注1）（他補充說明：「前面那本的內容就是介紹各種做法……後面那本也是。」）

想從這麼籠統的角度探討語言當然也行，我不是語言警察無權干預。但本章接下來討論的是狹義語言，通常也稱作「自然語言」，涵蓋了像是英語、荷語、印度語、土耳其語、韓語等等溝通系統，大家從幼兒時期開始學習並用來當作主要交流模式。對於聽有聲書的人來說，作者正在以自然語言傳遞訊息給你；對閱讀紙書的讀者而言，我們使用了名為文字的另一套系統，不過文字也以自然語言做為基礎。

之前我在大講堂上心理學導論的課，談到語言的時候就先將一句話投影在銀幕上：

The girl thinks that the house is big.（那女孩覺得這房子很大。）

現場大約五百名左右的學生，背景非常多元，我在走道間來回找自願的同學以母語說出這句話。可能一開始是西班牙語，接著是俄語、日語、德語、坦米爾語、瑞典語。我像一九八〇年代的脫口秀主持人那樣走來走去遞麥克風，聽過大概二十五種不同語言之後，我詢問有沒有人懂手語（世界上有好幾種不同手語系統，但課堂上最常見的是「美國手語」），請對方站起來展示給所有人看。活動結束，大家為自願的同學們鼓掌，短短幾分鐘的簡單示範卻能令大家很有感觸——人類語言真是繽紛多彩，我和多數學生其實大半聽不懂。而且聽不懂就算了，其實是連字詞怎麼斷開都不知道，就是一串聲音進了耳朵。但儘管我不會越南語也不會德語，卻又能分辨兩串聲音有所不同。

由此也能察覺語言共通的性質。地球上約有六千種口說語言及三百種手語，然而幾乎沒聽人說過「我無法用自己的語言表達這個意思」。我請同學示範的句子其實層次頗多（某個人對某物體的某性質提出看法），但每個語言都能夠表達。

不過每種語言傳遞訊息的方式不同。我在銀幕投影的句子是由八個英文單詞組成，換作其他很多語言則字數不同，有些語言會在一個字詞中塞進很多訊息。每個語言也以不同方式排列字詞順序，以英語而言，開頭是提出看法的人，但其他語言未必如此。此外，要是我換個例子，有可能碰到一個麻煩情況是，某些概念在某些語言裡沒有比較自然的表達方法。譬如意第緒語有個詞是nachas（對別人的表現引以為傲，最常用於子女），轉換到英語沒辦法用一個單詞說清楚。古代伊特拉斯坎語（Etruscan）也沒辦法表達英語的「第三方託管」（escrow）或「轉推」（retweet），因為那個年代還沒有房貸和推特這些東西，當然不會有人發明這些概念的詞彙。現代希伯來語以聖經希伯來語為基礎，但為了表達現代概念就必須借用現代語言的字詞，畢竟摩西不會提到大眾運輸。現代希伯來語的「巴士」是אוטובוס，語源和發音都來自法語。

即使如此，所有語言都能描繪同樣的意義，因此再怎麼抽象的思維都能翻譯，否則聯合國會議將無法透過口譯進行。雖然經過翻譯會損失一些細微訊息，但整體而言效果已經好得令人很訝異。

只要是自然語言就有上述特徵，而且也只有自然語言做得到。我們不至於期望聯合國的口譯員將法國總統談話翻譯為鋼琴協奏曲、Python程式碼或鳥類的鳴叫，那些系統做不到。

有些社會沒發展出複雜的數學、衣著服飾和科技，卻沒有哪個社會沒發展出語言。

可是根據這個現象就認為語言普遍性是人類的本質又言之過早。（原注2）以現代而言，幾乎找不到不知足球與可樂為何物的地方，這兩樣東西也幾乎無所不在，但不代表足球與可樂是直接烙印在我們的大腦，單純是因為發明出來以後大受歡迎才遍及世界各地。換言之，語言也有可能是擴散的結果。另一種假設是語言太方便了，文明發展到了一個程度就自然而然要採用。就像不同社會都使用了刀叉、筷子，以至於葉片等不同餐具，餐具並非人類本能，但因為便利性而普見各地。說不定語言就只是個難以割捨的好工具。

然而，我們也有理由認為語言普遍性確實源於人類天性。達爾文的觀點是：「人有說話的本能，就像新生兒也牙牙學語，但他們不會自然而然去釀酒、烘焙或書寫。」（原注3）幾乎所有人都是從小就學習語言，少數例外則是因為腦部受創或基因異常。

而且前面章節提到大腦有布羅卡區、韋尼克區這類專司語言處理的部位，加上科學家在患有語言障礙的孩童身上檢測到特殊基因（原注4），種種跡象顯示語言確實是人類天性一環，就像鳥類、蜜蜂等等也有內建的溝通系統。（原注5）

腦部以下的人體同樣有語言演化的特徵，人類喉部就是經過演化才能發出各種語言所需的聲音。多數哺乳類動物的喉部在整個咽喉結構裡位置較高，代表牠們可以同時進食與呼吸。知道為什麼嬰兒吸奶那麼久都不必換氣嗎？我以前從來沒想過這個問題，答案是人類新生兒最初與別的靈長類一樣喉部位置較高，卻會隨著年齡增長而下降。喉部下降才能發出人類語言的聲音，代價則是噎到的風險比較高。由此觀之，或許語言能力幫助人類適應環境，帶來的優勢超過噎死的劣勢，於是在天擇過程中得到保留。（原注6）

語言與使用方法

語言並非一體成型，可以拆解出不同部位，包括音韻、詞法、句法。（原注7）

音韻（phonology）直接關係到語言在物理層面如何實現。人類可以發出各式各樣的聲音，但任何語言都只用到其中一部分，使用的聲音稱為音位（phoneme）[1]。在多數語言裡，音位代表區別詞義的聲音單位，譬如英語中 /p/ 和 /b/ 分別出現在單詞 pat 和 bat，所以我們能分辨兩個單詞不同。即使手語也有音位，透過手的位置或其他訊號達成同樣效果。

每個語言使用的音位數量不用，例如巴布亞紐幾內亞布干維爾島居民的羅托卡特語（Rotokas）只用了不到十二個音位；主要分布在波札那的宏語（Taa）則有超過一百個音位。英語約有四十四個音位（實際數量隨地區有所不同）（原注8），但只有二十六個字母，所以音位與字母並非一對一的關係，這是讀寫學習的困難之一。

聲音會構成字詞，語言與字詞有關的層面稱作**詞法**（morphology）[2]。

於是我們看到語言的第一個核心性質，語言學家斐迪南・德・索緒爾（Ferdinand de Saussure）將其稱作「符號的任意性」，也就是符號通常與其意義沒有關聯，比如英語的「狗」（dog）和有尾巴、四腳行走、會吠叫的動物找不到任何關係，字形不像狗的外形，字音也不像狗的叫聲。雖然也有一些特例像「呻吟」（groan）的發音確實有點接近呻吟，但一般而言我們無法透過字形符號直接判斷詞義。就連手語也一樣，部分手語表達能從手勢看懂（例如想表示捶打時就做出捶打的動作），絕大多數則沒這麼簡單，必須經過學習才能理解。不相信的人可以找一下手語即時翻譯的影片，然後關掉聲音，試試看自己能看懂幾成。

任意性也出現在其他方面。綠色代表通行、嘴角上揚代表心情好都無法以邏輯解釋，而是隨歷史慢慢建立起連結（燈號是文化，面部表情則是演化）並固定下來。

關於字詞，大家通常會有的疑問是：一個人認得多少字？以前許多智者的答案是少之又少，十九世紀某位知識分子認為農夫識字量不到一百，之所以還能溝通是因為「一個字詞有好幾種不同用途，句子空白部分大量以粗話填補」。語言學家馬克斯・繆勒（Max Müller）推測受過高等教育的人識得幾千個詞彙，但一般成年人則僅只三百左右。作家喬治・西默農（George Simenon）說自己故意將書寫得簡單易懂，因為法國人平均識字量低於六百。（原注9）

這些臆測低估得太誇張，也凸顯直覺並不可靠，想知道答案就得進行測試，方法是從如詞典的完整資料庫內隨機抽取樣本，詢問受試者是否能夠釋義，再以結果做推估。假設抽出的詞彙樣本占詞典的千分之一，就將受試者正確作答的平均值乘以一千。當然這樣只能得到近似值，而且牽涉到採用哪一本詞典、如何定義「認識」一個字詞。只要大概認識字形且有模糊概念就好，還是必須準確說出詞義？不過無論什麼條件下，人的詞彙量都不算小。我看過很多種不同版本的數據，以成年的英語使用者而言，基本上六千字跑不掉。（原注10）這還只計算單一語言使用者，會兩、三種語言的人自然就要再乘以二或乘以三。

上面都以字或詞（word）稱之，但這種說法不夠精準，否則詞法學的英文就不會是morphology而是wordology。符號任意性與人的詞彙量其實以詞素（morpheme）[3]為單位。詞素與一般所謂字詞差別在於：詞素是學習時的基本單位。譬如dog和dogs都是英語單

1 譯按：又稱「音素」。
2 譯按：又稱為形態學或構詞學。
3 譯按：亦稱作語素、形態素、義基。

詞，但dog是一個詞素，dogs則是兩個詞素的組合——dog加上表達複數的s。通常我們將詞素定義為有意義的最小單位，有些詞素本身就是單詞，其他詞素則是前綴或後綴，需要和別的詞素組合在一起形成意義較複雜的字詞。

學習語言時首先得學會詞素，學會詞素以後自己就能衍生許多字詞，比如英語裡學會dog的當下也等於學會了dogs，聽過tweet之後利用造詞規則自然而然能理解與運用tweets、tweeted、tweeting。所以前面提到的詞彙量估計可以改用更精確的描述：成年英語使用者至少會六千個**詞素**而不是單詞。

英語的詞法規則相對簡單，例如「名詞後面加s構成複數型」或者「動詞後面加-ed構成過去式」。史蒂芬・平克在《語言本能》（*Language Instinct*）書中指出：「英語詞法的創造力相對於其他語言十分低落，名詞只有兩種形態（如duck和ducks），動詞只有四種形態（如quack、quacks、quacked、quacking）。現代義大利語和西班牙語每個動詞有大約五十種形態，古典希臘文的動詞形態是三百零五種，土耳其語的動詞形態則高達兩百萬種！」（原注11）

可是即使英語這樣詞法規則簡陋的語言，人類依舊持續發明和理解新字詞，很多時候還非常有創意。前陣子我看到一個新詞是doom-scrolling，從結構中的兩個詞素就理解了意義（大致上就是一直泡在社交平臺或新聞網站的負面資訊裡）。基於英語詞法規則，我能夠自己變化出新的用法，例如我昨天doom-scrolled（過去式）、她喜歡doom-scroll（轉換為名詞）。

本書大部分內容是在新冠疫情期間寫好，那段時期人類造出許多新詞或舊詞新用，這裡有一些例子（原注12）：

Coronospeck（德語）：隔離期間一直待在家裡所以發胖。

Hamsteren（荷蘭語）：囤積，典故是倉鼠（hamster）將食物藏在頰囊。

On-nomi（日語，オン飲み）：隔著網路大家一起喝酒的社交方式。（原注13）

語言只有字詞還不夠，真正具有高產能的其實是句法。所謂句法就是如何組合字詞以構成新詞或句子的規則，人類透過句法可以創造、溝通、理解近乎無限的思考內容。以本書為例，讀者讀到的句子大部分獨一無二——加上引號在 Google 是搜尋不到結果的，但完全不妨礙大家瞭解內容。

這種能力源於人類掌握了抽象和下意識規則。語言學家探討語言規則時通常腦袋裡想的並非「不可以用 ain't」或「句子末尾不可以是介詞」這類規範性語法（prescriptive rules），而是自然狀態下如何彼此溝通。看看下面兩個簡單的句子：

The pig is eager to eat.（豬很想吃東西。）

The pig is easy to eat.（豬易於食用。）

讀第一個句子的時候大家想都不想也能意識到是豬要吃東西，但第二個句子明明結構非常相近（只差一個單詞）我們卻知道豬不是吃而是被吃。再看看另外一組例子：

I heard that it was raining outside.（我聽見外面下雨。）

I heard that was raining outside.（同上，但不合詞法規則。）

為什麼第二個句子聽起來不對勁，為什麼這邊需要多個 it 呢？表面看來這個詞沒有意義，反映出英語裡動詞都需要明確主詞（如義大利語就沒有這條規則），即使我們很難說出是誰在「下雨」，也就是實際上沒有明確主體的動詞也無法例外。規則就是規則，所以我們塞了代名詞 it 在那裡。

這一類語言規則主要針對詞性，像是名詞、動詞等等。字詞符合分類就按照規則處理。換言之，同樣規則可以產生出合乎邏輯的句子，如 Large angry dogs bark loudly（生氣的大狗高聲地吠叫），但如果只是根據形容詞、形容詞、名詞、動詞、副詞這個順序亂放詞進去，則會產生莫名其妙的東西，像是諾姆・杭士基非常有名的範例：

Colorless green ideas sleep furiously.（無色綠色的想法憤怒地睡覺。）（原注14）

儘管前言不對後語，我們仍能判斷這是合乎英語規則的句子。不同規則交織出語言非同凡響的產能，為了幫助大家體會這種能量多強大，想像世界上有個極度單純的語言，總共只有三個名詞、兩個動詞、一條語法規則：

名詞：加拿大人，義大利人，德國人
動詞：喜歡，害怕
規則：按照「名詞動詞名詞」順序構成句子

像「加拿大人喜歡義大利人」就是符合規則的句子。這條規則能製造多少個句子？三個名詞、兩個動詞，根據名詞動詞名詞的順序就是三乘二乘三，也就是十八個句子。需要學會的只有六個元素、五個單詞與一條規則，能產生的句子數量就已經是三倍。要是有一百個名詞和五十個動詞放進同樣規則呢？需要記住的元素是一百五十一個，卻能得到五十萬個句子（一百乘五十乘一百），每個句子都能表達不同的想法。

再假設另一種語言：

名詞：加拿大人，義大利人，德國人
動詞：瞭解（know）
規則一：名詞接動詞可以構成句子
規則二：名詞接動詞接句子可以構成新的句子

於是用規則一能生出例如「加拿大人瞭解德國人」，用規則二接規則一則得到「加拿大人瞭解德國人瞭解義大利人」，也可以用規則二接規則二再接規則一得到「加拿大人瞭

解德國人瞭解義大利人瞭解加拿大人」，變化無窮無盡。既然重複次數並沒有受到規則限制，代表可生成的句子數量是無限大（不過以這個案例而言，句子都很無趣）。這個想像出來的語言具有**遞迴**（recursion）性質，其中一條規則可以與自己堆疊並不斷重複。也正是因為遞迴，人類才有辦法構築出極度複雜的語句表達想法。

原則上語言是無限大，也就是沒有所謂最長的句子，但實務上當然不至於無窮盡，因為人類的時間、記憶與注意力依舊有限。不過語言的規則已經賦予我們極其豐富的表達能力：平克計算了如果以二十個英語單詞為上限能組合出多少句子，他的答案是一億兆。（原注15）（而且二十個英語單詞並不是很長的句子，前面「平克計算了……」這句英文原文就是二十個單詞。）就算每句話只要五秒就唸完，全部講出來耗時約為一百兆年。

創造力也可以用小分量來展現。再回到新冠肺炎這個主題，《紐約時報》曾經請讀者以六個英語單詞紀念自己的疫情生活。就六個詞這麼短，但每個人都能說出一段故事。（原注16）

「不想再聽到：『馬克，你沒開麥克風！』」——馬克，來自密爾瓦基

"Tired of hearing, 'Mark, you're muted.'"

「新生兒，新手媽媽，外婆卻不在了。」——莉迪亞，來自北卡羅萊納

"New baby. New mother. Absent grandmother."

「我在FaceTime上看著爸爸嚥下最後一口氣。」——鮑勃，來自亞特蘭大

"My dad's last breath, on FaceTime."

「大學畢業典禮就在我家客廳。」——艾瑪．賈西亞

"Graduated college in my living room."

詞法和句法的產能值得深入探討，因為牽涉到長久以來針對心智運作機制的論辯。多數學者都認同大腦至少有部分性質是聯想機器，英國經驗主義者非常強調這個觀點，後來則由行為主義者繼承。學習有很大一部分可以視為注意與記錄**關聯性**（associations），也就是不同經驗部位彼此之間的關係。我們聽見廣告歌曲就會想到產品，帕夫洛夫的狗聽見鈴鐺就會流口水，史金納的老鼠奔向迷宮邊緣則是為了美味食物。由此觀點還衍生出稱為「聯結主義」（Connectionism）（原注17）或「深度學習」（deep learning）（原注18）的現代電腦研究方向，將大腦視為強大的數據學習機器，擅於從環境找出規律，甚至有人直接主張這是大腦最主要的功能。

其他心理學家則引入從亞里斯多德到艾倫．圖靈的另一派哲學觀念，將思維視為對符號的操作。（原注19）邏輯思考需要符號操作，例如前提是「所有X都為Y」，則可以從X推論Y（所有人都會死，蘇格拉底是人，因此蘇格拉底……）。遊戲中也要運用規則，像是棒球比賽的三振出局、西洋棋的兵可以往前一步或兩步、撲克牌裡三條贏一對等等。法律也是一種規則，比如已婚、機動車輛、最近親屬都有嚴格定義。

規則與關聯通常在大腦裡緊密相依。（原注20）譬如大家對於祖父母、房屋、機動車輛這些概念都有既定印象，生活中接觸可能超過百萬次所以知道其間共通點，但同時我們又很清楚進行分類的時候，規則才是主要依據。皮爾斯．布洛斯南在《007：縱橫天下》飾演詹姆士．龐德的時候才四十四歲，容貌也不像一般認知中的祖父，但既然他的小孩也有小孩了，那他就是個祖父。同樣道理，會烤餅乾、眼神和藹的老太太怎麼看都像個祖母，但不符合規則的話就完全沾不上邊。

如之前所見，語言中有很多部分並不一定是規則。記憶占了一部分，例如要記住狗在英語裡是dog、see的過去式是saw。再來還有關聯，例如我說「醫生」你會接「護理師」，我說「一命」你會接「嗚呼」。之後還會提到另一點：語言學習裡最重要的層面是將連續聲音拆解為字詞，這很可能也需要在構成字詞的聲音之間建立關聯。

然而，賦予語言溝通作用的是規則。以英語而言，過去式動詞的規則是以 -ed 結尾，所以 walk 會變成 walked。另一條規則是形容詞放在名詞前面構成簡單片語（phrase）[4]，所以一張圓桌是 a round table，而不是 a table round（但是法語規則就相反，是 une table ronde，而非 une ronde table）。我們運用規則衍生詞句，譬如有名詞 flibget 和形容詞 smorky 就能組成 smorky flibget，有動詞 gorp 就能說我昨天 gorped。[5]

規則對於理解語言多重要？少數情況下即使不靠規則也行，例如你聽見 Dogs bite men（狗、咬、人）大概能根據每個單詞的釋義與常態用法來推敲整句話是什麼意思。（甚至按照字母順序看見 bite、dogs、men 都還是猜得到。）

但這種理解方式有其極限。會英語的人能理解 Men bite dogs（人、咬、狗）這個不太可能出現的句子，可是需要留意字詞順序以及如何將每個詞代入文法規則。

而且必須注意的不只是詞序。像 Dogs are bitten by men 我們也能理解，詞序很接近前面的狗咬人，但實際上是人咬狗的被動形態。

撰寫本書的時間點，部分人工智慧尚未採用以規則理解句子的系統設計，在這種變化上很容易犯錯。

有個叫做 Delphi 的人工智慧頗受歡迎，即使碰上道德問題都能回答得不錯，輸入「考試作弊」就會跳出「這樣不對」，輸入「考試作弊來救人一命」就會跳出「可以」。

但 Delphi 並未完整透過句法理解問題內容。認知科學家湯默・烏爾曼（Tomer Ullman）在推特表示，只要加入能與殘酷或仁慈關聯的字詞就會誤導，儘管敘述本質根本沒有改變。舉例而言，跟 Delphi 說「溫柔呵護地把枕頭蓋在睡著的寶寶臉上」，它竟然會回答「可以」！句法正確與否此時真的攸關生死。

語言學習

其他生物的溝通系統又是如何？也能夠稱之為語言嗎？當然。但能夠和英語、泰語、俄語、手語這些相提並論嗎？不能。其他生物的溝通系統同樣多彩多姿，值得科學家好好研究，但與人類語言就是不一樣。部分動物能透過有限的聲音互相交流，例如長尾猴看見蛇會發出一種叫聲，看見老鷹又是另一種叫聲。動物遭遇威脅或意圖交配時也常發出不同

4 譯按：即「詞組」。

5 譯按：此處作者只是示範規則運用。smorky 和 flibget 不是真實存在的單詞，gorp 則是罕見詞：一九一三年牛津詞典將其釋義為「狼吞虎嚥」（動詞），自一九七〇年代起北美地區會用於指稱果乾和堅果組成的小包零嘴（名詞）。

聲音，但無法分析其中的音韻、詞法和句法，也找不到任意性或遞迴這些特徵。

許多人嘗試過訓練人之外的動物學習語言，尤以靈長類黑猩猩為主要對象，多年前我們社會對這個話題也很感興趣，但如今的共識是所有實驗都失敗收場。這些動物能學會有限的詞彙，但學習緩慢、障礙重重，更缺乏證據顯示牠們能掌握如英語這種自然語言的句法。（原注21）

奇怪之處在於，最成功的案例並非人類演化上的近親，而是**狗**。很有名的故事是一隻名叫瑞科（Rico）的邊境牧羊犬學會超過兩百個單詞。（原注22）如果在房間裡擺十件物品指定一個要瑞科叼過來，通常牠都能挑對。此外，瑞科學字詞的方法很有趣，將牠沒見過的東西和七個牠熟悉的物品擺在一起，故意說牠沒聽過的詞叫牠叼過來，瑞科通常就會選擇新的那件。牠像人類小孩一樣明白新的詞彙多半就是指新東西。（如果在三歲孩童面前擺餅乾、襪子和一個奇形怪狀的東西，然後說「把那個 flerp 拿過來」[6]，孩子多半會選那個怪東西，因為能推測到我想要餅乾或襪子的話，就會以平常的方式指稱。（原注23））

瑞科的表現顯示學習語言需要的心智結構或許並非人類所獨有。但我們也得比較這隻邊境牧羊犬與人類孩童有何差異。兩歲幼兒的詞彙不會侷限在物體，還擴及人、性質、動作、關係，瑞科則只能針對特定物體做出反應。孩童學習字詞的途徑非常多，連偷聽別人講話都能學起來，而瑞科則必須通過特定程序才能學會。

更重要的或許是：兩歲兒童學會如「襪子」這個詞之後能做很多應用，像是指出位置（「那邊、襪子」）、提出要求（「要襪子」）、表達襪子不存在（「襪子不見！」）等等。幼兒至少隱約能理解「襪子」本身並非指令或者對於刺激的反應，而是指稱某個物品的符號。（原注24）然而我們無法從瑞科的表現觀察到牠能掌握「指涉」或「相關」這種抽象關係，狗兒只能將「襪子」連接到叼來襪子這個動作；換言之，「襪子」之於牠的意義是「取來襪子」。研究語言學和發展心理學的萊拉．格萊特曼（Lila Gleitman）就曾經針對猿猴的語言學習指出同樣現象，她說如果人類孩童是這樣子學習語言就慘了，爸媽一定會邊尖叫、邊把小孩送去神經科。

語言學習從子宮就開始了。之前提過讓嬰兒吸奶嘴就能聽見人聲的實驗，相較於陌生人，母親的聲音更能鼓勵他們吸吮，原因在於孩子出生之前其實已經聽習慣了媽媽說話。（原注25）此外，他們也更喜歡出生前就熟悉的語言，出生在法語家庭的寶寶比較想聽法語而不是俄語（原注26），出生在西班牙語家庭的寶寶比較想聽西班牙語而不是英語。（原注27）

最初嬰兒能夠分辨不同語言的聲音。即使出生在美國、父母都講英語，寶寶仍然能辨識出印度語才有的音位，反而只說英語的大人辨不到。（原注28）同理，日本家庭的嬰兒能分辨 la 和 ra（在英語中這兩個音位不同，所以 lamp 和 ramp 是不同兩個詞），日本成人卻分不出來。這是少數嬰兒強過大人的地方。

出生之後嬰兒嘴巴就會發出吱吱咕咕的聲音，但屬於語言的部分要大約半年以後才以**牙語**（babbling）的形式出現。語言學習的研究還發現一個非常有趣的現象：即使嬰兒耳

---

6 譯按：同之前舉例，flerp 在日常英語中沒有意義。（但被當作趣味俚語或遊戲名稱使用。）

聾並學習手語，這個音韻學習的階段進度並不因此改變，他們用手也會做出手語中等同叭叭叭、啪啪啪這樣的表達。（原注29）

牙語之後幾個月，幼童開始學會字詞的意義。測試方式是讓孩子面對兩個螢幕，一左一右，大人說話的同時螢幕上會顯示圖形，但只有一側是對應到聲音。比方說「狗在哪裡？」，然後一邊螢幕是鞋子，另一邊是狗。六個月大的嬰兒通常會望向狗，也就是他們已經基本瞭解這個字是什麼意思。（原注30）

接在大約在週歲，孩子初次說出字詞——但時間點的個別差異可以很大，就算孩子花比較久時間也請家長們別驚慌。（原注31）關於嬰兒第一個字詞的研究文獻很多，因為發展心理學家都喜歡記錄自己孩子的初期語言，像我也觀察過家裡兩個兒子。由於研究分量充足，不難發現世界各地情況類似，以下列出三種不同語言裡嬰兒最常說出的第一個詞彙（並翻譯出來）（原注32）：

美式英語：媽媽、爸爸、球、再見、嗨、不要、狗、寶寶、汪汪、香蕉

希伯來語：媽媽、好吃、祖母、咻咻[7]、祖父、爸爸、香蕉、這個、再見

史瓦希利語：媽媽、爸爸、車子、貓、喵、摩托車、寶寶、蟲、香蕉、咩咩

從中可以看到文化痕跡，孩子學會的字詞反映了成長環境，例如以色列社會的祖父母顯然在孫子女的成長過程中扮演重要角色，而非洲使用史瓦希利語的地區應該有數量龐大的摩托車。不過也有全球共通的部分，嬰兒先學會的常常是人、動物、玩具、食物，以及

社交所需的嗨、再見、這個、不要等等，通常第一句話都是叫媽媽。

到了第二年生日，幼兒平均已經學會三百個單詞。（這數字遠勝已經很聰明的狗兒瑞科。）

經過牙牙學語、學會第一個字之後，就要開始接觸句法。以英語來說，要表達「比爾打了約翰」，句子通常以行為者開頭，中間陳述行為，接著是行為的對象。可是別的語言表達同樣概念的語序未必相同，有可能開頭說比爾、中間先說約翰，最後才出現動詞「打」。

學習英語的幼童滿週歲後不久就掌握到一些句法規則，途徑與先前提到學習字詞的「尋找偏好」是相同模式。一份研究中，十三到十五個月的幼兒看到兩個畫面，分別是女子親吻一串鑰匙的同時手中有球、女子親吻球的同時手握一串鑰匙（原注33），然後孩子們會聽到一個句子，譬如「她在親鑰匙！」讀者應該已經看得出實驗方法的巧妙才對，想理解句子意義不能只是知道字詞意義，因為兩個畫面裡都有女子、鑰匙和親吻動作，因此必須瞭解句子結構才行。結果嬰兒們望向女子親吻鑰匙這個正確畫面的時間比較久，傾向忽略影像元素相同但不對應句子內容的那側。

再長大一些，幼兒即使不完全明白字詞意義也能運用句法。（原注34）聽見「看！兔子在

7 譯按：此處「好吃」的原文為yum yum（表達美味的口語），「咻咻」為vroom（形容引擎加速的聲音），兩者皆由作者從希伯來語翻譯為英語。

gorping鴨子」的時候，雖然gorp是個虛構的動詞，孩子和大人一樣根據英語句法規則做出判斷，知道畫面是兔子對鴨子做了什麼事情，而不是鴨子對兔子做了什麼事情。

到了一歲半前後，幼兒學習字詞的速度變快，開始拼湊兩個單詞構成的句子。下面是英語裡的幼兒造句範例（原注35）：

All dry	All messy	All wet
I sit	I shut	No bed
No pee	See baby	See pretty
More cereal	More hot	Hi Calico
Mail come	Airplane all gone	Bye-bye car

接下來他們會加入較短的單詞，像是in、of、a，詞素單位如複數型 -s 與過去式 -ed 也漸漸出現。於是All dry變成了It's all dry，No bad變成It's not bad，以此類推。

約莫同個時期，孩子們也開始運用詞法規則，進而能構築與理解從未聽過的字詞。多年前語言學家珍・貝柯・格里森（Jean Berko Gleason）發明了「wug測試」（原注36），做法是給人看奇怪生物圖片並說明「它是wug」，然後詢問：

還有一隻，
加起來兩隻，

所以現在有兩隻＿＿＿＿。

幼兒能夠回答出wugs，也就是依據詞法規則造新詞。

可是運用規則有時會導致幼兒犯下過分概括的錯誤，例如mans、goed、finded。他們不知道或不記得有些字詞的形態不規則就無法妥善應對（此處正確應為men、went、found）。（原注37）但這種錯誤更證明了孩童並不只是模仿聽見的詞句，還能夠依循規則造詞造句。

有一段期間最適合學習語言，部分學者稱為「關鍵期」或「敏感期」。（原注38）學生最常問我的問題之一就是如何更有效率學習外語，而我毫無建設性的回答就是請他們逆轉光陰回到童年。音韻部分最明顯，過晚開始接觸外語就永遠會有外地口音[8]。句法部分期限較長，近年有些研究認為直到十七歲還能有效學習。（原注39）詞彙似乎不受關鍵期影響，一輩子都能持續習得新詞彙。

孩童的大腦有何特殊之處，可以從外界接收資訊之後，整理出音韻、句法、詞法規則再重新輸出？

史金納認為答案是操作制約，透過增強與懲罰達成。但是這條路走不通，主要理由有三項。

---

8 譯按：此處原文為you'll always speak with an accent。

首先，如果學習語言與學習其他行為都是透過同樣的心理機制，就不該有單獨的語言障礙現象。當然事實上有，成年人會因為受傷或中風等事故導致語言能力受損；兒童因遺傳問題遭遇語言障礙時，其他方面的學習能力卻大致無損。（原注40）從制約理論的大原則解釋語言學習非常困難；同樣地，若想從智力或溝通欲望切入也會不得其法。

再者，增強與懲罰並非必要。有些家長認為孩童需要大人指導才能學會說話，但不同文化下父母與兒女的互動方式差異很大。玻利維亞亞馬遜河流域的奇美內族（Tsimané）相對之下不怎麼理會孩子，母親還是帶著寶寶做事，但不太與其互動，甚至等到滿週歲才會為孩子取名。（或許與當地幼兒夭折率高有關，母親因此避免過早投入情感。）若與美國相比，奇美內族母親對兒女講話的頻率僅大約十分之一，更不會刻意透過獎懲方式訓練孩子。然而當地幼兒也能正常學語，與其他地區沒有明顯分別。（原注41）

最後則是如前述，孩童學會的不是行為而是規則。兩歲幼兒知道wug是一種動物以後自然會用wugs指稱複數，這顯然不是透過反覆增強來塑造的行為（既然孩子之前從未接觸這個詞，當然沒辦法得到增強）。即使如此，幼童卻會運用「單數名詞後面接-s代表複數」這條規則。對三歲小孩來說，「現在太晚了不能玩寶可夢卡牌」是前所未聞的句子，所以並非熟悉的刺激，但他們還是能理解，利用句法規則將一連串字詞拆解分析出意義。（但回應方式則千千百百種，包括裝作沒聽到。）

綜合上述，史金納的論點無法成立，所以我們可以考慮另一種極端。我們見識到語言的複雜性與結構性，和別的心智系統不太一樣，所以或許不該將語言現象視為一種**學習**，說不定它是發展。語言學家諾姆．杭士基提出先天論觀點：

過去幾世紀的知識史有個特殊現象，是面對生理與心理發展的切入角度截然不同。如果有人主張人類是透過經驗學會用手而非翅膀，或者特定器官的基礎結構源自意外經驗，恐怕不會得到太多共鳴。生物的生理結構取決於基因，但尺寸、發展速度等等受到外界因素影響，這個觀念已經深植人心……人類認知系統在詳細檢視之下，精細與巧妙程度不下於生物的生理結構，為何我們卻不以接近研究複雜器官的態度去探究如語言這種認知系統呢？（原注42）

我很喜歡這段話，其中蘊含對語言豐富程度的讚賞，也反駁了過度簡化的學習觀，對心智表達出適度尊重。

可惜這段話也不完全正確，很少有人自己創造語言，都是從環境習得。而且各個語言都不同，音位不同、詞彙不同，連字詞排列的句法順序都不同，我們經由注意自身周圍環境來學會母語的音位、詞彙、句法，這個過程和手臂心臟之類生理結構的成長難以類比。如果想找一個詞彙來描述「接觸環境中正確資訊後而瞭解某事物」，我個人還是會推薦「學習」這兩個字。

不過必須留意：學習有其必要性，卻不代表否定了先天論，只是點出了在某些情況下天生的稟賦並非知識本身，而是獲取知識的能力，而且是一份很強的能力。接下來看看兩個語言習得機制的研究範例。

兒童學習字詞意義和句法之前必須先理解字詞這個概念。有些人可能無法直觀理解為什麼這是問題，字詞是什麼不是顯而易見嗎？別人和你講話的時候，你聽起來字詞是分開的。假如有人用英語說這句話，在你的聽覺裡應該像是：

You. Perceive. The. Words. As. Separate.

然而這其實是錯覺，建立在你已經認識這些單詞的前提上。對非母語者而言，聽起來其實是：

youperceivethewordsasseparate

聆聽自己不懂的語言應該就會明白這是怎麼回事。要是不懂法語和德語，下面兩個句子就只是聲音，根本無法判斷這個單詞的結尾與下個單詞的開頭。

Je ne sais pas.（法語）

Sprichst du Deutsch?（德語）

我有時候去猶太教堂會聽到希伯來語禱詞，怎麼逼問我也說不出到底裡面有些什麼字詞。

那麼原本不會語言的嬰兒怎麼解決這個問題？一個很有可能的設想是嬰兒會對語言聲

音進行統計分析。如果覺得這個概念很難理解，想像科學家為了實驗創造了虛構語言，裡頭只有四個虛構的單詞，每個單詞都有三音節，例如「bidaku」。（原注43）接著科學家對這幾個詞進行亂數排列組合，以不間斷、無節奏、無重音的方式向嬰兒播放。嬰兒會聽到像是「bidakupadotigolabubidaku……」這樣一連串聲音。

但結果嬰兒還是能知道裡頭有什麼字詞，方法是尋找統計學裡的規律。如果有些音節常常相伴出現，代表它們應該能合併為一個單詞。比方說聽到「bi」後面會接「da」然後再接「ku」，嬰兒聽多了就推論「bidaku」應該是單詞。相反地，他們明明也聽到了「kupa」好幾次，但更多時候「ku」後面**不會**直接接著「pa」，因此嬰兒就不認為「kupa」是一個單詞。

學者假設嬰兒以同樣方式拆解英語。孩子們常聽到的不外乎：

You're a good baby!（Youreagoodbaby）

Mommy loves you.（Mommylovesyou）

Uh, the baby just spit up on Mommy.（UhthebabyjustspituponMommy）

嬰兒會察覺「mo」和「mee」（組合起來就是「mommy」）、「bay」和「bee」（組合為「baby」）是兩組常相伴出現的聲音，[9]於是推論出「媽咪」和「寶寶」是單詞。其他聲音

9 譯按：本段作者使用英語母語者常用的聲音標示方式而非單詞拼寫。

也會連在一起（譬如「You're a good baby」這句裡面的「ood」和「bay」），但頻率不穩定，嬰兒最終不會判斷為單詞。

幼童透過聆聽語言得到許多詞彙，但又如何知道詞彙的意義？

我認為這個問題很有趣，畢竟我的第一本書就叫做《兒童如何學會字詞意義》（*How Children Learn the Meanings of Words*）。（原注44）先撇開兒童如何學習虛詞（如英語的 a 和 of）與抽象詞（例如「抽象」是什麼），先看看應該比較簡單的部分，也就是物體的名稱。

乍看之下要學會「兔子」不算難，只要有隻兔子跳來跳去給孩子看到，大人說：「哇，你看，有兔子！」小朋友就能將詞彙與外界事物連結起來，知道「兔子」說的是那種動物。哲學家約翰．洛克就想得如此單純，所以他在一六九〇年寫下：

> 觀察孩童學習語言，會發現大人通常直接展示實物，然後反覆說出對應詞彙如「白」、「甜」、「奶」、「糖」、「貓」、「狗」。這麼做能幫助孩子掌握詞彙意義，學會簡單的概念或事物。（原注45）

問題是事情不可能這麼簡單（原注46），畢竟生活環境裡東西太多。洛克的想像是家長不厭其煩每個東西都拿到小孩面前並唸出名稱，可是這樣的說法顯然不足以解釋所有情境。如果孩童只會在聽見的字詞與注視的東西之間建立連結，後果不堪設想。要是大人說「哇有兔子」的時候孩子望著自己腳掌怎麼辦？

所以更具解釋能力的理論是：孩童明白字詞對應到說話者當下注意的地方，他們根據說話者的視線來判斷。大人說「哇有兔子」的時候，小孩會留意大人看著什麼東西說出這句話，然後才將「兔子」與特定動物連結起來。這符合上一章提到的「心智理論」。

這個理論已經得到許多研究證實，然而並非沒有破綻。最簡單的一點是，盲童也能學會字詞意義，但他們根本不知道別人看著什麼東西。

此外，摸索字詞的準確含義對孩童而言沒有表面看來那麼簡單。哲學家威拉德・范奧曼・奎因（Willard V. O. Quine）提出了非常好的例子（原注47）：想像語言學家身處陌生文化，兔子跑過去的時候當地人說 Gavagai。身為成年人的語言學家，認知能力發展完全也理解語言機制，對這個情境的理解與多數讀者相同，於是紀錄詞彙後暫時標註翻譯是「兔子」。

問題是這位語言學家能夠肯定嗎？當然不能。即使語言學家猜測正確，當地人因為看見兔子才開口，對方說的也有可能是「去打獵」，又或者基於地方迷信而提醒大家「晚上會有暴風雨」。那個詞也可能不是廣義的兔子，而是特定某隻兔子，畢竟得考慮專有名詞，類似英語的 Flopsy[10]。再來也可以是「哺乳類」、「動物」、「食物」，甚至就只是「東西」。其他可能還有顏色（「白」）和動作（「跳」）。更誇張一點的話，Gavagai 可以僅用在兔子上半身或看得見的部分，奎因則開玩笑說也許是「沒扒開的兔子肉」。

10 譯按：《彼得兔》故事中主角的妹妹，後來有獨立故事。

既然如此，孩子們為什麼通常能猜對？一個值得考慮的因素是某些可能性明顯勝出，譬如聽到單詞並判斷為某個類別以後，人類傾向在抽象程度上取中間值，避免過於廣泛或過於特定。動物太廣、牧羊犬太細，折衷就是狗。家具太廣、躺椅太細，折衷就是椅子。學者認為狗和椅子屬於分類的**基礎層級**（原注48），所以孩童聽到Gavagai會自然而然覺得是指兔子，而不是往上擴大到動物或往下縮小到特定兔子。

其他可能性合乎邏輯，卻不合乎人類心理。孩子們不會假設新詞彙的意思是沒扒開的兔子肉或兔子上半身，因為那並非心智天然的運作模式。

另一個能幫助孩童學習單詞的因素是句法，因為我們通常不會單獨說出事物名稱。當地人針對事物本身應該會（以當地語言）說「你看那隻Gavagai」，針對性質則說「那東西非常Gavagai」，如果講的是動作就改成「哇，你看牠Gavagais的樣子」。語言學家對當地語言句法瞭解夠充分的話，也會利用規則去推敲字詞意義：

> 如果是名詞，比較有可能是指稱物體。（兔子）
> 如果是形容詞，比較有可能是指稱物體的特性。（白色）
> 如果是動詞，比較有可能是指稱物體當時的動作。（跳躍）

結果孩童學習詞彙的過程確實對這些提示很敏銳。一九五七年的一項開創性研究給三到五歲幼童看圖片，分別為大量同類物質、單獨的物體，以及動作。如果問他們：「有沒有看到很多sib？」（不可數名詞句型，如很多「水」）孩子傾向去指大量物質的圖片做為回應。若改問：「有沒有看到一個sib？」（可數名詞句型，如一隻「狗」）他們會指向單獨的物體。如果問的是：「你會不會sibbing？」（動詞句型，如會不會「打」人），他們比較會指著有動作的圖片。（原注49）由此可見，幼兒能夠透過句法分析字詞的大略意義。

年紀更小的孩子就已經懂得利用句法分辨普通名詞和專有名詞。另一份研究給一歲嬰兒看娃娃，並對他們說「這是一個zav」和「這是zav」。聽到前一句話的嬰兒比較會將zav當作普通名詞或分類，類似「娃娃」。聽到第二句話的嬰兒則傾向將之當成專有名詞，類似「瑪麗」。（原注50）

心理學家萊拉．格萊特曼認為，句法提示是解決語言發展領域一個深刻問題的關鍵（原注51）：有些詞彙指稱肉眼不可見的對象或行為，孩童為什麼學得會？好比他們怎麼學到「想」這樣的詞？大人可以指著正在思考的人，然後說「他在想事情」，但除非正好指的是羅丹的雕塑[11]，否則從外表很難體會到何謂「想」。

這時能發揮作用的就是句法規則。聽到「想」的上下文可能是「他心裡在想，晚餐時間到了」，或者「她在想你」，孩童可以從這種特殊脈絡猜到「想」是一個動詞，而且描述了心理狀態。

上述論點得到大量實驗證據支持，顯示孩童學會語言句法以後，能夠透過規則理解原本不可能學會的字詞定義。

11譯按：此處指奧古斯特．羅丹（Auguste Rodin）的名作《沉思者》。

語言與思維的關係

詞彙學習是切入語言與思維關係的好起點。這個領域很有趣也還有很多爭議尚未取得共識，我想藉此機會談談相關論辯的內容。但首先針對語言與思維關係中比較簡單的問題做出解釋。

第一個問題是：沒有語言，是否還有思維？答案是有。其他動物也能思考，否則就無法有追獵、走迷宮、學會討食等行為。松鼠被狗追得爬上樹，但狗還是會在樹下繼續吠叫，可見牠也能理解松鼠還在上面。之前提過嬰兒學會說話之前其實已經開始理解物質世界和人類社會。

成年人做很多事情是不透過語言思考的，像丟蹄鐵[12]、搬沙發上樓梯，還有其他上百萬種與空間認知有關的活動。要我們透過文字描述自己在做什麼，反而常常難以名狀。

此外，思維不受語言限制是不難明白的道理，因為語言有模糊性，但人的想法則沒有。英語單詞 bat 可以指一種會飛的動物或者球棒，但我們思考的時候不會混淆這兩種東西。新聞標題 Patrick Stewart Surprises Fan with a Life-Threatening Illness[13] 可以有兩種詮釋，一種相對正面、另一種十分陰沉（有人就在推特說「派崔克·史都華給了大家最糟糕的禮物」），然而下標的人腦袋應該沒什麼誤會，只是寫出的句子有發揮空間。

更何況沒有語言就沒有思維的話，人類一開始怎麼學語言？腦海中沒有狗，怎麼學會「狗」這個字？無法思考親吻這個動作，怎麼理解親吻這個詞是什麼意思？

比較容易引發爭議的則是，連抽象想法都能不依附語言獨立存在。研究資料的來源比較特殊，是原本不會語言的人做出的自傳式敘述。最有名的案例是海倫・凱勒，她一歲半就失去視力和聽力，直到六歲才在教師安・沙利文（Anne Sullivan）的傑出指導下透過觸覺學會語言。具備讀寫能力之後她上了大學，出了幾本書，其中之一就是自傳《我的生活》（The Story of My Life）。（原注52）有些人引用這本傳記時，強調的是沒有語言會限制思維，因為海倫・凱勒也形容自己像是「在起了濃霧的海上漂流」。不過經由觸覺學會語言之後，她發展出湊合的溝通方式，比方說做出發抖模樣向大人要冰淇淋。她從小就察覺自己與多數人不同，也（隱約）知道一般人用嘴溝通，無法與別人正常交流導致她強烈的挫折感。而且她會捉弄別人，像是把媽媽關在儲藏室，媽媽用力敲打門板想出來的時候她會發笑。沒有人會覺得這樣子的海倫・凱勒像機器一樣不具心智能力。

下一個相對簡單的問題是：語言是否**反映**思維？語言的詞彙與結構是否揭示了心智的運作方式？沒錯，而且例子多不勝數。所有語言都能指稱狗或樹這些物體、大或綠這些性質、走路或談話這些動作，原因自然是人類天生就以同樣方式思考這些物體、性質和動作。我們找不到專門指稱兔子上半身的字詞並非是因為語言機制有什麼特異之處，單純只是基於人類的思考模式。看見彼得兔跳過去的時候我們想到的是兔子，而不是兔子的上半

12 譯按：此指一種拋擲馬蹄鐵（現代人改用兩倍大的U形金屬條）圈住靶柱的遊戲。

13 譯按：此標題根據如何解釋動詞surprise，會出現「派崔克・史都華罹患重症危及性命，粉絲震驚」和「派崔克・史都華以危及生命的重症帶給粉絲驚喜」兩種意義。

身或下半身。

既然語言與思維有關，研究語言也是探索人類思考的一條途徑。舉例而言，各種語言講到時間和空間時常常使用同樣的字詞，以英語介詞來說in可以用在in a minute（片刻、馬上）和in a box（在箱子內）；on可以用在on Tuesday（在週二）也可以用在on a mat（在地墊上），以此類推。這種時間空間共通用法的特性，很可能反映的是兩者在人類心智裡密不可分。（原注53）

禁忌語也一樣，在各個語言都能找到共同點。所有語言的粗話都有一部分以性行為、性器官為主，由此可見不論什麼地方，性都在人類社會有特殊地位。不過從禁忌語又能看出文化隨時代改變，語言學家約翰・麥沃特（John McWhorter）指出，英語裡「上帝」（God）、「耶穌」（Jesus）、「該死」（damn）這些字詞原本帶有沉重強烈的情緒，像本書這種應該全家老小都能看的讀物裡連提都不應該提。（原注54）為了繞過禁忌詞，英語發展出委婉的替代，像是gosh、gee、golly、jeez、gee willikers和darn，然而時代已經改變，現在還用這種委婉語的人反倒顯得做作。在這個例子裡，語言是宗教態度變遷的重要線索。

最後再來個例子。語言學家整理了各個年代許多語言裡的譬喻用法，例如將時間和金錢類比，像下面這些句子：

你別浪費我時間。

這玩意兒可以省下你好幾小時。

我沒時間耗在你身上。

你最近時間都花到哪兒了？

處理爆胎就用掉一小時。（原注55）

這種類比並非舉世皆然，某些社會沒有金錢概念，因此這些例子裡的語言規律呈現的是特定文化下的特定思考模式。

諾姆·杭士基曾經說語言是「心智的鏡子」（原注56），看來這話真沒說錯。對心智活動有興趣的人，透過這面鏡子就能看清楚很多事情。

第三個問題，語言是否**影響**思維？同樣沒錯，我們可以經由溝通傳遞訊息，我現在不正在這麼做嗎——以語言引導讀者的思路。

傳遞想法不是只能靠語言，比如大人不說話也能教小孩怎麼握網球拍、計程車差點撞過來的時候你瞪司機的眼神足以表達一切。不過語言是重要的溝通工具，音韻、詞法、句法這些架構都顯示語言就像複雜的裝置，功能是將人想表達的念頭（比如女孩覺得房子很大）轉換為聲音或符號（英語是 the girl thinks the house is big，奈及利亞伊博族則說 Nwa agbogho ahụ chere na ụlọ ahụ buru ibu，每種語言都不一樣），聲音或符號進入接受者腦海以後再度轉換為想法。

交談時語言是量身訂做的，根據對象和意圖勾起的思緒來做調整，因此常常超越了字句表面的意義，衍生出**語用學**（pragmatics）：研究如何明明沒有說卻又等於都說了。假如有人跟你說了句「那個人大學念哈佛但還滿好相處的」，儘管沒有明說卻透過「但」字暗示了一些人對常春藤名校畢業生有什麼印象。再看看下面這兩句話，情境是一對夫妻在廚房：

家裡連垃圾袋都沒了。
我最近很忙。

以及兩個教授在會議裡：

覺得他研究做得如何？
呃，聽說他個性不錯啦。

上面兩個例子按照字面意義解讀會覺得前言不對後語，但是我們都能看懂，因為語言並不侷限在字句上。之所以回答「我最近很忙」是因為對方暗示自己該去買；「聽說他個性不錯」則是拐個彎，以避而不談來表達教授對當事人研究能力的評價不高。（原注57）

語用學的主題就是語言如何處理人類行為的細膩處。我想叫你把鹽罐子遞過來，為什麼不直接說「鹽巴給我」，而要說「可以把鹽拿給我嗎」？詢問你是否有能力做到（照字面看很蠢，因為你可以做到是顯而易見的事情）是為了緩和指使別人做事的霸道口吻，這種語言用法就好比送禮時想避免給現金（因為會顯得低俗）所以用禮券代替（格調提升

了）。（原注58）

既然我們都同意思維無需語言也存在，而語言可以表達思維也能夠影響思維，還要辯論什麼？

關於語言，長年引發爭議的主張是「薩皮爾與沃爾夫假說」（Sapir-Whorf hypothesis）[14]，其基礎為語言學家愛德華・薩皮爾（Edward Sapir）和班傑明・李・沃爾夫（Benjamin Lee Whorf）提出的論點。他們認為語言改變心智的方式並不侷限於將想法從一個人轉移到另一個人，而是直接操控人們理解世界的方式，包括對空間、時間、因果的思考。一九五六年，沃爾夫說：「語言不僅僅是以聲音表達意念的複製工具，它本身就能形塑想法，像程式規範了個人的心智活動。」（原注59）

這個觀點震撼許多人，隨後也出現許多更具體的假設來闡述所謂形塑作用是什麼。法語裡「你」有tu（非正式）和vous（正式）兩種用詞，因此說法語的人受到語言架構影響，分辨社交場合的思考方式就和沒有這種區別的英語使用者不一樣。英語只有單數與複數分別，不是dog就是dogs，或許這種詞法結構導致非單即多的二元化概念。可是其他語言裡的字詞還有別種形態，例如剛好兩個的指稱方式，使用者的思維或許就會做出比較細緻的劃分。英語裡即使相近的動作也會有不同動詞區別，從walk（走）、jog（慢跑）、hop

14 譯按：又稱為「語言相對論」。有些學者認為「薩皮爾與沃爾夫假說」這個用詞會導致誤解，因為兩人只是師徒關係，並未共同發表研究，也從未主動提出這個名稱。

（蹦蹦跳跳）、amble（緩步）、creep（潛行）、spring（疾衝猛跳）、run（跑）等等。別的語言不一定如此，可能只用一個動詞當核心，加上別的字來描述動作方式，也就是採用「以蹦蹦跳跳的方式來移動」這種組合結構。說不定這代表英語使用者對動作形態會想得更仔細。格局再拉更大些，每種語言對顏色、時間、因果關係、假設情境的表達方式都不同，使用者理解這些基礎概念的方式有可能隨之改變。

雖然這些都是可實證的假設，但要測試又比想像中困難。想證明語言影響思維模式不能只是找一群說韓語的人和一群說希伯來語的人做訪談，然後列出兩個群體的平均世界觀有何差別。兩個族群理所當然在很多層面有差異，他們所處的社會與文化都不同，無法釐清實際原因是不是語言。

很可惜支持沃爾夫說法的學者並未針對這點下工夫，他們找到語言學分歧點就聲稱語言反映出不同的思考模式。心理學家桂格里・墨菲（Gregory Murphy）對此現象寫了一小段諷刺：

> 沃爾夫派學者：愛斯基摩人對雪的認知受語言影響很深。比方說他們的雪有N個詞……英語只有snow一個。有那麼多不同詞彙，代表他們對雪的思考與其他地方的人，例如美國人，差異很大。
>
> 懷疑者：你怎麼知道他們對雪的想法多不同？
>
> 沃爾夫派學者：就看他們的雪有幾個詞！N個這麼多！（原注60）

針對不同語言使用者進行深入研究時，偶爾能找到細微的沃爾夫效應，也就是真正因為語言差異導致的思維模式分歧。（原注61）其中最好的範例是顏色。俄語裡淺藍與深藍是不同的兩個詞（goluboy和siniy），但英語通常都用blue帶過。由於人類常常將情境記憶轉換為語言描述，實驗發現俄語使用者對顏色的記憶比較準確也比較精細。（原注62）類似情況發生在喝酒，品酒專家對一杯酒的記憶會是「有黑葡萄甜味與迷人花香的梅洛紅酒」，而我這種外行只記得「瓶子很漂亮的紅酒」。專家的敘述可以勾起我根本沒有的氣味記憶。

而且不只是記憶。如果兩種顏色在俄語裡分為不同詞彙，但在英語只有一個詞，俄語使用者分辨顏色差異的速度微乎其微地快了一些。（原注63）

儘管這些發現對於學術理論很有價值，但實際上太細微，也就是只能在實驗室情境觀察到。就我所知，目前尚未出現支持強版本[15]沃爾夫假說的證據，也就是接觸不同語言就會生出截然不同的思維模式。約翰．麥沃特的結論說得很好，語言造成的效應「轉瞬即逝，透過精密實驗才能探查到，沒有真正改變人們觀察世界的方式」。（原注64）

主張語言對思考產生重大影響的其他理論情況好得多，因為主題並非語言之間的差異，而是單純語言有無的分別。

思考一下二和三的差別。應該不難，人類可以純粹抽象地理解到三比二多，又或者具

15 譯按：學界通常將「薩皮爾與沃爾夫假說」分為強弱兩種版本，強版本是語言「決定」（也就限制）了思考模式，弱版本是語言「影響」了思考模式。

體想像出兩片餅乾與三片餅乾。但是九十與九十一的差別呢？我們沒辦法用直覺做比較，九十片餅乾與九十一片餅乾兩種畫面在腦海沒有太大分別，都是很多很多的餅乾。但事實上我們就是知道九十一比較大，正好比九十多了一。

這個理解有可能來自我們學會語言，而語言已經將數字概念編碼為符號。認知神經科學家史坦尼斯勒斯·狄漢（Stanislas Dehaene）的解釋是：

> 語言符號將世界切割為離散狀態，也就是幫助我們指稱出精準數字，與鄰近的其他數字做出清楚區別。少了語言符號，我們沒有方式辨別八和九的不同。有了複雜的數字體系以後，人類能夠表達出極為準確的概念，例如「光速為每秒鐘兩億九千九百七十九萬兩千四百五十八公尺」。（原注65）

語言對於數字理解很重要的說法合乎我們對無語言生物的瞭解，譬如嬰兒。上一章提到過：嬰兒也會加法減法，如果在隔板後面先放一顆球、再放一顆球，他們會預期後面有兩顆球而非三顆球。（原注66）可是嬰兒的能力到此為止，比方說他們就無法理解八加八會等於十六。或許數字理解並非與生俱來，必須建立在如自然語言這樣的符號系統之上。（原注67）

或者回頭看看上一章的某個論辯：幼童為什麼無法理解別人的立場（也就是心智理論）。同樣有學者認為主因在於他們還沒學會語言。研究也發現語言發展和各種心智理論技巧密切相關，語言能力好的孩子比較能理解別人怎樣思考（原注68），耳聾又沒有學習手語的孩子則較晚才能處理錯誤信念。（原注69）

語言怎麼幫助我們理解別人的思路？比較好懂的理論是進行語言溝通時就會傳遞大量關於他人思維的訊息，更激進的理論則認為是語言的**架構**發揮了作用（原注70），我們經由句法瞭解了別人如何觀察世界。

有人因此認為，若要對存在於心智的複雜思考進行編碼，語言是不可或缺的工具。畢竟沒有語言的生物無法理解「光速為每秒鐘兩億九千九百七十九萬兩千四百五十八公尺」這個概念，或許也聽不懂下面這樣一段對話（出自《六人行》）：

> 哼，他們以為可以整到我們是吧？不過呢，他們不知道我們知道他們知道啊！

語言影響我們到什麼程度、語言在人類獨特的數字與社會思維之中占了多大比例，這些問題還有很多可以探討。然而語言徹底改變人類生活方式這一點則毋庸置疑。沒有語言，就沒有文化、宗教、科學、政府等等很多事物。哲學家丹尼爾．丹尼特曾說：「或許有語言的心智與沒語言的心智差別太巨大，大到將後者稱為心智其實是個錯誤。」（原注71）我個人不認為這句話能就字面意義照單全收，黑猩猩和狗還是有心智才對。但這句話很生動地凸顯了語言在人類各項稟賦之中具有核心地位。

第七章 腦袋裡的世界

概論

世界鑽進你的腦袋裡，有時候就不走了。

眼睛瞧見窗外街道車水馬龍，耳朵聆聽空調嗡嗡作響與遠方工地的嘈雜，舌尖品嚐黑咖啡的溫熱與酸澀，還有椅子的觸感自背後傳來。這是我行文至此的當下體驗，而無論是讀文字的讀者或聽電子書的聽眾，也會因為所處環境不同而有各自的感受，譬如在郵局等候、健行過後在林間休息、坐在牢房內的小床上等等。每個人都會感知到周圍的世界，哲學家將這個現象稱為「心智表徵」（mental representation）。

現在請各位閉起眼睛、摀住耳朵，試著重現方才的體驗。應該多多少少還留存著才對，只是沒有注意力集中時那麼清晰，而且你自己心裡清楚這是回想而非真實感受。即便如此，那份經驗有一部分還在，其中有些感受再幾秒就消散，另外一些則可能一輩子留在心底。

關於上述現象，一個版本的解釋是：

有一個真實世界存在於外，我們的經驗來自於世界以光波、聲波、壓力等形式接觸感覺器官和皮膚。接觸時神經會啟動，隨之而來的經驗稱作**感覺**（sensation）。換言之，感覺就是我們對光線、聲音、觸碰的體驗。大腦運轉，處理資訊，將感覺與對世界運作方式的預期組合在一起，從中生出對世界的豐富經驗則稱作**知覺**（perception）。

世界一直在改變——雲朵遮蔽太陽、空調關閉、汽車駛遠——大腦也一直在接收這些訊息並修正心智表徵。有些改變起於自己的動作，比如轉頭、眯眼、吞下咖啡、走到房間另一側。運用意志力也可以轉換知覺內容，之前探討意識科學時已經提到過這點。每個人在自己腦海中可以聚焦世界的特定層面並忽略其餘，前一刻心思放在計算車輛的數量，後一刻心思又跳到咖啡的味道是什麼，這樣的過程稱作**注意**（attention）。威廉・詹姆斯將注意描述為：「將心智置放在同時存在的多種事物或思緒其中之一，並使其清晰生動。」（原注1）更通俗的比喻就是聚光燈。

最後，即使閉上眼睛、摀上耳朵，這些訊息仍會留存一部分在物理性的大腦內，這就是我們所謂的**記憶**（memory）。往後經由提醒或自身意識，我們可以從記憶中取出資訊並重現過去曾經歷的世界。

整個流程就是：有外界存在。人會感知外界。注意其中某些部分。對外界有意識。能夠記憶。

乍看之下簡單明瞭，但公平起見，我得聲明並非所有人都接受這個版本的說法。首先，上面這套流程強調進入頭腦的訊息，也就不會得到行為主義者的認同。知覺、注意、記憶在他們眼中是虛構概念，成熟的心理科學領域不該有這些東西，好好研究刺激與反應才是正途。

再者，這種觀點就是徹底從物理角度詮釋心智活動，不摻雜其他可能性，因此也與二元論者的立場相左。根據描述，外界物體表面反射的光線落在視網膜並啟動神經，大腦轉動以後人就產生想法了……太快了，先等等，靈魂在哪兒？經驗是什麼時候從物理性大腦進入某種靈性領域？完全沒有提到，笛卡兒會說這中間一定缺了什麼東西。

最後，這個理論假設物理性世界存在，我們經由接觸得知，但部分懷疑論者會提出異議。如果人類都活在「母體」[1]，那從頭到尾都沒接觸過外部世界。（所以電影裡，小男孩跟尼歐說根本沒有湯匙。）其實在電影之前，哲學家喬治・柏克萊就主張世間萬物只存在於人類和上帝心中，他的說法是*Esse est percipi*——存在即是被感知。（原注2）目前也還有一些秉持懷疑論傳統的學者質疑世界可以脫離知覺獨立存在。（原注3）

上述一些反對意見已經可以有效解決，例如我們本來就不該堅持行為主義（因為大腦具有心智表徵，行為主義已經錯了）和二元論（心智即大腦，二元論也錯了）。妥善的心智科學不會停留在行為主義和二元論上，應該涵蓋知覺、注意、記憶這些過程，並與大腦結構結合在一起。

懷疑論怎麼辦？至少我們可以無視極端版本。外部世界存在，我們能夠與其互動。一七九一年博斯韋爾撰寫的《詹森傳》（*Life of Samuel Johnson*）裡有個小故事，他和詹森談到柏克萊所謂物質不存在的說法，詹森隨腳踢了塊石頭就說：「我會這樣反駁。」（原注4）即使懷疑論者也至少在某種程度上接受頭腦外還有另一個世界。一七八五年，托馬斯・里德（Thomas Reid）也表示：「我可沒聽過懷疑論者會用自己的頭撞柱子……只因為他不相信眼睛所見。」（原注5）現實到底是什麼？我個人喜歡小說家菲利普・狄克（Philip K. Dick）的答案：你不相信了也不停止存在的，就是現實。（原注6）

人類擁有感覺器官，是因為越能掌握真實情況的生物越容易通過天擇。其他條件相等時，能正確察知現實的動物繁衍更加順利，無法做到的物種則否。

不過較弱版本的懷疑論則可以保留。我們應該否定的論述有時候被稱作**素樸實在論**（naive realism），意思是感官捕捉到的必然為世界原貌。可是看看下面這張圖片，有些人稱之為咖啡牆錯覺（café wall illusion）——橫向線條其實都是直的，但在我們眼睛裡並非如此。人類感官受到無數種錯覺影響，系統性錯誤會影響我們的判斷。

同理，我們覺得一坨狗屎很噁心、自己的小孩很可愛、爬不到的那個山頂還好遠，這些都是個人心智的主觀詮釋。顏色是很有趣的例子，人類對色彩的體驗並非直接接收外界光波波長，很多人應該還記得幾年前的一張網路迷因圖，一派人看到的洋裝是黑和藍，另一派人卻說是白和金，大家都覺得怎麼會有人看到完全不同的世界（相關討論與理論請參考註解（原注7））。太極端的懷疑論沒有意義，素樸實在論也一樣。阿內絲·尼恩（Anaïs Nin）這句格言有幾分道理：「我們所見並非世界實相，而是自身狀態。」

1 譯按：電影《駭客任務》中的虛擬世界。

感覺和感知

從外界進入心智的旅程，首先從感覺與感知的對比開始。第一階段是感覺，皮膚、視網膜、耳朵等等器官的受器得到外界訊號，將其轉換為對壓力、色彩等等的體驗。

一般而言，人類對於感覺無法做到有意識的調整。杯子裡的東西我怎麼嚐始終是某個品牌口味濃烈的深色咖啡；我愛的人怎麼看都覺得好看；兒子對我而言永遠都是兒子不是外人。假如有個人跟我說「下雨了」，我接收到的並不只是一串聲音，還會基於自身的語言知識賦予這串聲音意義和韻律。也就是說，我沒辦法將那句話拆成下、雨、了三個字分開理解，但不會這門語言的人反而做得到。哲學家傑瑞．福多曾經說：「人對自己會的語言反而無法進行聲學分析。」（原注8）（英語讀者可能知道瑞典語和中文聽起來是什麼感覺，但英語聽起來又是什麼感覺？）

視覺也一樣。史坦尼斯勒斯．狄漢寫道：

> 我們看見的世界和視網膜接收到的不一樣。其實和視網膜看到的一樣很糟糕，會是一堆高度扭曲的明暗像素集中在網膜中央，受到血管遮蔽、神經連接大腦的地方有兩個黑洞形成「盲點」，影像隨著視線移動不停模糊。（原注9）

但無論我們多努力都沒辦法體會他說的畫面。我們總是得到：

立體影像，視網膜瑕疵和盲點被修正，還會順應我們視線與頭部動作加以穩定，利用過去對類似場景的視覺經驗進行很大程度的重新演繹。

我們接收到的是預先加工處理好的世界。

有些學者主張嬰兒看到的世界不一樣。回想一下，皮亞傑認為嬰兒沒有物體恆存的觀念，威廉·詹姆斯也覺得世界之於嬰兒是「百花齊放，卻反而雜亂無章」。但先前討論過，這種觀點恐怕並不正確，嬰兒同樣無法不將物體視為物體而當作視網膜上轉瞬即逝的影像，他們也能夠**感知**。

另一方面，在一些情況下，即使成年人也僅有感覺卻沒有感知。回到前面福多的舉例，像我不會瑞典文和中文，對我而言那就只是一堆聲音，談不上什麼感知。此外，心理學家拿手電筒朝受試者眼睛照、在受試者手上放重物，這時候受試者的體驗絕大部分也是純粹的感覺。

有一門學術領域研究的是感覺與造成感覺的刺激之間如何連結，名為**心理物理學**（psychophysics）。研究主題之一是感官能力的極限，比方說兩手都拿重物，對重量的分辨能細微到什麼程度？在茶裡加多少糖會讓人再也分辨不出甜度？

最佳解答是韋伯定理（Weber's Law），由恩斯特·韋伯（Ernst Weber）在一八三〇年代提出。（原注10）根據定理，人類對刺激的體驗變化是相對而非絕對。

想親身體會的話，請你左手拿個重物。接著右手要拿多重的東西才能感受到差距？韋伯定理說，這時若想得到以公克、盎司為單位的答案是緣木求魚，因為需要的差異不是固定值，而是前一個重物的比例。左手一個硬幣、右手兩個的話通常會察覺，因為達到了一比二。可是左手一塊磚、右手一塊磚加上一枚硬幣的話則分辨不出來，即使明明和剛才一樣都差了一枚硬幣的重量。

或者以聲音為例，假設音量可以從一到十，對人類而言一到二的差距會比二到三來得大，因為前者是增加一倍，後者是增加一半。（若要從心理上對應從一到二的增加，就得從二增加到四。）

比例關係也適用於抽象事物。我家附近好一點的咖啡廳一杯咖啡四美元，要是忽然漲到一百零四美元，我絕對會被嚇到再也不進去。但如果是買房子，看中一間開價四十二萬六千美元，隔天發現賣方調整為四十二萬六千一百美元的話我會笑出來。誰在乎那一百塊！換句話說，並非一百美元這個金額本身造成我在意（如果是的話，房子漲一百我應該也要在意），而是咖啡一次漲價二十五倍這個倍數的問題。

（主題為金錢的時候，情境多半很重要。費德烈與史蒂芬．巴瑟姆這對兄弟在賭博成癮者的回憶錄《雙倍下注》〔*Double Down*〕裡表示：「在賭桌上輸了錢大家還是笑嘻嘻的若無其事，因為真的沒感覺，賭場裡錢變得不是錢。平常為了一盒洗衣粉一美元的折扣，說不定我們願意開車到市區另一頭，但是在賭桌上女侍者端幾杯可樂過來就會給她五美元當小費，兩件事情還能發生在同一天。」（原注11））

關於感覺，容我以一個謎語做結。這個謎語呼應之前談到的意識奧祕的問題。不同感官帶來完全不同的體驗，譬如玫瑰的芬芳與接吻的觸感不同、欣賞彩虹或聽見嬰兒啼哭不同，但實際上這些體驗在大腦裡全都一樣是神經訊號。曾有心理學家研究團隊指出關鍵：

「這些訊號並未藉由暗碼標記它們屬於視覺還是聽覺。」（原注12）

所以不同感官的現象差異必然來自不同的神經運算。枕葉接收神經啟動訊號後轉換為色彩與光線的經驗，頂葉接收到神經啟動訊號則轉換成味覺和嗅覺，以此類推。於是謎題出現了：如果將眼睛的視神經接到頂葉，耳朵的聽覺神經接到枕葉，會發生什麼事？能聽見光線、嚐到聲音嗎？如果連別的神經也交換，難道就能觸摸咖哩雞的香氣或者吃出彩虹的味道？這並不完全是無稽之談，因為某些人有聯覺（synesthesia），導致字母或數目也能引發感官經驗。代號S的神經科病人是非常有名的極端個案，聯覺過強的他早餐時間不讀報紙，否則文字挑起的味覺會使餐點吃起來全部走味。（原注13）

一九六六年，麻省理工學院一位知名人工智慧專家嘗試開發新的智慧系統，他希望機器也能與世界互動，因此給某個大學生的暑假作業是將電腦連接到攝影鏡頭，方便電腦「描述看見了什麼」（原注14）。

心理學家很愛這個故事，因為它意簡言賅傳達出感知問題看上去多簡單，但實際上是多複雜。（那位大學生當然無法完成作業，不過後續是他成了人工智慧領域的頂尖學者，名字叫做傑拉德·薩斯曼〔Gerald Sussman〕。）其實電腦的物件辨識已經開發超過半個世紀，但是困難重重進度緩慢。

我以前會跟學生說相關研究計畫失敗得很慘，不過現在已經改口了，因為總算做出些成果。一些演算法辨識圖片還算準確，也有成功上路的自動駕駛車輛，或許再一兩年

Facebook、Google或別家企業就真的會做出能如人類這樣識別物體的演算法。

也說不定做不出來。至少目前還差一大段距離。現在還沒有任何電腦對語言的理解或運用達到三歲稚子的程度，對世界的感知則比不上還在學步的嬰兒。畢竟我行文至此的時間點，網站避免所謂機器人程式（bot）的方法通常還是請使用者辨識角度扭曲的字符。對真人很簡單，多數演算法卻做不到。

我們之所以誤以為感知很簡單，是因為那對於人類太自然。演化心理學家蕾達・科斯米德斯（Leda Cosmides）和約翰・圖比（John Tooby）稱這個現象是「本能盲點」（instinct blindness）。「以直覺判斷時，大家都遵循素樸本質論，」他們在著作中指出：「以為世界萬物原本就被劃分得非常清楚，無論物體、關係、目標、食物、危險、人類、文字、句子、社會團體、動機、人造物、動物、微笑、瞪眼、相關性與顯著性、已知和明確。」（原注15）製造這些經驗的過程太自動和下意識，不費一番苦心反而無法理解其中牽扯多少複雜要素，得等到試圖在電腦重現時我們才會發現，要在連續聲音中判斷字詞、在無數面孔中找出笑容，這些事情其實很難。

———

光線進入眼睛通常是因為自某物表面反射過來，穿過角膜和水晶體（水晶體周圍肌肉能根據物體遠近調節焦距）以後到達眼球後側。那裡佈滿感光細胞，數量非常龐大，每隻眼睛的眼底外圍約有一億兩千萬視桿細胞（對光線極為敏感，主要處理低亮度下的視覺），再來則是約六百萬的視錐細胞（多數位於中央，主要負責顏色辨識）。

視桿細胞與視錐細胞的神經啟動以後，將訊號發送到頭部後方（或許有點奇怪，因為直覺會以為視覺處理要靠近眼球才對）形成視覺經驗。電影《駭客任務》中受過特別訓練的探員盯著電腦螢幕上不停流動的數字就能看見世界，如果我們嘗試將神經訊號轉譯為數字字符，會發現大腦一直以來都在做同樣的事情，也就是利用移動的二次元陣列構築三次元世界的景觀。

這部分是更為棘手的問題。首先，優秀的接收工具取得的訊號基本上應該是靜態，但我們的感知卻總是處於流動。想像看見一隻狗，牠沿著街道跑過你身旁。隨著距離拉開，狗的影像在視網膜上持續縮小，卻不會讓你得到狗本身縮小的結論。接著狗轉彎了，你看到的影像從狗尾巴和後腿變成整個側面，形狀大幅度改變，同樣你不會以為是狗本身有變形能力。再來狗鑽到樹蔭底下，從牠身體反射的光線少了，你也不會以為狗在變色。大腦有能力從持續變動的資訊中計算出在時空間移動但性質不變的物體為何。（如果想讓問題更麻煩，就要考慮有些物體是**真的**起了變化，例如氣球被吹大、用黏土捏出塑像、在畫布作畫等等。）

假如能掌握心智如何做到這些運算，我們就能在電腦重現，偏偏目前沒有答案，所以我們無計可施。幸好我們還是能從中分析出一些概念，也就是成功的感知必須統整兩種資訊：

一、視覺系統的輸入，其基礎是光線落在視網膜之後的神經反應（有時候稱為「由下而上」的資訊）。

二、個人對世界的假設，其中一部分可能內建於視覺系統本身的視覺皮質，其餘則來自記憶與期待（也被稱為「由上而下」的資訊）。

舉幾個簡單的例子：你坐在房間內，一開始燈火通明，後來全部熄滅。這些是由下而上的資訊輸入。可能原因是什麼？或許外界起了變化，例如電燈開開關關。但如果你知道是自己一下睜眼、一下閉眼，就會推論外界其實沒有改變，因為這樣更能解釋經驗如何形成。又或者，想像你在一個昏暗的房間裡，前方有個白色圓圈持續擴大，正常情況下你會認為是某個東西不斷靠近——除非你是自己朝著那個方向走，那麼你會認為看見的物體沒有移動。

接下來這個例子比較不那麼曲折。我們看見一塊炭會認為是黑色，看見一顆雪球會覺得是亮白色。簡單的理論版本說這是因為雪球反射的光線比炭塊多，因此眼球能分辨差異，但這個解釋其實並不完整。人類對物體明暗的判斷不僅僅基於反射的光線量，還有對物體周邊背景也很敏感，黃昏時看到的雪球（反射的光線較少）比大白天看到的炭塊來得暗。

想知道背景脈絡對知覺影響多大，我們來看看認知科學家愛德華・埃德森（Edward Adelson）製作的極端案例。下面圖片裡有兩塊地板標示了A和B：

A看起來比B暗，因為A送進眼球的光線比B少？答錯了，其實兩個圖塊射出的光線一樣多，在螢幕或書頁上是同一個顏色。（不相信的人可以把其他地方全部遮住，只剩下這兩塊試試看。）

為什麼看起來不一樣？因為B被放在陰影底下，大腦認為陰影會使表面變得比較暗，悄悄對顏色做了補償修正，於是我們感知到的B就變亮了。放進先前提到的架構內就是：

一、由下而上：兩個圖塊射出同量光線。

二、假設：由於其中之一處於陰影下，造成物體看起來比實際暗，所以推測原本應該要亮一些。

接下來要思考更大的工程，也就是如何將視覺所見的世界劃分為各個物體並掌握彼此之間的關係。隨便轉頭一望，可能有張桌子，上面擺著咖啡杯、一本書、一顆蘋果，三者排成一線。其實這些東西在視網膜上是連續不斷、沒有分界線的光，人類知覺怎麼從一整片光裡分辨不同東西？

二十世紀初一群「格式塔學派」（Gestalt）[2]心理學家研究這個問題並提出理論（原注16），他們認為頭腦

2 譯按：格式塔是德文Gestalt音譯，原文意思是「形狀」。格式塔心理學又稱為完形心理學。

自有分類規則能夠組織感知訊息，協助人類適應與理解世界。一個簡單的例子是看看下面這些O：

OOOO　　　　OOOO

就邏輯而言，八樣東西有很多分組方法，例如可以分成三組。一開始兩個O當一組（OO），中間也許四個O一組（OOOO），最後兩個O再獨立一組（OO）。但實際上沒有人會這樣覺得，我們分類不同東西時會考慮到的因素之一是**接近性**（proximity），所以很自然會看到：

第一組：OOOO　　　　第二組：OOOO

再來看看下面這些間距相等的字母：

BBBBTTTTWW

同樣有非常多方式加以切割，但最自然的傾向會將它們分為B、T、W三組，這是基於字母的**相似性**（similarity）。

這些格式塔派原則掌握到真實世界裡事物的一般分布原則。回到前面的例子，咖啡杯無論顏色和質地都與書本不同，書本又與蘋果不同，而且三樣東西中間通常有空隙，於是通過接近性與相似性兩條規則，大腦將認知切割出三個不同部分：杯子、書本、蘋果。

再看看下面這張圖。實際上我們看到的很可能由三個部分組成，分別是磚塊和兩根移動的木桿一上一下。

但這麼想並不自然。兩根不同木桿恰好構成一直線、移動時也完美協調未免太過巧合——心智通常不認為世界有巧合。人類根據格式塔心理學的**連續**（continuation）法則會將其看成一根木桿，中間部分隱藏在磚塊後面。（如果給嬰兒看這個畫面，他們也傾向認為只有一根而不是兩根木桿。（原注17））

研究感知的心理學家花些心思就能利用格式塔原則製作出實際上不存在的圖形。下頁的圖片叫做卡尼薩三角錯覺（Kanizsa Triangle illusion）（原注18），看起來像是有個三角形蓋在三個圓形上，由於這個假設太合理所以心智會據此修正並創造物件，但其實圖片裡並沒有這個訊息。

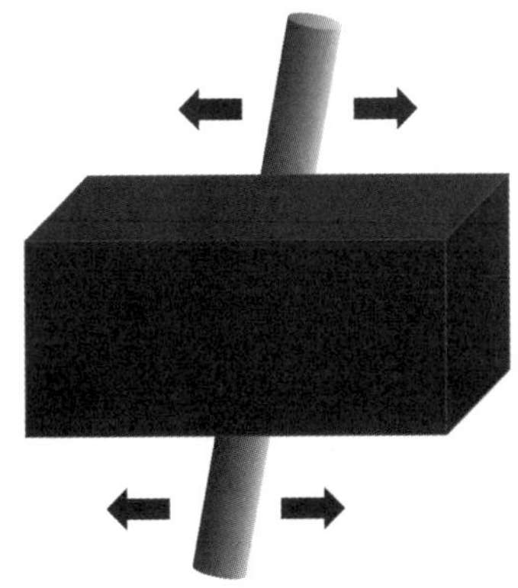

除了將外界切割為各個物體，人類還將物體放進三次元世界，視覺能呈現深度。這又是怎麼做到的？

一個判斷方式是利用我們兩隻眼睛分開的特點。將手靠近臉，注視拇指，先闔一隻眼睛、再闔另外一隻，然後望向比較遠的東西（或許越遠越好，例如月亮）。當物體靠近時，兩眼得到的影像不同；物體在遠方時，兩眼看到的趨於一致。視覺系統利用雙眼像差（binocular disparity）能夠大略推算出物體在空間中的距離。

不過就算僅用一眼，視覺成像依舊能看見深度。其中一個原因是物體有其典型尺寸，如果一個婦女走近，在視網膜上的影像比房子來得大，就幾乎能肯定她比房子更靠近自己，因為正常房子都該遠大於人類女性。再來則是重疊，若婦女的影像輪廓完整，遮蔽了房屋一部分，那她自然就在房屋前方。還有一個可供推測的線索是動作速度。為什麼鳥兒在天上看起來動得比飛機快？因為飛機遠很多，物體越近在視網膜上的移動速度就越快，大腦能夠利用這個資訊判斷距離，專業術語是**運動視差**（motion parallax）。

討論過如何判斷亮度、辨識物體並加以定位，雖然細節略有不同，但整體流程有個共通點：會有由下而上的資訊輸入，內容混雜不完整，然後由大腦負責理出頭緒。

由下而上的資訊配合心智的信念與預測並非視覺所獨有，也存在於語言處理的過程中。有個現象稱作**語音復原效應**（phonemic restoration effect）。（原注19）你可以自己錄一個句子試試看，例如：

It was found that the wheel was on the axle.（有人看到輪子在輪軸上。）

說的時候故意跳過一個音位，用咳嗽代替，於是實際播放出來的句子聽起來應該是：

It was found that the [cough] eel was on the axle.（有人看到〔咳〕子在輪軸上。）

可是放給別人聽的話，他們聽到的卻不同。假如聽的人會英語，從上下文自然推敲出少了什麼聲音，大腦就會幫忙補足，結果會以為自己真的有聽見那個wh，感知的內容是包含wheel的完整句子同時穿插了咳嗽：

It was found that the wheel was on the axle.
〔咳〕

心智會自動填補空白造成校對十分困難。史考特・亞歷山大（Scott Alexander）給了下面這個例子：

I
LOVE
PARIS IN THE
THE SPRINGTIME

然後他解釋：

這顯示出由下而上的訊息流會被由上而下進行修正以求前後一致，但有時卻因此導致「篡改」並扭曲感覺接收。字面上明明是PARIS IN THE THE SPRINGTIME（要留意多了一個THE），但因為由上而下的修正預測了句子意義和文法，結果大腦會以它認為句子應該是的樣子來覆蓋由下而上的資訊輸入。修正力道非常強，這一段裡有幾個the是多出來的你注意到了沒？（原注20）

有時候心智偷偷做了修正我們很難察覺。二〇二一年網路上還在為疫苗吵得不可開交時，有人在推特發了這樣一段文字逗樂大家：

When the time comes, I 100% support mandatory vacations for everyone. If anyone refuses they should be FORCED.

一開始我看不懂哪裡好笑，反覆讀了好幾遍（還心想是the有重複嗎？），直到有人提醒我仔細看看mandatory後面接了什麼，我才恍然大悟居然是vacations，而不是自己一直以為的vaccinations。[3]

感知如此運作，背後當然有其道理。我們對外界的經驗很大一部分曖昧模糊，好的感知系統應該優先篩選出更為可能的解釋。以前面例子來看，一個人說出「the wheel was on the axle」（輪子在輪軸上），但是由於咳嗽聲音模糊遠比「the eel was on the axle」（鰻魚在輪軸上）合理得多，我們聽見wheel才有意義。即使會把兩個THE看成一個、把「休假」看成「疫苗」也無傷大雅，整體而言，優先選擇可能性高的版本效益提升很多，偶爾小失誤不造成什麼妨礙。

另一個重點是，如果資訊互相衝突，最終由下而上的輸入會勝出。（原注21）我小時候讀過一本書，故事是外星人來到地球卻只有孩子看得見，因為大人不相信外星人所以連看都看不到。當時我很喜歡這個背景——畢竟當年我也是孩子——但後來就明白這設定很傻。倘若感知系統只能偵測到心智有預期的東西，那人類應該完全沒有訝異這種情緒，問題在於我們顯然有。我確實無法想像一轉頭會有隻大猩猩站在背後拿刀往我脖子刺過來，但要

3 譯按：作者以為的意思是「我百分之百支持強制疫苗（vaccinations）接種」，但其實原文是「我百分之百支持強制休假（vacations）」。

是真的發生這種事情，我轉了頭不可能看不到。事實上，感知就是為了我們還不知道的事情而存在。

記憶

有時候我會在課堂上做示範，請自願的同學假裝自己完全失憶。「失憶」這個詞隱含一些聯想，來自如《迷魂記》（*Vertigo*）、《再續前世情》（*Dead Again*），或者麥特・戴蒙主演的《神鬼認證》系列等優秀電影。我問自願者：「你叫什麼名字？」對方通常支支吾吾一臉困惑回答：「我不知道！」

這就是有趣的地方。實際上不只個人經歷，我們所知的**一切**都需要記憶支撐。《神鬼認證》的主角傑森・包恩會說英語、開車、武藝驚人，也會做愛、走路、穿衣服、正確如廁。這些行為都需要汲取儲存在大腦的過去經驗，也就是所謂的記憶。如果自願的同學真的失去所有記憶，應該連問題都無法回答，直接倒在地上哭鬧和大小便。

有些哲學家如約翰・洛克認為記憶決定了一個人，假如我和你一覺醒來記憶對調，那我就變成你，而你會變成我。（原注22）我個人不完全接受這樣的說法，但我同意徹底失去記憶的話，自我也不復存在。（原注23）記憶有不同種類，例如**自傳體記憶**（autobiographical memory）是個人經驗的記憶，傑森・包恩的失憶、一般人平時說的失憶都是這種類型。但是傑森・包恩保有**語意記憶**（semantic memory），所以記得法國首都是巴黎、狗通常有尾巴等等。他也還有**程序記憶**（procedural memory），也就是記得怎麼做事情，因此能走動、看地圖、駕駛車輛。包恩在長凳被兩個警察叫醒以後迅速將人打量，卻很訝異自己竟然做得到。他會格鬥（因為有程序記憶），但是他不知道自己會格鬥（因為沒有自傳體記憶）。而他也顯然能建立新的記憶，看地圖一眼就能上路。換言之，他記憶喪失很嚴重，但有些類型的記憶完全不受影響。

在神經科學的輔佐下，心理學界在記憶這個領域有了長足進展，瞭解記憶的構造、侷限、能力。現在我們從外界進入心智，第一個問題是：人類如何記住感知到的一切？

以下這張圖表是標準記憶模型。（原注24）雖然經過簡化，但是很好的出發點。

從**感覺記憶**（sensory memory）開始，其中也包括視覺。假如外面有一道閃電劈過，閉上眼睛以後還有殘像，就是一種感覺記憶。睜眼時的感覺記憶則好比用點燃的仙女

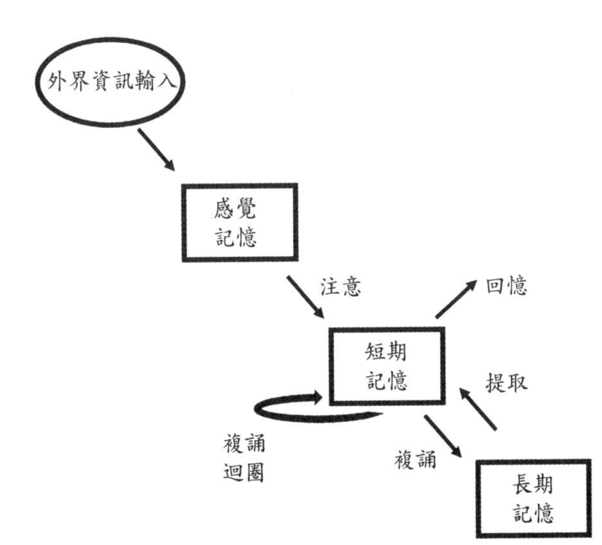

棒在半空寫自己名字，字其實沒有留在原位，要是大腦機制不同就根本看不到。但是我們能得到感知，因為視感覺記憶的某些經驗得到保存。

聽覺也有感覺記憶，持續時間多了幾秒。有人和你講事情，你覺得無趣開始看手機，結果對方問：「我剛剛說了什麼你有在聽嗎？」雖然你沒認真聽，但那些字詞還停留在心智內，所以很神奇的是，你確實能重複對方講的話。

製造感覺記憶並不難，可是除非特別注意不然很快就會消散。得到注意的訊息進入下一個階段，也就是短期記憶，又稱為**工作記憶**（working memory）。許多心理學家認為工作記憶等同於意識，所以可以在那個方塊旁邊寫上「你就在這兒」，因為這就是**自我**。工作記憶是心智與環境之間的介面，經由專注取得外部輸入（車輛經過時你注意到了），也可以從長期記憶取出資訊（有人提起早餐，你就開始回想自己吃了什麼）。

資訊可以保存在工作記憶，但工作記憶容量有限。下面這個小測驗，可以的話請別人用正常講話速度唸給你聽：

14, 59, 11, 109, 43, 58, 98, 487, 25, 389, 54, 16

停。你記得哪些數字？

通常會記得一部分。如果你有認真做，就會在腦袋裡不斷重複聽見的東西，這個行為稱作**維持性複誦**（maintenance rehearsal）。複誦的內容一部分會流入長期記憶，可以稍微保存久一些；一般而言，會記住的是比較前面的項目，因為能夠複誦的時間較長，這個現象名為**初始效應**（primacy effect）。但同時很多人也會記住最後幾項，因為唸誦停止的當下它們還在短期記憶內，這是**時近效應**（recency effect）。兩個效應加起來，計算答對比例時通常會得到U形圖，前面高是初始效應，中間大家很難記住，最後因為時近效應又會再拉高。（原注25）

一個人可以記得多少項目的資訊？短期記憶容量有多少？一九五六年心理學家喬治・米勒（George Miller）發表經典研究，論文標題直接提出答案：「神奇的數字：**7±2**，我們信息加工能力的局限。」（原注26）所以就是五到九之間。但後續研究認為實際情況偏低，短期記憶通常只能記得四個項目。（原注27）

不過是四個怎樣的項目？四個有意義的單位，因此常被形容為「組塊」[4]。理解在這個階段很重要，因為短期記憶的強度，也就是意識能保留的訊息量，取決與個體的知識。看看下面這一串字母：

L A M A I S O N

八個單位，如果當成八個獨立項目就很難全部記住。然而若你懂英語，可能會從字母串裡看出端倪——拆成四個單詞就好：

4 譯按：原文chunk是英語口語「一大塊」的意思，但在心理學領域視為術語翻譯時則常以「意元集組」或「記憶組塊」稱之。

LA　MA　IS　ON

如果懂法語會直接看到「房屋」這個詞彙，所以變得更簡單：

LA MAISON

專業技能也會影響記憶能力。你能不能記住三個完整棋盤上的佈局情況？不懂棋藝的人辦不到，因為是三十二顆棋分布在八乘八網格，然後還要三盤，絕對不可能。但如果具備棋藝知識，知道棋子位置背後有一套邏輯（例如常見的開局走法是固定幾步），要記住就會簡單很多。棋藝大師一次可以記住非常多盤。換言之，專業知識可以擴充記憶空間和意識廣度。（原注28）

接著來到**長期記憶**（long-term memory），近似佛洛伊德所謂的前意識，它一直存在但我們通常不會察覺。前面談到的感覺記憶、短期記憶都能儲存資訊，所以技術上而言都屬於記憶的一種，但日常生活中我們聊到**記憶**的時候，幾乎都是指長期記憶。

長期記憶與短期記憶最明顯的差異就是容量。方才說過短期記憶十分有限，長期記憶則彷彿無限大。每個認識的詞彙、每張認得的面孔、每個故事和笑話、每場勝利和每次羞辱——這些全都是長期記憶。

但長期記憶應該總是有極限，畢竟是儲存在物理性的大腦裡，而大腦本身並非無限大。電腦儲存容量是個很方便的比喻，然而並不適合直接當作估計標準，因為我們對人類大腦如何對資訊進行編碼，所知依舊不足。不過還是有人做了嘗試，一項研究估計長期記憶為二點五個拍位元組（petabytes），約等於一百萬吉位元組（gigabytes, GB）。假如電腦有這麼大的容量，可以存放三百萬小時的影片。（原注29）

資訊如何進入長期記憶？（更白話一點就是：我們如何學會新東西？）學習通常是自動、無意識的過程，很多東西未經努力就自然而然進入腦袋。昨天我走出咖啡店，沒看馬路就向前，一輛汽車急剎後駕駛狠狠瞪了我，然後我就記住了！此外，我也記得那杯咖啡等得特別久、咖啡師是位年長女性，然而我不記得店裡還有誰，也不記得咖啡師穿的衣服，要不是我寫下來，而且在校訂過程重溫這件事情，其實幾天過後我就會忘光了。別的經驗可能持續較久，譬如我還記得自己單膝跪地求婚的那天，除非之後腦部出什麼問題，不然應該到死都不會忘記。但如果想要將原本不會自然進入記憶的事情放進去，該怎麼做？有什麼方式能幫助我們記憶新資訊？

一個方法是**深度處理**（depth of processing）：對一件事情思考越深入、賦予意義越多，就越容易記住內容。有個經典研究可以做為例證（原注30），實驗中給受試者看單詞卡，每看一張都要回答與單詞有關的問題（可是沒有要求他們記住單詞）。看完以後，對不同組別進行不同主題的測試，第一組要回憶哪些字詞是大寫，第二組回憶哪些字詞與「重量」押韻，第三組回憶哪些字詞可以填進「他在街上遇見＿＿＿」這個句子。測試過後，在未通知的前提下，請他們回想自己究竟看過哪些詞彙，結果發現主題測試與回想的表現有關，句子填空那一組能記得的數量最多。一般而言，對事物進行的思考越深入，也就是不停留在大小寫這種表面形式而是探求背後的意義時，記憶也會隨之清晰。

另一個辦法是使經驗**鮮明**，也就是更突出或有趣。比如想要記住海馬迴功能，平常可能會在心裡告訴自己「海馬迴與空間定位有關」，但改成「海馬迴幫海馬找到回家的路」雖然有點幼稚卻好記不少，而且很可能從今以後你永遠都會記得海馬迴負責判斷空間位置。

真正的記憶專家不會停留在這種小伎倆上。他們懂得善用古希臘人就明白的一個道理：生動的圖像能夠幫助記憶。

五十二張撲克牌經過洗牌以後給你每張看一眼，你有辦法記住完整順序嗎？多數人不能，但其實可以學。《大腦這樣記憶，什麼都學得會》（*Moonwalking with Einstein*）作者喬許・弗爾（Joshua Foer）在書中告訴大家他如何獲得美國記憶大賽冠軍[原注31]，訣竅是先使每張牌連結到一個生動鮮明的影像。以他自身而言，梅花五連結到演員多姆・德路易斯（Dom DeLuise）、梅花九是空手道踢腿。每張牌在他腦海中都有畫面。看完一整串牌組以後，弗爾會將每張牌對應的人物或畫面串連為天馬行空又印象深刻的故事。舉例而言，如果給弗爾看的是：

梅花五，梅花九，方塊三，黑桃五，方塊六，紅心K，梅花二，梅花K，黑桃六……

他會以這種方式記住：

知名胖子諧星德路易斯（梅花五）往愛因斯坦的濃密白髮（方塊三）吐口水（梅花九），還對教宗本篤十六世（方塊六）狠狠使出一招空手道飛踢（黑桃五）。天王麥克傑克遜（紅心K）更奇怪，對著鮭魚堡（梅花K）大便（梅花二），然後噗一聲放屁（梅花Q）在氣球（黑桃六）裡……

荒誕又低級，但重點就在這裡——比起「梅花五，梅花九，方塊三，黑桃五，方塊六，紅心K，梅花二，梅花K，黑桃六」這樣一串好記得多。

某些記憶術確實能有效將看似混亂的訊息儲存在大腦，不過我得補充說明一點：這些記憶技巧針對的是特定情境，不是日常生活。多年前我很榮幸邀請到喬許·弗爾來心理學導論的課堂上向學生介紹記憶術，下課後過了幾個小時他發來電子郵件，有點害羞地表示手機忘在教室了。

假如深度處理、聯想句、影像化感覺很麻煩（的確是），比較簡單的記憶增進技巧就是去睡個覺。記憶形成之後還要經過**鞏固**（consolidation）才能植入腦內（原注32），而睡眠，尤其是做夢狀態，似乎有助記憶鞏固。

有些記憶彷彿白紙黑字擺在面前，只要願意看就會想起來。法國首都？記得。太太的

生日？記得。《黑色追緝令》（*Pulp Fiction*）導演？記得。類似的還有很多，我們能記起來的事情儘管終究有限，卻已經多不勝數。

通常記憶會被經驗導出，這種經驗稱為**提取線索**（retrieval cues）。例如下午約了看牙醫，我一開始忘記了，早上刷牙時就可能想起來。

很多作品描述過記憶如何啟動，最有名的或許是普魯斯特的《追憶似水年華》（*Remembrance of Things Past*）第一部〈去斯萬家那邊〉（Swann's Way），敘事者咬了一口蘸茶的瑪德蓮蛋糕之後，回憶傾瀉而出：

> 混著茶湯的蛋糕觸及味蕾那瞬間，我渾身輕顫、停下所有動作，全神貫注於發生在自己身上非比尋常的現象。一股美妙愉悅湧入感官，但它捉摸不定，不知源自何處，卻立刻使生命的波折失去意義，再大的事情都無所謂，像個轉瞬即逝的幻夢。這作用好比戀愛，有種寶貴的能量盈滿我。甚至不該說那能量在我裡面，因為它就是我……從何而來？有什麼意義？如何掌握它、理解它？……突然間，回憶浮現腦海。在貢布雷的星期天早晨（因為星期天早上彌撒之前我不出門），我去雷歐妮姨媽的房間向她道早安，她總會拿一小塊瑪德蓮蛋糕蘸點紅茶或椴花茶請我吃，就是這味道。方才還沒放進嘴裡的時候，看著小瑪德蓮蛋糕，我什麼也沒想起來。（原注33）

記憶提取合乎適應性原則（compatibility principle）：在什麼情境中得到記憶，就容易在相同情境中提取回來。適應性原則不只用於外在物理環境，也用於內在心理狀態。例如你念書時微醺，考試時若也微醺會比較容易想起課本內容（原注34）——但我得馬上提醒一句：喝酒念書得考慮其他問題才對。同樣地，人心情不好就更容易想起以前不好的經驗，心情愉悅時也會更容易想起從前的快樂時光。（原注35）

———

還有些時候無論如何都沒辦法提取過去的經驗。有時候想不起來是因為一開始就沒有保存到訊息。麥可・康納利（Michael Connelly）寫了很多很棒的犯罪小說，其中一部作品有個場景用了錯誤的記憶理論。（原注36）證人在催眠下被要求想像自己拿著遙控器操作電視螢幕播放自己的過去，於是在恍惚中意識回到一月二十二日。經過初步瞭解後，警察的問話如下：

「好，詹姆斯，好，」麥卡雷第一次打斷：「很好。現在我要請你用遙控器倒轉電視畫面，回去你第一次看見汽車從銀行停車場出來那時候。做得到嗎？」

「可以。」

「很好，轉到那邊了沒？」

「到了。」

「好，那重新開始播放，但這一次用慢動作。要很慢，慢到你把每個東西都看得清清楚楚。開始了嗎？」

「嗯。」

「好，請你在車子到面前看得最清楚那一刻按下暫停。」

麥卡雷等了幾秒。

「嗯，暫停了。」

「非常好。能不能告訴我那是什麼廠牌和款式的車？」

「黑色切諾基，很髒。」

「知道哪一年出廠嗎？」

小說本身很精彩，但我不得不強調記憶的運作方式並非如此，沒有任何辦法能說倒轉就倒轉。

有些情況下，即使親身體驗，而且事物就在面前，也不會進入記憶，因此永遠想不起來。還有時候記是記住了，但後來也真的就忘記了。記憶編碼儲存在大腦，大腦是物理性的，會隨時間衰退，所以就算記憶還存在都不一定能輕易找回。碰上想不起來的困擾，可以藉助搜尋策略。大家一定都有過努力想要想起來的經驗，從螢幕上演員的名字到自己車鑰匙放在哪裡，這時候換個切入角度（這位演員演過什麼別的戲？昨天晚上我回到家第一個動作是什麼？）答案會忽然蹦出來，就好像記憶其實留了一些觸鬚，只要抓緊爬過去就能夠找到。只是找不到的情況也很多。

腦部損傷可能造成記憶喪失，最常見的是**逆行性失憶症**（retrograde amnesia）。因為車

禍之類理由頭部受到撞擊以後，事發前幾分鐘的記憶可能永久消失，因為記憶鞏固過程被打斷，那些記憶沒有真正進入腦部，所以再也找不回來。傷勢越嚴重失憶期間越長，有可能從數天到數週，但其中一部分最後會回復。

再來還有**順行性失憶症**（anterograde amnesia），患者失去製造新記憶的能力。心理學家針對最有名的一位順行性失憶症患者進行研究之後學到很多，這位病人可能比先前提過的費尼斯・蓋吉更出名。起初僅以代號H. M.稱呼這位病人，他過世之後真名才被公開：亨利・莫萊森（Henry Molaison）。（原注37）

一九五三年，亨利・莫萊森當時二十七歲，由於重度癲癇而接受手術治療，醫師切除腦部很多部位，包括內側顳葉、海馬迴，以及杏仁核的大半。手術後莫萊森的癲癇確實好了，副作用卻大得難以承受：除了失去手術前好幾年的記憶（逆行性失憶症），更糟糕的是因此罹患嚴重順行性失憶症。從那天起，他活在永恆的當下。莫萊森定期接受醫生問診，其中一位是蘇珊娜・寇金（Suzanne Corkin），兩人初次見面在一九六二年，她的博士論文還沒寫完。之後年復一年，每回莫萊森見到寇金都會很客氣地自我介紹，因為對他而言兩人素昧謀面。

無論個人經驗或者事實訊息他都記不住，但某些類型的記憶卻能夠保存。後續研究曾經請他注視鏡子倒影並畫下人物，每一次他都表示不記得自己做過這件事，但畫出來的成品卻越來越好，顯示他的程序記憶至少沒有完全遭到破壞。

發現順行性失憶症患者也喚起了不少學者的記憶。（原注38）十九世紀初，瑞士神經學家艾德華・克拉帕瑞德（Édouard Claparède）對失憶症患者做了有點殘酷但很巧妙的小實驗：

他與對方握手時在掌內藏了針。同一天稍晚兩人又見面，病人對自己被刺過的事情沒有清楚記憶，其實她連與醫師已經見過都忘了。但當醫師伸手時，她本能將自己的手縮了回去，只是她也解釋不了為什麼會有這種反應。

遺忘的最後一個例子是佛洛伊德口中「特別的失憶」：大家都會忘記自己還是嬰兒或幼童的經驗（原注39），彷彿那幾年的記憶被什麼東西給蒙起來一樣。佛洛伊德認為這個失憶現象會持續到六歲，但其實誤差很大，因為平均而言，最早的事件記憶或自傳體記憶能追溯到大約兩歲或三歲。（原注40）

目前無法確定為什麼人類留不住最早的記憶，或許沒有存放好，又或許對應的腦部區塊尚未發育完整。但這些解釋都不大對，因為幼童本身記得自己過去的事情，不信可以去問兩歲娃兒不久前的事情試試看。所以更可能是記憶有儲存在腦部，可是稍微大幾歲或者成年以後就無法取出。

無論原因為何，學界觀察後發現這個現象牽涉到語言和文化。舉例而言，相較中國幼童，北美地區兒童的記憶能回溯到更早，可能與不同社會成人與孩童提及過去的方式有關。（原注41）

有些人認為自己留有嬰兒時的記憶。當然世界上總是有例外，但比較大的可能性是，這些人示範了關於記憶最重要的一點：人類記憶可以被自己未察覺的因素塑造和扭曲。我們很多記憶，無論自己多有信心，其實都是錯的。

皮亞傑給了一個很好的案例：

如果是真的，我最初的記憶是兩歲。直到現在那些畫面在我腦海中依舊清晰，而我直到十五歲都深信不疑。那時候我坐在娃娃車……一個男人想抱走我，我被帶子綁著，保母奮勇上前擋住歹徒。搏鬥中她臉上好幾處擦傷，我還有些模糊印象……大概十五歲那時候，父母收到前保母寄來的信，她說自己加入救世軍，想要告解曾經犯下的過錯，退回當年我家為表揚她而餽贈的手錶。原來歹徒襲擊事件是她捏造的，臉上擦傷也是作假。如此說來，應該是父母信了她的故事並轉述給年幼的我，我以視覺記憶形式投射在自己的過去……很多所謂真實記憶，想必都是這樣形成的。（原注42）

這種事情時時刻刻上演，也反映在康納利小說對催眠重構記憶的敘述。很多人以為記憶之於心智就像圖書館裡的書本或電腦硬碟裡的影音檔案，然而實際上記憶並非對於外界的精確紀錄，藏進大腦以後不再更動，需要時隨時透過內省、做夢或催眠就能夠取出。我們對過去的經驗會受到其他各種過程塑造。

先前討論感知時就提到人類對外界的體驗是在感官和預期之間取得平衡，其實記憶也一樣。既然心理學家可以混淆視覺，自然也有辦法能製造錯誤記憶。一項研究要求受試者記住整串詞彙，每個詞大約間隔一秒（原注43）：

床，休息，清醒，疲累，夢，醒來，打噴嚏，毛毯，打盹，昏睡，打鼾，小睡，和

平，呵欠，昏昏欲睡

之後詢問受試者看過哪些字詞，許多人都以為自己看到過「睡眠」。列表裡面並沒有這個詞，但其他詞彙都與睡眠有關，大家就覺得很合理。記憶與感知一樣，只要合理就容易接受。

還有其他實驗是心理學家對受試者說一些別人上館子用餐的小故事，之後請他們回憶細節，結果通常都加油添醋言之鑿鑿。譬如有人說故事主角最後付錢結帳，但其實故事根本沒提到，他們之所以有這種印象只是因為正常來說都應該要付帳。（原注44）與感知的情況類似，以合乎邏輯的方式「填補空白」是心智的正常作用。

還有個例子是一九八九年的經典論文〈一夜成名〉（Becoming Famous Overnight）。（原注45）文中第一段就總結了研究發現，寫得實在很棒（我很少在科學類期刊看到這種水準），在此摘錄一段：

塞巴斯蒂安．維斯多爾夫有名嗎？就我們所知他沒什麼名氣，但我們找到讓他聲名大噪的辦法。受試者閱讀一份名單，上面有塞巴斯蒂安．維斯多爾夫這個名字，但同時明確告知受試者此人並非名人。閱讀完的當下，受試者對名單內容還有清晰記憶，所以記得塞巴斯蒂安．維斯多爾夫不出名。然而距離閱讀名單二十四小時以後，重新請受試者判斷知名度，塞巴斯蒂安．維斯多爾夫及名單上其他無名小卒被誤判為名人的機率都提高了。這些人一夜成名，而且只有受試者讀過名單才會出現這個現象。

現實生活中我們常常見證類似的錯置。有一次我和朋友講了個幾年前發生在自己身上的小故事，過程有趣但也令人捏把冷汗。後來我太太態度平靜地提醒了一句：故事細節都沒錯，錯在主角應該是她而不是我。

———

記憶具有模糊性和可塑性的影響非常深遠，尤其涉及法律的情況。關於這個主題，最重要的文獻來自心理學家伊麗莎白・羅芙托斯（Elizabeth Loftus）所屬的實驗室。她一部分研究探索的主題是引導性問題如何影響記憶。一次實驗請大學生觀賞電影，其中有汽車衝撞行人的橋段，之後詢問一些受試者：「車輛穿越讓行標誌時速度是多少？」而這些受試者後來多半會記得影片場景裡有讓行標誌，雖然實際上根本沒拍到。這個問題引導出讓行標誌存在的假設，之後受試者會根據這點對自己的記憶做加工。（原注46）如果先問受試者：「有沒有看到那個破掉的車頭燈？」（也就是假設有這樣東西存在）他們就比較容易覺得自己確實看到了破掉的車頭燈。但是如果先問：「有看到一個破掉的車頭燈嗎？」就不會有太明顯的影響。同理，要是問他們：「有沒有看到小孩子上校車那一幕？」受試者就傾向說自己記得那個畫面。（原注47）

另一個實驗裡，羅芙托斯的團隊先透過大學生的家人瞭解受試者有過的童年際遇，然後以此為主題進行訪談。訪談中會提起某個從未發生過、完全由研究者捏造的事件，例如在商場內迷路走失、差點溺水、婚禮上打翻飲料、遭到猛獸襲擊等等。（原注48）雖然並非多數，但有些人真的因此以為這些事情曾經發生在自己身上。

這份研究導致法律改革，因為大家終於意識到警察問話不僅和記憶有關，也有可能形塑或創造記憶。許多冤案將犯人關進監獄了才透過DNA證據發現證人證詞是警方問話誘導出的錯誤記憶。（原注49）更誇張的是少數個案中，嫌犯都以為自己真的犯了天大的過錯，即使證據明顯指向他們無辜。（原注50）

這類錯誤記憶很難在實驗室裡研究。顯而易見基於倫理考量，心理學家不能嘗試誘導受試者以為自己遭到親人性侵、多年前曾經殺人等等，然而現實案例中，這種極端記憶扭曲確實存在。相較之下，記住了沒看到的字詞、以為小時候在商場迷路是平淡許多，但至少學者能藉此理解人類心智的實際運作並據此修正司法系統，盡量避免記憶扭曲發生在關鍵場合。

從感覺到感知再到記憶，深入研究心智有了許多新發現。我們不僅僅從外界接收到感覺訊息，也不僅僅將感知到的資訊儲藏在大腦。人類的感知和記憶會對外界進行預測和修正，某個物體通常會是什麼色澤光影、大家通常在餐廳內做什麼，這些經驗都會影響判斷。心智傾向選擇可能性最高的詮釋，於是人有時候會誤判，遇上以假亂真的錯覺或模糊的過去事件尤其明顯。然而世界是由有限且破碎的資訊構成，或許現在的心智運作已經是最佳模式。

這些過程絕大多數都被隱藏起來，意識無法察覺。儘管心理學家認真研究各種現象，像是光影如何影響人類對亮度的判斷、短期記憶機制對思考的限制，但回歸日常生活時，心理學家感知與記憶的方式和大家沒兩樣，同樣不費力也無意識地在腦袋裡構築出自己的世界。

第八章 理性的動物

亞里斯多德將人類定義為理性的動物，但是那時代沒發生三分之一磅漢堡事件。（原注1）一九八〇年代，麥當勞的四分之一磅漢堡熱銷，艾恩堡（A&W Restaurants）連鎖餐廳為了與其抗衡推出三分之一磅漢堡。艾恩堡做了完善的試吃評鑑，而且最大賣點是肉更多，人家只有四分之一磅，他們給你三分之一磅。可是最終艾恩堡這個企畫大失敗，原因就在名字上：消費者看到「三」比「四」小，就認為肉一定比較少。（原注2）

人類常常不理性，思路亂七八糟還總是重蹈覆轍，一旦偏見和盲點被掌握，就很容易遭到操弄。

針對不理性的研究將心理學與機率論、行為經濟學連結起來，有些學者因此獲得諾貝爾獎並受邀成為政府和跨國企業的顧問，可以去達佛斯（Davos）[1]那種地方結識億萬富豪或國家元首，是很出風頭的學術領域。

我個人對這個領域也非常感興趣，一直希望有機會與大家分享。這條心理學分支的魅力之一，在於研究發現平易近人。本書截至目前引用的許多研究都離日常生活有段距離，大部分人沒機會進去fMRI機器掃描自己的大腦或者參與嬰兒注視時間的實驗，至於精神分析療法則都是在電視電影上才看得到。然而，接下來討論的理性缺陷，各位讀者去照照鏡子可能就會在自己身上看到了。此外，很多心理學研究成果太隱微，即使是真的也需要測試上百個、上千個樣本才能觀察到；相較之下，不理性這個特點跟視錯覺一樣明擺在眼前。

這一切究竟什麼意思？以前我和一位優秀心理學家討論到她開的心理學導論課程，對方表示想傳達給學生的訊息很簡單，就是**你沒有你自己以為的那麼聰明**。當代心理學家雖然提起佛洛伊德會尷尬，卻同意他說人類心智從根本上就不理性。本章會整理他們做過的各項研究來說明這個重點：人很笨。

可是我的立場相反。本書主旨之一就是欣賞人類獨特的認知能力，如果要我取個勵志類型的書名，大概會是《你比你以為的更聰明》。我承認人類心智有瑕疵、有弱點，但我覺得很多人過分放大檢視，反而造成另一種誤會。所以接下來除了討論研究內容、說明它們與日常生活的關係，我也會指出只要經過適當的提醒和練習，關於人類，亞里斯多德其實並沒有說錯。

———

維基百科上有一個條目是「認知偏誤列表」，清單真的很長，從「偵測行為者」（agent detection）到「蔡加尼克效應」（Zeigarnik Effect）一應俱全。（原注3）有些認知偏誤的定義很特別，比方說「韻理效應」（rhyme as reason）是指意思相同時，押韻的句子會比沒押韻的版本更有說服力。（一份研究發現，「酒前心事多，酒後全都說」比「酒前隱瞞，酒後老實」更容易打動人）。（原注4）有人認為這解釋了O. J.辛普森案最後為何無罪，辯方最後結語是「手套套不上，就無罪釋放」[2]，因為押韻所以多了幾分魄力。

列表裡有一百多個認知偏誤，我不打算一一解釋，因為在我看來實際上沒那麼多，可以濃縮成四大項，然後在本章末尾我會介紹第五項。其餘各種偏誤基本上都只是衍生。下

1 譯按：瑞士東部城鎮，滑雪勝地。世界經濟論壇每年冬季在達佛斯召開，因此也稱作達佛斯論壇。
2 譯按：審判過程中一位檢察官不顧同僚勸阻，接受辯方律師挑釁，答應讓辛普森當庭試戴被視為殺人證據的手套。這句話暗指檢方與警方栽贓陷害。

面的偏誤列表看起來會有點像是之前提到的佛洛伊德防衛機制理論，不過這個領域有自己的佛洛伊德，而且一次就兩位：阿摩司．特沃斯基（Amos Tversky）與丹尼爾．康納曼（Daniel Kahneman），他們是好友也是研究夥伴。（二〇〇二年康納曼因為此研究獲得諾貝爾獎，原本特沃斯基應該共享榮耀，可惜的是一九九六年他五十七歲時罹癌逝世。）

認知偏誤

首先從**可得性偏誤**（availability bias）說起。很多偏誤都一樣，起因是人類對事件可能性的認知有誤。在科德角海灣游泳被鯊魚吃掉的機率有多高？下次大選誰比較可能贏？投資有多少機會增值獲利？我們時時刻刻在心中計算各種機率。就連我準備開車去機場接朋友，腦袋裡也默默算過了路上出車禍死亡的機率與對方準時抵達的機率分別是多少。（結果自然是認為死亡機率很低、準時機率很高，否則我就不會跑這一趟才對。）

機率論指導我們如何正確看待機率。舉例而言，根據乘法定律（multiplication rule），兩個獨立事件都成立的機率等於一個事件的機率乘以另一個事件的機率。擲骰子得到五的機率是六分之一，再擲一次得到五的機率依舊是六分之一，所以連續擲出兩個五的機率就是 1/6 × 1/6 = 1/36。

乍看之下簡單明瞭，但我們還是常常算錯。試試下面這一題：

單詞開頭是K的機率與第三個字母是K的機率何者更高？（原注5）

如果你認為開頭是K的機率比較高就站在多數派那邊，大約七成人這樣回答。可惜答錯了，第三個字母是K的單詞數量幾乎比開頭是K的單詞數量多出一倍。這是由於心智詞典（mental lexicon，大腦記憶字詞的模式）的結構比較容易根據首字母思考，例如KITE比RAKE容易想起來。所謂可得性偏誤的意思就是：越容易在心中浮現的，我們就以為機率越高。

有些人可能會抗議，認為這個例子並非理性有缺失，只是從大腦提取字詞的習慣罷了。那麼再看看下面這題：

七個字母的單詞中，第六個字母為n的機率高，還是以ing結尾的機率高？（原注6）

很多人會說ing結尾機率更高，因為一下子就能想到太多例子。但仔細看看就知道絕對不可能，因為七字母單詞以ing結尾的時候，第六個字母就是n，所以ing結尾的詞數量不可能更多（畢竟還有COMMENT這種詞）存在。

再來類似的一道題目：

大洪水發生在北美某處的機率有多高？

因加州地震而發生大洪水的機率有多高？（原注7）

和上面ing是同樣概念，很多人會說加州地震引發大洪水的機率更高，但這不合乎邏輯，因為只要發生在加州就能歸類進北美洲，所以無論如何都是前一句話的機率高。

現實中最有影響力的可得性偏誤，或許就是大家都會高估具有情緒渲染力的事件，例如飛機失事、鯊魚咬人、暴力犯罪。發生校園槍擊案時，很多家長就會不敢讓孩子上學，卻從來沒考慮過就數據來看，在美國跨州駕駛害死小孩的機率遠遠高得多。差別就在於一家人出車禍死亡也不會登上全國媒體頭條，大家看得少、不容易聯想就以為頻率低很多。

———

我們在估計單一事件的機率時，計算的根據應該是同類事件整體的機率，也就是基本率（base rate）。假設有一袋貝果，你伸手進去摸一個，由於表面觸感比起芝麻更像罌粟籽，加上沒有其他線索，所以你會猜測自己拿到罌粟籽口味的。但其實重點在於袋內貝果的比例分布，譬如是一半罌粟籽、一半芝麻？還是一個罌粟籽、十一個芝麻？會不會其實是十二個芝麻，根本沒有罌粟籽？基本率會造成巨大差異。

但我們常常不夠關心基本率，也就必須承受**忽略基本比率**（base-rate neglect）這個謬誤的後果。下面是個生動的例子：

> 你接受嚴重疾病檢測。這項檢驗對疾病的敏感度從未失準，患病就一定會測到陽性。不過有百分之五的情況是檢驗呈現陽性，但其實受檢者沒有生病。（換句話說，偽陽性機率為百分之五。）

你的測試結果為陽性。

你應該擔心到什麼程度？（原注8）

很多人覺得事情嚴重了，高達百分之九十五的機率罹患重病。但其實不對，因為你根本不知道得到這個病的機率有多少。我沒有提過基本率。假設每一千人接受檢驗會發現一個人罹病，你有這疾病的機率是多少？來算算看。想像有二十萬人接受檢驗：

・平均而言，二十萬人裡有兩百人（一千分之一）得病，檢驗結果呈陽性。

・剩下十九萬九千八百人沒有得病。由於檢驗出錯的機率是百分之五，這群人裡的二十分之一（九千九百九十人）也會檢驗出陽性。

・因此總和有一萬零一百九十人為陽性（兩百人加九千九百九十人），你是其中之一。但裡頭只有兩百人真的得病，所以你得到此疾病的真實機率是一萬零一百九十分之兩百，大約百分之二，比起初以為的低很多。

全部列出來會覺得不是多難計算，問題在於不直覺。（許多人拿到檢驗報告還是會感到恐慌。）康納曼和特沃斯基以這個題目做調查，將受訪者的答案平均後，得到的罹病機率還是高達百分之五十六，因為有半數人都直接回答機率是百分之九十五，完全沒考慮基本率。

換一個不那麼數學的例子。（原注9）假如你聽到有個美國人叫做羅博，他喜愛歌劇、常逛美術館、從小就醉心古典樂，那麼他比較有可能在大型交響樂團吹小號……還是務農？

聽起來是典型音樂家，但想想基本率。美國的大型樂團小號手大約三百人、農民約兩百萬人（只是大概數字，方便舉例），因此無論我們掌握多少個人資訊都一樣，羅博是農夫的機率高出非常非常多。以此類推，無論隔壁鄰居看起來多像連續殺人魔，他不是的機率也高很多，因為世界上並沒有那麼多連續殺人魔。

———

第三個現象是人類對資訊框架很敏感。特沃斯基和康納曼做了實驗，假設有六百人罹患絕症，請受試者為他們從兩種療法中選擇其一。（原注10）

療法A會導致四百人死亡。

療法B有百分之三十三機率無人死亡，百分之六十六機率全員死亡。

何者較佳。療法A總而言之就是死四百人。至於療法B，如果反覆執行，也會得到平均四百這個死亡數字（六百的三分之二）。因此追根究柢，選擇標準在於個人偏好是單純不太好的結果，還是低機率極佳但高機率極差的結果。很難抉擇，兩者本質上沒有優劣之分，所以無法透過數學得到正確答案。

在這個情境裡，機率或損益期望值都無法當作參考，只能從自己對風險的承受度、對成本與獲益的判斷來做決定。想像一下，假如有人跟我賭擲銅板，如果是反面我就得吐出所有積蓄，一輩子賺的全沒了；但如果是正面，我的財富直接變三倍。假設總共三百人參與這個賭局，大家一開始的財產都是十萬美元，最後一半人破產、另一半人每個都有三十萬元，平均以後是十五萬，比賭之前還多，就數字來看十分划得來。但回到個人層面，我覺得這個賭局糟透了，因為輸光的痛苦遠遠超過贏錢得到的快樂。可是換個人來判斷，或許不會覺得風險那麼大。關鍵就在於每個人做決策時會有各式各樣不同考量，包括得與失對自己造成什麼衝擊。（原注11）

話雖如此，人有時候還是會做出特別傻的選擇，癥結就是選項的呈現方式會干擾思考。回到上面的例子，記住有六百人生病，然後比較兩種資訊框架：

正面框架：「拯救兩百條性命」（療法A）相對於「三成三機率拯救六百人，六成六機率失去所有人」（療法B）

負面框架：「死亡四百人」（療法A）相對於「三成三機率沒人死亡，六成六機率六百人全部死亡」（療法B）

其實只是將同一個情境換不同的角度陳述，理性而言兩個選擇分量不變。但事實上，選擇療法A的人在正面框架時有百分之七十二，在負面框架時卻只有百分之二十二。原因很簡單：拯救兩百條命聽起來好，賠掉四百條命聽起來壞，即使明明描述的就是同一件事情。（原注12）

框架效應隨處可見。想要推廣保險套，就強調防護率有九成五，別提剩下半成無效率。一個活動根據報名早晚收取不同費率，用早鳥折扣的名義會比遲到手續費來得吸引人。要推銷某種服務，而使用該服務平均需時四十九分鐘，那就告訴大家「不到五十分鐘就能完成！」

最後一個例子，想像自己負責裁決監護權官司，雙親僅一方能得到監護權。（原注13）下面是雙親資料：

- A在收入、健康、工時等各方面表現中庸，親子關係融洽，社交生活穩定。
- B收入高於平均，親子關係緊密，社交活躍，工作出差頻率高，有少許健康問題。

孩子跟誰比較好？我不知道，我只知道問題的形式框架本來不該影響結果，但事實上就是會。如果問的是誰較有資格得到監護權，多數人會說B，奇怪的是，如果問誰不適合得到監護權，多數人還是會說B！背後原因是正面框架底下，大家會注意B的優勢（收入、親子關係），A相較之下沒有明顯優點；但負面框架底下，大家會找值得擔心的地方，結果還是B比較多（社交活躍、出差、健康因素），A則沒有明顯缺點。顯而易見有什麼地方不對，B不應該既是好的選擇又是壞的選擇，但框架效應就是能造成這種結果。

認知偏誤的最後一項是**確認偏誤**（confirmation bias），也就是人習慣尋求符合自己成

見的資訊。大家都想找到能夠支持自身信念或價值觀的訊息，所以看醫生得到好消息通常不會再問第二個醫生，平時也會挑選支持自己立場的書報和網站。

在實驗室環境下，有好幾種方式能測試出這種偏誤。例如心理學家彼得・華生（Peter Wason）開發了華生規律發現任務（Wason Rule Discovery Task），受試者得從一連串數字裡找出規律。（原注14）開始之前，研究者會表明數字序列符合某個規律：

2　4　6

受試者不僅要找出規律，還要用相同規律再想出一串數字給研究者確認對錯。上面這串通常大家認為是偶數序列，因此受試者造出的數字串多半是：

4　8　12

看起來吻合，受試者多半覺得自己答對。問題是很少有人會試圖對假設做**證偽**測試。既然你認為規律是偶數和上升，為什麼不試試看換成奇數如5、7、9，或者下降的12、8、4？這兩串都不對的話，就有證據可以支持你的假設。其實華生設定的規律就只是三個數字越來越大這麼簡單，卻有非常多受試者解不出來，因為他們一直兜在符合假設的數列，完全不嘗試可以否定自己想法的組合。

確認偏誤不是只發生在邏輯謎題上。先前提過史金納和佛洛伊德的學說都沒能走到最後，原因就出在確認偏誤上——他們只想著證明自己是對的，沒想過測試理論的漏洞。

另一個例子可以看看華生選擇任務（Wason Selection Task）。（原注15）重點從機率變成邏輯推理，也就是從前提推敲出必然結果。多數人在這件事情也不怎麼靈光。

下面有四張卡片，每張一面寫數字、另一面寫字母。你只看得見一面，另一面被蓋住了。

還有一條規則：若卡片其中一面是D，另一面必定是3。要翻哪幾張牌才能確定規則無誤？

多數人回答D，這個答案本身沒錯，要是翻過去結果不是3就代表規則錯了。但接下來呢？如果你覺得是3那就中計了。（規則沒有指定3的另一面必須是D，所以是不是D都與規則無關。）再來要翻的是7才對，要是7的另一面是D就違反了規則。實際上這題只有大約一成受試者能答對。

記者瓊恩．隆森（Jon Ronson）在社交平臺說過一個很棒的笑話：「我瞭解確認偏誤以後，看什麼東西都是確認偏誤了。」

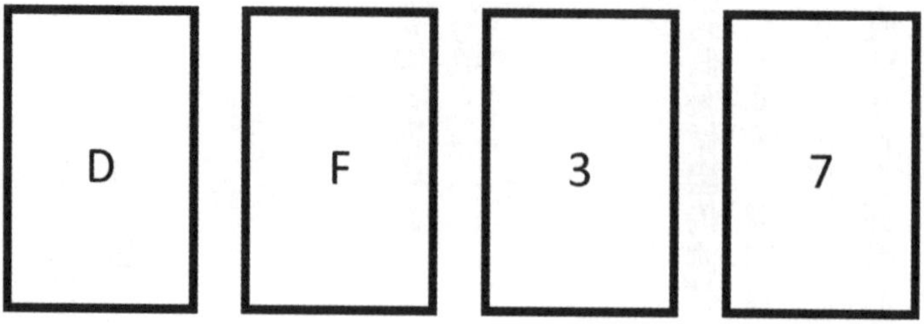

D	F	3	7

我們為什麼容易犯錯？

心理學家（也是我的大學導師）約翰・馬克納馬拉（John Macnamara）從種種推理失敗看出人類心智的兩個特點。（原注16）首先自然是思緒的不理性與混亂。其他心理學家也多半會得出這個結論。然而他們沒察覺到的是，這些缺陷實際上反映了人類有多聰明，否則我們根本不會知道自己犯了什麼錯誤。只要靜下心思考，我們都能明白基本率的意義、加州水災次數不可能超越北美整體的水災次數、監護權給誰與不給誰是同一件事情的不同角度。透過三分之一磅漢堡的故事，大家也都察覺到人就是有很傻的時候。

所以人類的不理性表現其實同時展現出人類的智慧，因為如果沒有這份智慧，我們根本無法發現自己不理性。（心理學家說「人很笨」的時候，背後有個假設，就是還有一個人不笨，而那個人就是心理學家自己。）人類心智不可思議的能力之一在於能夠反思，找出自己犯的錯誤並避免重蹈覆轍。

但追根究柢，我們為什麼容易犯錯？一種觀點是將這些缺陷連結到感官錯覺，像之前討論視覺時提到的卡尼薩三角。期望與成見根植於人類的視覺系統，平時幫助我們準確判斷外界，但在藝術家或心理學家的巧妙利用之下，反而成功誤導了我們。這一點同樣適用於人類理性，理性經由演化對應真實世界的情境（比較精準的說法是：我們在發生這些問題的環境中逐步演化），可是一旦遇到不尋常或假設性情境就會栽跟斗。對於理性來說，這些特殊情境與錯覺沒兩樣。

某些理性錯覺是心理學家的精心設計，華生選擇任務就是這樣來的。但真實世界也找得到很多例子，譬如許多人宣稱犯罪率節節高升的理由，是要人們看看那些駭人聽聞的案件；以這種方式混淆視聽的人至少下意識運用了可得性偏誤，知道大家很難分辨印象與頻率的差異。還有人希望阻止大眾服用某種藥物時，就會強調百分之一的副作用風險，刻意忽略百分之九十九的情況都很安全，這就是利用特定框架呈現數據以符合自己的需求。

可是很多時候怪不得別人。大家相信鯊魚咬人很頻繁並非是陰謀論導致，單純是媒體運作的正常結果。同樣地，從來沒有人要大家面對醫療診斷的時候忽略基本率，只是我們遇上比例這個概念時就容易腦袋打結。

情境單純的時候大家腦袋就會清楚很多。想想看下面這幾種情境的基本率：**你一覺醒來開始頭痛打噴嚏**，有可能是感冒或流感，也有可能是黑死病。**郵箱裡有特別厚的一本小冊，收件人是你，字體非常精美**，是萬豪酒店的招待函，還是你剛榮獲英國騎士勳章？**約好要見面，但是朋友遲到了**，是碰上塞車，還是她被熊吃掉？在上述這些情境裡，事件主體如噴嚏、信件、遲到的朋友在兩個選項中都能成立，但我們在思考可能性的時候，多半不會忘記兩個選項的基本率不同。有則醫學院學生的經典小語是「聽見馬蹄聲，先想到的應該是普通馬而不是斑馬」[3]，其實就是基本率邏輯。

我們的邏輯判斷在自然的情境框架下也會表現得比較好。所謂自然是指符合心智演化所經歷的自然環境，或者符合日常生活的體驗。回到華生選擇任務，想驗證「若卡片其中一面是D，另一面必定是3」這條規則似乎很麻煩，但放進現實世界脈絡就會忽然變得簡單。(原注17) 想像你是酒吧裡的保全人員，工作規範是：年滿二十一歲才可以喝啤酒。

下面同樣有些卡片，一面是客人年齡，另一面是客人點的飲料。你上班的時候需要檢查那幾張卡片？

多數人這一次不會答錯，得檢查喝啤酒那位以及十五歲那位。在真實世界的情境裡，邏輯判斷單純許多。

由此可見我們在自然情境會答對，在不自然的情境才答錯，而這同樣反映出人是聰明的。如馬克納馬拉所言，我們重新整理思緒以後，連不自然的情境也能夠像邏輯大師一樣應對自如。

有個古老理論認為心智由兩個相對的部分組成，一邊是情緒與直覺，另一邊則是深思熟慮。這個理論最為大眾熟悉的現代演繹就來自丹尼爾・康納曼的團隊，他也在暢銷著作《快思慢想》（*Thinking, Fast and Slow*）中講得非常精闢。（原注18）

康納曼將心智分為兩個系統，如下所示：

系統一	系統二
快	慢
平行	序列
自動	受控

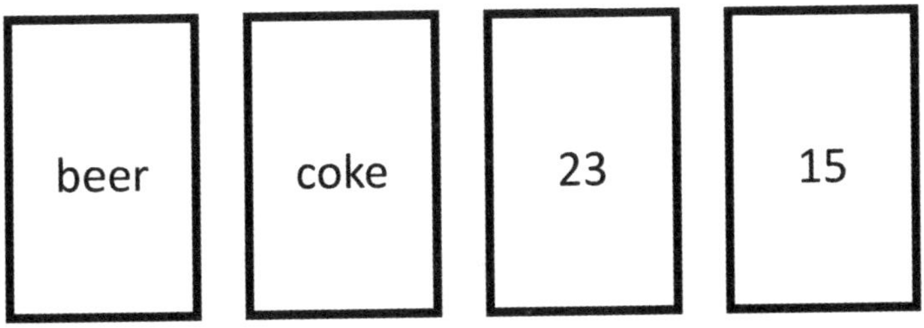

beer	coke	23	15

3 譯按：意指診斷時以常見疾病為優先，不要一開始就朝罕見疾病思考。

不費力	費力
聯想	規則
緩慢學習	有彈性
情緒化	客觀

如今還活躍的心理學家對於系統一、系統二都已經朗朗上口。之前一場主題是判斷與決策的研討會上，幾位前輩學者回答得支支吾吾有點尷尬，我一個朋友就悄悄說：「你看，系統二的迴避模式。」

我的另一位同僚謝因．弗雷德里克（Shane Frederick）設計了許多問題，快速而直覺的作答通常會答錯（系統一），仔細斟酌以後才能夠答對（系統二）。將問題匯整以後就成為認知反射測試（Cognitive Reflection Test）。（原注19）以下是較新版本裡的問題範例（原注20）：

- 競賽中你超過了目前的第二名，請問你是第幾名？
- 艾蜜莉的爸爸有三個女兒，長女叫做星期一，次女叫做星期二，第三個女兒叫什麼名字？

很多人作答第一題時會直覺說是第一名，但仔細想想就會發現當然是第二名。至於第二題，直覺反應會說星期三，但當然不對，一定是……艾蜜莉。即使答錯了也不代表你很笨，只是遵循本能反應，沒有停下來思考所以被系統一限制了。然而人對系統一的依賴程

度會影響到更重要的事情，比如你有多容易接受社交媒體上的陰謀論（原注21）、多相信神明等等。（原注22）

如何促進更理性的思考模式？許多人針對的問題是所謂「假新聞」——散播極快，但內容根本不是真的。怎樣提醒大眾對新聞報導更提高警覺，從系統一轉到系統二？回顧二〇二〇年關於新冠肺炎的各種不實消息，一組學者發現其實無論直接或間接，只要稍微提醒大家要注重內容準確與否，多數人就會開始分辨真假。（原注23）舉例而言，請受試者對性質中立的新聞標題（像是發現新恆星）做評價時似乎就會啟動系統二，而且他們事後也會過濾自己要在社交平臺分享什麼資訊，程度達到原本的三倍。

我們從這個現象也能得到三個層次的結論。首先，即使在重要事物上，人類還是常常不理性。再者，不理性通常發生在不夠自然的情境，也就是心智演化中不太會遭遇的事件。最後，即使面對這類情境，人還是有提升表現的潛能。

既然我們很聰明，又為何常常表現得那麼愚笨？陰謀論是很好的例子。有人否定納粹大屠殺，有人認為九一一事件的幕後黑手是政府，有人認為新冠肺炎是騙人的。很多美國民眾至今仍相信「匿名者Q」（QAnon）陰謀論，其主要來源是某個（或某一群）以Q為代號的匿名人士聲稱川普是軍方高層拱出來的總統，目標是將暗中信奉撒旦的戀童癖名人一網打盡，包括歐巴馬、拜登、希拉蕊、教宗、達賴喇嘛等等，其中最莫名其妙的大概是很多人欣賞的演員湯姆·漢克斯。

陰謀論背後的根源很高比例是政治，偏偏政治似乎是人類最容易不理性的話題。這本書是在疫情期間寫的，而美國社會又將新冠肺炎與政治綁得密不可分，所以我能舉出很多相關例子。如果以很粗糙的方式做個二分法，民主黨非常擔心疫情擴大，因此高度支持疫苗、口罩、封城等等政策，但共和黨則不大在乎疫情，也就很反對政府對民間施加限制。程度至此還算正常，畢竟每個人都有不同的立場與考量。問題在於兩邊的思考都有很多漏洞或謬誤。二〇二一年三月公布的一份民調中，投票支持共和黨的選民裡有三分之一認為沒有症狀的人就不會散播病毒（實際上會）、死於新冠肺炎的人數比季節性流感還低（實際死亡人數約為季節流感的十五倍）。（原注24）反觀民主黨這邊則是認為感染新冠病毒以後住院比例極高（其實僅百分之一到五）、死亡者很高比例是兒童（十八歲以下疫歿者只占全體不到千分之一）。

我們可以懷疑兩黨的差別源自不同的專家意見，但已經有足夠證據顯示，即使得到的資訊相同，人的信念與偏好也會遭到政治立場扭曲。

在一項實驗裡，研究人員先向受試者報告某個福利計畫，並表示得到共和黨或民主黨其中一方背書支持，接著詢問他們是否贊同政策內容。（原注25）有些受試者聽到的福利很大方，有些人聽到的則是小氣版本，但結果內容根本沒造成什麼影響，民眾支持與否終歸是看被問到的人是什麼政治傾向：民主黨支持者就支持得到民主黨背書的政策，共和黨支持者就支持共和黨背書的政策。可是進一步詢問他們支持與否的依據，大家都堅稱與黨派無關，以為自己是針對政策內容作出客觀評價。

還有一份比較近期的統合分析整理了五十一份類似研究，得出證據充足的結論：自由派與保守派對科學發現或新政策的觀感取決於是否與自身政治立場或團體相符合，與實際的好壞沒有太大關係。（原注26）人類的政治心理似乎完全被前面章節引用過的阿內絲．尼恩給說中：「我們所見並非世界實相，而是自身狀態。」

上述各種現象的本質就是所有成見的根源和確認偏誤的一個形式，心理學界稱之為**我方偏見**（myside bias）。（原注27）知名理性主義作家茱莉亞．蓋勒弗（Julia Galef）則提出另一個名詞（原注28），她將這種思考模式比喻為**士兵心態**，並指出人類社會的思維及語言都充斥這樣的態度：

> 好像大家都是戰場上的士兵，以保護信念不受證據威脅為己任。每個人發表意見時就好像進佔什麼要衝、堡壘以求抵禦敵人的攻擊，也因此我們描述的文字是「深植心中」、「牢不可破」、「奠基於事實」、「以論證支持」。立場總是「堅定不移」，因為我們「堅定」又「堅強」地「堅守」自己的主張，對某件事情抱著「無可撼動」的信心。
>
> 論證只是進攻或退守的形式。不夠小心的話會露出邏輯「破綻」，然後自己的主張被「推翻」。有時候我們的立場會碰上「一擊斃命」的反論，於是遭受「衝擊」、「削弱」、「挑戰」，甚至「破壞」。因此必須尋找能夠「支持」、「增強」、「鞏固」立場的證據。久而久之，觀點會得到「強化」、「固化」並且變得「強勢」，我們「堅守」信念的情況就像士兵守住壕溝躲避敵軍炮火。
>
> 如果我們改變主意怎麼辦？那和投降沒兩樣。倘若被「不可迴避」的事實給打倒就叫做「失守」、「淪陷」、「屈服」，彷彿開了城門讓敵人長驅直入。意識到自身立場「站不

住腳」，我們只好「棄守」、「妥協」、「退讓」，好像陣地被人打下了一塊。

這種士兵心態在政治領域表現得淋漓盡致。同樣政治傾向的人容易結為好友，在社交平臺上互動更熱絡，頻繁閱讀和分享彼此發表的言論（原注29），最終形成強烈的團體迷思（groupthink）。大家將自己當成了軍人，政治立場決定了我們所屬的軍隊。

不過蓋勒弗在文章最後指出士兵心態實際上擴張到了其他領域，譬如你是否自認為是「遊戲玩家」（gamer）？如果是的話，看到某些研究指出暴力電玩有害身心時，你會比較傾向提出質疑。（原注30）你是不是虔誠天主教徒？是的話，你聽到天主教神職人員涉嫌性侵時也會比較懷疑其真實性。（原注31）

大家對良好的司法系統有什麼直覺想法？下面是同樣法規以兩種不同框架做敘述：

一、遭到起訴但勝訴時，起訴者是否應該負擔訴訟費用？

二、對人提出訴訟但自己敗訴，是否應該為對方支付訴訟費用？

前一句話同意的人有八成五，後一句話同意的人卻只剩下四成四。（原注32）

種種研究造成許多人認為人類面對重要決策時依舊不理性。但我覺得做出這個結論必須非常小心。

首先要注意的是，相信**某些**陰謀論其實並非不理性，因為並非所有陰謀論都是錯的。《華盛頓郵報》曾經做過一個小測驗叫做「瞭解陰謀論」（know your conspiracy），下面摘錄部分內容，不知道看在讀者眼裡會覺得哪些是真的？（原注33）

A美國聯邦調查局曾監控人權運動領袖，例如小馬丁・路德・金恩牧師，意圖查出可以使其身敗名裂的情報。

B雷根總統任內，美國政府官員私下違法售賣軍火給伊朗，得到的金錢用來資助尼加拉瓜革命。

C希拉蕊・柯林頓曾暗中提供核武原料給俄羅斯。

D美國政府曾暗中讓美國人民服下迷幻藥，目的是開發心靈控制技術。

E當年美國政府發現阿拉巴馬州數百名黑人感染梅毒，卻聲稱他們身體裡有「髒血」，為了進行醫學研究而不提供妥善治療。

F基因改造食品的真正危害遭到隱瞞，社會大眾並不知情。

G化石燃料企業如埃克森美孚（ExxonMobil）幾十年前就知道氣候變遷問題，但一直散播假資訊避免社會譴責和干預環保政策。

根據《華盛頓郵報》給的答案，只有C和F是假的，其他都是事實。然而單看文字敘述，多數人不會覺得C和F比較特別，相信任何一項都顯得很愚蠢。

再來也有一些事件尚無定論。看看下面這兩個案例：

·億萬富豪傑佛瑞·艾普斯汀（Jeffrey Epstein）經營社會精英的性交易，入獄後死亡是因為遭到謀殺，目的在於掩蓋權貴的罪行。

·二〇一六年川普與俄羅斯合作才贏得總統大選。

《華盛頓郵報》說這兩個都不對，我個人也認為不對，但我認識不少聰明人覺得這兩件事是真的，而他們的理解並不存在什麼明顯的荒謬。同樣地，小布希時代有大約半數民主黨支持者懷疑他放任九一一事件發生，為的是有正當理由在中東發動戰爭；我寫這本書的期間，多數共和黨選民依舊相信二〇二〇年贏得總統選舉的應該是川普。這些說法很可能也都是錯的，但並不等同於這樣想的人腦袋有問題，畢竟政治人物確實**有可能**為了發動戰爭而使詐，選舉結果也不是完全**不可能**造假。如果將「不理性」定義為「相信與我立場相左的陰謀論」那結果更糟糕。

但匿名者Q與登月作假說[4]呢？甚至也有人認為桑迪胡克小學校園槍擊案是政府為了縮緊槍枝管制而安排的一齣戲？或者地球實際上被具有變形能力的外星爬蟲人統治？某些陰謀論與現實脫節太多，與妄想只是一線之隔。

就常理而言，相信這類陰謀論是不理性的。然而哲學家和心理學家都留意到稀奇古怪的理論具有獨特的心理地位，所以才會有人相信。（原注34）史蒂芬·平克就指出一些陰謀論的特點在於涉及：

脫離當下經驗的世界，例如遙遠的過去與不可知的未來、陌生的人種和地點、暗中操控一切的權力走廊、極小與極大的宇宙尺度、反事實與形而上。很多人對這些領域充滿好奇但又不得其門而入，更重要的是對於日常生活根本不會造成實質差異。這些領域的信念其實是一種敘事，用處是娛樂、是激發靈感，又或者是樹立道德典範。（原注35）

換個角度看，這種天馬行空的陰謀論與名人八卦其實很類似，只是茶餘飯後的消遣話題，真相並不那麼重要，信或不信都沒有成本可言。假如我對汽車如何加油、正式婚禮如何著裝、怎麼給嬰兒換尿布這些事情有錯誤見解，可能會付出慘痛代價。但相信匿名者Q則不然，對個人生活很可能沒有衝擊——只要別接觸會因此抨擊自己的人，與同樣相信這些理論的人組成小圈圈，日子還是能過得很平順。

這個結論似乎很糟糕，相信很蠢的理論或依賴基於偏見的資訊來源，怎麼能稱之為理性呢？

關鍵在於「理性」這個詞如何解釋。本書至今提到理性大都是指妥善運用知識與邏輯來達成目標。（原注36）走到戶外發現正在下雨又不想淋濕的話，遵循理性就是去拿把雨傘。這個選擇的理性基礎在於目標是不要淋濕，一旦目標改變，例如心血來潮想要脫光光在大

---

4 譯按：指美國太空人登陸月球及相關影片都是作假，目的是在冷戰時期威嚇蘇聯。

雨中跳舞，這時候撐傘完全不符合理性需求。

而且這個描述下的理性與善惡沒有直接關係。單純想要快速得到大筆金錢時，綁架富人小孩勒索贖金本身符合理性，前提是沒有其他目標要同時滿足，例如必須合法、不能變成歹徒等等。

理性也未必牽涉到對真實的追求。川普在位期間，我參加某場晚餐聚會，席間每個人都在說他壞話，有人說了他最新一次可笑行為以後哄堂大笑。這時候忽然有個年輕人開口表示那新聞是假消息，被不中立的媒體加油添醋，其實川普本身沒做錯什麼。其他人忍不住反駁，但年輕人雖然並非川普支持者卻將前後脈絡交代得非常清楚，在場所有人都被說服了。一陣尷尬沉默過去，有個人打破僵局：「反正川普真的做出那種事情**也**不奇怪。」大家紛紛點頭然後繼續聊天。

年輕人插嘴是理性的行為嗎？取決於他的目標是什麼。他希望讓大家知道真相，還是希望博得眾人好感？如果目標是真相，基於成見效忠自己所屬立場和陣營的士兵心態就一點也不理性。想要真相的話，就必須放下政治上的門戶之見。探討槍枝管制、演化、疫苗普及率等等主題時，強調真相的人應該盡可能找到精確可靠的資料來源。至於匿名者Q之類的陰謀論對於他們來說不值一哂，畢竟那些理論本就荒謬，沒有相信的價值。

偏偏人類是社會動物。大腦經過演化以後有許多目標，追求真相是其一，所以我們會希望正確觀察世界、詳細記憶事件經過、以有限資訊做出最符合邏輯的推論等等。可是追求真相僅僅是目標之一，我們同時希望獲得團體的喜愛和接納，而與他人共享偏見和敵意是個有效的做法。

所以此時此刻我們可以退一步考慮究竟**應該**以什麼為目標。要是我兒子認真以為老祖宗們騎過恐龍，我會很崩潰，但說實話我又想不出這對平日生活能有什麼影響。我個人認為大家還是**應該**求真，真實本身就重要。科學、歷史等等學術得到的真相未必對生活有具體助益，但其價值仍舊不可磨滅。

何況追求真實一般而言會有回報。雖然我們之後會談到可能的例外，也就是在某些條件下對個人能力過度自信、對某些危險有超乎尋常的憂慮或許是好事，然而在多數情境中，準確的認知好過錯覺，有根據的信念好過妄想，妥善掌握機率和邏輯更是好過系統性謬誤。

而且不得不提醒的是：排拒真相的政治思考會導致集體行動出現嚴重偏差。一八三三年，經濟學家威廉・佛斯特・洛伊（William Forster Lloyd）提出有名的「公地悲劇」就是這種現象的例子。（原注37）他假設的情境是有一塊草地不受管制人人皆可使用，因此所有人都想在那裡放牧牲畜，畢竟不去使用這片土地等於增加自己的成本。問題在於過度放牧的結果是地力終將耗竭，屆時生不出草木所有人都蒙受損失。公地悲劇隨處可見，譬如理論上大家都應該投票，但投票對個人其實沒有好處，也看不出單單一張票如何扭轉大局，所以很容易讓人得到在家休息別浪費時間精力的結論。

我們的政治思考模式可以說是認知上的公地悲劇。倘若身邊所有人都保持荒謬觀點，結果對你我這些個體而言，盲目從眾才是最有好處的做法。撇開比較重要的特例，例如別因為所屬群體接受陰謀論而拒絕施打疫苗，在其他情況底下，合群會讓你我的生活比較愉快。問題是太多人不在乎真相之後必然會引發悲劇，尤其輿論又決定了民主國家如何處理公眾事務，包括氣候變遷、經濟政策，以至於戰爭。

我不希望本章收尾收得如此悲觀。如同上一章討論的感知錯誤，危機或許就是轉機——人非聖賢，認知能力也有限，所以必然會犯錯，不過我們有足夠的智慧察覺錯誤並亡羊補牢。集體行動的偏差同樣能透過整個社會一同努力來解決，鼓勵個人自我約束、制定風俗規範與法律都是可行的做法。儘管我們是會嫌棄三分之一磅漢堡、相信匿名者Q、自私自利摧毀公地的動物，但是我們同時聰明得能夠做長遠打算、發明投票制度與資源回收。我們一定可以合理分配放牧時間，也一定能在關鍵時刻放下士兵心態看清楚事物的真貌。

欲望篇

第九章

感性與理性

心理學領域我最喜歡的一篇文章探討了人類動機的問題。之前提到過愛德華・桑代克是行為主義領域的頂尖學者，他提出效果律（原注1），不過他在一九三七年發表的文章〈評估特定的痛楚、剝奪、挫折〉（Valuations of Certain Pains, Deprivations, and Frustrations），讀起來一點也不像行為主義者想驗證一套完整理論，反倒更像是純純的好奇心使然。

桑代克感興趣的是「痛苦、不適、剝奪、衰退、挫折、限制等各種不良狀態」。為了探究所以然，於是他做了問卷。他準備很長一串令人不悅不喜的活動和體驗，詢問受訪者要多少錢才肯接受。

下面摘錄桑代克問卷的部分項目，從最輕微到最嚴重。後面的數字則是心理學系師生答案的中位數。請留意金額單位是一九三〇年代的美元，若換算為本書寫作期間的價值，大約要乘十六倍。「無價」則表示中位數答案是無論什麼價格都不會接受。

- 朝十字架吐口水（三百元）
- 承受此生最嚴重頭疼與牙疼長達一小時（五百元）
- 拔掉一顆前門牙（五千元）
- 捨棄對來世的希望（六千五百元）
- 勒死流浪貓（一萬元）
- 截除一邊腳拇趾（一萬元）
- 朝母親的照片吐口水（一萬元）
- 生吞一英寸長的活甲蟲（兩萬五千元）

．週日早晨參加聖派崔克大教堂的儀式，進行到一半沿著走道衝向祭壇，用最大音量喊叫「時候到了！時候到了！」直到被人拖出去（十萬元）
．失去嗅覺（三十萬元）
．完全禿頭（七十五萬元）
．在堪薩斯州距離任何市鎮十英里遠的荒郊野外度過餘生（一百萬元）
．吃下四分之一磅煮熟的人肉（假設永遠只有付你錢的人知道這件事情）（一百萬元）
．吃下四分之一磅煮熟的人肉（假設隔天紐約各大報就以頭版報導這件事）（無價）
．切掉一邊耳朵（無價）
．無法咀嚼所以只能吃液態食物（無價）
．餘生關在紐約市公寓內，朋友可以來拜訪，但你不能走出公寓（無價）

有些很好理解。多數人想避免痛苦和肢殘、保有正常運作的感官與旅行移動的自由，而且也在乎名聲。像我也不願意因為吃了四分之一磅人肉這種事情出現在《紐約時報》頭版上。

不過要一萬美元，換算為現在的價值是十萬出頭，才能叫人對著自己母親的照片吐口水嗎？感覺有點多。砍掉一側腳拇趾也是。再看看類似流浪貓也非常高價，是拔掉前門牙這種痛苦經驗的兩倍。如果還有人堅稱人類只在乎自己的痛苦和快樂，這份問卷做出了強而有力的反駁。

觀察受訪者花大錢想避免的事情可以瞭解人類的優先順序，但要注意這些項目不能反過來解讀，譬如大家不希望砍掉腳拇趾並不代表也想花大錢獲得多一根腳拇趾。桑代克這份清單的重點在於能看出人類多重視尊嚴和名譽、道德良善、體驗的豐富多樣、對所愛之人表達尊重。它顯示了我們的動機複雜而多元；人類想要的東西很多。

本章接下來就要探究動機之謎。出發點是針對目標、直覺、情緒的常見理論——這些心理機制為什麼存在？它們經歷怎樣的演化？之後則會切入人性最有趣的兩個層面：性和道德。

人類有各式各樣的動機

部分學者認為人類追根究柢要的只有一樣。或者說許多人認為人類動機若推演到極致時，寥寥數語便可解答完畢。

早期說法是人類大腦追求體內平衡（homeostasis），也就是：**維持身體各部位細胞的體液狀態穩定**。（原注2）

聽起來很奇怪，但背後有一套邏輯。動物為求生存必須維持體內環境在一定範圍內，例如葡萄糖分量正確才有充足能量、鹽和體溫也要適度。十九世紀學者認為飢餓、口渴這些特定驅力最終也是為了達成體內平衡這個大目標。

後來另一派學者提出新的觀點，認為大腦追求的是：**將預測失準降到最低**。

這個理論稱作**預測處理**（predictive processing）。（原注3）它的主要概念就是人類希望對外界的預測越來越準確。討論感知的時候我們已經觸及這個層面，像是視覺體驗受到人腦對所見事物的假設影響，而視覺系統的目標就是做出正確猜想以消除不確定性。

「預測處理理論」用於解釋行動時會變得很極端。舉例而言，人為什麼朝一杯水伸出手？一般觀點認為答案可以分為兩個階段，首先是想喝水（有慾望），再來是想將水杯挪到嘴邊滿足慾望（基於對外界的信念）。總之就是人有了慾望，相信行動能滿足慾望，於是採取行動。再明顯不過，對吧？

預測處理理論看到的不一樣。在該理論框架下，這個行為必須始於心智先錯誤預測人在喝水，之後為了使預測成真所以伸手拿水。因此我們不能說一個人想開店賣甜甜圈，得說這個人先預測了自己經營甜甜圈鋪子，然後費盡心思當上老闆以彌補預測與現實之間的誤差。

第三個理論則無需多加解釋，多數人看了都會同意的說法：**避免痛苦／尋求愉悅**。

上述幾個理論都還算合理。人類是需要維持體液均衡，大腦也真的會對外界做出預測，而我們也很明顯會迴避痛苦和尋求愉悅。

問題出在這些理論都沒有針對動機做出更全面的解釋。體內平衡理論的優缺點都是非常明確，所以很容易看出它並不完整。用來解釋飢餓口渴的時候很順利，但很難用來解釋好奇心、性慾、地位等等很多事情，這些追求與體液似乎無關。

另外兩個理論也各有缺陷。根據桑代克的問卷調查，受訪者不願意吞下活甲蟲。這個現象要如何運用預測處理理論來解釋？乍看很簡單的說法是：「大腦預測我們沒有生吞活甲蟲，因此我們以行為使預測成真。」然後痛苦和愉悅理論又怎麼說？好像也很簡單：「生吞活甲蟲很痛苦，不要生吞活甲蟲比較愉悅。」

希望讀者也能同意這種答案並不令人滿意。實際上它們沒有解釋什麼，只是將觀察到的現象重新敘述一次。要是桑代克的問卷結果是大家愛吃活甲蟲呢？不就是大腦預測了吃甲蟲這個行動，所以我們使預測成真；吃甲蟲帶來愉悅，而非痛苦。能對所有觀察到的事件提出解釋通常就等於什麼都沒辦法解釋。

討論行為主義時我們已經發現這樣的問題，所以諾姆・杭士基才會對史金納的理論提出批評。針對預測處理理論，心理學家孫澤坤（Zekun Sun）與查茲・費爾斯通（Chaz Firestone）將之具體連結到杭士基的見解，值得引用一大段與讀者分享：

杭士基指出，不分老幼都有四下無人自己哼歌、模仿汽車飛機聲音的舉動，一般而言這些行為很難與「獎勵」聯想在一起。從行為主義的角度，人類為什麼這樣做？史金納的答案是「自我增強」：自言自語是因為有獎勵，亦即我們增強了自身的行為。杭士基則再次精準點破這種自我增強論述其實削弱了行為主義解釋的合理性，因為它們只會有兩種結果，其一是解釋不正確（自言自語真的有「獎勵」可言？），其二是正確但沒有意義（這種解釋方式能夠解釋任何想像得到的行為）。然而，能解釋一切的機制最終會因為空泛和無法證偽而等同什麼也沒有解釋：「我們看到一個人演奏他喜歡的音樂、說他想說的話、思考他喜愛的事物、閱讀他喜歡的書籍等等，背後原因都是這麼做會得到增強……如此一來『增強』這個術語根本沒有解釋力。」

我們擔心「自我預測」會與自我增強陷入相同窠臼，屆時這個理論會進退維谷。自我預測這個解釋同樣會有兩種結果，其一就是解釋不正確……其二則是正確但沒有意義，能隨便放在任何行為上。我們為什麼跳舞？因為我們預測自己不會站著不動。我們為什麼捐款做慈善？因為我們預測自己要做善事。我們為什麼要與他人互動？因為「大腦的優先事項（亦即預測）是『大腦不喜歡孤單』」。在某些情況下，這種答案是對於心智真相的深刻體悟；但在其他情況，則根本只是將問題複述一遍而沒有給出任何解答。(原注4)

同樣批評也能套在追求愉悅和迴避痛苦的理論。一個可能就是理論不正確，例如戳正在痛的牙齒或看悲劇大哭一場為什麼會是愉悅？另一個可能則是正確但沒有意義，因為任何行為都能很空泛地以追求愉悅和迴避痛苦帶過。總而言之，得到的答案不令人滿意。

———

我們就先放下那些一句話解釋一切的理論，開始思考人類有各式各樣的動機這件事。一部分動機在其他生物身上也能看見，但其餘則是人類所獨有。某些動機有益於個體自身，但也有一些動機能幫助到別人。

威廉・詹姆斯在其一八九〇年鉅著《心理學原理》中提出這種研究方向。(原注5)他認為可以從其他生物身上清楚觀察到**本能**，其定義是「生物本身無需經過事前學習和預測就以特定行動達成特定結果的能力」，譬如蜘蛛結網、鳥類築巢，各種生物自有求偶、狩獵、避免天敵、照顧後代等等模式。這些行為大半不需學習，是演化的自然產物。

與威廉・詹姆斯同時代的一些人，乃至於我這個年代的少數學者，認為人類的演化比較奇特，與其他靈長類分家後的數百萬年裡逐漸失去許多先天能力。因此人類的特點就是像白紙一樣沒有什麼本能。

詹姆斯對此不表同意。他並不否認人類有學習與養成習慣的能力，前面章節曾經提到他對這個主題其實發表過很多意見。然而他不接受人類相比其他生物有所欠缺的說法，「恰好相反，」他在文章裡表示：「人類具有和其他動物相同的一切衝動，甚至還多出許多。」（原注6）

對於本能的最佳理論就是天擇。演化過程影響了諸如記憶、感知、語言、學習、理性等心智能力的發展，同樣影響到本能。本能存在是因為人類祖先有過相關的初階特質或能力，並藉此在繁殖上取得更大的成功。

天擇對於人類這種生物的作用，長話短說大概就是：動物身上出現不同特徵，一部分是基因變異，一部分是交配造成基因的排列組合。不同特徵造成不同結果，有些個體繁殖比較成功，帶有這些特徵的基因就是所謂的**適者**，在下一代間會變得更為普遍。這個過程反覆進行，適應環境的動物才會保留下來。（原注7）

乍看挺單純的，而且不算什麼新知。很久以前人類就發現透過配種能保留想要的特徵，所以才會以人為的方式「演化」出不同類型的鴿子，有些擅長飛行、有些外形美觀。達爾文理論的驚豔之處（其實阿爾弗雷德・華萊士〔Alfred Wallace〕也在大約同時期對天擇提出見解，只是較少人提起）在於發現這個篩選過程不一定是由人類執行，可以源於自然環境，也可以人擇與天擇並行。而且篩選過程不僅僅能調整現存物種，也有可能創造出新物種。達爾文更進一步指出，經歷許多世代以後能衍生出他所謂「極致完美與複雜的器官」，與本書最為相關的當然就是大腦。

天擇並非隨機的過程。隨機性有一定地位，例如基因變異有其重要性，但是天擇對環境的回應方式絲毫不隨機。一個教科書案例是英國的樺尺蛾最初顏色有深有淺，然而工業革命導致樹木蒙上煤灰，淺色飛蛾很容易被天敵捕獵。深色飛蛾因此活得較久、數量較多，族群漸漸以深色基因為主，幾個世代以後幾乎找不到淺色樺尺蛾。然而到了二十世紀中葉，煤灰污染減輕、蛾群數量也縮小，相對醒目的極深色樺尺蛾又變得罕見。這個例子呈現天擇是漸進過程，樺尺蛾並非一夕變色，面對變化劇烈的新環境仍然必須一步一步朝著最能抵禦天敵的方向前進（但並非牠們刻意為之）。

包含心理機制等複雜的生物系統之所以存在，目前最佳的解釋就是天擇，因此接下來我們也會常常提起這件事。然而非常重要的觀念是，不能將所有有利的特徵都視為適應的結果。（原注8）飛魚飛躍以後還會回到水中並不是因為飛走不回來的魚繁殖較少！有一類濱鳥在水邊找魚的時候會用翅膀遮擋水面反光，雖然很方便但不大可能是翅膀適應環境的結果。（原注9）此外，很多特徵並不帶來適應優勢，像血液是紅色、手指與腳趾是質數。不少人在明亮光線下會打噴嚏，這也與繁殖成功與否沒有關聯。

同樣道理，許多心理動機即使對我們生活影響深遠也未必直接來自天擇。很多人花了大把時間在色情媒體上，但不可能是喜愛色情的祖先在生殖上更成功。有些人非常愛吃巧克力，原因也不會是巧克力帶來什麼繁殖優勢。這兩種特質其實是副產品，根源要追溯到更基礎的特徵，也就是性慾與喜愛甜食——兩者才是適應結果。

甚至還有些值得探究的心理現象既不是適應，也不是源自適應的副產品，而是來自文化。雖然原因很難一言以蔽之，不過許多社會習慣將男孩連結到藍色、女孩連結到粉紅色——但要注意並非全球各地都接受這套觀念。（原注10）學習這種關聯性的前提是大腦能夠構築文化聯想，但無論如何這種連結都是人為的，沒辦法用演化理論解釋得一清二楚。

上面舉的例子偏簡單，有些主題則比較複雜。每個文化都有信仰與儀式，是因為宗教給祖先們增加了優勢，還是心智為了其他目的而在演化時順便產生？視覺藝術和幽默又該怎樣看待？在人性的本質及起源上，演化究竟扮演什麼角色？學界針對這些主題有過非常多討論，試圖判斷何者經歷過天擇、何者是生物學上的意外、何者又是文化的產物，以便深入瞭解人性。

從演化角度思考可以釐清一些對於人類動機的預期。回頭看看體內平衡理論，其假設是大腦的最高原則是保持肉體生存。其實愉悅／痛苦的理論也有些版本採取同樣前提。比較心理學家喬治・羅曼斯（George Romanes）在一八八四年的文章說：「愉悅與痛苦原本必然是對生物個體有相對益處或害處的事件，後來演變為伴隨而來的主觀經驗，最終目的依舊是引導生命體應該尋求何者、迴避何者。」（原注11）

我看過當代心理學家贊同地引用這段話，但其實裡頭有個很大的誤會。想想人類從性得到的歡愉以及照顧子嗣的複雜適應表現（女性從懷孕這個生理層面開始，但心理上則兩性皆有），裡頭應該沒有「對生物個體的益處或害處」可言，畢竟沒有性慾或照顧子嗣的動機對肉體存續而言似乎更方便。

這方面的愉悅和痛苦顯示塑造心智的動力並非生存，而是**繁殖**。我們受到性的吸引和在乎後代，因為過去有這些動機的個體展現更好的繁衍能力，於是排擠掉不具這些動機的族群。生存當然很重要，但原因是活下來的人才能生育和照顧後代。

所以從演化的角度來思考是心理學家很重要的工具，能夠釐清上面這類型的機制。只不過結合演化與心理學的時候又會有新的誤解，接下來快速討論幾個常見問題。

首先是將演化動機與心理動機混為一談。從演化角度來看，我們進食是為了維持肉體運作，性行為是為了繁殖後代。然而這與我們個人的心理動機不必然相等，應該說很明顯不相等。回到威廉・詹姆斯，他說：「十億人裡都很難找到一個人吃晚餐的時候思考的是功能性。他吃是因為東西好吃，於是想吃更多。如果問一個人**為什麼**他一直吃這種味道的東西，他恐怕不會以為面前是個哲學家，只會覺得你傻乎乎的很好笑。」（原注12）

從演化來看，我們喜歡自己的孩子是因為天擇這個驅力，而天擇無關乎道德，嚴格來說是純粹自我中心的出發點。可是這當然不代表父母照顧子女的時候內心是自私的。改述詹姆斯的說法，十億人裡也很難找到一個爸媽哄小孩睡覺的時候思考的是這麼做有什麼實質意義，他們的出發點通常都是愛。

第二個誤解是以為演化目標就一定有其價值，是人類該追求的方向，但這同樣不合理。從**事物的狀態**直接跳到**事物應有的狀態**是常見的思考盲點，所以這種現象有了自己的名字叫做**自然主義謬誤**（naturalistic fallacy）。

為何這是謬誤應該不難理解。如果大家都接受散播自身基因是最重要的事這個前提，醫師藉職務之便取代別人丈夫、暗中將自己精子植入婦女體內造成受孕可謂人生圓滿了（這是真實事件），生很多小孩但苛待他們（只要孩子還能存活繁殖）的媽媽也比領養別人小孩妥善照顧的女性活得更成功。演化與道德的關係錯綜複雜，但無論如何，將「生存和繁衍」視為終極道德目標是卡通反派才可能接受的人生哲學。人類有足夠智慧尋找自己的意義，道德層面並不例外。

情緒的作用

討論人類動機通常避不開情緒。

情緒有很多種分類方法，與能夠劃分的意識經驗有關，像害怕這種感受就與生氣或悲哀有區別。有些情緒會勾起明確的生理反應，例如尷尬造成臉紅、恐懼造成顫抖、悲傷造成哭泣，慾望與厭惡也在身體上以截然不同的方式表現。包含憤怒、厭惡、恐懼、快樂、悲傷、驚訝這六種所謂基本情緒在內，許多情緒都有獨自的面部表情。

而且情緒和其表現方式有很大部分是與生俱來。世界各地表達這些情緒的表情幾乎一樣，差異很有限，即使進入與世隔絕的小型社會還是能看到。（原注13）針對先天盲人的研究，也發現他們面部表情與視力無礙的人基本上沒有分別，但他們不太可能是透過經驗習得。（原注14）

然而有些人因此假設情緒與感受、與特定身體反應之間必然存在直接且普遍的連結。這也是誤解，實際情況要複雜很多。

一個問題是這種普遍性假設中比較強勢的主張都已經遭受挑戰。（原注15）譬如一份研究比較了日本人和加拿大人，發現日本人比較不容易表現出憤怒、輕蔑、厭惡，傾向表達快樂和驚訝。有些國家的人特別愛笑，其他國家就不一定。這些行為有部分是文化常模以「表達規則」（display rules）指導社會成員該展示什麼情緒。（原注16）

此外，某些情緒表達帶有矛盾性質，也就是我們會以與預期相反的方式回應。（原注17）例如我們覺得好笑的時候會笑，可是覺得緊張或尷尬可能也會笑。有些笑意是快樂，但有另一些笑意傳達的是憤怒。微笑通常連結到喜悅，但研究人員請受試者觀看電影中的悲傷片段，像《鋼木蘭》（*Steel Magnolia*）裡莎莉・菲爾德（Sally Field）那個角色在女兒告別式上講話，結果約有一半受試者會露出微笑。（原注18）還有一個研究則發現大家無法明確判斷人在痛苦與高潮兩種情境下的表情。（原注19）

我自己一直覺得很有趣的反應與嬰兒有關。許多人看見嬰兒就有個奇怪反應是想去掐一下，又或者輕輕咬小孩開玩笑說要吃掉。假如朋友抱一歲娃兒露面，你抓住嬰兒腳趾咬一下大叫「吃掉！」沒人會覺得你發瘋，連小孩都不會。研究發現多數人同意以下敘述：

- 如果抱著很可愛的小孩，我會有捏一下圓滾滾小腿的衝動。
- 如果看著很可愛的嬰兒，我會想要捏他們臉頰。
- 看到自己覺得可愛的東西會握拳。

・我會齜牙咧嘴跟可愛的小朋友說「把你吃掉」。（原注20）

對於這些奇怪反應的一個理論是主張因為情緒太強烈，人必須設法鎮定系統，於是自動以相反的表情或動作來加以平衡。類似在火勢失控之前先潑一桶冷水的概念。

——

流行文化裡有一種主張是認為情緒沒必要存在，甚至更極端一點則認為情緒是思想和行動成功的阻礙。（原注21）這種觀念的經典之一出現在《星艦迷航記》（*Star Trek*）裡，我自己也是影迷。兩位人氣最高的角色分別是半地球、半瓦肯血統的「史巴克」（原初電視劇版本）以及仿生人「百科」（星艦迷航記第二代影集），他們都被劇情描述為極其優秀的星際艦隊軍官，同時有不同程度的情緒缺乏。史巴克很少感受到情緒，他成長的社會決定拋棄情緒這種特質。百科則完全沒有情緒，因為他沒有安裝「情感晶片」。

可是從任何合理的情緒理論角度來觀察，這些安排非常奇怪。兩個角色必須要有情緒。心理學家史蒂芬・平克特別指出：

史巴克總不可能所有時間都花在計算圓周率到小數點後千萬億位數，或者將馬哈頓電話簿整個背下來。他一定被心裡什麼動機推動才會探索新的星球、新的文明、前往前人未至的地區。合理假設是知識層面的好奇心、想確認與解決問題，以及與夥伴團結合作——但這些都是情緒。何況史巴克遇上猛獸或來襲的克林貢人會怎麼做？倒立？證明四色定理？合理推測是他的大腦會迅速刺激感官，判斷如何逃脫以及往後如何避免相同窘境，而這些反應就是恐懼。史巴克或許性格不衝動、表達不誇張，但他也被心中某些東西推向特定方向。（原注22）

哲學家里察．漢利（Richard Hanley）也發現百科這個角色在短短幾集劇情中其實已經表現過後悔、信任、感激、嫉妒、失望、安心、困惑、傷感、驕傲、好奇和固執。（原注23）大家會說史巴克和百科缺乏感情通常是因為他們面無表情、聲音平板。他們在語言上不使用縮略形式，所以臺詞是 this is not 而非 this isn't，聽起來特別正式內斂。他們不笑、不哭、不嘟嘴、不咧嘴，通常能做出明智判斷達成目標。可是如平克所言，任何正常運作的個體都會有情緒，沒有情緒就根本沒有目標。

因此想要探索情緒，可以真正觀察徹底缺乏情緒的人。這種人實際上並不存在，只能找到很接近的案例，也就是前額皮質不幸受損的病人，他們一部分的情緒反應受到影響。前面提過奧利佛．薩克斯觀察的病人葛雷格，他後來像是個沒有生存能力的稚子，親生父親都覺得他像是「整個人被挖空」。（原注24）另一個知名案例由神經科學家安東尼奧．達馬西奧（Antonio Damasio）所研究，病人叫做艾略特，額葉長了腦瘤，雖然經過手術切除但損傷已經造成。艾略特智力不變，可是達馬西奧在紀錄裡用了當初描述費尼斯．蓋吉的同一句話，「他不是從前的艾略特了……早上需要有人催促才能起床收拾去上班，在職場無法妥善運用時間，進度完全不可靠。」達馬西奧認為這與他失去部分情緒有關：「艾略特變得太冰冷，沒辦法判斷不同事情的不同價值，決策思維平坦到無藥可救。」（原注25）

針對特定情緒討論時，恐懼是很好的起點。威廉・詹姆斯觀察到恐懼「在肢體表達方面最為顯著，和情慾、憤怒並列三種人類天性最難抗拒的情緒刺激」。（原注26）（之後我們也會討論情慾和憤怒。）

恐懼與其他情緒一樣牽涉到腦部多個區塊，但最為相關的特殊構造稱為杏仁核。（原注27）代表恐懼的面部表情和身體反應很明確，包括腎上腺素與心跳飆升、進入肌肉的血液增加、消化系統減速或暫停。可能伴隨雞皮疙瘩、毛髮豎立，這些表現對現代人類沒什麼意義，但對多毛的祖先則不然——外觀上體積會增加，遭受威脅時可能有奇效。恐懼還會導致精神清醒與集中，通常不是愉悅經驗，但很少令人感到無聊。

而且恐懼有其功能。前面說了些《星艦迷航記》的設定矛盾，現在來檢討另一部著名科幻作品，法蘭克・赫伯特（Frank Herbert）的《沙丘》（*Dune*）。故事主角保羅・亞崔迪遇上危機時會自言自語唸誦禱詞：

> 我絕不能害怕。
> 恐懼會扼殺心靈。
> 是潛伏的死神，會徹底毀滅一個人。（原注28）

過度恐懼確實是嚴重的問題。但是恐懼並不會扼殺心靈，反而是對於威脅的適應。從功能面可以解釋恐懼引發的生理反應：交感神經系統為了危險做好準備，啟動身體機能準備戰鬥或逃跑。就心理而言，恐懼經驗幫助我們更認真對待威脅。所以恐懼很重要，也很有用。

從引發人類恐懼的事物也能夠看出演化歷程。近年一份「特定類型恐懼症」的統計，整理出下面這份清單（原注29）：

動物、高度、風暴、水、飛行、人群、密閉空間、血、牙醫

（「動物」這個分類有點太籠統。我個人從未見過有誰特別害怕知更鳥、金魚、大熊貓，怕蛇和蜘蛛倒是特別常見。）

如果你認為心智是張白紙的話，就很難理解這個列表為何成立。如何解釋人對蜘蛛與蛇的畏懼？你認識的人裡面有幾個真的因為蜘蛛受過重傷？

此處較佳的解釋是遠古時期特定生物、物體、情境對人類祖先造成危害，於是經過演化形成我們對這些東西的恐懼（或容易恐懼）。這種先天論說法得到了實驗佐證，方法是給六個月大的嬰兒觀看不同生物的圖片，即使他們沒有接觸蜘蛛和蛇的經驗還是看了會情緒激動，與看到花朵或魚的反應不同。（原注30）

但牙醫又怎麼回事？古代非洲大草原上應該沒有牙醫拿著鑽頭和小鏡子跑來跑去。這顯示恐懼是個有彈性的情緒，演化不只給我們一張害怕事物的清單，還賦予我們學習新恐懼的空間。

最後值得一提的是，恐懼還有智能成分。我們的預期、推論、信念會導致自己害怕原本無害的事物，例如平常聽見口哨聲並不會多心，但換作大半夜又想到自己一個人在家的話，就很恐怖了。（原注31）不穿戴降落傘平常不會勾起恐懼感，我現在身上沒有也活得好好的，可是跳出飛機的瞬間發現降落傘不見，大概會是生命中最可怕（和最後）的領悟。所以人類的恐懼不是單純將事物或經驗列成清單，恐懼與意識對自身危險的理解有關。

每個心理學家都有自己最關心的情緒。對我來說完全不用猶豫，很久以前就對厭惡感[1]特別有興趣。

先幫大家溫習一下什麼是厭惡感。（原注32）想像自己打開容器，立刻傳來漢堡酸掉的氣味。多數人這時候會覺得不舒服，甚至想吐，比較嚴重的情況是光用想像的就有嘔吐感。通常這個感受會造成特殊的面部表情（皺鼻、噘嘴、伸舌頭），心理動機也非常明確：**離這東西越遠越好**。

什麼東西會造成厭惡感？（原注33）心理學家保羅・羅津（Paul Rozin）團隊是這個研究領域的權威，他們製作了一份厭惡感量表。（原注34）看看底下的項目，觀察自己的反應：

・朋友的寵物貓死了，你得用手捧起遺體。
・在公廁看到有人排便後沒沖水。
・目睹有人遭遇事故後腸子外露。

．走過軌道下方隧道時聞到尿騷味。

每個人反應不同。我曾經在課堂或講座上大聲朗讀這些敘述，有些人發出乾嘔聲，但也有人不明白怎麼回事。有一次某個學生直接衝出講堂。

誘發厭惡感的元素有一些舉世皆然。血、內臟、嘔吐物、糞便、尿液、腐肉的噁心效果不分國籍，因此羅津稱為「核心厭惡」。麻煩的是上述物質與活命有密切關係，否則也不會有一本童書的書名是《每個人都會大便》。無論自己或親友，身體總是會排出、滴出、流出各種東西。

可是人類一開始沒有那麼容易覺得噁心。佛洛伊德在《文明及其不滿》中提到：「幼兒對排泄物不感到噁心，反而當作身體將分離的一部分那樣珍惜。」（原注35）要是大人沒在旁邊管，幼兒不僅會觸碰，甚至可能會吃下各種令人作嘔的東西。羅津團隊做了發展心理學上最酷的實驗，他們給兩歲以下的幼兒很像狗屎的東西（「以花生醬和氣味濃厚的起司製作得非常擬真」），大部分孩子吃掉了。（原注36）

之後在幼年某個時間點，孩子們像是開關被打開了，與大人一樣對世界上很多東西產生厭惡感。心理學家對這個轉變的成因一直很好奇，許多人依據佛洛伊德理論將矛頭指向在如廁訓練中受過創傷，但這不是好的切入點。其他社會文化的大小便風俗可能十分不同（也有沒廁所的地區），當地人仍舊表現出普遍性的厭惡感。再者，血液、嘔吐物、腐肉

1 譯按：原文disgust，由於中英文和脈絡差異，在文獻中會有「厭惡」和「噁心」兩種譯詞，其實是指同一種情緒反應。

引發的嘔吐感應該與如廁訓練無關

更可靠的理論是找出核心厭惡背後的演化意義。根據這個論點，厭惡並非學習而來，是幼兒發展到某一階段自動產生。倘若厭惡感是為了適應，究竟是適應什麼？

最多人支持的解釋是厭惡感幫助人類迴避壞掉的食物，英文單詞「厭惡」的語源就是拉丁文「不好的味道」。這個理論有不少證據，第一個是達爾文觀察到厭惡感的面部表情呼應動機：不想聞到氣味、阻止外物進入口腔、以舌頭排出已經吃進去的東西。平常我們做的噁心表情與實際乾嘔時一樣，或許是同樣來源。第二個證據是連結到厭惡的噁心感讓人不想進食，有時候有助於排出已經吞進肚子的東西，也就是真的嘔吐。第三個證據在於婦女懷孕期間嘔吐率整體上升，噁心感在胎兒最容易受到毒素侵犯的階段也最強烈。（原注37）第四個證據是前島葉皮質與嗅覺味覺有關，人看到噁心圖片時這個部位會活躍。（原注38）

然而厭惡感也可能還有其他功能。人類學家斐勒芮·柯提斯（Valerie Curtis）團隊在全球一百六十五國訪問超過四萬人，想瞭解什麼圖像會導致厭惡感。（原注39）結果發現染病可能性是很明顯的因素，就算請模特兒靠化妝表現出發燒與面部斑點也有類似效果。迴避疾病的角度也解釋了為什麼大家都很排斥未妥善清潔的陌生人，不潔本身就是疾病的徵兆。

厭惡和恐懼都具有普世性與演化根源，同樣能透過學習來發展。每個人覺得噁心的東西差異可能很大，我想到吃老鼠或狗就會乾嘔，但某些地方長大的人覺得這些東西很美味。羅津將這個現象稱為**雜食者的兩難**（omnivores’ dilemma）：人類可食用的東西太多，其中有些會害死自己，因此必須學習在當地環境什麼可吃、什麼不可吃。學習過程中，各種食物在確定可食用之前都得放大檢視，尤其肉類。從來沒人跟我說過炸老鼠肉噁心，我之所以排斥是因為成長關鍵階段身邊沒人吃這種東西。

——

可能比較愉悅的情緒是情慾。從演化角度毋庸置疑，情慾推動性行為，成功繁殖則是天擇原動力。不必在演化生物學拿到博士學位也明白性和生殖的關聯。問題是這種適應演化複雜到什麼程度？或許人類只發展出朦朧的交配本能，始於青春期並隨年齡成長而淡化，僅此而已。

情慾和之前討論過的心理動機有些明顯差異。讓人長時間沒東西吃，過不了多久食慾就會膨脹得難以克制，遲遲不滿足需求還會導致死亡。可是失去性交的機會呢？個別反應差異很大，有些人同樣會有膨脹到難以克制的慾望，但撇開比喻說法，並沒有人真的死於禁慾。有些人一直沒有性行為會困擾但能忍受，也有人一輩子無性卻不受影響。我自己就認識完全放棄性生活的人，倒是沒遇過徹底放棄進食的人。

此外，飢餓感與特定演化目標搭配得剛剛好——找東西吃進肚子就對了。反觀性慾，很多人的目的並非生兒育女，不少人的性生活排除了精卵結合繁衍後代這件事。再者，人類女性與其他靈長類不同，何時都能有性行為，不是只有排卵期為了懷孕才可以。考慮到這些特性，人類的性行為似乎與演化脫鉤。

——

我個人不認同上面的結論。從演化理論的角度能觀察到很精細的一套情慾心理學。

（原注40）人類的情慾心理也有很多部分必須以達爾文的方式才能看出端倪。

先看看情慾的有趣界線。我在耶魯大學開心理學導論課時，每年都請同一位很有名的社會心理學家來進行一場客座講座（而且會盡量約在靠近情人節的時候）。（原注41）他會向同學介紹決定自己最可能與誰戀愛的三大元素，分別是：**相近性**、**熟悉性**、**相似性**。這個理論沒錯，我們傾向與物理距離較近、彼此較為熟悉的對象發展關係，而且容易受到各方面與自己相似的人吸引。（原注42）（性格不同才能互補這種說法誤導不少人，那得放在浪漫喜劇才會成立。）

然而三大元素有其侷限。仔細想想就知道了：我們成長過程中與誰距離最近、彼此熟悉而且還很相似？

許多人的答案都是兄弟姊妹。按照三大元素的描述，手足應該是全宇宙最吸引自己的對象，於是也應該變成我們最想發生性行為、最想白頭偕老的對象。想必我不說大家也都明白事實並非如此，很多人連承認兄弟姊妹在別人眼裡可能頗有魅力都不情願，更何況要自己對他們感受到性吸引力。目前社會也沒人發起修法容許手足間性行為或同婚的運動，因為幾乎沒人真的想要與兄弟姊妹發生性關係或結婚。

這個現象可以透過演化來解釋：與近親生小孩並不是好主意，兩邊基因太相近會導致近交衰退（inbreeding depression），隱性基因成為同型合子產生不良結果的風險大幅提高。包含人類在內，許多生物都強烈傾向與家族外的個體結合。

而且我們又可以觀察到演化動力與心理動力之間的交互作用。大家不和兄弟姊妹性交多半並非腦袋裡認真計算過後代缺陷的機率，而是單純想到就覺得噁心不自在。殊途同歸，就像我們根本還沒考慮微生物和污染就直接排斥了腐肉。

不過從演化加以解釋又造成新的心理學問題：人怎麼判斷誰是近親？有些生物會離開出生地以解決這個問題，性成熟時已經與手足異地相隔（有些物種裡只有雄性或雌性離開）。留在原地的動物則尋找其他訊號辨識近親，譬如松鼠似乎能經由嗅覺判斷基因相似度並篩選交配對象。（原注43）

人類學家艾德華．韋斯特馬克（Edward Westermarck）指出人類用另一種方式處理：我們通常直接對從小一起長大的親友沒興趣。（原注44）而且這種態度會蓋過有意識的想法。於是即使明知道某人跟自己沒有親緣關係，只要兩個人從小密切相處常常就足以扼殺性慾。反之，有時候很清楚某人與自己基因相近——少數案例是兄弟姊妹在孩提時代就分別，長大以後才重逢——由於小時候兩個人沒住在一起，與對方發生性行為的念頭不會那麼噁心。

為了研究韋斯特馬克的假設，心理學家黛博拉．利波曼（Debra Lieberman）團隊以成年人為對象進行調查，詢問受訪者是否與手足一起長大、感情如何、想到與對方發生關係感到多噁心（如果會的話）。結果不出所料，相處時間長短是關鍵因素，與手足共同生活的時間越久，性層面的排拒程度就越高。（原注45）

這個理論提出的預測模式很容易套用在現實世界，也就是不具血緣關係的人明知道適合生育子女，但只要兒時一起成長就同樣有「呃，和你上床怪怪的」這種心態。事實上確實能找到案例，研究對象最多的是以色列吉布茲（kibbutz）[2]社區內長大的孩子，他們通

2 譯按：混合烏托邦主義和錫安主義的集體生活社區形態。

常長大以後彼此不會發展出性或戀愛關係。

兩性的吸引力

接著看看人類想要什麼、會受到什麼事物吸引。參觀過美術館、看過老電影、國外旅遊經驗多的人，通常明白這種事很難一概而論。首先不同文化對好惡的影響很重要，再者同文化底下的個人品味也差異很大，也就是所謂甲之蜜糖乙之砒霜。

然而也不是完全找不到共通性，有些特質的吸引力舉世皆然。（原注46）即使在不同社會底下也能以同一套標準定義何謂好看。譬如某些面孔、身材就符合這個標準，或者也能利用電腦繪圖製作，結果各國人都能夠欣賞。以臉而言，我們通常喜歡膚質平滑、五官對稱，而這種特徵又和年輕、健康有關係。有人認為人類皮膚無瑕的程度就等同於鳥類羽毛光澤或其他哺乳類毛皮的光亮度。（原注47）外傷、營養不良與寄生蟲會導致面部不對稱，所以左右臉如鏡像代表生物學上的成功，人類也就會喜歡。（原注48）即使新生兒同樣愛看符合這些標準的臉蛋。（原注49）

吸引力要素的清單上，比較神奇的是一項是「接近平均值」。隨機挑選一百張臉透過電腦加以合成，結果會得到很好的評價。（原注50）或許接近平均也是健康的訊號，畢竟太過偏離常軌通常不是好事。又或者接近平均代表基因多樣性，同樣是生物學上的優勢。還有一種可能是，接近平均的長相看起來比較順眼，而且這句話是字面意義——相較偏離平均的容貌，越靠近平均值越不需要大腦的視覺處理，我們原本就喜歡容易理解的圖像。此外，這裡有個前提：接近平均值的面孔雖然評價好，卻不是最好。例如電腦合成出來的人臉還不錯，卻沒有成為電影明星的潛力。（原注51）所以也有可能並不是接近平均的臉吸引人，而是偏離平均的臉不吸引人的機率比較高。

———

截至目前為止我們還沒談到兩性差距。男性和女性都會避免與近親進行性行為，對於面部審美標準也差不多，天擇並未帶來明顯區別。

但其他層面就不一定了，因為包括人類在內，許多物種的雄性與雌性採取不同策略才能確保生殖成功，於是兩性之間就出現行為差異。

首先要考慮生殖能力。可以預期的是，最容易對動物產生性吸引力的面孔和身體必須先達到生殖階段，也就是能夠生小孩。這解釋了為什麼很少人對青春期前的個體有興趣，畢竟他們並非能繁衍後代的對象。

女性一生中只有特定階段才具有生殖能力，男性到了晚年依舊可以生孩子，不過生殖力隨年齡下降。不難想像人類心理對這個事實非常敏感，因此挑選對象時，異性戀男性對年輕女子好感很強烈，但異性戀女性則不那麼計較歲數，常常喜歡同齡或比自己稍大一些的對象。對長期伴侶的年齡偏好差異在心理學界獲得證實的次數非常多，最初範圍只有三十七個國家（原注52），後來又在四十五個國家再現。（原注53）

其他統計只針對吸引力強弱，得到的結果出入很大。（原注54）交友網站OkCupid的資料顯示，平均而言，異性戀女性覺得最有吸引力的男性年齡是與自己相仿；或者與上面說的擇偶標準相反，她們喜歡稍微年輕的男性——二十歲女性青睞二十三歲男性、五十歲女性青睞四十六歲男性，以此類推。異性戀男性則規律一致，無論自己處在什麼年齡段都想尋求生殖能力巔峰的女性，於是二十歲男性喜歡二十歲女性、五十歲男性喜歡的也不過是二十三歲女性。

第二個差異是基於哺乳類雄性與雌性在生殖成功的行為模式上有所差別。（原注55）要產下後代，雄性最低限度只要性交即可，性交結束以後理論上雄性可以直接找下個對象再生一胎。相較之下，雌性要做的……**非常多**，性交後胎兒會在體內成長，出生後還有很長時間得透過她的身體攝取養分，整個過程要消耗好幾年，期間雌性大都不能再次懷孕。

也就是說男性只要找得到很多女性就能一直生小孩，女性卻沒有同樣優勢。演化生物學家羅伯特．泰弗士（Robert Trivers）指出這個差異導致兩性的最佳生殖策略有所不同。（原注56）女性由於後代較少所以每個個體更為重要，因此對子女投入更多資源，也對配偶更挑剔。

但必須注意在泰弗士的理論中，最佳生殖策略的差異並非源於性別本身，而是對後代投入的資源程度。由此可以做出有趣的推論：若有物種的情況是男性投資多於女性，則性別角色應該翻轉，而這個推論後來就得到證實。水雉乍看彷彿步行於水面，在西方社會有耶穌鳥的外號。雄水雉負責孵蛋和照顧雛鳥。（原注57）結果雌性發展出較大體型、為了雄鳥彼此競爭，有時候一隻雌鳥霸占好幾隻雄鳥。（體型與競爭行為的差異之所以存在，也是基於多配偶是否帶來好處，水雉的情況就是雌性爭奪擇偶標準較高的雄性。）

兩性也有可能在養育工作投資相等，一種情況是合作保護脆弱的後代（例如企鵝），另一種是雙方朝水中排出精子卵子以後什麼也不管（部分魚類），就沒辦法單純從外觀分辨性別，求偶策略也就沒有明顯差異。

人類不是水雉、企鵝或那些魚類，生殖模式與一般哺乳類相同，雌性付出比較多，所以能夠預測的現象之一就是性別差異——男人會比女人對於多重性伴侶更有興趣。

這個預測準不準？在真實世界測試的方法不少，但最簡單的方法莫過於直接詢問男女雙方想要多少性伴侶。由於普遍性和文化特殊性都要考慮，好的研究必須注意樣本的多元性。下面的結果來自五十個國家超過一萬六千位受訪者，與年齡偏好一樣看得出明顯的影響（原注58）：以一個月為期，平均而言男性想得到的性伴侶數量是女性兩倍（大約二比一）。若以往後十年為期，男性希望的性伴侶人數平均為六人，女性則只想要兩人。而且這個影響單純基於性別而非性傾向，男同性戀的規律可以比照男異性戀，女同性戀的規律也可以比照女異性戀。

如何避免亂倫、吸引力有何標準、兩性理想伴侶的年齡差異、性伴侶數量的性別差異——前面提到的種種發現來自數百份研究，證據充分、說服力十足，在我看來比心理學界絕大多數報告還更加可靠。

然而之前也提過很多人對演化有誤解，這一點更容易反映在對性別差異的認知，所以在此我要稍微釐清一些概念。

首先要注意人類的性演化比表面來得複雜。需要考慮的其中一點是，人類的嬰兒幼小脆弱，需要成人非常多年的全面保護，因此父親同樣扮演重要角色，而人類女性也就偏好會照顧後代的男性——於是這就成為對男性有優勢的特徵。

還有個轉折在於人類女性即使在經期也可以享受性交。這個不尋常的特徵如何演化而來，一派理論認為是因為這有利於配偶關係。如果人類女性也時時刻刻都有性行為，就很難預測性交以後何時會懷孕，男性因此必須守在周圍以確保最後生下來的孩子確實帶有自己的基因。

更廣泛地說，人類會彼此扶持，相愛以後一起養育可愛但無力的後代。針對這點，一位理解演化的心理學家就說：「就某些角度而言，人類比較接近一般鳥類，而非一般哺乳類。」（原注59）

再來要考慮文化因素。人類心智並非只受到演化影響，文化歷史也占了很大一部分，而且就反映在才剛提到的理想性伴侶數量的調查。南非有百分之三十五的男性與百分之六的女性希望每個月能有超過一個性伴侶，到了東亞則分別下降到百分之十八與百分之二點六。性別仍是主因，但與文化可謂平分秋色。

同一文化底下的個別差異也很大。不同人種、性別的差異總是只能看「平均」，就像男性平均而言體型較女性來得高大、對多重性伴侶比較有興趣、比較希望找到年輕的對象。即便如此，我們都很清楚有些女性比一般男性高大、有些男性則比一般女性瘦小，也有追求多重性伴侶的女性與不好此道的男性，或者受到年幼男性吸引的女性，以及完全不在乎對象年齡的男性。

最後要注意，許多針對情慾演化的研究將焦點放在年齡、外貌這些因素，一大原因其實是這些東西比較具體。但我們不該忘記無論追求情慾或終身伴侶時，外在都不會是唯一考量。演化使人類在求偶時受到某些特質吸引，基本上都是為了照顧兒女、給後代較好的未來，可是與此相關的很多特徵並不會直接展現在臉或身體上。聰明與溫和的人在社會上活得很好，他們的孩子通常也一樣，因此即使從最冷血的演化觀點來考量，擇偶時還是應該要觀察更深入的個人特質。還有不言可喻的是人類生活不是只有性，我們有其他想達成的目標，所以擇偶時一定會有別的條件。

綜合上述，我們擇偶，尤其是挑選長期伴侶時，會考慮相處是否愉快、彼此是否信任等等應當不令人訝異。許多研究調查過大眾心目中的理想對象，答案常常都是聰明、幽默、誠實。第一名是什麼？前面提到擴及三十七個不同社會的調查發現，部分男女最在乎的都是……善良。（原注60）

良善與道德

談到善良就進入本章最後一部分。前面討論的情緒主要都是滿足自身需求，避免負面事件（如恐懼與厭惡）或指引對自己或基因更好的方向（如情慾）。但情緒並不僅只於此。人類具有道德情緒與道德動機，能感受到憐憫、罪惡、羞恥、感激、憤慨等等情緒。我們願意幫助他人，甚至為此犧牲。我們攜手合作，論斷是非，還可能主動譴責，甚或懲罰自己眼中殘忍或不公的人事物。

後面會談到道德心理有神祕難解的一面。不過我們先從沒那麼難懂的地方開始——我們愛自己的孩子，願意為他們付出很多時間心力。

這個現象和情慾一樣很容易透過演化來解釋。（原注61）想像有兩種基因（這當然是簡化到極致）：遺傳了甲基因的動物會照顧後代，覺得孩子可愛、想餵飽他們、抱他們、保護與照顧子女直到他們青春期開始能夠自立。遺傳乙基因的動物則不然，他們只在乎自己，將幼兒視為提供脂肪和蛋白質的來源。經過一個世代的時間再回頭觀察，應該只會剩下甲基因的物種，純粹自私的動物在天擇下必然是輸家。

不過人類對孩子的態度比較特別，學界稱為「親屬選擇」（kin selection），而且擴及更廣義的親屬之間。我們與堂表親的血緣關係不及與父母、子女、手足那樣深，畢竟通常只有一半基因相同，但差別只在於量而不在於質。於是從天擇的角度思考，促使動物幫助族群中各親屬的基因比較容易留存，即使代價對動物本身很巨大。所以說不只愛自己也愛同胞的動物在演化中多多少少具有優勢。

雖然這個故事很可能是假的，但據說曾有人詢問生物學家約翰．伯頓．桑德森．霍爾丹（J. B. S. Haldane）是否願意犧牲自己性命解救溺水的兄弟，他先說不願意，但又表示如果是兩個兄弟或八個堂表親就可以。（理由是平均而言兄弟與自己有一半基因相同，堂表親則有八分之一相同，所以兩個兄弟或八個表親加起來等於一個自己。）這裡的計算當然只是開玩笑，生活中幾乎不會有人真正意識到動機在於保存基因，所以例如捐血給侄女的時候，我們並不會先拿出計算機。只不過基因重疊的比例確實對心理直覺造成影響，這也解釋了為何大家對親生子女的愛那麼強烈，換作兄弟姊妹的兒女時，雖然基於血緣同樣會照顧，但通常情感動機的強度就弱了些。

善良不侷限於親屬，我們也會為沒有血緣關係的人做許多事。像我很幸運，住在大家禮尚往來的社區，有人出遠門時鄰居會幫忙收信、大家會幫忙住同一條街上的老人家鏟雪等等。朋友之間也充滿善意，互相給予支持和愛，甚至不惜為對方犧牲，儘管兩人的基因一點關係也沒有。非得有血緣關係才能互助的世界豈不太悲慘？

我們對陌生人同樣會表達善意，只是程度比較低。看見一個人站在路邊神情迷惘時，世界上多數地區會有人上前幫忙指引方向。如果有人大叫，也多半會有人伸出援手。我車子被積雪卡住的時候會有陌生人幫忙推，而我自己也幫忙推過別人的車好幾回。如果乞討完全沒有用，一開始就不會有人嘗試在街頭乞討了。

雖然我搬到多倫多，但正好有人選在我以前居住的康乃狄克州紐哈芬市做了實驗。研究者史丹利．米爾格蘭（Stanley Milgram）後來對順從（obedience）的研究比較出名，我們後面很快會聊到。不過他在一九六五年的研究主題是善意。（原注62）實驗方法是將很多信件寫好地址也蓋上郵戳以後撒在人行道、電話亭或其他公共場所，乍看就好像有人不慎遺失。追蹤後發現多數信函都能成功到達目的地；換言之，紐哈芬市居民都會把信拾起並重新放進郵筒，即使這個小小善舉永遠得不到回報。同時他還發現這個善意是有選擇性的，呈現出道德動機：如果收件人有明確姓名，例如「華特．卡奈普」，那麼大都能寄到，但例如「納粹黨之友」這種收件人就很難送達。

助人能做到什麼程度在每個社會的情況不同，但並不全然取決於文化。（原注63）其他動物也有彼此舔毛，甚至照顧對方後代的行為，有時為此還會冒上生命危險。黑鶇與歌鶇發現老鷹在上空盤旋時會發出警告，同伴就有機會逃離現場。瞪羚察覺鬣狗群時會打直腿向上彈，這個叫做四腳彈跳（strotting）的動作會導致自己速度降低並成為更顯眼的目標，但其他瞪羚看見以後可以盡快逃亡避免遭到獵食。

人類很早就會表現善意。我寫過一本書討論嬰幼兒的道德發展（原注64），很多內容可以放在這裡，不過總而言之就是小小孩也會照顧彼此，以自己有限的能力想幫大家過得更好。一部分實驗是讓成人表現得很痛苦，例如研究人員假裝手指被寫字板夾到，藉此觀察小朋友們如何反應，結果孩子通常都會安撫大人，希望他們能不痛。在其他研究裡，才剛學會走路的嬰兒看見大人拿不到東西或開不了門也會上前想幫忙，而且這些行為不需要成人鼓勵，甚至無需視線接觸就自然發生，即使他們得付出代價——為了幫助別人，孩子得先放下一大盒玩具走過去。（原注65）

除了善意，還有合作，也就是不同個體為了共同目的彼此配合。現代社會中，從商業、藝術到科學等等，幾乎所有重要事務都需要大量合作，我們不得不依賴別人。其實自古便是如此，許多社會的歷史都是群體狩獵，眾人齊心協力才能捕獲大型動物。（而且這並非人類獨有的行為模式，犬科動物及黑猩猩也懂得團隊狩獵。）育兒也是一種集體行為，一兩個大人獨力照顧孩子其實不是人類歷史的常態，以前多半是整個群體裡從近親（特別是祖母、外婆和姊姊）到遠親，甚至到不是親戚的人一起來。（原注66）在狩獵採集的社會，可以說小孩都是全村一起養大的。

乍看之下這些現象似乎很單純，互助合作就是成效比較好。單獨狩獵的話幾乎沒人能抓到大型動物，團體行動則晚上大家都能有肉吃。你生病的時候我幫你照顧小孩，我生病的時候你也幫我照顧小孩，長期來看雙方的子女都獲得保障。亞當．斯密（Adam Smith）的著作也提到：「人類社會所有成員有可能互相傷害，但也需要互相幫助。若基於愛、感謝、友誼、尊重對彼此提供必要協助，社會將繁榮，人也會幸福。」(原注67)

難處在於解釋愛、感謝、友誼、尊重如何演化而來，其中最大阻礙是天擇的標準並非團體及社會利益或幸福最大化這麼崇高的理念，單純只是能否成功散播基因。如同前一章結尾提到的公地悲劇，在人人都彼此友好的世界裡，占便宜的人會獲得最大優勢。

占便宜是指享受好處卻不付出代價。放在狩獵採集社會是別人幫他照顧小孩，他卻不幫別人照顧小孩。放在瞪羚的團體則是牠看到同伴四腳彈跳會逃走，但自己從來不做這麼冒險的動作。占便宜的動物相較於身邊的善良個體更有生存繁衍的優勢，控制這種行為的基因應該因此擴散至整個環境。

規模放大來看，假設世上有個烏托邦，當地人在基因引導下彼此和睦。然後回到前面提過的親屬選擇，如果有兩種基因：甲式基因讓動物照顧自己、親屬以及周圍所有個體；乙式基因的動物則只照顧自己與親屬。理論上乙式基因應該會勝出。生物學家提出**演化穩定策略**（evolutionarily stable strategies）的概念，意思是某族群採用特定生存策略後達到封閉，採用其他策略的個體無法在這個社會留存。可惜所有人無私奉獻**並非**演化穩定策略，占便宜的個體可以入侵並打亂系統，經過幾個世代之後只有占便宜的基因保留下來。

既然自私基因如此強勢，對非親屬也善良的基因怎麼還能存在？目前最佳的解答來自羅伯特・泰弗士的研究，先前他的研究從性別差異的脈絡切入，但他還發現所謂的善良與互助若要成功演化有其前提，就是必須讓占便宜的個體付出巨大代價（原注68），方法包括公開懲罰占便宜的個體，又或者直接迴避，不將自身善良擴及對方——對方不分肉，自己也不分給他；對方不幫忙帶孩子，自己也不理他家小孩。在動物必須互動互助才能生存的場合，這種方法殺傷力強大，有時攸關性命。

從泰弗士這套理論衍生出一個新的心理學假設：若在沒有血緣關係的個體之間觀察到善良和互助，應該會有對應動機是不守規矩的個體將活得特別辛苦。然而這個機制並不簡單，需要動物發展出辨識與記憶害群之馬的能力、懲罰或迴避對方的內在動機。後來許多研究發現人類及人類以外的動物都表現出符合理論預測的行為模式。（原注69）

這個現象有些諷刺。像亞當・斯密列出的愛、感謝、友誼、尊重等等正面天性之所以能夠存續，最好的解釋居然是因為我們擁有憤怒與憎惡的情緒，通常被視為人性黑暗面的部分其實是創造美好社會的必要基礎。如果太古時代的人類祖先失去了報復心，我們恐怕無法達到現在的文明高度。

關於善良、互助、道德有很多部分值得探討，本書無法全部囊括。道德心理學發展蓬

勃，與博弈理論、行為經濟學、社會學、人類學、靈長類學、法學、神學都能夠重疊，而且還有很多課題尚未解決，是非常引人入勝的學術領域。

回到原本主題，根據前述理論：由於插隊或集體狩獵時偷懶這類行為會引發眾怒，所以善良與願意互助的個體才能留在社會裡。有人害大家都過得不好，所以我們應該懲罰他。問題是在這個情境中，懲罰行為本身同樣是無私付出，動物怎麼產生動機，而不是袖手旁觀等著別人代勞？（答案不會是「因為出手懲罰對大家都好」，前面提到過這不符合天擇原理。）換個方式陳述問題：現在的假設是透過嚴懲排除占便宜的人，那麼我們就必須解釋這個懲罰如何運作。一種說法是經由演化發展出懲罰占便宜者的動機，可是這樣下去會陷入無限迴圈——難道我們還要有動機去對無法懲罰占便宜者的人施以懲罰嗎？（原注70）這條路走不通。

再來必須考慮什麼行為會引發道德憤慨。性是很好的例子。別人的性行為對我自己或我的親屬不造成危害，沒有明顯理由要在乎才對。甚至從達爾文主義角度來看，以女性為目標的男性明明應該歡迎禁慾者或同性戀等等族群，因為他們不會參與競爭！結果現實並非如此。摩西五經中的《利未記》聲稱男男性行為應當處死，類似態度也出現在多數國家和宗教，而且是歷史上大部分時期的常態，不仇視男男性行為反而是例外。人類道德心理學的這個部分很不容易解釋。

最後一個謎題是犧牲奉獻。有些人擔憂氣候變遷，尤其不想遺禍子孫，所以自願放棄

飛機這種交通工具。也有人明明喜歡肉的味道，但覺得會造成動物的痛苦，於是擁抱素食。還有人捐款到遙遠異國、為別人的權益抗爭、富豪主動提出增稅來扶助窮困、主流群體出面聲援弱勢族群等等。這些行為都是放棄了自身原本享有的優勢。若被問到為何那樣做，多數人的答案是道德，他們相信自己做出了正確選擇。

許多學者對這個現象很有興趣。本書已經提到人類心智的很多謎團，一開始是智慧從何而來（物理性質的大腦竟然能產生理性思維）？再來是意識（感知從何而來，我們為什麼有感受）？現在面對人類的心理動機，我們再度面對一堵高牆：生物怎麼能從天擇這種無關乎道德的驅動力，演化出真正的道德情操與道德行為？

一如智慧與意識，總會有人嘗試從非物質的角度切入。一八六九年，天擇的另一位發現者阿爾弗雷德・羅素・華萊士表示人類在很多層面已經突破演化，其中一點就是具備了「更高等的道德能力」，並據此推論必然有更高等的智慧引導了人類的發展方向。(原注71)（達爾文看到華萊士變節深感錯愕。）比較近期則有前美國國立衛生研究院院長弗朗西斯・柯林斯（Francis Collins）主張大家要認清客觀的道德真理（所謂「道德法則」）是無法透過達爾文主義解釋的，並據此引申出上帝的存在。(原注72)

不過其他許多學者認為不需要牽扯到神靈應該也能夠找出解釋，因為道德其實不是特例。人類大腦經過數千年的社會生活，有很多性質都不再是原始狀態。感官最初是為了分辨岩石和樹木這些物體，然而我們卻開始認知到極小（如原子）和極大（如銀河）。天生的算數能力應該侷限在一二三之類，但能讀這本書的人大部分都能掌握天文數字、分數、負數，並至少在一定程度上理解何謂無限。我們發展出層次豐富的邏輯體系，思考自由意志和意識這種形而上議題，創造從心理學到物理學各式各樣科學理論。

本書開頭曾經引用康德的句子：「世界上有兩樣事物越是深入思考越會激發新的憧憬和敬畏，其一是滿天星空，其二是自己內心的道德規範。」隨著時代前進，人類對這兩者有了更多認識，不只探索了星空，也探索了道德規範。

我們自古至今反反覆覆一直察覺到同樣道理，那就是公平很重要。哲學家彼得・辛格指出，這條原則是幾乎所有宗教和道德哲學文獻明言的金科玉律。（原注73）聖經說：「你們願人怎樣待你們，你們也要怎樣待人。」希列長老[3]也說：「對你可恨的事，就不要對鄰人做，這就是妥拉的全部。」有人問孔子如何以一個字詞[4]囊括道德，他回答：「就是對等吧？你不會對自己做的事情，就不要對別人做。」康德自己也提出道德核心的觀念，「依據你希望放諸四海皆準的原則來行動。」亞當・斯密認為道德衡量要交給公正旁觀者裁定，傑瑞米・邊沁（Jeremy Bentham）則主張道德領域裡「每個人都是一個人，不多也不少」。約翰・羅爾斯（John Rawls）建議大眾思考社會的公平正義時應該將自己置於無知之幕後方，不預設身分地位。

意識到公平的重要性，再結合人類演化出的道德能力，就有了神奇的結果。我們遭到背叛會氣憤，兒女遭到傷害會想懲罰犯人，明白公平原則以後就會擴大範圍：**任何人**遭到背叛、**任何孩子**遭到傷害都是不對的事情。心理動機發展到最後可以脫離演化自成一格，

3 譯按：猶太教宗教領袖。

4 譯按：出自論語衛靈公篇。（子貢問曰：「有一言而可以終身行之者乎？」子曰：「其恕乎！己所不欲，勿施於人。」）作者採用的英語版本將恕翻譯為reciprocity，意思是互惠或對等。

所以孩子的好奇心能擴及其他星球、讀者會為虛構的《安娜·卡列尼娜》感到悲哀——憐憫、內疚、義憤這些道德情緒也一樣，結合理性便會催生出許許多多與生殖成功沒有太大關係的決定與行動。

當然上面這個說法並不能徹底解釋自我犧牲的道德謎題，還有許多空白和反論需要處理，不過已經是個無需神靈介入也能繼續探討的方向。

——

本章尾聲我們來看看可以與上述說法競爭的自我犧牲理論。有人認為人類會做不利於己的事情其實是追逐名聲，藉此在性伴侶、夥伴與親友之間顯得更有吸引力。換言之，我們給窮人錢或者不吃肉並非因為這些行為本質就是好的，而是經過演化我們學會了釋放代價訊號來凸顯自己的善良與公平（雖然很可能是下意識的傾向）。由這種觀點詮釋，男性為女權挺身而出，他所追求的不是更公平更美好的世界，而是希望別人將他視為追求公平美好世界的那種人。（原注74）

這種論述有其優點。其一就是能夠解釋前面提到占便宜者如何處罰的難題。處罰他人這個行為本身就要付出代價，然而實驗顯示會這樣做的人未必是基於犧牲奉獻的精神想要改善全體生活，而是想在其他人眼中建立良好的形象。（原注75）群眾會敬仰表現出道德操守的人（包括出於道德的懲罰行為），並且想與他們同一陣線。

我個人則認為這樣的名譽理論終究太過憤世嫉俗，不可能完全將犧牲奉獻解釋清楚。很多時候人確實單純想要做好事。然而我不能否認許多看似無私的道德行為放進名譽理論也說得通。譬如演化生物學家里察・亞歷山大（Richard Alexander）以研究道德起源聞名，他說過一個自己與前輩之間的小故事。當時亞歷山大想要證明人有純粹的道德動機，就敘述了自己曾經因為看見地上的螞蟻隊伍而特地繞道，質疑這樣難道還不算真正的無私？結果前輩回答：「原本或許可以算，但你拿出來說嘴以後就不算了。」（原注76）

人際篇

第十章 心理學的危機

社會心理學研究人類的社會性。該領域有些學者自豪地說：「所有認知都是社會認知。」（原注1）這樣的說法其實不大正確，前面章節已經提到心智的許多有趣性質與旁人無關，像是視覺深度、懼高、對腐爛食物感到噁心等等。不過社會心理學確實涵蓋很多最重要的議題，像是偏見、從眾、說服等等，豐富程度很難用一章的篇幅交代仔細。

而且社會心理學的實務價值很高，學者實際參與了現實生活，打造更善良的社會、協助企業行銷商品與架構組織，也時常與政府專案配合。新冠疫情期間社會心理學家全體出動，集思廣益想方設法鼓勵民眾戴口罩與施打疫苗等等。（原注2）這是心理學中最能夠與人實際接觸的分支，只要用對方法也最有可能推動世界進步。

聽起來非常美好，對不對？

結果這個領域卻陷入了危機。過去幾十年裡，社會心理學的許多經典研究成果為人熟知，如今卻被發現沒辦法重現，即使小心仿造當年的實驗條件也得不到相同結論。（原注3）有人整理頂尖期刊上一百項心理學研究，計算之後只有大約四成稱得上是可以再現，其中社會心理學的比例又比其他分支低很多。（原注4）

值得留意的是，即使某種效應確實存在，也不代表嘗試複現必然成功。只要有隨機變數，效應就不一定會在研究者想觀察時出現。比方說阿斯匹靈可以緩解頭痛，但並非百分之百有效，實驗找來正在頭痛的二十人，一半服藥、一半不服藥，經過一小時再測量差距，服藥組與未服藥組毫無區別並不奇怪。這就是機率，真實的效應未必會反映在有限的樣本數上。

可是事到如今，實驗複現的失敗次數夠多了，不難看出難以複現至少有部分原因是最

初的研究結果就不正確，所顯示的並非真正存在的心理現象。這個矛盾的根源，則是心理學家的實驗方式有問題。（原注5）

社會心理學家麥可・因茲里奇（Michael Inzlicht）有篇部落格文章流傳甚廣，他簡單解釋了事情經過：

我們濫用了推理能力，將數據導向自己想看見的結果，而不是單純呈現事實……此處說的並不是學術詐欺或不端行為，而是根本沒意識到那些做法的後果。我們以為自己是讓隱藏在數據中的真相自然浮現。我們不明白那些操作對科學推論的扭曲多嚴重。分析結論不如預期，稍微調整變項看看有什麼變化：加個東西進去會如何？刪掉數據怪異的樣本會如何？追根究柢，就是改動數據以求達成每個研究者夢寐以求的「顯著性差異」。

有人基於統計學p值給這種問題重重的研究手法取了好聽名字叫做「p值駭客」，在心理學界屢見不鮮。p值駭客不必等到正經的研究者離開研究大樓以後才偷偷摸摸進行，而是連知名權威學者也會大剌剌毫無顧忌公然為之。我在常春藤名校親身體驗過，教授明言鼓勵大家當p值駭客。而且科學文獻的重點是要服眾，所以上頭教導我們將探索成果描述得理所當然，彷彿再複雜的花樣也始終逃不出自己手掌心。（原注6）

舉例說明因茲里奇的擔憂：假如某天出現一篇研究說在粉紅色房間工作會比在白色房間工作更有創意，文章還特別強調統計差異性極為顯著。很令人耳目一新又具有實務價值，對嗎？趕快把書房漆成粉紅色。

可是想想看，要是實驗者一開始假設的是綠色房間（不是粉紅色）能增進耐性（而不是增加創意），測試之後發現無效，於是又將假設換成黑色房間能增加耐性，但還是測不出來，然後再換成紫色也沒用。後來輪到粉紅色了，一樣沒有提升耐性。然而在這個階段，研究團隊為了另覓出路已經加進別的東西同時測量，正好發現樣本在粉紅色房間裡創意表現較佳，就乾脆將這個當作研究發現並撰文聲稱「粉紅色房間使人更有創意」。這種情況下的統計數據根本不能認真看待，在多次實驗之中找出某種不特定效應的機率會大幅增加，所謂的研究發現也就等同於先射箭再畫靶。

當然上面的描述比較誇大，只是為了凸顯邏輯缺陷。分析次數越多越容易得到不可靠的結論，偏偏很多心理學家（我也不例外）卻一直認為那是正常的研究方法——在數據裡抽絲剝繭直到有發現，然後「去蕪存菁」只留下有「有用」的部分。危機浮現之前就有人質疑這種做法是否合理，我們是否藉由膨脹機率取得假結果。但正如評論者所言：「一開始大家就知道這樣做不好，但以為就是穿越馬路那種程度的小過錯。」後來他們補充，「沒想到實際上是搶銀行這個等級的重罪。」（原注7）

科學岌岌可危，問題不只在心理學界爆發，還蔓延到精神病學、經濟學、粒子物理學，以及最尷尬的醫學界。《自然》（*Nature*）刊出一篇論文是癌症研究複現實驗中，五十三個個案有四十七個都失敗（原注8），真的很叫人心驚膽戰。

危機始於人性。人們做事通常基於誘因，在頂尖期刊發表吸引目光的研究成果是進入業界或取得教職的捷徑。也有比較不那麼具體的誘因，例如人類是社會性動物，對地位很敏感，即使已經有工作或教職的人還是會希望出風頭。

複現的危機絕大多數源自不當的數據分析手法，其中也有心理學家德里克・斯塔佩爾（Diederik Stapel）這種明顯特例，他發表的好幾項研究都直接在數據造假。事發之後他出版自傳，我讀了竟然覺得即使自己沒作假也能感同身受，書中提到：

> 我發表研究是為了誰？認真做的東西規模太小進不了教科書，提出的理論太單薄不會被選進參考書獨立成一個章節。參加研討會，我依舊被分配到靠邊邊那些小房間，也完全沒機會擔任主要講者。這樣的日子很無聊，我不想再撿別人不要的東西了，只想做出受人矚目的研究。我不想當拆毛線球的人，我要自己製作毛線，甚至編織出專屬於我的研究。我要我做的東西有意義、有貢獻、成為大家的話題。我想當明星。（原注9）

很多科學家都有同樣感受。每個人都希望成為鎂光燈焦點，但這種態度會引起非常多麻煩。

———

複現危機還不是谷底。另一個癥結在於心理學界是由一個狹隘又不尋常的「WEIRD」（怪異）族群支撐起來。WEIRD其實是縮寫，全名為「來自西方（Western）、教育良好（Educated）、工業化（Industrialized）、富裕（Rich）且民主（Democratic）的社會」。全球只有八分之一人口符合WEIRD定義，但心理學實驗找來的樣本卻幾乎集中在這個族群，其中又有一大部分侷限在大學部學生。約瑟夫・亨里奇（Joseph Henrich）團隊撰文向學術界

點出這個嚴重問題時提到：「在美國隨便一個大學生成為研究樣本的機率是西方以外地區隨便一個路人的四千倍以上。」（原注10）

之所以有這種窘境原因不難理解，畢竟幾乎整個心理學界都是WEIRD。對我們而言，在自己熟悉的環境或網路社群從事研究當然比較方便。明明是非常嚴重的偏頗，我常常訝異發現同僚們並不真的很在意。如果有心理學研究建立在九成五為男性的樣本，大家應該會覺得莫名其妙，沒有明確理由卻幾乎排除女性，就別想發表在期刊或爭取到經費。但事實上除非與性有關的主題，否則美國大學部學生的男女差異遠遠小於他們與世界其他地區人民的分別。（原注11）

這裡說的差異到底是什麼？亨里奇在《西方文化的特立獨行如何形成繁榮世界》（*The WEIRDest People in the World*）一書中提到很多他和我這種人的特殊性質：

> 不同於今日大部分世界以及從古至今的人類，我們WEIRD群體尊崇個人主義、以自我為中心、控制導向、不墨守成規，且愛好分析。我們關注自己，注重自己的特質、成就與抱負，更勝於人際關係與在社會中應扮演的角色。無論處於何種情境，我們的目標都是「做自己」，覺得隨情境變換自我的他人是虛偽，而非具有彈性……我們認為自己是獨特的存在，而不是在時間與空間中延伸的社會網絡節點。行動時，我們喜歡控制感，也喜歡自己做決定的感覺。推論時，WEIRD群體傾向找出通用的分類與準則來組織這個世界，並直接以這樣的標準來理解模式、做出預測。（原注12）

WEIRD 族群的性質影響整個心理學界，後面還會看到為何 WEIRD 與社會心理學研究的關係特別密切。

——

牢騷發夠了，在這章插曲的最後，我還是得提振一下士氣。有些人聽到心理學界出事就完全放棄，再怎麼說這都不對。首先過去十幾年裡社會心理學家也重整旗鼓，主動修正研究規範，比如開始預先宣告制度，分析前就得登記研究主題，避免過程中臨時更改內容的漏洞。大家也逐漸習慣分享自己的方法和數據供其他科學家檢驗，而且參與研究的非 WEIRD 族群多了很多。

此外，儘管面對複現與取樣狹隘的問題，心理學在心智共通性質上的發現依舊可謂質量兼具。

需要例子的話，回頭看看本書前面章節就是了：我們發現大腦各部位對應思維的特定層面，比如海馬迴對應空間認知、頂葉對應聽覺。我們還發現部分增強導致行為難以根除，這個道理對籠子裡的老鼠和賭場裡的人類都適用。我們又發現嬰兒對世界的認識比想像中聰明，以及還不會說話的幼兒其實已經理解字詞意義，甚至基礎句法。其他還有期望會影響我們對外界的感知和記憶、事件印象深刻則發生頻率容易被高估、以比例敘述時人腦理解容易打結、以具體情境呈現時我們又能靈活應對。人類有共通的恐懼或經驗，因此恐懼很可能受到天擇影響；男女在性偏好有很大差異，在其他方面又幾乎相同；包含憐憫、憤慨在內的道德情緒具有普世性，所以人類才能組成社會。

而且這本書還沒結束，接下來要介紹更多心理學的研究成果。

第十一章
社交花蝴蝶

讓我們先從自己看起，世上最特別、獨一無二的自己。

本書前面已經提到過，人類的心智很容易將焦點放在自己身上，高估別人留意自己的程度。在聚光燈效應的影響下，我們以為自己表現好壞全被他人看在眼裡，但其實人家不一定很在乎。（原注1）跳脫個人經驗、承認自己沒有想像中那麼特別並不容易。我們常常忘記別人也有別人的故事，我們在其中只不過是個配角。

覺得自己特別的想法滲透到很多層面。你覺得和別人相比，自己是平均、低於平均，還是高於平均呢？例如下面這些項目：**智力**？**開車技術**？**當別人的好朋友**？**幽默感**？

如果你覺得自己高於平均，恭喜你很主流，因為多數人都會這樣回答，其實與問的項目幾乎沒有什麼關聯。一項調查請超過八十萬個高中生評價自己「與別人相處愉快」的能力，結果認為自己低於平均的不到百分之一，超過一半學生認為自己名列前茅，是頂尖的百分之十。（原注2）嚴格來說，多數人都高於平均不是絕對不可能，例如一個人只有一毛錢，其餘一百人各有一塊錢，平均值是九毛九，的確百分之九十九的人都高於平均。只不過多數能力表現，像駕駛、交友等等，不太可能形成如此極端的分布，調查結果顯示的是大家傾向高估自己。

這個現象有時候稱為「烏比岡湖效應」（Lake Wobegon effect），典故是作家蓋瑞森・凱羅爾（Garrison Keillor）創作的廣播單元劇《大家來我家》（*A Prairie Home Companion*）中一個虛構市鎮。他戲謔地將當地描述為「女人都堅強，男人都英俊，每個小孩都不平庸」。

有些人可能以為自己並不受到烏比岡湖效應的影響，但這個想法本身就有可能已經反映了烏比岡湖效應。在一份樣本六百六十一人的報告中，多數受訪者認為自己比其他人更

不受到偏見左右，只有一個人覺得自己的成見可能高於平均。（原注3）

對這種現象的一個詮釋是：「好」（goodness）的概念很模糊。某件事情做得好可以從很多角度去定義，人總是有辦法找到適合自己的那一面。我是不是好駕駛？是，因為我開車很小心。是，因為我開長途也不會囉嗦。是，別人不敢衝的時候我跑第一。

然而以定義模糊來解釋還不夠全面，因為在能對表現作出精確定義的情況下，仍然能看到烏比岡湖效應。有個實驗直接將背景挪到西洋棋錦標賽。（原注4）官方會以棋局輸贏和對手強度兩個因素，按照公式計算參賽者順位。研究者詢問棋手對自己近期表現的看法，請他們評論官方排名是否合理反映棋藝水準，結果認為排名正確的有五分之一，認為自己被高估的僅百分之四，也就是大約四分之三的人都自認被低估。而且低估程度的平均值為九十九分；換言之，排名相當的棋手對決時，雙方都認為自己穩操勝券。

另一種自我膨脹的偏誤發生在我們如何理解與自己有關的事件。撇開憂鬱症的情況（後面有一章會討論這個主題），一般人傾向認為成就是來自自己的能力與努力，失敗則是因為自己無法控制的外在因素。譬如我在這門課成績很好是因為我認真，在那門課成績不好是因為上課時間太早、教授根本不懂怎麼出考題。（原注5）

還有另一個形態的自我膨脹比較不容易察覺：我們希望維持前後一致，一旦行為與信念或偏好起衝突就心裡過不去，會想要修改使邏輯連貫。這種不安感有時稱作「失調」，因此這套理論就叫做**認知失調**（cognitive dissonance）。某位學者說過很有名的一句話，或許讀者也聽過：「認知失調是關於合理化最廣為人知的心理學理論，或者應該說它就是最多人知道的心理學理論。」（原注6）

一九五九年的經典案例（原注7）是請受試者進行非常無聊的工作，像是連續一小時翻轉板子上的木夾，之後走進隔壁房間對另一個人說謊，表示剛才的工作很有趣。事成以後受試者可以領到一美元或二十美元（在當時算是不小的金額）。實驗結束，研究人員詢問受試者那個無聊工作做起來有什麼感想。

奇怪的是，領的錢較少的那組人竟然更覺得工作有趣，原因就出在認知失調——為了不小的一筆錢說謊是合理的，但為了僅僅一美元撒謊會讓人不自在。與其心裡不舒服，不如說服自己剛才那件事情真的沒有那麼糟糕，如此一來就不需要騙人。

有些認知失調研究納入了選擇元素，請受試者就觀感上價值大約相等的兩樣東西做出抉擇，事後再詢問會發現他們變得更喜歡自己所選的那一個，沒被選上的東西心理價值下降了。（原注8）即使是受試者無法預料自己拿到什麼東西的盲選，這個效應仍然存在。（原注9）相反地，如果是別人代替自己選擇則沒有同樣效應，顯示出偏好變化具有心理安慰作用，有助我們接納自己做出的決定。

認知失調很巧妙地翻轉了正常的商業邏輯。一般而言，應該是心裡先覺得有價值，我們才會做出選擇。但是利用認知失調的話，反過來也可以成立——我們做出選擇以後會自行賦予價值。

所以認知失調有可能解釋社會上的一些矛盾現象，例如為何要欺辱別人。某些所謂兄弟會，甚至醫學院，為什麼會有欺負新人的慣例？乍看之下違反邏輯，只會讓人不想繼續留在那個團體才對。正常情況的不適經驗確實這樣運作，好比沒有旅館故意讓床不舒服、浴室有臭味，因為客人不會光顧第二次。但團體內的欺凌行為則邏輯相反，承受羞辱和不適才能成為其中一分子，對新人而言好比先行投資，選擇以後得在心中找到好的理由，而最棒的理由就是這個團體很珍貴，所以值得自己付出。

對他人的評判與社會性偏誤

我們會評判別人，有時候這個過程發生得非常快。（原注10）一個經典研究是請受試者根據短片內容對教師做評價，僅僅看了六秒無聲影片的觀眾評論，竟然和上了一學期課的學生相差無幾。透過簡短接觸，我們能夠探查到對方不顯現於外的特質，例如外向程度、性偏好，甚至政治立場。（原注11）

說來非常不可思議。近期一項研究將面部辨識演算法應用在約會網站上的八十萬人，預測政治傾向竟然能達到百分之七十二這麼誇張的準確率，真人預測的準確率反而只有百分之五十五。（原注12）有些意見認為這種研究侵犯人格且造成隱私疑慮，我認同這種反應，但更訝異為什麼真的有效。這簡直跟顱相學沒兩樣——本書前面提過這門作古的學問，顱相學聲稱顱骨形狀透露了人性奧祕。

深入探究之下會發現，準確度一部分或許來自人口統計資料。以美國而言，只要是年長白人男性就有很高機率是保守陣營。不過實際上，就算拿一些同年紀、性別、族裔的面部照片樣本給演算法做預測，還是常常命中。下一個影響因素是肢體動作——雖然原因尚待確認，但自由派喜歡正對著鏡頭，且有較高機率做出訝異神情。另外，包括鬍子與鏡框款式等等的造型選擇，也是有預測效力的判斷依據。問題在於排除這些因素以後，演算法的預測力依舊良好，所以真正原因目前依舊是個謎。

我們也會對別人的行為做論斷，此時出現一個特別的偏見。前面提到多數人寬以律己，傾向將失敗歸因於不可抗力，但同時我們還嚴以待人，覺得別人的問題不在於情境而在於自身性格。別人對自己無禮，我們不會懷疑對方當天有狀況，而是直接認為他個性粗鄙。這種現象也被稱作**基本歸因謬誤**（fundamental attribution error）。（原注13）

有個經典案例是一九七七年的「益智節目」實驗。（原注14）做法是請三個受試者進入實驗室。接下來一切都當著三人面前執行，所以他們非常清楚來龍去脈：一個人被指定為發問者，一個人被指定為參賽者。發問者寫下一些困難但並非不可能知道的常識問題交給參賽者回答，理所當然參賽者表現很差，畢竟都是莫名其妙又瑣碎的事情。接著剩下那個人要評論發問者和參賽者誰的知識比較豐富，結果他們多半認為發問者懂得多，因為每一題他們都能回答。第三人幾乎不會考慮到雙方表現差異源於被分配的任務不同，而這個分配本身完全隨機沒有根據。

基本歸因謬誤最怪異的形式大概就是觀眾會將演員等同於飾演的角色。我們常常覺得扮演動作英雄的演員本人也強悍勇猛、扮演肥皂劇反派的人則一肚子壞水。《星艦迷航記》裡演出經典角色半瓦肯人史巴克的李奧納德．尼莫伊（Leonard Nimoy）後來的演藝事業便為此所苦，他甚至寫過一本標題就取為《我不是史巴克》的書——但是多年後他又出了另一本《我是史巴克》。

一支很有名的電視廣告利用（也可能是取笑，我不太確定）了觀眾混淆演員與角色的心理，請美國肥皂劇《我的孩子們》（*All My Children*）裡演出克里夫・華納醫師的彼得・博格曼（Peter Bergman）代言止咳藥，廣告詞就是：「我不是醫生，但我在電視劇裡演醫生。」

我們為什麼會有各種社會性偏誤？

回到烏比岡湖效應。覺得自己優於平均或許部分是炫耀心理，就算是匿名問卷，大家還是想展現自己傑出的一面給研究人員留下好印象。另一個可能是我們確實有錯誤信念，源自於日常生活裡不對等的資訊回饋。像我在講座結束後就會有人過來聊天，表示自己很喜歡剛才的內容，久而久之我可能就覺得自己是不是比其他講師表現得更好，卻忘記不欣賞我內容的人當然不會來攀談。（又或者我和狗一樣，大家總是說狗狗好乖，狗卻不知道人幾乎對每隻狗都這樣說。）

不過追根究柢，烏比岡湖效應很可能就只是人對自己常有的正向偏誤。前面提到大家傾向將功勞歸於自身、失敗歸於環境，同時我們天生積極樂觀，譬如展開節食或運動計畫的人很可能都有一連串失敗史，卻不屈不撓相信這次會例外。還有一種過度樂觀反映在行為經濟學家口中的**規畫謬誤**（planning fallacy），也就是多數人規畫未來工作時容易低估所需時間。心理學家保羅・羅津（之前討論厭惡時也引用過他的研究）說了這樣一個故事：

每天我都帶一堆工作回家，心想當天晚上和隔天早上都能做。這個習慣持續超過五十年，我每天都覺得自己能全部完成或處理絕大多數的事，但實際上我幾乎沒有哪一次有做到一半分量，只是始終期待自己做得到。真傻。（原注15）

我們也可以從比較同情的角度來看待這個現象：確實沒人知道這次飲食控制會不會成功、這本書要寫多久、羅津博士今天回家後能處理多少工作。這無關乎人的智慧，單純是生活中許多因素並非自己所能掌控，我們只能賭賭看。理性角度而言，我們應該評估成功機率，但其實這也牽涉到判斷錯誤的代價多大、判斷正確收益多高。羅津不傻，可想而知帶工作往返對他而言並不辛苦，很可能有時候在家裡還剛好用得到那些資料。

有些情境裡樂觀積極才是聰明選擇。試想若有一個害羞的年輕大學生很喜歡與某位女同學相處，有了約對方出門的念頭。問題基本上分為兩種狀況：一是開口約了，但對方拒絕，然後他心裡難過；另一個是不敢開口，所以根本不知道對方答不答應。選擇第二條路時，他放棄的不只是約會，還有可能的友誼，甚至是浪漫激情與更進一步的婚姻、兒女、孫子女、晚年相伴和生命中各式各樣的美好，後果似乎嚴重很多。

因此有人認為我們對成本與利益的評估會影響如何看待成功機率。這套理論被用來解釋為何異性戀男子傾向高估女性對性行為的興趣。（原注16）相較於將沒興趣的女性誤判為有興趣，若將有興趣的女性誤判為沒興趣將會承受較重的損失。（想必讀者都明白這是以男性為出發點的分析，換作女方很可能就是一直有自己沒興趣的人來邀約。）

於是我們也大概能掌握到正向偏誤何時有益無害。心理學家瑪蒂・哈瑟頓（Martie

Haselton）和丹尼爾・聶托（Daniel Nettle）指出：「如果相較於成功時得到的益處，嘗試及失敗的成本非常低，那麼虛假的正向信念不僅僅優於虛假的負向信念，甚至也優於毫無偏誤的信念。」（原注17）如果要做一個長期生存在這個世界的機器人，就應該將正向偏誤編寫到他的程式裡面。

可惜事情很少這麼簡單。假如正向偏誤是被機率優勢所支撐，也就是即使不切實際的幻想也能成為行動驅力，顯而易見問題就在於預測會偏離現實狀態。受到正向偏誤影響的人可能執著於超脫現實的目標，像是一定要在頂尖期刊發表論文、一定要登上百老匯舞臺，甚至征服世界等等。但長期來看，思考回歸現實應該對自己比較好。理性主義作家茱莉亞・蓋勒弗針對這點引用法蘭西斯・培根說法：「希望是一頓美好的早餐，卻是一頓難吃的晚餐。」（原注18）

而且在有些案例中機率會翻轉，專注在負面可能性，抱持悲觀憂鬱比較合適。例如面前樹叢晃了一下，要是能確定是不是老虎藏在裡面當然最好，不過更多時候人類只能根據線索做猜測。此時有兩種情況的錯誤：

虛驚：以為有老虎，結果沒有。

誤判：以為沒有老虎，結果有。

兩種錯誤的比例是負相關，高度傾向擔心老虎的人虛驚多過誤判，不擔心的人則誤判多過虛驚。哪一種情況比較糟？虛驚當然不好，會造成肢體僵硬、燃燒熱量，甚至尿褲子。然而誤判的代價則是直接變成老虎的午餐。不言可喻，多一分警覺總是好些，常常杯弓蛇影、虛驚不斷至少活得下來。

精神醫師蘭多夫・內斯（Randolph Nesse）從這一點出發，對焦慮做了很多深入探究。(原注19) 許多人鎮日憂心忡忡，走進治安差的區域就覺得會被搶劫；為了展現良好的社交禮儀每個小細節都不放過；總是擔心孩子們會碰上什麼意外。絕大多數情況下最後完全沒事，彷彿心力全都白費。但內斯認為這種焦慮是生活保障，人類因為焦慮才會規畫、執著、為了頻率極低的最糟糕發展做好準備，而得到的益處超過付出的成本。

只不過還是會有做過頭的時候，於是有些人會出現行程焦慮症。對此內斯則指出，幾乎沒有人會擔心焦慮症的反面——焦慮不足，也就是無懼症（hypophobia）。

無懼症是嚴重且可能致命的問題，但社會大眾對此欠缺認識，也就很少進行治療。患者不會前往精神科診所。好的案例出現在實驗機、創意產業、社會運動或戰場前線，壞的案例則進了監獄、醫院、在家待業及打破產官司，甚至太平間。(原注20)

所以在某些情境中，正向偏誤非常危險，悲觀與提防是比較明智的態度。《火線重案組》影集裡奧馬這個角色有一次躲開別人暗殺並開槍還擊時挑釁對手：「要找王牌的麻煩，你就不該失手！」

文化對心理的影響

文化也會影響認知偏誤。前面提到過基本歸因謬誤，也就是我們傾向將別人的成敗歸因於他們自身而不是環境。通常心理學家認為這是「基本」的人性特質，但也有人不以為然。一九四三年，社會心理學發展初期的權威之一古斯塔夫．伊克海澤（Gustav Ichheiser）就在研究假設中，明言表示他認為基本歸因謬誤是特定時空環境的結果：「十九世紀的社會體制與意識形態造成持續且必然的結果，使大眾相信自身在社會的處境全然取決於……個人特質。亦即個體能夠決定自己的生活狀態，不受大環境影響。」（原注21）

論及文化，我們就回到之前談到的另一點：許多社會心理學家視為必然的某種個人主義觀點或許源自WEIRD，「來自西方（Western）、教育發達（Educated）、工業化（Industrialized）、富裕（Rich）且民主（Democratic）的社會」。

我還在研究所的時候讀到人類學家克里弗德．紀爾茲（Clifford Geertz）的著作，發覺西方社會將人視為「具有個別差異的獨特性，動機與認知結構大致一致；是意識、情緒、判斷、行動的動態中心」，然而這種觀念並非舉世皆然。其實將之「放在全世界各種文化裡面是非常突兀的」。（原注22）

當時我受到很大震撼。人類具有自主權，彼此不同、獨一無二，這些觀念太明顯太**真實**，我很難想像怎麼會有別的思考角度。但或許我真的錯了。前面引用過約瑟夫．亨里奇《西方文化的特立獨行如何形成繁榮世界》裡如何描述WEIRD族群，現在我們來看更完整的前後文（原注23）：

現在地球上有幾十億人，每個人的心智都與我們不同。大體而言，我們WEIRD族群是個人主義者，喜好分析，相信自由意志，承擔個人責任，做錯事會有罪惡感，強烈反對裙帶關係，甚至認為應該立法禁止。很正常嗎?他們（非WEIRD族群）強烈認同家庭、氏族、部落、種族團體，思考「整體」，承擔整個群體的責任（令團體蒙羞會被公開處罰），對其他成員的過錯感到的不是罪惡而是恥辱，認為攀關係非常自然……

我們認為自己是獨特的存在，而不是在時間與空間中延伸的社會網絡節點。行動時，我們喜歡控制感，也喜歡自己做決定的感覺。推論時，WEIRD群體傾向找出通用的分類與準則來組織這個世界，並直接以這樣的標準來理解模式、做出預測……

矛盾的是，儘管我們WEIRD群體的個人主義與自我中心非常強烈，卻傾向遵守公平公正的規定或原則，對陌生人也十分信任、坦誠、公平且願意合作。其實，與大多數群體相比，WEIRD群體比較不會偏袒朋友、家人、同種族的人或是當地社群。我們認為靠關係是不對的，我們迷戀抽象原則更勝於情境因素、實際情形、人際關係與權宜之計。

亨里奇用一個例子凸顯差異。（原注24）請用十種不同方式完成下面這個句子，大家在心裡作答完畢再繼續往下看吧：

我是＿＿＿＿。1

出身WEIRD社會的人習慣以自己的特點來回答，像是「對知識充滿好奇心的人」或者「性格暴躁的人」，再不然就是職業或地位，比方說「學生」、「退休人員」、「身家上億的科技大亨」。以美國大學生為對象進行調查，確實發現這種趨勢，大家通常都填入能力、特質或理想。

但是這樣的趨勢在別的地區不一定適用。跨文化調查發現，例如肯亞鄉村地區居民就不那麼愛填自己的特徵，更傾向以人際關係來完成句子，脫口而出的可能是「莫娜的媽媽」或「艾登的弟弟」之類。

亨里奇認為西方社會專注於個人「真正本質」的風氣，導致基本歸因謬誤這種現象。他也舉出研究佐證，在非WEIRD文化下，這個謬誤的機率確實較低。他的結論是：「其實沒這麼『基本』，反倒很WEIRD（奇怪）。」（原注25）

有關跨文化差異的見解很重要。心理學（尤其社會心理學）的原罪之一就是預設研究樣本能代表世界常態，但顯然不行。我們必須認知到一些看似最直覺、最自然的社會性偏誤與成見其實源自社會心理學家本身，或者他們的研究對象。

但也不要矯枉過正。我就常常訝異發現自己以為非WEIRD的思考模式，其實在很WEIRD的人身上也能找到。（實際上如亨里奇等學者都明言指出這個差異並非全有或全

---

1 譯按：原文為I am_________。由於中英文句法不同，作者提出的範例答案若以中文思考可能有些不自然（WEIRD族群常直接填入形容詞）。

無，而是程度高低。）

像前面「我是」的例子，我看到以後興沖沖找朋友實驗，請對方完成句子。他劈頭就說「我是美國人」。以國籍為答案就和剛才說的完全相反了。當天稍晚有人在推特寫了有趣的東西，我讀了以後點開作者檔案。在這麼WEIRD的社交平臺上，一個自稱第四代紐約人的自我介紹竟然是：**山姆的爸爸。莎莉的老公**。

著重於人際關係對我們這個族群未必**那麼**奇怪。

再想想從眾（conformity）與說服（persuasion）。WEIRD文化底下的人強調自主，常常不願意承認自己比想像中更容易受到社會慣例的約束。老電視節目《隱藏攝影機》（*Candid Camera*）很會操作所謂的「街頭心理」，常常成功印證上面的說法。（原注26）其中一集（「面向後方」）情境是請臨時演員都站在電梯裡，只要有路人走進去他們就同時轉身面朝後方。明明毫無道理，但被整的路人總是不由自主也跟著轉身過去。因為大家不希望太特立獨行。

其實想誘導大眾做某件事，例如投票或資源回收，一個很好的策略是宣傳「多數人都這樣做」。亞利桑那州某渡假酒店希望降低更換浴巾的頻率，實驗後最有效的做法是在房間留下卡片宣稱，「百分之七十五的房客不會每天更換浴巾」。（原注27）所以在行銷公關行業的人要好好把握這一點。話雖如此，也有反效果的情況，像我之前去芝加哥大學參加晚宴，現場有告示說學生竊取餐具行為太猖獗，希望大家能好自為之。問題在於這做法大錯特錯，很多人原本根本不會想到將刀叉塞進外套口袋，是讀了這個告示以後腦袋裡才產生那種念頭，而且下意識覺得反正芝加哥大學的人都這麼做了。想要有效果，告示至少該改成「百分之九十五的學生從不偷竊，希望大家和他們一樣尊重校園」。

所羅門．阿希（Solomon Asch）的經典研究探索了從眾心理：決定參與心理學實驗的受試者走進房間之後看見圓桌邊已經有其他人在，樣子也像是來接受測試，然而真實身分都是研究人員安排的暗樁。實驗開始以後研究者拿出畫有多條直線的卡片請受試者根據比較基準圖判斷線條長短，由於差距非常明顯，所以單獨問受試者一個人的時候幾乎不會答錯。但如果要求桌邊每個人大聲說出答案，受試者聽見別人都答錯的時候會導致什麼結果？有時候受試者可以抗拒同儕壓力，展現自主獨立的特性，然而實際上超過四分之三的人會跟著答錯至少一次。從眾是人類自然的心理動機。(原注28)

所羅門．阿希的實驗引起耶魯大學一位非終身職的年輕教授史丹利．米爾格蘭很大興趣，他決定繼續深入。後來在訪談中，米爾格蘭提到：

> 從眾測試只是要人分辨線條長短感覺有點不過癮，我好奇團體壓力會不會逼出人性真實的一面，比方說對他人展現侵略性，像是透過強烈電擊之類的手段。不過想要觀察團體效應就需要有對照組，也就是樣本在沒受到團體壓力影響下會怎麼行動。想到這裡我忽然開啟另一條思路，焦點放在實驗控制：人在接收實驗命令之後能做到什麼地步？(原注29)

於是他做出了在心理學界聞名遐邇，又或者應該說惡名昭彰的經典實驗。時間是一九

六一年，地點是耶魯大學裡新歌德式風格的林斯利奇坦登大樓，距離我待了二十年的辦公室只有幾個路口遠。（原注30）

米爾格蘭在《紐哈芬紀事報》上刊載廣告徵求二十到五十歲之間的男性參與研究，實驗主題是記憶與學習。受試者聯絡以後前往耶魯與研究人員見面，對方看起來是個穿著實驗室白袍的正經年輕人。房間裡另有一位愛爾蘭裔男子，身材高大神情友善，研究者說他也是實驗對象，然後請兩名「受試者」抽籤決定扮演「教師」與「學生」。一開始就在房內的人叫做詹姆斯·麥多諾（James McDonough），真實身分是演員，籤筒也被動了手腳，麥多諾一定會抽到學生，真樣本則一定是教師。麥多諾走到隔壁房間，兩人無法看見彼此，但距離夠近所以能聽見聲音。實驗就這樣繼續。

教師得到指示：這是記憶力實驗，每次對學生朗誦四個單詞配對（例如「強壯／手臂」、「黑色／窗簾」等等），之後進行小考，教師說出前面的詞與四個選項（例如「強壯……背部？手臂？」），如果學生回答正確，教師就說「正確」。而在教師面前一臺大型機器上有橫向排列的三十個開關，開關上方都印了文字，依序是從「輕微電擊」到「危險：嚴重電擊」，再到最後只標註了「XXX」。學生答錯一題，例如聽見「強壯」卻說了「背部」，教師就先說「錯」並且告知即將使用的伏特數，然後啟動開關對學生施加電擊，處罰完畢以後再說出正確答案（如「強壯／手臂」）。

一開始學生表現良好，但會按照劇本開始答錯。教師也根據指示施以電擊再宣布正確答案，而且隨著犯錯次數要逐步上調電擊伏特。沒過多久學生就會開始哀號，接下來吵著要離開不然會心臟病發，再來是大聲尖叫，最後完全沉默。扮演教師的受試者常常會在過程中詢問研究人員能不能暫停，研究者會堅持「實驗必須繼續」或冷冷回答「請繼續」。

研究主題就在於這些教師能堅持到什麼程度。米爾格蘭發現大約三分之二受試者會一路增加到最高等級，如果不是演戲的話，伏特數足以致人於死。而這也是心理學實驗難得一見的驚人結論——原來普通人服從程度這麼高，高到叫他們殺人也不會拒絕。

實驗結束以後，「學生」堆著滿臉微笑、毫髮無傷從隔壁走回來，與研究者一起解釋來龍去脈，強調機器是假的、沒有人真的受傷，唯一例外是受試者。現在大家都知道這個實驗方法極端不道德，很有可能對自願者造成嚴重心理陰影，畢竟他們遭到欺騙又以為自己鑄下大錯。（《洋蔥報》討論米爾格蘭實驗及其他類似研究時下的標題是「調查報告：一九七〇年代大部分心理學實驗都是犯罪」。）

時常有人引用米爾格蘭實驗來凸顯人類傾向服從與從眾。然而事情恐怕沒有這麼單純，平常大家並不這麼聽話，否則誰會超速、誰會逃漏稅，我的學生又為什麼連課程大綱都不看呢？可見米爾格蘭實驗裡還有促進服從的因素，包括：

一、權威，受試者不僅被告知要進入耶魯大學校園，還面對一個表情嚴肅的白袍男子。

二、新穎卻又混亂的情境。

三、實驗運用了「得寸進尺」（foot in the door）的說服技巧：受試者既然執行了程度較低的電擊，就容易接受程度較高的指令。倘若實驗開頭就要求受試者按下看似能夠致命的伏特數就會有所不同，恐怕很少人會同意。米爾格蘭實驗的設計是從低到高，間接增加了樣本的服從程度。

但無論如何，從這個實驗可以發現若條件滿足，人類屈服於權威的程度遠遠超乎我們的想像。

本書主題之一是人類心智的巨大潛能。前面提到我們在語言、感知、推理這些方面都遠遠超越目前的機器技術。雖然心智系統會在視錯覺、忽略基本比率、規畫謬誤這類盲點上栽跟斗，但反而凸顯人類如何經由演化適應充滿不確定性的世界，證實了我們還是高度理性。

然而部分社會心理學家不會同意這個說法，他們認為上面那段話沒有考慮到有個重要發現點破了：人沒有自己以為的那麼聰明。

這些學者說的是社會促發（social priming）。下面這些研究發現確實驚人（有些看起來很莫名其妙，但我會解釋背後理論是什麼）：工作時坐在會晃動的位置或是單腳站立時，人們會覺得自己的戀愛關係不容易維持。（原注31）填寫政治傾向問卷時，若大學生受訪者身旁正好有手部給皂機，會導致他們立場至少有一段時間趨於保守。（原注32）聞到臭味會導致人們對男同性戀態度較不友善。（原注33）面試官用較重的筆記板夾住履歷時會對應徵者有較好的印象。（原注34）椅子坐墊柔軟會讓坐在上面的人在談判時更有彈性。（原注35）採取更自信、更開放的站姿會增加睪固酮、降低皮質醇，達到提升自信和積極的效果。（原注36）心裡想著錢，就會比較不在乎其他人。（原注37）在學校舉辦投票，選民會更贊成教育政策。（原注38）

手裡拿著冰冷物體會使人覺得更寂寞。(原注39)讀到與老年相關的文字以後走路會變慢。(原注40)有罪惡感的時候更容易想洗手。(原注41)環境裡都是垃圾會提高種族歧視。(原注42)其實還有很多，不勝枚舉。

這麼多研究發現都被視為證據，用於支持一套頗為極端的心理學論述：我們的意識推理、動機、目標都沒有原本以為的那麼重要。你覺得那些因素決定了自己的政治主張、寂寞感受、對求職者的判斷等等，但那其實只是假象，因為你根本沒有做判斷，甚至沒有思考。你只是被**促發**而已。

排拒意識的中心地位，乍看很像佛洛伊德主義死灰復燃，可是社會促發論支持者傾向認為自己承繼的是行為主義。他們認為左右人的並非無意識慾望，而是環境——你現在看著什麼、以什麼姿態站立、空氣中瀰漫什麼氣味這類因素會改變你的思考和行為。社會促發論支持者的標準說法是：「支配一個人大半日常生活的，並非有意識的動機或深思熟慮的抉擇，而是由環境因素啟動，不在意識覺察和引導範圍內的心理過程。」(原注43)另有一位學者將促發論和行為主義的連結說得更明白：「正如史金納所強調，我們對心理現象的情境因素所知越多，就越不需要假設內在意識調節機制來解釋這些現象。」(原注44)

很多社會心理學家會提出這種主張，因此本書若不討論這套論述就談不上完整。而本章就以我為何不認同這種理論來結尾。

按部就班，首先解釋促發效應存在的可能原因。

英國經驗主義者認為大腦就是一部聯想的機器。雖然幾乎可以肯定他們太低估大腦了，但我們確實總是在聯想，而聯想也確實會激發我們的思緒與行動。聞到披薩肚子就叫，拿起迴力鏢就想扔出去，帕夫洛夫的狗聽見鈴鐺就流口水。從這種觀點出發，看見與老年相關的字詞使人行為舉止染上老年氣息似乎合理，能表達支配地位的站姿（所謂「權力姿勢」）也或許真能製造心理上的權威感。

其他例子則反映心智運作比較細微的層面。古今中外的語言與思維都將體溫與社會接觸做連結，所以才會說人「冷淡」或「熱情」。這或許是發展過程的一環，我們逐漸習慣肢體接觸和親密關係兩者互相伴隨（原注45），也因此冰冷的東西反過來增加了寂寞感。同樣道理，道德上的純淨與物理上的潔淨可以類比，我們也會以「黑心」形容人，有罪惡感的時候會更想要清潔身體並不奇怪。（原注46）（而且這現象有個名稱叫做「馬克白效應」，典故是莎翁戲劇裡馬克白夫人唆使丈夫謀殺國王之後會瘋狂洗手並叫道：「去掉該死的髒汙血跡！」）

如此說來，促發效應理論是有可信度，問題在於就算促發效應真的存在，離開實驗室情境恐怕沒什麼實際意義，更**不可能**導出「支配一個人大半日常生活的」會是「不在意識覺察和引導範圍內的」環境因素與心理過程。這種推理模式是從「某個因素能影響思想或行為」直接一個大跳躍，變成「某個因素是思想或行為最重要的決定因素」。假如我經由實驗發現食物擺在白色盤子會導致吃起來美味一點（瞎掰的，但搞不好歪打正著？），聽起來很酷，但總不能直接說味覺體驗取決於餐盤顏色吧？

從上面那些發現裡挑一個來解釋。或許桌椅穩不穩定真的悄悄影響了你對戀愛關係穩定度的想法，而且從心理學角度來看非常有趣。但如果你直接聽到交往對象已經偷吃健身教練呢？相比之下，桌椅能引發的內心波瀾微乎其微。又或者喝下德式酸菜汁能使受試者更傾向支持極端右翼政策（原注47）（這次是真實研究，請參考註解），但不可能因此得到法西斯主義興起是因為支持者喝太多酸菜汁的結論。

大家都對稀奇古怪的心理效應很感興趣，所以期刊喜歡刊登，媒體喜歡報導，口耳相傳大家都很興奮。肢體動作影響自信心、聞到的氣味可以改變立場，每個發現聽起來都好有趣，尤其主題是偏見的時候更會受到關注，下一章就會討論這個主題。而我也認為有些現象值得探究，例如在eBay拍賣棒球卡，如果照片裡商品放在黑人手中出價會較低，放在白人手中出價高一些。（原注48）還有模擬實驗發現被告外表會影響陪審團意見。（原注49）

但大家不應該因此忘記更平凡卻也更理性的因素比上面種種現象都來得重要，然而就因為它們太顯而易見所以絕對不會通過期刊發表。譬如在eBay拍賣的棒球卡出價高低取決於大家對卡片價值的認知、陪審團給殺人犯的判決一定比給小偷的更重，即使都是常識（也因此無聊）依舊對生活造成更實質的影響。

如果這些無意識效應的作用極強就是另一回事了，屆時判斷人有多寂寞直接問他冷熱就好，面試官對求職者的評價看履歷重量就知道，然後人類是否理性、是否會思考就真的需要重新加以檢視。

可是我們並沒有活在那麼荒誕的世界。為了方便討論我甚至直接以促發效應都是真的為前提，但實際上促發效應在心理學界爭議非常多。上一章剛談過複現危機，某些研究是靠操作數據得到假結果；換言之，文獻結論不可盡信。複現危機對社會促發造成最大衝擊，有評論者直言「促發界」會崩潰。（原注50）而我列出的那些發現之中就有一項顯然不對——所謂身邊垃圾多就容易種族歧視的效應，出自德里克．斯塔佩爾發表的論文，他也坦承是捏造的。至於其他效應，就我所知並非造假，但強度尚不明確（包含我自己參與的那項研究），然後好幾個實驗的複現都已經失敗。

還是得聲明：一些社會促發的案例或許是真的，只是太過隱微不容易察覺。隱微本身沒有不對，像我一直對生理潔淨和道德純淨的潛在關聯深感興趣（原注51），有些研究找到的連結似乎能夠做為證據。還有擺出神力女超人的姿勢或許不影響內分泌，卻似乎真的能提升自信心。（原注52）即使某些效應只能在嚴密控制的實驗室條件下觀察到，只要能夠複現就算是對心智多了一分理解。

然而效應微弱代表對平日生活不構成差別，也無法取代意識的地位。從務實角度來看，它們很可能沒有意義。

我們之所以應該對這種「類史金納的世界觀」捲土重來保持懷疑態度，還有一個更單純的理由。社會促發論的支持者將人類行為看做風中搖擺的樹葉，無法決定自己要朝哪個方向飛舞，但事實明顯並非如此。我們確實是社會性動物，受到所處環境和風俗慣例的影響，可是種種社會行為背後有智能支撐，並非盲目模仿他人。我們懂得判斷誰是模範、值得效法。（原注53）何況最基礎的人類行為也需要縝密規畫，比方說邀請幾個朋友一起上館子，首先得確定日期、然後發送訊息、討論地點、詢問是否有食物過敏等等。這種事五歲小孩辦不到，目前最先進的人工智慧也辦不到。如果心智真的被社會促發左右，同樣無法辦到。只有在人類獨特又發達的理性運作下才能實現。

第十二章

每個人都有點種族歧視？

截至目前為止我們一直都在討論個人，不是自己就是他人。然而社會心理學很大一部分聚焦在群體的思考模式，其中一個重點就在於我們如何思考（還有如何感受與如何對待）邊緣化族群，如種族或性的少數。

這方面研究很受大眾關注。同行針對這個主題進行研究並得到當權者重視時，連我也能感受到氣氛驟變。為本章撰寫初稿的時間點，梅瑞克・賈蘭德（Merrick Garland）在出任司法部長的確認聽證上受到議員質詢，有人問到內隱偏見測試（之後會討論）時說：「所以我有種族歧視……只是我不知道自己有？」問得好，賈蘭德也給了最正常的回答：不，每個人都有偏見，可是有偏見不等於種族歧視。

只不過如果問別人的話，答案可能有所不同。本章標題取自百老匯喜劇《Q大道》（*Avenue Q*）的歌曲〈每個人都有點種族歧視〉（Everyone's a Little Bit Racist），歌詞頗具煽動性，直接挑明說即使有種族歧視也**不代表動不動就會仇恨犯罪**。

然而意思就是大家會分辨膚色、做出概括推論，有時候根據人種產生殘酷的想法，這些傾向從各種方面影響你我的行為。

哪個答案對？一如既往，事情沒有那麼單純。

我們思考的時候喜歡分類，對象並不限於人。記者瑪莎・葛森（Masha Gessen）一篇以跨性別孩童為題的文章開頭講了一個小故事：

每天晚上遛狗的時候，我總會遇上同樣牽著寵物的陌生人問同樣兩個問題：「男生、女生？」「幾歲了？」我其實不懂這兩個問題有什麼意義，從答案無法推論人狗如何互動或如何生活。相比之下，確認狗兒已經飼養很久還是疫情期間才領養、是否與其他寵物共同生活、需要或喜歡的運動量、去年那麼多煙火有沒有受到驚嚇，或至少問牠什麼名字，這些不是都有意義得多嗎？自家狗兒與別家寵物互相聞來聞去的時候我就都問這種問題，即便如此絕大多數狗主人還是會反問我小狗的年齡和性別，每年要回答好幾百次。這種分類法似乎是多數人組織外界資訊的主要基準，我們習慣挪用到任何事物上，即使只是夜裡偶遇的一隻寵物狗。（原注1）

許多實驗室情境的研究也發現，我們認識新朋友時會自動建立三項資訊，而葛森說對其中兩項，也就是年齡與性別。最後一項則是種族。（原注2）

性別在許多語言中占有重要地位，英語並不例外，因此人類使用語言時自然而然得思考性別，否則連代名詞 he 和 she 都無法判斷。很多人為此困擾，也曾有社會運動主張統一使用不分性別的 they，我在本書中已經好幾次採用這個語法[1]，又或者有人主張新增中性代名詞到英語裡，例如 zee。（以 zee 來取代 they 不是不可能，但成功機率很低，相較於頻繁更新的名詞與動詞，新代名詞進入語言非常困難。）

1 譯按：由於中英文差異，譯文無法精確反映作者何時採用這種語法。（中文即使採用複數亦可分為「他們」和「她們」。同樣有部分人主張回歸二十世紀前的漢語傳統，無論性別一律以人字旁的「他」和「他們」表示，但尚未成為共識）。

年齡、性別、種族遠遠超越其他性質，多數人對這三件事情特別感興趣，也特別容易留在記憶裡。在「記憶混亂」的實驗中，研究者給樣本看的一系列圖片是正在說話的人物(原注3)，人物與語句的組合數量夠多時，樣本無法正確記憶誰對誰說了什麼。記錯的組合顯示出我們習慣如何對人做分類。例如句子來自白人女性對八歲小孩講話的情境，受試者記錯時通常會將這個句子安排給另外一個白人女子，最有可能原因就是我們不容易記住人的其他資訊，卻始終記得是個「白人女性」。網路上能找到一篇訪談，受訪者是演員山繆・傑克森，但訪問者竟然將他與勞倫斯・費許朋搞混，顯而易見兩位都是黑人男性。（山繆・傑克森當然不太高興。）人類常犯這種錯誤，但幾乎沒人分不出山繆・傑克森和劉玉玲。

年齡、性別、種族之中有兩項不難理解。年齡與性別（為了方便討論，容我先不針對生理性別和社會性別做細分）有其意義，包括可以與誰生小孩、誰比較可能造成威脅，我們會留意這些特徵並認真記在腦袋裡是很自然的現象。

但種族就比較奇怪，這裡說的「種族」基本上對應到世界各地的不同血統，由於人類祖先只能步行遷徙，各個社會很難包括多重族裔。那麼為什麼大腦會對原本不存在的分類反應這麼劇烈？

我們可以從演化與文化的交互作用切入這個話題。透過接下來的討論，我們將會看到人類天生的成見是以社會群體切割世界（演化），而所處的社會又會強調自身重要性（文化）。由此推論可以發現種族原本或許不具心理層面的重要性，但正好是人類面對社會概況的重要指標，牽涉到社會結盟與階級(原注4)，因此我們不得不在乎。

從這個分析衍生出值得探討的預測，也就是理論上若**不**涉及結盟或階級，我們應該就不會那麼在意種族差異，例如不同族群為了共同目標攜手合作或對抗共同敵人。最好的例子是運動，看賽爾提克（Celtics）對馬刺（Spurs）的時候，如果詮釋為異種族對抗未免錯得離譜，兩支隊伍相互競爭的時候我們對人種的敏感度似乎就會下降。

標題為「種族差異是否能夠泯滅？結盟運算與社會分類」的研究，以巧妙手法測試了這個想法。（原注5）該研究以記憶混亂實驗為基礎，同樣給受試者看圖片和句子，差別在於說話的人物是男性籃球員，分屬不同隊伍、穿著不同球衣，兩邊各一半黑人、一半白人。受試者仍舊會犯基於種族的錯誤，但基於**隊伍**的錯誤頻率更高，因為這個情境裡隊伍是比人種更好的結盟指標。（原注6）

究竟我們為什麼在乎年齡、性別、種族（或更廣義的結盟）？前面提到這些分類是有「意義」的，但全部當作「人」看待不是更簡單也更合乎道德？而且我們思考不同族群時總是有刻板印象，所以一個值得思考的角度就是刻板印象帶來什麼好處？

回答之前，我們必須先分辨刻板印象這個詞彙的不同意義。有些人提到刻板印象時，侷限在對特定族群不正確的負面觀感，而且延伸到該族群的每個成員，譬如同性戀都戀童、穆斯林都是恐怖分子。這種類型的刻板印象確實沒什麼好處可言。

然而心理學家提到對於族群有刻板印象，通常不是上面那種定義，而是指很可能適用於某族群全體成員的性質。Z世代上網時間很長、美國的心理學教授大都支持民主黨、荷蘭人通常比日本人高，這些是心理學家口中的刻板印象，與虛假、負面、污衊沒有直接關係。

也就是在這種定義的刻板印象上，社會心理學與認知心理學有了交集。認知心理學研究心智程序，包括感知、語言、推理，也就是本書中間三分之一的內容。研究發現我們對人種群體的刻板印象其實與理解和學習世界有很大關聯，基於這點我接下來要說的可能讓很多人訝異——我想為刻板印象進行辯護，而且我認為人類生活無法脫離刻板印象。

運用概念與分類

人類和許多小動物都是透過分類法整理資訊，而且對這些分類擁有心智表徵（也就是**概念**），有助我們理解經驗並根據理性行動。我們就像倉庫的理貨人員。（原注7）

從比較平凡的例子說起：大腦會對諸如椅子、番茄、狗這些東西建立概念，資料除了從椅子、番茄和狗本身得到的經驗，也包括其他來源如前往家具賣場、與祖父整理田園、讀了一本介紹四足動物演化的書籍。這些概念能幫助我們處理很多事情，例如能與字詞做連結，於是我們能理解別人說要買「新椅子」、別人拿「番茄」給我們吃、別人問自己怕不怕「狗」這些句子是什麼意思。生活中遇見符合這些分類的新實例也派得上用場，比如深夜出門幫朋友尋找走失的小狗，因為知道自己要找的目標大概是什麼樣子，不至於拿石頭或鞋子回去交差。

心理學家桂格里・墨菲在《概念大全》（*The Big Book of Concepts*）的開頭這樣說：

我們不大可能同一顆番茄吃兩次，我們也不斷遇見新的物體、人物、情境。所幸這些新事物通常與已經認識的世界總有相似之處，多半符合我們熟悉的某種分類。即使我從未見過面前這顆番茄也能推論它與已知的番茄應該差不多，所以可以吃……概念就像心中的膠水，將過去經驗與現在接觸的世界緊密黏合。（原注8）

如果無法運用概念，就算身邊堆滿番茄還是會餓死，「因為這個人從來沒見過面前這些**特定**的番茄，所以不知道能夠怎麼做。」沒有概念的人就不具備生存能力。

能夠分類的對象並不只有番茄、椅子、狗，我們也會將人分門別類，標準包括生理與社會性別、年齡、族裔、職業、宗教、性傾向、體型等各式各樣，有時候也可能很狹隘，像是副教授或《星際大戰》粉絲之類。你有沒有在約會網站或交友軟體上寫過自我介紹？下面是一則刊登在《紐約書評》分類廣告的徵友文：

無悔的酷兒伴侶（泛性戀龐克亞裔女與捲髮非二元漫遊者），就在這個版面相遇相愛。尋找COVID陰性人士完成帽子戲法[2]，希望你是開放包容、活潑好相處的人。

滿滿的分類標籤，有些我還得查了才看得懂（「漫遊者」是法語的*flâneur*）。我們以

2 譯按：hat trick，原為體育用語，指一人連續三次得分，後來有人用於任何與「三」有關的事物。

這些分類定義自己，於是分類也塑造了社會偏好和個人好惡。廣告中可以看到有人想認識政治立場極端者、男同性戀、無預設立場的人，或者老派與吸菸者勿擾的聲明。

分類不是只用在約會交友上。先前已經舉例說明年齡、性別、種族及其他社會分類透露了許多有關個人的訊息，沒辦法利用這些資料進行推論的人就會常常感到迷茫。

這種推論要有效，前提就是刻板印象夠準確。（原注9）其實刻板印象不只適用於椅子之類的東西，用在不同類型的人身上通常也成立。譬如男性動用肢體暴力的傾向確實比女性來得高，夜裡行走在街道上想判斷周圍有沒有危險就常仰賴刻板印象，如果看見行經的人是個女子心跳會緩和不少。雖然從道德角度而言，這種思考方向很不妥當，卻不能說是違反理性。

兒童就已經很依賴刻板印象。一項研究發現，三歲小孩被陌生人搭訕，對方以「你好可愛、我好喜歡你，給你禮物好不好」以及「走吧，我帶你去拿禮物，待會兒送你回來」這種說詞想將孩子從幼稚園帶走，儘管家長三令五申叫他們不可以被騙，很可惜還是大約一半會被拐走。但另一個發現是，孩子們比較傾向跟女性離開，而不是男性。（原注10）

人類時時刻刻運用分類的方式。前陣子我收到電子郵件，寄件人信箱結尾是aol.com，根據刻板印象我立刻覺得對方比自己還老（而且猜中了）。有位朋友走得比較早，其他人形容他是「徹頭徹尾的美國中西部出身」，我馬上就能理解那是什麼意思。不過這些都是所謂的概括，並非絕對，而且大家都知道這個道理。我可以接受那個信箱的使用者是個年輕潮人、美國中西部出身的人也可以很冷淡。保守派同性戀不是什麼世紀大發現，半夜在暗巷被老太太（刻板印象說她很安全）重擊腦袋搶光身上財物也沒那麼不可思議。刻板印象是個指引，但我們知道它不保證正確。

——

有了上面的基礎認識，我們的觀點就會翻轉：為何要反對刻板印象？人類觀察世界、與他人接觸的時候，自然而然會將各種資訊加以分類和概括，並以得到的結論推敲新認識的個體。我們藉此瞭解到狗通常會吠叫、椅子通常用來坐，大家並不因此有任何困擾或顧慮。為什麼進入社會領域的時候，刻板印象就成了問題？

這個問題可以從好幾個層面來解釋。其中一個癥結在於，透過數據學習的機器成效如何端看輸入的資訊是什麼，但很多針對他人的訊息樣本本身就帶有偏見。如果我們對義大利裔美國人的認識完全建立在《黑道家族》影集，想必十分扭曲。

再者，社會層面的刻板印象有數據以外的影響因素。面對自己反對的陣營，人類並不擅長推敲對方擁有的特質。美國最近就有這樣的例子：平均而言，共和黨選民認為民主黨人有百分之三十二是同性戀或雙性戀，民主黨選民則認為共和黨人有百分之三十八的年收入超過二十五萬美元。兩邊的估計都錯得離譜，以調查當下而言，正確答案分別為百分之六和百分之二。（原注11）

隨之而來的是道德議題。警察根據種族歸納（racial profiling）來辦案就引發很多爭議。為這個做法辯護的人聲稱這麼做能夠保持效率，但即使效率真的比較好，代價是被針對的人種遭到另眼相看，明明該族群絕大部分的人根本沒犯過罪。而且我只是從實務角度分析，對某些人而言，種族歸納從本質上就侵犯人權——只要是人就應該被當作獨立個體對待，不能一概而論。

人類的直覺很複雜，有些事情以族群做為標準的時候，我們沒有太大反應。很多人在個人選擇上並不排斥套用類別框架，譬如以生理或社會性別為基準來擇偶，很少有人會質疑。部分人（但絕非全部）能接受運用社會類別來達成某些目的，像是企業聘顧和大學招生時，考量族裔以求提高多元性；幾乎所有人也都接受法律和政策以年齡劃分人群。部分原因在於刻板印象有可能是顯而易見的事實（四歲幼兒駕駛汽車真的太小），而且相關政策針對的是特定年齡區段，每個人都或早或晚會符合，所以似乎很公平。

———

社會分類還有其他方面的問題，牽涉到討論兒童發展時提過的心理學本質主義。人類傾向認為某些分類方式帶有超越表面的性質，也就是事物的本質。（原注12）好比老虎不僅僅是特定體積和外觀的動物，內在構造也要符合。

然而我們對人的分類卻也常常採用本質主義，包括人種。這麼做不能說完全不對，畢竟外表因素如身高和膚色通常是基因決定，而且特定基因的發生率在不同血統中確實有些許差異。所以每個族群會有好發的疾病，像阿什肯納茲猶太人、艾美許人等幾個族群發生家族黑矇性痴呆症（Tay-Sachs disease）的機率比較高，其餘人種就相對少見。遺傳差異也解釋了少數族裔為什麼要爭取參與醫學研究。

麻煩的是這種本質主義常常被過度發揮，導致大眾對種族分類的認識十分片面卻又奉為圭臬。我們通常以為所謂「種族」只對應特定血統，無視社會因素對族群形成具有多大意義。

舉例而言，若一個人的父親是猶太人但母親不是，那麼他是猶太人嗎？或者母親是黑人、父親是白人，那他算是黑人還是白人？許多人下意識認為這種事情有客觀答案，但事實並非如此，真正的答案來自社會。部分猶太人認為母親也得有猶太血統才算是他們的一份子，但其他猶太人不這麼嚴格。美國曾經有過血統降格（hypodescent）的習俗，又稱為「一滴血規則」（one-drop rule），也就是個人血統內只要有過任何一丁點非洲成分就會被視為黑人。（原注13）其實美國黑人有九成都帶有歐洲血統；換言之，如果規則翻轉，也就是那「一滴血」只看歐洲血脈的話，他們全都是白人。目前對於猶太人與黑人白人的判定都摻入社會現實，不單純是生物學。

本質主義還造成許多人認為人種族群就能反映其天性。（原注14）如此一來連先天論也被過度發揮了。人性上的特徵通常該歸在歷史與社會學，而不是神經科學或演化生物學。譬如想要解釋美國黑白兩族群的收入差距卻無視奴隸制度、種族隔離、種族歧視的歷史未免太荒謬。更可怕的是無論在實驗室（後面會有些例子）或在現實世界，沒有根據的差別待遇只要相信的人夠多就會變成事實。這也是為什麼社會歧異具有自我延續的特性，想要消除得花上非常久的時間。倘若世界上很多人開始歧視摩羯座，一段時間以後摩羯座就真的會和其他人有明顯不同。

我族與他族

刻板印象和本質主義只是社會分類在人類心理運作的其中一面。我族／他族的心理，也就是**群體性**（groupiness），則是另一個需要考慮的重點。

我們對其他族群有負面觀感不一定都不合理。假如一談到河下游那群人我就想起他們殺了我兄弟，我不喜歡他們也沒什麼奇怪才對。假如我認為國內有某群人想透過修法剝奪我的權益，而對方又認為我們這群人在污染孩童心靈和破壞優良傳統，不用心理學家分析也知道兩邊互看不順眼。

但心理學家發現了隱藏在這些現象背後的機制。原來人類並不需要那麼明確的衝突經驗就會開始選邊站，劃分敵友可以在不知不覺中悄悄發生。（原注15）

心理學家穆扎弗．謝里夫（Muzafer Sherif）提供了一個經典案例：一九五〇年代他找了二十二個十歲到十一歲的男孩做為受試者。孩子背景相同，雙親健在、都是信奉新教的白人中產階級。實驗場景是舉辦在奧克拉荷馬州羅伯斯山洞州立公園的假夏令營。（原注16）

沒錯，夏令營只是幌子。社會心理學研究常常必須先欺瞞樣本，不過這個實驗做得特別全面。沒有妄想症的人很難想像自己活在設計好的假象中，像是關在籠中的老鼠一樣接受實驗。歡迎來到羅伯斯山洞公園，這裡有被當作實驗樣本的男孩，指導員都是受過專業訓練的研究者，至於負責計畫的社會心理學家穆扎弗．謝里夫居然假扮成清潔工！

實驗一開始就將男孩分成兩組，雙方還不知道對方存在，各有一間小屋。兩個隊伍很快給自己取名，分別是「老鷹隊」和「響尾蛇隊」。

夏令營指導員安排兩邊見面，但都是不和諧的情境，故意引發爭端。一個例子是舉辦野餐會卻設法拖延一方，遲到的人去了現場發現東西已經被吃光。

兩支隊伍發展出明確的身分意識，有了自己的旗幟。響尾蛇隊會飆髒話，老鷹隊則對守禮貌引以為傲。明明兩邊都是白人，卻又都開始以種族歧視語言形容敵人。測試中發現他們都將己方成員描述得比較強壯靈敏。衝突越演越烈，響尾蛇隊贏了比賽以後旗子被老鷹隊偷走燒毀，老鷹隊晚餐時小屋被響尾蛇隊闖入搗亂。

實驗後期研究者試圖重建雙邊關係，但失敗很多次，只是一同用餐或看電影效果不大。製造需要通力合作才能解決的問題則有點作用：研究者聲稱有外人闖入公園破壞水源閥，要大家一起修理才行。有了共同目標，甚至共同敵人，兩個陣營終於捐棄成見共存共榮，後來大家也根據研究結論認為這個方法適用於現實世界的爭端。

至少教科書上都是這麼寫的，我也曾經在其他地方對這個案例大書特書。不過後來我有點顧慮了，因為這個實驗或許與表面看到的有出入。當時的我不知道也較少人留意到的背景是——謝里夫並非初次進行類似實驗。

他前一次實驗的地點是紐約州米德格羅夫村，兩個隊伍自稱為蟒蛇隊與獵豹隊。實驗結果完全相反，無論謝里夫團隊如何嘗試都無法勾起兩支隊伍彼此仇視。一份研究報告敘述為：

> 〔手段〕包括助理從帳篷竊取衣物、切斷獵豹隊懸掛旗幟的繩索，希望他們怪罪於蟒蛇隊。還有研究員搗毀獵豹隊帳篷，將行李箱棄置在灌木叢中，砸壞一個孩子心愛的烏克

麗麗。謝里夫很氣餒，因為這些男孩還是不會因此鬧翻。

蟒蛇隊輸了拔河，卻宣稱原本贏家就應該是獵豹隊。孩子們推論衣服遺失是混合洗衣導致。蟒蛇隊所有人拿聖經發誓自己沒有拉下獵豹隊旗幟以後，所有衝突「煙消雲散」。行李箱與烏克麗麗事件發生以後，他們甚至察覺自己遭到操弄，不但不怪罪對方還合作重建帳篷，也開始對「營地指導員」提出質疑，其中一人說：「搞不好你們就是想看我們會有什麼反應。」（原注17）

為什麼第一次實驗徹底失敗？謝里夫分析以後認為關鍵在於這群男孩最初屬於同一個團體。所以第二次羅伯斯山洞公園的實驗能「成功」，是因為孩子們從開頭就被分配在不同兩間小屋。他的想法不無道理，只可惜有了第一次實驗就導致整體結論變薄弱，展示意義大於科學意義。（原注18）

幸好還有更優秀的研究能支持相同結論。一九七〇年代，心理學家亨利·泰菲爾（Henri Tajfel）的團隊進行了「最小群體」（minimal group）原創實驗（原注19），方法是一開始先請受試者對很多畫作做評分，然後據此聲稱他們是保羅·克利或瓦西里·康丁斯基其中一位畫家的愛好者（心理學實驗常用手法，他們得到的答案是隨機決定）。接下來又請他們分配金錢，對象也分為兩位畫家的愛好者。

泰菲爾團隊發現，看似沒有特殊意義的分類竟然也會造成影響，受試者會給與自己產生連結的人多一點錢。克利愛好者就會偏袒克利愛好者，康丁斯基愛好者也偏袒康丁斯基愛好者。後續研究更發現隨機給受試者換上紅色或藍色T恤具有同樣效果，甚至明顯隨機

的事情如大家先丟銅板，竟然也能促成自我分類。（原注20）

這樣的影響不限於成人。隨機分組的幼兒會給同組成員比較多錢、相信同組成員比較善良、更容易記得同組成員的好處和別組成員的壞處。（原注21）發展心理學家亞羅・敦漢（Yarrow Dunham）稱為「自己人」（mere membership）的這個效應強到令人不安。

讓我們繼續觀察兒童，重點放在現實世界情境。心理學家凱薩琳・金斯勒（Katherine Kinzler）團隊的研究主題帶我們回到本章開頭提出的議題：與世界上其他人互動時，兒童在乎的社會分類是什麼（原注22）？

答案裡的前兩項不太讓人吃驚，和瑪莎・葛森的發現一致，就是年齡與性別。三歲小朋友選擇從誰手中拿到東西、與誰一起活動時，偏好孩童多過成人，小男孩想找小男孩，小女孩也想找小女孩。

但第三項就有點新鮮感，原來孩童還很在意語言。一項分別在波士頓和巴黎進行的實驗，讓十個月大的嬰兒聽大人說英語和法語，說話的兩人之後會拿出玩具，嬰兒可以自己決定要找誰。在英語環境長大的孩子會找說英語的人，在法語環境長大的孩子也會找說法語的人。

這種語言偏好是否可以化約成溝通方便程度？不完全，因為其他研究又發現幼兒就已經對口音很敏感。同樣是英語，美國長大的孩子比較願意與說美式英語的人互動，帶有法語腔調的話則不受青睞，儘管雙方都說得淺顯易懂。小孩認為沒有外地口音的人比較可靠、適合做朋友；換言之，人類可能從小就以語言來分辨自己人和外人。既然你講話方式跟我不同，那你大概就不屬於我們這一群。

人種呢？我常聽到「嬰兒就是小小種族主義者」這樣的說法（甚至偶爾看到自己的研究被錯誤引用當作證據）。嬰兒確實會分辨不同人類族群的面孔，偏好與身邊親友類似的臉，也就是「熟悉效應」（familiarity effect）。（原注23）然而種族似乎並不影響他們對五歲以下幼童的觀感（原注24），而且即使人種是考慮因素，也排在語言後面。金斯勒團隊發現五歲白人小孩若單純要從白人兒童與黑人兒童間選一個交朋友，他們確實優先選擇同為白人的孩子，然而若換成有口音的白人孩童與沒有口音的黑人孩童，他們就會傾向選擇黑人孩童。（原注25）

目前的討論還停在有意識且十分明確的社會分類上。謝里夫「夏令營」實驗的樣本能清楚說出自己對響尾蛇隊或老鷹隊是什麼觀感，泰菲爾「最小群體」實驗的樣本也能表達對兩位畫家粉絲的想法。幼童成長到會說話的階段可以說出自己對黑人和白人、說英語和說法語的人、男孩子和女孩子各有什麼不同印象。成年人有時候不敢說是因為社會將某些意見視為禁忌，但不代表心中沒有自己的見解。

社會心理學家長期以來對另一種社會分類的心智表徵很有興趣：有些社會分類是無意識且隱性的，但有人認為這些態度有很強的影響力。下面以一個謎語為例，如果讀者覺得老調重彈容我先說聲抱歉：

一對父子出了車禍，父親當場死亡，兒子被送到醫院必須立刻動手術，但外科醫師卻說：「我做不了，這是我兒子！」怎麼會這樣？

答案是：外科醫生是孩子的媽媽。對，就這樣。但我第一次聽到的時候，想破腦袋都不懂。當然那是很久以前的事情了，我以為現在上當的人會少很多。大家都知道女性也能勝任外科醫師吧？問題是二〇二一年有人做過調查，發現如果是第一次聽到這個謎語的大學生，仍有約三分之一無法作答（原注26），不是沉默就是想鑽漏洞，比方說外科醫生可以是男孩的繼父、養父，或者他有同性婚姻的兩個爸爸，甚至還有人回答「不是真的只是做夢」、「男孩死在手術室，將父親靈魂和醫生混淆」、「死亡的『父親』是神父，教會人士會用這種稱謂」等等。

理論上都二〇二一年了，大學生不可能沒有女性能擔任外科醫生的觀念。只不過提起外科醫師的時候，大家就是想到男性，寧可胡謅答案也不肯跳脫那個框框。這種現象也呈現人類思考的二元性，仔細思考的結論（「女性當然可以當外科醫生」）和面對這種謎語的自然反應（「外科醫生是男性」）之間有落差。

即使成見隱藏起來了，仍然能夠左右我們的行為。之前提到一項研究是心理學家將棒球卡放在eBay拍賣（原注27），商品照片分別用白皮膚的手和黑皮膚的手展示，結果真的造成差距：黑皮膚持有的商品最高投標金額少了大約兩成。其他研究則將條件幾乎相同的履歷表送交到不同對象手中，差異在於求職者名叫約翰・史密斯或者珍妮・史密斯、是共和黨青年軍還是民主黨青年軍、白人或者黑人等等。倘若大家都用人唯才不計較性別種族與政治立場，這些履歷得到的回應應該要大致相同。結果並非如此，即使審核者自認大公無私一視同仁，從回應頻率就能清楚看見偏見發揮了作用。（原注28）

本書先前提到過：心理學上的重大發現常常是因為運用新穎的實驗方法。社會心理學也不例外，學者想出高明的手法來觸及潛藏人類心中的態度與連結。

最常見的試驗方法是結合社會和認知心理學，開發者安東尼・格林華德（Anthony Greenwald）和瑪札琳・貝納基（Mahzarin Banaji）於一九八八年發表第一篇論文，後來成為「內隱關聯測驗」（Implicit Associations Test）。（原注29）

可以的話我建議讀者上網自己試做看看（參考註解內的連結）（原注30），如果不方便的話就參考我的簡單解釋：以測驗一部分為例，主題是探索受試者對年輕人和老年人的態度差異。接受測試時看著螢幕，畫面上會有文字或圖片閃過，圖片會有老人和年輕人面孔，字詞則有正面（如「愉悅」）或負面（如「毒」）。測驗其中一環請受試者看見年輕面孔或正面詞彙時按一側按鍵，看到老年面孔與負面詞彙時則按反方向的另一個按鍵。到下個階段會翻轉，年輕面孔和負面詞彙同一個按鍵，老年面孔與正面詞彙是另一個按鍵。

測驗的背後邏輯是如果受試者對年輕人有正向聯想、對老年人有負向聯想，則年輕正面／老年負面這個階段的反應較快、錯誤較少；另一組則相反。事實上對多數人而言，年輕和正面、老年和負面的搭配確實也比反過來要自然一些。

類似實驗經過數百萬樣本的測試後發現相同規律，也就是大眾對黑人、同性戀、肥胖、殘障（原注31）等等特質都有負面聯想。而且就算事前以問卷進行調查找不到偏見，或者受試者本身就屬於負面聯想的族群，結果內隱關聯測驗仍能測出同樣結果，譬如老年人自己同樣是將年輕連結到正面、年老連結到負面。

因此內隱關聯測驗透露出一些值得探討的心智現象。特莎．查爾斯沃斯（Tessa Charlesworth）與瑪札琳．貝納基合作，從二〇〇七到一六年總共收集四百四十萬份內隱關聯測驗結果，主題聚焦在性傾向、種族、膚色、年齡、殘疾、體重。（原注32）他們同時針對同樣主題調查顯性想法，詢問受訪者對「我對年輕人的偏好強烈超過老年人」這種敘述的認同程度有多高。

兩人從顯性想法的問卷發現，社會大眾的偏見程度隨時代演進越來越低。這是合理結論，大家應該都能感受到社會風氣的明顯轉變，比方說我小時候很多人公開仇視同性戀，如今無論匿名調查還是日常生活中，那種態度都減少很多。同樣地，研究發現從一九九〇到二〇一七年間，越來越少美國白人會發表黑人就是比白人懶散或愚笨的言論，而且這樣的論調現在幾乎絕跡了。（原注33）

但回到內隱態度就比較複雜。大眾在人種、膚色、性傾向這些層面的負面態度下降了，可是在年齡、殘疾的下降幅度就偏低，然後在體重部分負面態度居然比以前**更**嚴重。換句話說，社會暗地裡對偏離「理想」體態的人更加嚴苛。

由此也能理解到內隱關聯測驗是追蹤社會成見長期變化的有效工具，尤其能針對直接問也問不出的事情。

這個測驗也能評估不同偏見彼此之間相對的強度。二〇一二年的一項研究中，研究者以標準版本測驗調查了受試者對人種與政治的態度。政治部分的做法是請樣本觀看民主黨與共和黨的圖形象徵，並連結到正向詞彙（很棒、優質、絕佳、卓越）和負向詞彙（糟糕、差勁、惡劣、可怕）。（原注34）種族測驗的結果是白人偏好白人、黑人偏好黑人，政治測驗上也是民主黨選民偏好民主黨、共和黨選民偏好共和黨。然而可以觀察到政治偏見的強度大過於種族偏見。

———

這條研究路徑獲得不少媒體報導，也引導大眾重新思考自己在性、種族等等方面的成見，大致上朝著更好的方向前進。內隱關聯測驗及類似研究方法挖掘出不少有價值的資訊，包括潛藏在內心的偏見，而且也能追蹤偏見長期下來的變化和相對的強度。

同時我們會意識到：即使一個人希望不受成見左右、待人公平，但有些心理動力是無法自己控制的。就像我原本覺得自己競標棒球卡（或任何商品）時不會將賣家種族當成考慮因素，但看過這些研究以後沒辦法很有自信。

另一方面，過去幾十年裡逐漸有人對這些研究方法提出質疑，部分不實陳述已經遭到推翻。一些相關前提如下：

一、一種說法是取得某人的內隱關聯測驗分數就能知道他的成見有多深，但這是錯誤解讀。內隱關聯測驗有很多干擾結論的雜訊，像是在網路受測的人如果不滿意結果可以重測一遍，分數會有很大差距。之後討論個別差異也會提到同樣現象：有些心理學測驗，如智商或「五大人格模型」，再測關聯性（信度）很高，反覆施做也不會出現很大變動。然而內隱關聯測驗的信度相當差。（原注35）同一個人在不同時間做同一份測驗的分數明顯不同，所以並不適合以此判斷個體之間的差距。

二、承上，目前看來內隱關聯測驗無法用來預測實際行為。統合分析發現，內應關聯測驗的分數對個別行為差異的解釋力相當有限。（原注36）其實從信度來考量完全不奇怪：既然不同時間做出來分數就會不一樣，又怎麼可能精準掌握受試者在現實世界的行為？

三、儘管偏見可以是下意識的，我們未必知道自己如何以及何時受到影響（原注37），但不代表大家都不知道自己心存偏見。以之前列出的族群來看，如黑人、同性戀、肥胖者、殘障人士、老年人，判斷自己對他們的觀感偏正面還是負面不會很困難。

四、偏見未必代表厭惡或敵意，例如即使將老年連結到負面也不代表會對老年人有負面情緒。有個實驗是告知受試者新的族群，例如諾菲人與法斯狄人（原注38），然後一組受試者得到的資訊是諾菲人被壓迫、法斯狄人享有特權；另一組受試者聽到的相反。之後進行內因關聯測試，不出所料聽到諾菲人被壓迫的那組就會對他們做出負面聯想，問題是顯而易見受試者對虛構族群沒有真的負面情感，單純根據聽到的資訊做回應而已。

所以我們該如何看待內隱偏見？心理學家基斯・佩恩（Keith Payne）和傑森・漢內（Jason Hannay）提出值得參考的主張，內容要回到刻板印象與人們如何取得外界資訊這兩個主題。(原注39)他們兩人認為內隱關聯測驗這種工具反映的是人在環境中找出什麼規律，包括多數人如何思考；換言之，根本不是呈現個人態度，也就更不會是負面態度——測驗結果就只是「關聯」而已。

關聯無所不在。以我成長的環境而言，花生醬和果醬是有關聯的，林哥（Ringo）和喬治（George）是有關聯的，〈啊，加拿大〉（O Canada）這首歌與曲棍球賽是有關聯的。我將醫生連結到男性，護理師連結到女性。然後我將某些族群，如年輕人，連結到正面意涵，也將其他他族群，如老年人，連結到負面意涵。可是若我成長在不同的世界，建立的關聯就會有所不同。

佩恩與漢內認為測驗找到的是這種關聯。男性與科學關聯分數高的國家，兩性在科學與數學的成就確實差距較大。(原注40)不同社區的種族關聯分數也都對應到現實裡白人與黑人的不平等。(原注41)根據這類研究並專注於種族議題，佩恩和漢內認為我們應該將內隱偏見定義為「心智長期處於系統性歧視環境之後自然掌握到的統計規律」。

本書已經出現多次二分對立，像是二元論對唯物主義、湯對火花（神經傳導物質理論對神經元電訊號傳導理論）、先天對後天、由上而下對由下而上、系統一對系統二的推理模式等等。某些對立非常尖銳，例如湯與火花；其他對立則界線模糊，例如先天與後天。

探討人類的群體天性時會遭遇另外一種對立：我們認為自己應該如何行動與我們實際上如何行動。第一個問題是應該如何行動，像是應該如何對待他人，我們要深思熟慮之後才會得到解答。但實際會如何行動則受到很多因素影響，包括我們天生強烈偏袒自己人，而且對人事物有許多顯性或隱性的聯想在腦袋中運作。

對某些人來說，這完全不會引發內在矛盾。（原注42）就算他們知道自己競標棒球卡的時候給黑人賣家的價格較低、決定獎落誰家時容易偏袒同政黨的成員，他們也會聳聳肩說無所謂。其他人就不同，可能會因此陷入天人交戰，至少某些情況下他們不想被刻板印象左右，也不願意對自己人和外人有差別待遇（即使確實不喜歡敵對陣營的人）。後面這種類型的人希望自己公平，而想要公平就不能以偏概全，得忽略每個人身上的類別標籤。

或許有人以為關鍵就是放下偏見。學習和瞭解偏見能幫助我們以自身意志力克服偏見。可惜從證據來看正好相反，人類擅長自我合理化，我們會用好惡與偏見做決定，然後再說服自己整個過程大公無私。

我個人認為透過制度排除不想留存的偏見會更好。如果徵募人才時不希望種族與性別成為考量，就設計無法取得這些資訊的篩選程序，所謂「盲選」（blind audition）就是這個邏輯下的產物。或者角度翻轉，一開始就設定種族與性別的多元性門檻，以制度規範矯正個人不容易克服的好惡問題。社會大眾對不同解決方案有不同意見，但動機都一樣——認知到偏見不好以後，想要利用制度消弭偏見。

其實道德進步多半也是這麼開始的。就好比單純想減肥、想戒菸，然後拚命去做卻常常無效；通常人類無法僅憑善意和意志力就變得更好。但我們有智慧，只要意識到直覺和好惡有其弊病，就能找到辦法使良善在最後勝出。

差異篇

第十三章 獨一無二的你

日常生活中我們對很多差異很敏銳。如果我聊到我妹妹，說的不大可能會是「她有長期和短期記憶，能理解從未聽過的句子」。如果我想介紹對象給別人，也不會說「他餓了就想吃東西，覺得人家虧待自己會生氣」。大家想知道有趣的部分，希望從我口中得知那個人特別的地方。

語言學家諾姆・杭士基曾經以青蛙為例開玩笑說：「想必牠們在乎的也不是青蛙長什麼樣子，而是這隻青蛙與那隻青蛙有什麼差別、誰跳得更遠之類，能夠讓某一隻青蛙與別的青蛙有區隔的特徵。對青蛙而言，身為青蛙是理所當然的事情，所以不會專注在『青蛙性』（frogness）這種概念上。」（原注1）只有進行科學思考的科學家在乎共通點，其他場合我們更在乎的是每個個人的不同之處。

事實上，人（尤其是人的心智）有太多地方彼此相異。就拿多數人最關注的來說：有些人自我認同為男性、有些是女性，還有些人不落入二元化分類。這個自我分類通常稱為性別認同，雖然典型而言會符合原生性別，也就是大家看到新生兒時說的「男孩」或「女孩」，但兩者並非一定要重疊——生理性別與社會性別可以不一樣。

再來是性慾。多數人主要都是受到異性吸引，心理學上性別差異最明顯的表現就男性受到女性的性吸引、女性受到男性的性吸引。不過大家也知道同性戀、雙性戀，還有其他無法以傳統方式分類的性慾特質。

而且偏好也不是只有生理和社會性別一個依據。有些人特別喜歡年長且強勢的人，有些人則是獸迷（喜歡擬人化的動物）。還有人欣賞聰明的對象，這個類型叫做智性戀（sapiosexual），雖然不是科學承認的術語但很有趣。某些人的接受範圍特別小，像我某個朋友只與心理健康領域的女性專業人員約會（雖然高中時例外，但他高中的對象是這領域教授的女兒）。

人與人的差異也可以表現在決策模式上，例如極大化者（maximizer）和滿足化者（satisficer）：前者追求極致完美，後者只要達標就好。下面是對極大化者的敘述（原注2）：

- 我面對抉擇時會想像其他所有可能性，即使有些選項當下並不存在。
- 我常覺得給朋友挑禮物很難。
- 決定要看哪部電影很困難，我總是想找到最妥善的選擇。

我自己是走滿足化路線。要說我有什麼超能力，大概是瞥菜單一眼不到六十秒就能選好主餐。畢竟完美和好事是死對頭[1]。偏偏我和一個追求極大化的人結了婚，有一次她想給自己書房買把椅子，花了足足六個月才找到能滿足所有需求的好貨。極大化者通常在生活的客觀層面上表現較佳，譬如能找到較好的工作，但一些研究指出，他們整體而言比較不快樂，原因或許就是他們得忍受六個月沒椅子坐的日子。

上面提到的差異都在正常範圍內，不需要找諮商師、教會、警察介入。正因為人生百態所以人類社會才有趣。然而有些差異會被劃入病理學、犯罪學或所謂的傷風敗俗。比如擁有各種性慾都能好好過日子，但對青春期前的兒童有慾望可就麻煩了。不同的待人處事

1 譯按：此為英語格言 The perfect is the enemy of the good，意指鑽牛角尖反而會延誤好事或改革的發生。

方法通常也各有利弊，但一言不合就暴怒或怕尷尬怕到不敢出門會被視為心理疾病，放在下一章討論。

人格特質差異

再來思考一下人類彼此最明顯的差異——**人格**[2]，也就是人如何應對世界，尤其如何應對其他人。

我們對於人格特徵都有直覺認識。你可能覺得自己害羞、陰晴不定、脾氣暴躁、呆頭呆腦、懂得自省等等。你能描述朋友的性格，你甚至不認識某個人都能說得出對方的人格特點，例如川普、碧昂斯，或虛構角色荷馬・辛普森、安娜・卡列尼娜、神奇女超人。

感覺上每個人有不同人格是理所當然的事情！可是心理學界其實長久以來一直爭辯人格究竟能不能解釋人類行為。（原注3）一個極端的例子是：假如你醒來時察覺周圍起火且濃煙瀰漫，於是你緊張起來，問題在於這並不是你獨有的反應，從環境來解釋比較合理，幾乎無論誰在那個情況都會很緊張。換成沒那麼極端的例子還是一樣，就是前面說過的基本歸因謬誤：我們常常太快將個人成敗視為性格造成，忽略事發當下的情境。或許我們對人格這個概念過分認真了。

別人行事殘暴的話，我們的這種傾向就更加明顯，心裡時常會問：**這些人有什麼毛病**？確認對方變態、扭曲、缺乏感情的話，反而還會讓人覺得放心了。說實在話，雖然我相信有所謂像怪物一樣的人活在社會上，但應該極其罕見，是文學和影視特別喜歡著墨這個主題。多數惡行其實就是你我這種普通人做的。（原注4）回想一下米爾格蘭實驗教會我們什麼？

作家伊恩．帕克（Ian Parker）討論米爾格蘭實驗時，總結了社會心理學的主流觀點：

> 服從實驗指向社會心理學很重要的發現，或許可謂真理，也就是：人會怎麼做與他們是誰無關，與他們身處何處有關。（原注5）

即使人與人之間有些持續的特徵互不相同，這些特徵能否概括一個人也是問題。例如大膽、懦弱、敢冒險這種描述真的有意義嗎？開車橫衝直撞的人或許理財就神經兮兮；平日低調的人在床上說不定創意無窮、積極熱情（所以有「床上一條龍，床下一條蟲」這種說法）。這種矛盾的人大家都認識，還有人十分鼓勵這樣的矛盾，像古斯塔夫．福樓拜（Gustave Flaubert）就建議藝術家：「生活整齊規律是為了將創意和爆發力留給作品。」

由此可見大家過分強調人格特質，我們應該更留意情境的影響力與人格特質的侷限性。然而，人格特質確實存在，也確實可以解釋人類行為，例如我姑姑很外向，我可以據此預期她在多數場合怎樣與人互動；另一個朋友容易緊張，我也就能想像他在很多社交場合都比較拘謹。後面會解釋這些印象得到了研究支持，人格特質測驗的分數如外向度和焦慮度都真的能用於預測行為模式。

2 譯按：口語中通常稱為「性格」，心理學界習慣將 personlaity 翻譯為「人格」。

至於米爾格蘭與所羅門．阿希的研究則兩種方向都說得通。實驗打造的特殊情境使多數人做出了特定行為。可是從結果來看，人類的個別差異又十分顯著，因為有些人就是抗拒了殺人指令（米爾格蘭實驗）或者從眾（阿希實驗）。

探討人格特質差異之前，必須先理解何謂好的心理學量表。

心理學家在討論心理測驗的優點時會著重於兩個標準：信度（reliability）和效度（validity）。**信度**的意思是沒有測量誤差，譬如一個人站上體重計得到一百六十磅這個數字，下來再重新站上去還是一百六十磅的話，代表這臺機器可信。要是下來再站上去忽然就少了二十磅，這機器的測量數字就不可信。上一章已經提過這個概念，如果對我測量內隱偏見，星期二做出來是「偏見嚴重」，星期三卻是「聖人般的公正」，信度問題就非常嚴重。

效度則代表測驗是否有效針對目標。假如我是世界冠軍等級的相撲選手，但一臺體重計我無論站上去幾次都顯示一百三十磅，這數字即使前後一致也沒有意義，它顯然測錯了。占星師聲稱從星座就能瞭解一個人，但這種測驗方式是無效的，因為根本沒有觸及人格或其他特質。（我知道相信占星的人認為食古不化的摩羯座如我就是會**這樣**說。）

網路上有很多騙人的人格測驗。前陣子我做了「你是哪個超級英雄」，答案是蝙蝠俠，解釋是：「你有陰暗面，喜好科技裝置，致力保護無辜百姓，不讓他們承受自己經歷的苦痛。」很可惜這個測驗既缺乏信度也缺乏效度，實際上我做第一次得到綠巨人浩克、第二次得到神力女超人，但是我不喜歡那兩個答案，所以學一九九〇年代某些行為不當的心理學家反覆操作測驗，直到自己成了黑暗騎士。可想而知它也缺乏效度，畢竟我本人一點都不像蝙蝠俠。

別的測驗沒有比較好。很有名的羅夏克墨漬測驗（Rorschach Inkblot）請受試者根據底下這種曖昧不明的圖片描述自己看到什麼。（冷知識：發明墨漬測驗的赫曼・羅夏克〔Hermann Rorschach〕（原注6）對墨漬非常執著，他還在瑞士求學時的外號是*Klex*……意思就是「墨漬」。）

儘管墨漬測驗曾經用於精神科診斷、犯罪檔案、監護權聽證等等重要場合，但是很多心理學家與精神科醫師都認為它幾乎沒有效度可言（原注7），根本沒辦法用來預測事件後續發展。

不少人應該聽過「邁爾斯布里格斯性格分類表」（Myers-Briggs Type Indicator），簡稱MBTI，其前身是心理學家卡爾・榮格所開發。MBTI的理論基礎是人類以感官、直覺、情感、思考四種主要管道體驗世界，根據每個人在四個項目的比重分布就能進

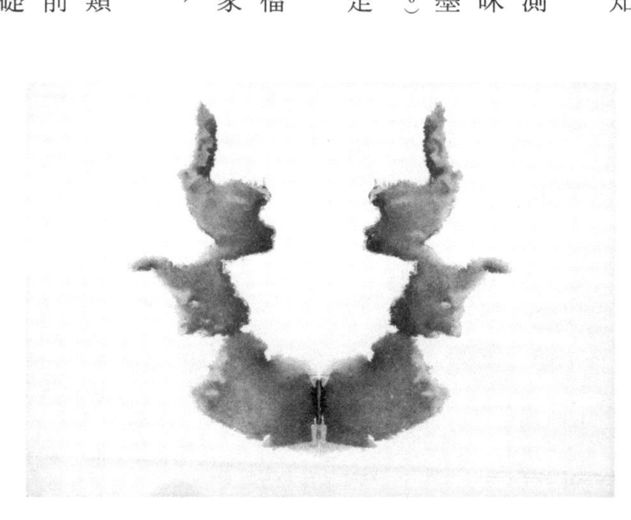

行分類。（我曾經收到學生來信表示想加入團隊，開頭就先表明自己是MBTI的哪一類。）

同樣可惜的是，即使很受歡迎，MBTI並不是有效度的心理測驗。（原注8）諸多缺陷之一是劃分得太斬釘截鐵，反而忽略了真實人類行為的變異性。比方有個人（呃，我本人）做出來是INTP，也就是「內向、直覺、思考、感知」，可是測驗沒有呈現這些分類並非二分而是程度高低。人類無法明確劃分為內向與非內向，只能說這個人與那個人相比誰更內向。MBTI測驗結果就好像籃球星探對選手的觀察只有「高／不高」或「快／不快」這麼粗糙。

高爾頓．奧爾波特（Gordon Allport）是人格研究的先驅，一九二〇年代他還年輕時去見過佛洛伊德（那個世代有名的心理學家幾乎都有與佛洛伊德見面的故事）。奧爾波特很緊張，佛洛伊德則一直沒出聲。氣氛尷尬，他無可奈何只好找點話講，提起自己搭火車過去的途中看到有個小男孩很在意衣服弄髒了，而且奧爾波特留意到男孩的母親確實強勢，似乎印證了佛洛伊德的理論。

佛洛伊德靜靜聽完以後望向他說：「那個小男孩就是你？」（原注9）

小故事到此為止。奧爾波特發展出一套高度分析性質（幾乎吹毛求疵）[3]的人格研究方法，其根據是我們用來描述他人的詞彙。他的研究團隊翻閱詞典，篩選四千五百個指稱人格特質的詞彙，後來又將這些特質依照重要性與主題劃分類別。（原注10）

後來其他理論學者試圖縮小奧爾波特的詞彙表，畢竟很多字詞都是講同樣一件事，比方說友善、親切、合群其實算是同樣的性質。研究人格的心理學家想要知道的是，這些性質可以縮減到什麼程度，或者換個方式陳述：如果想要將人格化為可測量的數據，每個項目獨立一個分數，那我們究竟需要多少項目？

漢斯．艾森克（Hans Eysenck）提出最小化概念，認為人主要在兩個層面上表現出差距（原注11），分別是：

內向——外向
神經質——穩定

不過後來他又加入另一項，所以總共變成三個：

內向——外向
神經質——穩定
衝動——非衝動

或許還可以再細分。瑞蒙．卡特爾（Raymond Cattell）將人格切割為十六個面向，有溫暖、理性、情緒穩定、支配慾望、活潑、規則意識、社交勇氣、敏銳、警覺、抽象、隱私、顧慮、接受改變、自立、完美主義、壓力。（原注12）

3 譯按：「分析性質」原文analytic，「吹毛求疵」原文anal（雙關語意為「肛門」，也呼應佛洛伊德的肛門期理論）。

很多當代心理學家的共識是十六種過多，一到三種又太少，理想數字是……五，於是稱為五大人格模型（Big Five）（原注13），包括：

開放性 Openness：對新經驗的開放性——不開放性
盡責性 Conscientiousness：謹慎——隨意
外向性 Extraversion：外向——內向
親和性 Agreeability：友好——對抗
神經質 Neuroticism：神經質——穩定

基本概念就是透過這五個項目的分數高低可以瞭解一個人的人格特質，拿掉任何一項都會不完整，新增任何一項都只是浪費大家時間。這個模型的項目按照順序排列，首字母正好會是OCEAN〔海洋〕（不過我遇過特立獨行的心理學家堅持改變順序，讓縮寫變成CANOE〔獨木舟〕）。

我不想過分強調五大人格模型的地位，學界也還有其他切入角度。舉例而言，HEZACO模型是在五大之外加入誠實和謙遜這一項。（原注14）然而五大人格模型的確是人格理論當前主流，因此我就以此做為出發點。

為什麼五大人格模型比「你是哪個超級英雄」、墨漬分析、MBTI要來得好？首先它有信度，測驗結果在人的一生中都不會變動劇烈，即使人的性格通常會因為年齡而有些變化（後面會討論這個現象）。

同時五大人格模型也有效度，研究發現測驗結果可以對應到真實世界的行為模式。例如經驗開放性高的人比較常換工作（原注15），表現出較高的創意與自由度（原注16），連身上穿孔戴飾品的數量也比較多。（原注17）盡責性高的人在交往中對另一半忠實（原注18），學業與職場表現較佳（原注19），相對而言盡責性低的人課業和事業表現比較差，傾向抽菸或不健康飲食。（原注20）外向的人朋友比較多（原注21），親和性高則人際關係成功，神經質則帶來相反結果。（原注22）

人格特質的群體差異

有了五大人格模型，我們可以開始觀察不同群體的差異。

群體差異不是受歡迎的話題，理由也很正當：很多群體差異的說法不但沒根據，還特別醜惡。聽到有人特別強調彼我不同，尤其結論是他們特別優秀，確實不該輕信。那種說法本身錯誤就罷了，重點是會衍生出不公不義和冷酷暴虐。例子很多，來看看群眾行為研究先驅古斯塔夫．勒龐（Gustave Le Bon）一八七九年寫了什麼：

> 即使最聰明的種族，例如巴黎人，他們之中還是有大量女性的大腦體積相較於男性更接近大猩猩……當然也有非常優秀的女性，甚至可以超越一般男性，但比例非常低，如同雙頭大猩猩這種畸形生物般極其罕見。（原注23）

這不是我們該仿效的言論！所以為什麼還要討論群體差異？

一個答案是為了科學。大部分心理學家想找出人類的共通點、演化歷程與心智機制，因此彼此的差異可能並非當務之急。然而研究心智實際上不能逃避差異，群體差異也不例外。完整的心理學理論應當要能解釋為何老年人比年輕人更容易得到帕金森氏症、為何挪威人的幸福程度通常比美國人來得高、為什麼男性犯下強暴的機率比女性高出那麼多。

再來則是研究差異反而常常能理解到彼此竟是如此相似。譬如研究不同語言之後，語言學家和語言心理學家就明白語言共通的特性。同樣道理也適用於記憶、感知、情緒，幾乎整個語言心理學都不例外。

最後一個理由是某些群體的處境比較差，像窮人的精神疾病比例特別高、某些國家的人幸福感特別低、不同年齡與性別的自殺率有明顯不同。瞭解這些差異的背後成因非常重要，尤其能推導出如何有效幫助他們，所以我們不該被假設議題給限制住。

討論這個主題時遭遇的一個麻煩，是常常有許多人誤會群體差異實際的意思。先挑個不得罪人的例子，如果研究發現平均而言加拿大人比美國人有禮貌會如何？其實這是刻板印象，但我們先假設這是真的，接下來會有什麼陷阱？

首先，這不代表所有加拿大人比所有美國人更禮貌。但是刻意挑選不拘小節的加拿大人與特別客套的美國人做比較沒有用，並不會真正推翻群體差異這個概念。換作生理特徵通常就很容易理解，男性比女性高是多數人共識，但大家也很清楚某些男性比某些女性矮。同理，我們認為上了年紀容易罹患癌症，可是有些年輕人得了癌症，也有很多老年人沒事。

再者，找到差異與確認差異的成因是兩件不同的事情。如果加拿大人比美國人有禮貌，原因除了文化、基因，還有很多可能性，例如會不會大量攝取楓樹糖漿能激發有禮貌的行為？要查出真實世界的群體差異為何存在通常極為困難。舉例而言，身高較高的男性通常收入也較高（原注24），這是社會偏見傾向優待個子高的人嗎？不無可能，問題是我們怎麼知道身高基因會不會連帶與其他高收入因子有關，像是智力或上進心之類？又或者高個子在校園得到優勢，強化了自尊自信，即使身高在職場沒有明顯意義卻還是使他們表現得更好。甚至有可能根本與身高無關，而是種族偏見——是不是有些人種身高平均較高，同時又得到偏袒？還有階級得考慮，富裕家庭的小孩通常比較高，富裕家庭出身的孩子通常會得到較好的工作機會。說下去沒完沒了，重點就在於找到差異與解釋差異是兩碼事。

第三個問題是陳述群體差異存在並不代表差異無法改變。以前女性平均教育程度確實低於男性，一九七〇年大學學位將近六成是男性取得，現在數字卻翻轉過來，男性平均教育程度低於女性。所以將來加拿大人比美國人沒禮貌也不奇怪。

第四點是群體差異只是對世界狀態的敘述，認為差異代表群體本身優劣就是前面討論情緒演化時講過的自然主義謬誤。指出加拿大人比美國人有禮貌、男性個子高收入也會高（注意都是指「平均而言」）並不等同於昭告天下說這些特徵就是比較好。某些群體差異的意義很容易判斷，要是善良的人也過得比較幸福那世界就太美好了。我個人完全不介意弱者生存的地球（我猜我骨子裡是加拿大人）。然而同樣罪名底下，膚色深的人比較容易被判重刑、膚色淺的人就不會，這種差異本身就不道德，我們應該設法消弭。總而言之，我們不能先入為主認為所有群體差異都源於群體本身的好或壞。

解釋了前提，接著就看看人格特質上的群體差異。

讓我們先來看看年齡。人格特質會隨著生命歷程產生變化。樣本超過數十國和百萬人的研究發現，從成年初期到成年中期的過程裡，人會變得更和善、謹慎，神經質下降。（原注25）這呼應了本書最後會談到的另一個發現，也就是老年人多半自覺幸福。（原注26）

再來看看文化差異。一份研究調查了六大洲、五十一個不同文化（原注27），且以多種管道收集資料，其中包括請受訪者設想所屬社會的典型成員，然後以符合五大人格模型的測驗來計分。

結果之一是五大人格模型有效，可以呈現世界上不同文化之間的典型差異。（但是否適用於較小型、較少出現在跨文化研究的社會，則尚有爭議。（原注28））結果之二是上述對於年齡影響人格的概括論述在所有文化都成立，大家總是認為老年人相對較和善、審慎、不那麼神經質。

第三個發現是人格特質呈現明確文化差異，能夠對應到人們的生活形態。舉例而言，如果典型成員在開放性、外向性、親和性的分數較低，那個文化多半強調農業而非工業，而開放性高的文化則多半不那麼重視宗教。（當然，關聯與因果並不容易分辨。是因為那個社會原本成員就開放性高，所以才越來越世俗化？還是因為住在世俗化的社會才造成人格特質轉變？會不會有第三個因素同時影響到人格與廣義的文化？）

政治立場的差異呢？一言以蔽之：自由派的開放性高，保守派的盡責性高。（原注29）（兩者都是所謂好的特質，所以這個結果很可能兩邊都滿意。）

最後來說說性別差異。就算沒讀過心理學研究、沒聽過演化理論，也完全不知道神經科學的發現（即使排除體積差異，腦部掃描判斷男女也有超過九成的準確度，但若只看單一區塊則都沒有明確分別（原注30）），也不會訝異性別與心理差異有關才對。

最明顯的一點在本章開頭已經提到，就是對於性伴侶的偏好差別。而分歧很大的則是男性有較多暴力犯罪，包括殺人、傷害與強暴。這兩點放諸四海皆準。聽說有人在街上亂開槍，大家通常反應都認為犯人是「他」，這時候反問「你幹嘛先入為主認定是男的」倒像是故意找碴。

五大人格模型在這裡還有效嗎？多數國家的測驗結果是女性的神經質、外向性、親和性、盡責性都比男性高。（原注31）（對經驗的開放性則有點勢均力敵。）差異不算太大，但在世界各地隨便找人接受測驗後，用分數判斷性別的成功率有八成五。（原注32）

如果深入細項，差距會逐漸擴大。比方男性平均而言比女性果斷（這是外向性的一個形式），女性平均而言比較合群友善（外向性的另一種形式）。此外，兩性在好鬥、冒險、支配、合作、養育等方面無論什麼社會都呈現差異。（原注33）男女之間最大也最穩定的差異多半與之前提過的演化邏輯有關，對後代的投資程度是其中之一（從物種角度來觀察，人類女性對子女投入的心力較男性多一些，男性則需要為了求偶彼此競爭）。

探討人類差異時要記住一點：群體平均的微小差距回到真實世界可能影響很大，因為這表示極端值的變動更多。以性別與身高而言，美國男性平均大約五呎九吋，女性則是五呎四吋，要找到比多數女性矮的男子不難，找到比多數男性高的女子也不難。但將目光放在極端值就不同了，特別高的人之中男性遠多於女性，美國男性身高超過六呎四吋只能進入前百分之一，然而有這種身高的女性則名列前十萬分之一。

心理特徵也有類似的分布。比如兩性在親和性的平均值差異看來不算大，但極端親和的女性遠比男性多，極端不親和的男性遠比女性多。記住這種規律對分析真實世界有幫助。即使兩個群體平均值接近，首尾兩端的差異數字卻可以非常大——暴力罪犯多半為男性就是很好的例子。

——

對人格的討論先到此為止。還有一個重要的群體差異是智力，因此我們得談談ＩＱ測驗。

ＩＱ同樣是不好直接切入的話題，因為有些人認為ＩＱ（intelligent quotient，智能商數）可以連結到種族歧視和極右派運動，也有人覺得這個概念很無稽並同意克里斯多福．希鈞斯（Christopher Hitchens）說他觀察到的，「人有多愚蠢就有多重視ＩＱ測驗的成績，呼應程度異常地一致也異常地高。」（原注34）還有人懷疑測驗測出來的根本不是智力，又或者覺得智力被過譽了——這些人認為無論毅力、創意、所謂的情緒商數，以至於街頭智慧或常識，都比智力來得更重要。

話雖如此，提出上述主張的人本身卻常常執著於智力。（原注35）以我自己所處的大學教授群體為例子，聊到同事、可能聘用的新人、研究生、大學部學生等等，大家三不五時就議論他們腦袋好不好。很多情況下，「聰明」（brilliant）這個詞就決定了新同事或終身教授職的人選。

學術界對看似一切都得心應手的天才人物特別著迷。心理學界常常舉出的天才人選是已故的阿摩司・特沃斯基，先前提過他與丹尼爾・康納曼一起對人類理性做了先驅研究。麥可・路易士（Michael Lewis）在《橡皮擦計畫》（*The Undoing Project*）書中描述了兩人合作經歷，其中出現了心理學界很有名的一句話：「越快意識到阿摩司比自己聰明，代表自己越聰明。」（原注36）

作家兼教育學者弗列德里克・德波爾（Fredrik DeBoer）說學術界人士都虔誠信奉「聰明教」，教徒相信智力是一切的關鍵。（原注37）德波爾說了他研究生時期參加一場宴會的故事：

> 我和別系的博士生聊天，對方是普度大學眾多中國留學生夫妻檔之一。她頗為得意地提起自己大兒子在機器人社團和數學上表現出色，忽然小兒子跑過來，她便輕描淡寫地說：「這孩子可能就沒那麼聰明。」

德波爾很吃驚，父母不該這樣說小孩才對？說孩子手拙、音感不好、不會畫畫、怕生都沒關係，但怎麼會隨隨便便脫口而出說小孩不聰明？智力這麼重要，不能亂講。

研發智力測驗的理由很多且有好有壞（原注38），其中扮演重要角色的是達爾文的表弟法蘭西斯·高爾頓（Francis Galton）。他本身就很聰明，建立起統計學的重要觀念、推動指紋科學、繪製世界首幅氣象圖等等。「優生學」一詞也出自高爾頓，他對自己的優生學研究成果很自豪。然而批評智力測驗的人也常常拿這個歷史背景來支持自己的論述。

智力測驗有另一個起源故事。一八九〇年初，阿爾弗雷德·比奈（Alfred Binet）開發測驗以探查孩童的學習障礙，目的是為了提供更專門的協助。換言之，智力測驗存在之初就至少有部分人士意識到：智力未必不會變動，測量智力也可以是追求平等的一環。道理至今仍適用，如果我們關心遭遇認知障礙的兒童，就應該支持透過測驗找出困難何在的做法。

既然聊起歷史了，我就補充另一點：納粹很厭惡智力測驗，很大原因在於他們擔心智力測驗結果對猶太人有利。所以他們比較支持日耳曼人表現較佳的測量或特質研究，例如所謂的「實用智能」（practical intelligence）。（原注39）

在智力測驗的發展過程中，有了另一個發現。

做過智力測驗的人應該都察覺它的內容其實拼湊了好幾種測驗，ＩＱ測驗裡面就分為詞彙、空間、類比等等。既然彼此獨立，不難想像其中一項高並不代表別項能力也高。但事實並非如此。

研究發現的是，各項測驗之間存在綜合因素。想瞭解這個綜合因素是什麼，先忘掉認知差異之類的東西，想像不同個體接受一連串體能方面的測試，像跑步、體操、舉重之類。每個人在每一項的分數都不同，上半身強度高的人，舉重很行卻可能欠缺柔軟度；長跑很厲害的人，上半身未必有強大力量。然而各項測試之間卻存在相關性，受過專業訓練的運動員極有可能全部都有不錯表現，從不運動的人則全部都表現差勁。換言之，我們可以將每項成績分別處理，但其實也能從一兩個成績推論出受測者體能的整體概況。

同樣道理適用於心理測量。提到數學與詞彙兩個不同項目時，很多人確實一邊強、一邊弱，但問題是也能找到貫穿全局的共通點，稱之為綜合智力因素（general intelligence），代號 *g*。

心理學家斯圖爾特．里奇（Stuart Ritchie）對此做了縝密探討，並表示有這樣一個綜合因素存在其實很叫人訝異。（原注40）因為那似乎沒道理，這些能力彼此不相關，甚至說負相關也很合理，例如數學好的人語言能力會差一點之類。而且這種此消彼長的想法符合過往研究不足下所建立的理論，主要認為人的腦力有上限，因此一項能力特別出色應該要以降低其他能力做為代償。

結果事實並非如此，至少以智力的多種表現而言並不吻合。奇怪的發現是，一個人辨識立體物件不同方向的能力與認識的詞彙量有關，詞彙量又與很多看似不同的認知能力有關，於是透過這些測驗最終可以只得到一個數字——IQ。就一個數字而已。（人格測驗都至少得給五個數字。）

討論這個數字的真實意義之前先建立基本觀念：IQ測驗的平均分數為一百。這並非神奇巧合，而是一開始就設計好了，而且分數也是調整結果，符合統計學所謂的常態分布；因此三分之二人口的分數會介於八十五到一百一十五之間。

——

先前解釋過心理測驗的兩大指標是信度和效度。IQ測驗能夠滿足前者，因為分數基本上不隨時間變化。一個極端的例子是，曾有心理學家在一九二一年對一群十一歲的蘇格蘭兒童做測驗，等到他們九十歲再次施做一模一樣的題目(原注41)，結果呈現高度相關，小時候得高分者，年老以後依舊比較高分。

效度就比較難衡量，這些測驗真的測出了預訂目標嗎？

尋找答案之前，我們得先稍微瞭解智力究竟是什麼。通常談到這個話題就會先引用下面這段話，出於多年前相關領域頂尖學者之手，其中好幾位都是名副其實的期刊《智力》（*Intelligence*）的編輯委員：

> 智力是高度綜合的心智能力，其中包括推理、計畫、解決問題、抽象思維、理解複雜概念、快速學習、從經驗中學習。智力並不僅僅是從書本獲得知識，也不是狹隘的學術技能或應付考試的小聰明。相反地，它反映個人對周遭環境更廣更深的理解，像是「領會」和「辨析」事物並「判斷」如何行動。(原注42)

既然IQ這麼全面，不侷限在「從書本獲得知識」和「狹隘的學術技能或應付考試的小聰明」，這個分數一定對現實生活影響很大。事實真的如此嗎？有本很棒的教科書給的答案我很喜歡：

各位或許聽過有人宣稱「IQ對重要的事情沒有預測力」。不能說錯，但代表說這句話的人認為課業成績、工作、金錢、健康、壽命長短這些都不是重要的事情。事實上，智力測驗成績與人類在乎的各層面高度相關。（原注43）

很難找到具有高度價值卻不與IQ相關的事情。高IQ的人通常連戀愛交往和心理健康都有更高的滿意度，同時還比較不會種族歧視、性別歧視、犯罪率低、注重長期合作帶來的利益、不傾向占別人便宜。他們甚至身體更健康，壽命也更長，原因或許是他們會選擇更明智的生活方式，注意飲食和運動，而且吸菸比例低。

目前研究唯一能發現與高IQ相關的負面特徵是——視力較差。（原注44）

有人認為IQ應該也受到報酬遞減效應影響，也就是IQ越高時，IQ增加的效益就越小。低IQ的人單是生活都比較辛苦。IQ八十和一百會是很大差距，但從一百到一百二十差了多少？一百二十到一百四十又差了多少？或許某個分數以上就不再有差距。

這是可以測試的主張。在一項超長時間的經典實驗中，心理學家找來三百二十位孩童，趁他們十三歲前做了第一次測驗，各個都在數學和語文有良好表現，屬於總人口的前萬分之一。（原注45）二十年後學者找回這些人評估生活狀態，焦點放在職業，結果發現他們都是書呆子，所以過得糟透了……

開玩笑的。結論是這些人大都過得不錯，成為科學家、記者、政治人物、CEO等社會各界領袖。另有一個類似實驗但樣本更多，找到十三歲時數理能力前百分之一的孩子，經過四十年再次觀察（原注46），結果一樣有很多律師、高階主管、終生職教授等等，著作與專利之類也比較多。

以目前的社會狀態（之後會討論為什麼這是重要條件）而言，想靠一個測驗預判孩子未來人生，那就是ＩＱ不會錯。

可是除了智力，人生還有很多其他成功要素，所以我們先回頭看看人格，想想**恆毅力**（grit）這項特質。這個觀念經由安琪拉·達克沃斯（Angela Duckworth）團隊發表的研究而聞名，意思是「為了單一重要目標而結合熱情與堅持」。（原注47）用於預測生活是否成功時，恆毅力的重要性次於ＩＱ，而如果對象是一群高ＩＱ的人，則恆毅力是很好的指標。恆毅力以及與其相關的特徵像是盡責性、自制力，都和智力有所不同卻又能自然結合，在決策過程中相輔相成——智力將人推向理性決定，恆毅力、盡責性、自制力則將好的決定轉換為好的行動，追求長期成果而不受短期利益誘惑。

前面提到ＩＱ與善良的許多形式相關，其實換作別的特徵也一樣。（原注48）缺乏自制力就容易有暴虐行為的傾向，正因如此可以降低自我拘束的酒精與某些藥物常常都是暴力犯罪背後的推手。（原注49）心理變態和高度衝動有關，研究也發現例如願意將腎臟捐給陌生人的極度無私者，在衝動程度方面比絕大多數人更低。（原注50）

哲學家亞當·斯密很久以前就已經預測到這些現象。他在一七五九年出版《道德情操論》（*The Theory of Moral Sentiments*），書中談論對人最有用的特質，答案如下（注意他所謂的「優秀的推理和理解」其實就是我們所謂的智力，而「自我控制」就等於自制力）：

> 對我們最有用的特質，首先就是優秀的推理和理解，我們藉此預測行為在遙遠未來的後果，判斷可能造成的利弊得失。再來是自我控制，我們藉此抗拒當下的愉悅或承受當下的痛苦，為的是將來得到更大的喜悅或迴避更大的痛苦。兩者合而為一即是審慎，審慎是各種美德中對個人最有用的一項。（原注51）

為什麼會有差異存在？

針對人格與智力討論了人與人的差異之後，現在我們來研究差異為什麼存在。一個切入點是基因，談到基因對人類差異的影響，其實是指**遺傳度**（heritability）。遺傳度是一個容易產生誤會的概念，意思並不是特徵有多大程度來自基因，而是指群體裡的特徵差異有多少比例源於基因變異。一個例子是有沒有腦部這件事。會有腦部當然是因為基因。但遺傳度根本不適用於此，因為完全不構成差異——大家都有腦。

反觀別的特徵，例如擅長打籃球。籃球是現代發明，所以這件事情沒有直接編碼在基因上，不過像身高這些影響籃球表現的特徵，就一定程度與基因相關，在目前的社會上，身高較高就代表打籃球有優勢，因此籃球表現具有遺傳度。

除了基因，還有環境，而環境有可以分為兩部分。

首先是**共有環境**（shared environment），也就是家族成員共用的部分。倘若父親性格暴烈會毆打小孩，這是孩子共有環境的一部分。同樣道理，住在有毒廢棄物周邊、家境優渥、附近是學區等等，都叫做共有環境。

再來就是**非共有環境**（nonshared environment），也就是共有環境之外的全部。派對上遇見心儀對象、重要考試當天得了流感、買彩券中獎這些就稱作非共有環境。

比較鮮明的對比範例是同卵雙胞胎在同樣家庭長大，兩人的基因和共有環境幾乎一模一樣，但成長之後的表現卻不盡相同，原因就是非共有環境。從兩人在母親子宮內的位置就有差異，然後可能一個人校外教學時食物中毒另一個沒事、兩個人結交了不同朋友等等。我們都明白這些事件的影響：如果非共有環境對個體毫無意義，同卵雙生就會連心理發展都若合符節，可是現實顯然並非如此。

差異基本上來自遺傳度、共有環境，或者非共有環境。

不只心理學家，幾乎所有人都想知道每種力量對個體的影響有多深。譬如有些人的焦慮高於平均，這到底多少是因為基因、多少因為共有環境（像是成長在貧困環境、父母太嚴苛、嬰兒時期得到的擁抱不足等等），又或者不是上面的因素而是非共有環境（比方說曾經遭遇暴力襲擊）？

現實世界裡很難將三者清楚拆解開來，尤其基因與共有環境通常糾纏在一起。我們知道家庭成員很相似，可以表現在外觀上，例如都很高，也可能是心理特徵，例如都喜歡音樂、都不喜歡出遠門、都很外向之類。然而這種共通性究竟多大來自遺傳度、多大來自共有環境就不容易分清楚。想探索這個主題必須採用行為遺傳學的研究技巧。

辦法之一是觀察被領養的孩子。新生兒被一對夫妻領養以後，就定義而言與他們親生兒女共有環境但基因不同。假設親生與領養子女都有高ＩＱ，代表是家庭環境塑造了後代的智力。但若領養子女最後與親生子女在ＩＱ上有差距，則顯示智力更多取決於基因。

下一個辦法又是以雙胞胎為樣本。同卵雙生就遺傳而言幾乎就是複製人，基因（幾乎）都一樣；相對而言，異卵雙生（有時也稱為二卵雙生，因為來自兩個受精卵）其實與普通的兄弟姊妹沒兩樣，基因重疊率大約百分之五十。於是我們好奇的就變成同卵雙生和異卵雙生比較時，是否有某些特徵更相似？如果有，代表那個特徵很可能受到基因影響，也就是具有遺傳度。如果沒有，則指向那個特徵可能和基因關係並不大。

最特殊的樣本則是同卵雙生但被分開撫養。如果環境因素很重要，他們就該變成兩個截然不同的個體。反過來說，如果他們還是比隨便抽兩個路人相比表現出更多相似處，那就很可能是基因造成。

試圖分辨基因與環境影響時，學界至今仍會採用這幾種手法，因為有些問題除此之外無法得到答案。（原注52）不過目前還有更直接的管道可以觀察基因和環境的相對影響力，其中包括全基因組複雜性狀分析（genome-wide complex trait analysis），做法是收集大量樣本（從數十萬到超過百萬）後分析ＤＮＡ找出個體之間基因組不同的部分，再針對基因差異與研究主題統計關聯性，譬如糖尿病和思覺失調症，或者身高及學歷高低等。（原注53）

全基因組複雜性狀分析有所侷限，像是資訊完全建立在基因差異上，不過也因此有了前面那些研究方法不具備的優勢。如果以同卵雙生為樣本，後來發現他們確實比異卵雙生更相似，初步結論就是某個特徵或許來自基因——問題是研究者或許想進一步確認：有沒有可能是因為同卵雙生在家庭內外得到的待遇都比異卵雙生更接近，畢竟他們外觀也非常像？全基因組複雜性狀分析可以直接繞過環境因素。

結合以雙生子為樣本的研究以及全基因組複雜性狀分析，得到的資料支持心理學界極為重要的發現，心理學家艾瑞克・特克海默（Eric Turkheimer）於公元兩千年時將之命名為行為遺傳學的第一定律：

第一定律：所有人類的行為特徵都與遺傳有關。（原注54）

而且遺傳度並不低。研究發現幾乎所有特徵在個體之間的差異都有很高比例與基因有關，幅度在百分之五十上下。智力如此，五大人格特質如此，宗教虔誠度如此，許多心理疾病、幸福感等等都符合。

這個發現對心理學界造成很大衝擊，多數心理學家原本傾向認為是環境造成人類差異。然而離開心理學界則截然不同，一項研究請受試者推測基因對人類各項特徵差異的影響力，結果呼應了上述的遺傳度數字。（原注55）換言之，大眾早已察覺思覺失調、雙相情緒障礙、智力等等都與遺傳高度相關，酗酒、政治立場、音樂才華也受影響。

遺傳度的研究發現如何解釋群體差異？很多人馬上在腦內建立連結。相信種族差異的人將特克海默建立的第一定律當作證據，不相信的人則乾脆避談遺傳度以免打開科學歧視

的大門。

可是這種推論一開始就錯了。至今為止討論的群體內遺傳度和第一定律，並不代表群體之間的差異也來自遺傳。

遺傳學家理察・陸文頓（Richard C. Lewontin）解釋這個問題的例子很有名。（原注56）想像有人拿起一包玉米種子，抓了一把隨手撒在陽光充足、土地肥沃的位置，再抓起另一把撒在缺乏日照、土地貧瘠的角落。兩塊地長出的每株玉米都有尺寸差異，這完全是基因影響沒有錯。但是就平均尺寸而言，前一塊地的玉米會比後一塊地來得大，而且兩塊地的平均值差異比不同株的變化幅度還要顯著，這個現象則完全來自種子所在的環境。

將種子換成人也一樣。南韓人比北韓人高，為什麼？無論韓國人還是地球上任何地方的任何一個人，身高一部分取決於生理學上的雙親，也就是遺傳因素，但例如南北韓差異則是環境影響（最大可能性是飲食）——一九四〇年代韓國才一分為二，時間並不足夠兩邊產生顯著基因歧異。這是非常鮮明的例子，群體內部的差異或許受到基因影響很深，但不同群體之間的差異或許完全與基因沒關係。

再來則是很常有人提出的疑問：不同人類群體的ＩＱ差異也是環境造成的嗎？就像陸文頓的玉米種子那樣？

這個可能性是確定的，我還可以提出真實案例：有兩個群體，各有數百萬成員，住在同一個國家卻表現出顯著的ＩＱ差異。一個群體平均ＩＱ為一百，另一個群體平均ＩＱ為八十二。然而兩個群體並沒有顯著的基因分別，實際上他們源自相同家庭和社會。

那麼是什麼因素造成差距？答案是時間。案例中的兩個群體其實是二〇〇二年和一九四八年接受ＩＱ測驗的人。從上世紀問世以後，ＩＱ測驗成績就逐漸上升，這個現象由於發現者是政治科學家詹姆斯．弗林（James Flynn）而被命名為**弗林效應**（Flynn effect）。（原注57）

弗林能找出這個現象是因為他提出一個很聰明的問題。ＩＱ測驗每年平均分都是一百，這是計分方式原本的設計，但弗林好奇的是如果排除這個調整機制會發生什麼事？結果他觀察到人類的測驗成績其實越來越好，曾經堪稱天才的表現到了今時今日只是普通人。

而且數十個國家都出現弗林效應，不過並非智力全面性提升，例如詞彙和數學就沒什麼變化。有差異的是掌握抽象概念，簡單的例子包括理解相似（「早晨和午後在什麼方面相似？」）和類比（「書之於閱讀，就像叉子之於……？」）。（原注58）

弗林效應為何存在目前沒有人能確定，假設因素包括教育進步、環境刺激增加、營養良好等等。然而某些國家出現弗林效應趨緩，甚至逆轉的情況，同樣沒辦法有效解釋。（原注59）唯一能肯定的是，幾個時代的時間並不足夠基因產生重大改變，所以弗林效應明確證實了群體智力差異也可以完全來自環境。弗林效應還支持了另一個主張：目前觀察到的人種群體差異其實遠小於時間影響，因此很可能也是環境因素導致。

遺傳的第一個限制是它無法探討基因在不同群體的差異中扮演什麼角色。第二個問題則是遺傳本身並非恆定，一個特徵的遺傳度多高並沒有絕對答案，只能針對特定環境做出相對的比較。

特徵在個人發展容易的環境裡容易表現出遺傳度，在發展困難的環境中則不然。想像某個國家的所有國民不分種族、性別、收入等條件都能接受頂尖的數學教育，而另一個國家則排斥女性和弱勢族群進修數學，並且以收入和人脈做為高等教育入學門檻。前一個國家中所有人都有良好發展的機會，於是不同個體呈現的差異就會最大幅度反映出基因潛力，遺傳度自然高。後面那個國家裡即使父母是數學天才，自己也有非常好的數學天分，一旦生錯種族、性別，甚或只是出生的區域不好，就有可能連數學課都沒機會接觸到，這時候基因潛能都被浪費了，自然表現不出遺傳度。

簡而言之，人在良好的環境才有發揮天分的空間，基因能力得以「火力全開」。但在不良環境中，像是如果要擔心鉛中毒，或者無法爭取學習練習的機會，甚至遭受社會各式各樣歧視，那麼天分再高也無用武之地。先前提到種子在同樣環境下，發展好壞取決於基因，但如果田地得不到日照也沒人灌溉，無論基因優劣都難以表現。

研究發現若以美國富裕階級和貧困階級做比較，富人孩子的智力有更明顯的遺傳度，這個結果絲毫不令人意外。（原注60）孩子在條件都很良好的不同環境間轉換似乎不會對智力造成影響，但如果是從貧困的環境轉移到優渥環境，IQ可以一下子提升十分以上，效應極為強烈。（原注61）

遺傳最後也最關鍵的一個限制是：即使知道某個特徵的遺傳度高低，其實我們依舊不明白基因通過什麼機制影響特徵。（原注62）

學歷是一個很重要的例子。學歷高低部分來自遺傳，如果取得某人的基因編碼就能在一定範圍內預測此人是否會取得大專學歷。瞭解這點以後，許多人很快認定有某些基因變化會影響腦部，使人更聰明、更有恆毅力、更上進之類。

這種觀點不無可能，卻又並非僅只這一種可能性。借用社會學家克里斯多福・詹克斯（Christopher Jencks）的例子稍微修改，想像某個國家歧視紅髮孩童，他們想要進入好學校非常困難。（原注63）紅髮是遺傳，因此某個基因穩定與低學歷呈現相關，問題在於這個基因其實並不影響大腦。髮色這個例子很突兀的話，想想看容貌美醜和膚色，兩者也源於基因卻深刻影響當事人的生活。

想從遺傳切入智力、外向性、酗酒等等特徵和行為時，我們必須留意基因與特徵的連結其實深受環境影響。如果是在一個沒人在乎髮色的國家，髮色基因就不會與學歷高低相關。如果頂尖大學招生都將特定項目納入評分，譬如運動能力、音樂技能、現場面試表現，有關這些方面的基因會與個人成就產生高度相關。一旦大學招生政策改變，這些基因的影響則會大幅下降。

特克海默的第一定律「所有的人類行為特徵都與遺傳有關」實際上有很多前提要考慮。接下來我們看看行為遺傳學的第二與第三定律是什麼（原注64）：

第二定律：在相同家庭成長的影響小於基因影響。

第三定律：複雜的人類行為特徵的變異程度，很大部分無法以基因或家庭的效應解釋。

綜合起來看，意思就是只要環境條件良好（這永遠是優先前提），人類個體之間的差異受到基因與非共有環境影響較大。研究顯示，至少以人格特質或智力而言，家庭環境相對比較不重要。用比較極端的方式解釋就是：受孕完成、雙親基因結合為受精卵之後，孩子未來很多重要層面其實與父母沒有關聯。（原注65）

有些人直覺認為不可能，共有環境怎麼可能沒意義，撇開常識也有上百萬份研究指出親子關係幾乎影響了孩子每個層面。父母愛讀書，孩子通常就愛讀書。父母信仰虔誠，孩子通常也會信仰虔誠。父母外向，孩子多半也外向。這種共同點說不完，而且很多研究都能得到複現。

問題就在於，這些研究發現可以用雙親養育以外的因素來解釋。諸多案例之一是，被父母毆打的孩童暴力傾向比較高。（原注66）多數人的第一反應是孩子耳濡目染被家長帶壞，但其實也可以用遺傳解釋——親子兩代都繼承了容易動手（例如衝動控制力較低）的基因。

（還有第三種可能性：關聯性或許是孩子影響父母，而不是父母影響孩子。比方說並非爸媽愛唸書給孩子聽才讓孩子也喜歡閱讀，而是孩子對書本有興趣導致父母更常唸書給他們聽。發展心理學將這個現象稱作**子方效應**〔child effect〕。）

有一段非常長的時間，受過專業訓練、理當最瞭解分析方法的心理學家，將所有現象歸因於父母教養，忽視了以遺傳為首的其他解釋。心理學家凱瑟琳・佩奇・哈登（Kathryn Paige Harden）留意到一個現象：隨便找一本主流的發展心理學期刊翻開看，幾乎全都在討論家長行為會讓小孩變成怎樣的人，比如母親憂鬱症和子女憂鬱症的關聯、父母飲酒與子女睡眠習慣的關係、母親說話方式和孩子的自制力等等。（原注67）她進而指出，「這些研究的對象都是直系親屬，但對於觀察到的關聯性有可能是遺傳因素，他們卻總是輕描淡寫一句帶過。」我不想過分批判這些研究的結論，因為這些研究資料能有其他方面的用途。然而若以為這類研究證明了環境影響力巨大，則是嚴重的誤會，所以哈登直接表示這種研究有很多都是「揮霍科學資源」。

從個人生活來看，也會發現將基因與環境分開討論會產生很多模糊地帶。我比較神經質，是因為母親始終不愛我，還是因為她愛我愛過頭我無力承受？我是個很照顧孩子的好爸爸，因為我的爸爸也對我很好……但如果我是個差勁的爸爸又怎麼說呢？會不會是因為打從開頭我就自認無法像他一樣好，於是放棄了自己？從這兩個例子應該能理解，看圖說故事本身很簡單，尤其人類受到個人敘事吸引，好的故事必須納入其他角色，而養育我們的人最適合參一腳。只可惜研究顯示這種故事常常根本不對，或至少找不到支持的證據。

我想對於某些讀者而言，這些解釋都很反直覺。但往後再有人聲稱心理學都只是常識，就請各位拿這章給他們看。

這個段落的結尾要再回到侷限上。先前說雙親的教養無法用於解釋某些特徵的差異性，但教養依舊在其他層面上有很大意義，畢竟父母對孩子生活的影響力太大了。無論親生或領養，好的雙親會給小孩尊重與關愛，盡力打造快樂美滿的童年；不好的雙親則有虐待、忽視，甚至以造成兒女的痛苦為樂的扭曲心態。

父母如何對待孩子影響到孩子對雙親的觀感，也就決定了他們日後若能選擇時是否還想維持關係。就這個角度而言，親子關係與其他人際關係相同，我們對待別人的方式決定了對方如何看待自己，以及是否想要繼續接觸。

雙親的很多影響未必能透過心理學或其他領域的測驗觀察到。一般而言，孩子與父母相處時間最多，父母不可能沒有影響。爸爸沉迷寶可夢，現在你也每天花好幾個小時在上面，推測你的喜好傳承自爸爸十分合理——基因或許可以解釋沉迷程度，但基因並不知道寶可夢是什麼東西。兒女也常常會繼承家業，選擇與父母同樣的工作。我認識兩個家庭的親子都是知名哲學家，以及另一個家庭的父子都是屠夫，這種案例或許和基因有關，但環境因素應該更強烈。

最後要補充的是合理懷疑。有個可能性是教養其實影響到前述的智力與人格，只是效應被隱藏起來了。舉例而言，一個孩子若受到雙親過度保護，成年以後可能顯得內向，但或許又因為基因的細微差異和成長經驗而造成成年後不那麼內向。個人立場上將人格特質部分歸因於雙親完全合理（畢竟雙親不同的話整個生命都變了）。但心理學家會觀察百萬人來確認雙親保護過度會不會導致孩子成年後比較內向，結論則會變成找不到明確關聯，因為雙親教養的效應被別的因素抵消了。這種例子可能性不高（不同因素相互中和並隱藏效應未免太巧合），但無法排除環境對心理的影響包含許許多多我們未能徹底理解的因素，雙親僅是其一。

對現象的敘述告一段落，來談談如何改變。假如想改善人的表現，使人更聰敏、更善

良、更有韌性等等，從個別差異是否能夠看出該怎麼做？

我們都意識到遺傳的重要性，所以可以從操作基因下手？既然父母養育方式沒有太大效果，不如就靠基因工程達成目的？

討論這種做法的倫理問題稍微脫離本書，但我想指出的是，許多人一聽到基因工程就震怒或許過分敏感了。舉例而言，如果有種環境手段能夠增加孩子的智力，譬如研究發現幼稚園和小學的班級規模越小學生智力就越高，那麼政府開始縮小班級規模會引發道德爭議嗎？又或者孕婦改變飲食可以提高兒女未來的ＩＱ呢？社會是否要禁止她們這樣做？多數人不排斥這些手段，為什麼獨獨對基因工程另眼看待？

正反雙方各有說法，但很可能根本不那麼重要。討論操作基因的道德和政治問題之前，其實應該先跨越技術門檻。研究發現，智力這種特徵具有高度多基因性質，也就是經由成千上萬的基因排列組合來呈現。更白話就是，我們身上並沒有單一的「智力基因」，同時沒有恆毅力基因、善良基因、外向基因。大眾在乎的特徵幾乎都不是單一基因所控制，連生理層面如身高也不例外。於是心理學家發想出行為遺傳學的第四定律：

第四定律：典型的人類行為特徵與許多基因變異有關，每個變異只能解釋行為差異的極小部分。（原注68）

未來或許會有那麼一天，我們能透過大範圍的基因調整來達成目標，但現階段改造人類還屬於科幻小說的範疇。

好消息則是原本也就不需要對基因動手腳。一般的個體差異，除了基因，也都能靠後天方式輔助。最明顯的例子就是視力。近視有遺傳性質，所幸現在能夠靠傳統眼鏡、隱形眼鏡和手術來解決。

雖然智力與人格還沒有這麼方便的工具可用，但邏輯相同。回想陸文頓的玉米種子。多數受遺傳影響的特徵也受到環境條件的強烈影響。如果是種子，我們可以把它移到條件更好的田地。如果是人，則可以移除環境中的鉛並增加碘攝取，兩個做法都有顯著效用。（原注69）再回想弗林效應，社會變遷可以提升智力的程度令人讚嘆，尤其是學校教育。我認為人格應該也能經由類似方法改變，例如對他人的信任度在不同社會有明顯差異，代表低信任社會很有機會能轉變為高信任社會。

因此下面這兩個主張

一、許多可以觀察到的個別差異都是基因造成。
二、我們可以經由非基因的管道調整這些特徵。

……其實絲毫不矛盾。

本書主題並非道德哲學或公共政策，但這章結尾還是要談談心理學研究如何連結到更廣泛的社會議題。執筆之際正好市面上有兩本相關的新書，分別為弗列德里克・德波爾的

《對聰明的盲目崇拜》（*The Cult of Smart*）（原注70）以及凱瑟琳・佩奇・哈登的《基因樂透》（*The Genetic Lottery*）。（原注71）他們兩位都認同人類差異有一定程度是先天，但同時各自從不同角度指出差異重要與否其實取決於社會。

以ＩＱ來說，前面提到ＩＱ可以預測很多正向發展，甚至可以反過來說所有好事似乎都與ＩＱ相關。然而會有這種結果其實是人為因素，包括美國在內許多社會都採用了同樣制度：如果最好的工作機會都保留給頂尖大學畢業生，但頂尖大學又以高ＩＱ為入學標準（以SAT或LSAT這些與ＩＱ高度相關的測驗來篩選），發現ＩＱ與好工作相關其實不值得訝異，畢竟是人類自己的設計。再次以克里斯多弗・詹克斯的例子稍作修改：倘若頂尖大學開始保留入學名額給紅髮人，過不了多久大眾就會開始談論紅髮與高收入、健康良好、政治地位較高的相關性，屆時像我這種心理學家也得出書介紹紅髮的重要性。

這個例子或許不是很好，因為髮色沒有明顯意義，但智力不然，否則耶魯哲學系與海岸防衛隊這樣性質迥異的組織不會都以智力做為招收時的重要依據。

即便如此，我們或許不需要**如此**看重智力——這算是我個人的道德與政治立場，讀者或許也有自己的見解。（原注72）以美國而言，常春藤名校畢業生這個族群確實天賦高，但人數相對很少，卻又享有巨大的政治與經濟優勢。一個社會重視特定認知能力到這種地步，其實誇大程度超出理性範圍。好的社會也應該重視其他特質，例如善良、韌性、勇氣之類，更應該為純粹運氣不好、生來天賦不佳的人做考量。既然多數人都同意根據膚色、出生地、性傾向、性別認同這些條件加諸嚴苛限制並不公平，為什麼智力低於平均的人被虧待時，大家依舊心安理得呢？

第十四章
受苦的心智

別人問我什麼行業時，我一開始習慣回答：「心理學家。」但這個答案會造成錯誤印象——很多人下意識覺得我是心理治療師。後來我會補一句：「……做研究的那種。」有個朋友的回答更妙：「我是不治病的那種心理學家。」

把話說清楚比較好，因為真的不少人覺得心理學主要就是治療精神疾病。能讀到這章的讀者，應該已經很清楚心理學不只如此。但臨床心理學確實是心理學的一個重要分支，就算有人說它是最重要的部分我也不會反對。心理學家可以治好憂鬱症或思覺失調的話，貢獻可就非常大。

介紹臨床心理學通常就是列出主要精神疾病及其症狀、學界對成因提出什麼理論，然後再討論如何治療。這些後面也有，不過先從更基礎的問題開始比較好：精神疾病這個詞到底什麼意思？

想知道世界上有哪些精神疾病，身在美國的人可以參考《精神疾病診斷與統計手冊》（*Diagnostic and Statistical Manual of Mental Disorders*），簡稱ＤＳＭ，可謂精神科與臨床心理學的聖經，診斷、研究、治療都會用到，每隔幾年就會修訂，我寫這章的當下還在第五版。也可以參考《國際疾病與相關健康問題統計分類》（*International Classification of Diseases*），已經出到第十一版，所以稱為ICD-11，由世界衛生組織主導，所以在其他國家很常見。

什麼樣的思考或行為模式會被心理學家和精神醫師放進這些手冊？

這類型參考書的內容多半針對明顯很嚴重的症狀，像是社交恐懼強烈到孩子不敢走出家門、年紀輕輕就思覺失調導致行為錯亂像是理智全無，以及長輩因為阿茲海默症而記憶與思考錯亂。

再來也有些不易分類的東西，什麼該列入手冊原本就是爭議性很高的話題。某些讀者可能就有使用藥物與酒類的習慣，你們有精神疾病嗎？DSM說你們有。但沉迷網路遊戲算不算？DSM說：不確定——這個項目「尚待研究」。（原注1）

人格障礙也一直都是論辯主題，包括表演型人格（情緒表現誇張、追求他人注目到了不妥當的程度）、反社會人格障礙（對他人缺乏關心、無法符合社會常態，和一般人說的精神病態、社會病態有重疊）、自戀型人格障礙（過度膨脹自我地位且追求關注與崇拜）。這些真的是疾病，還是大家不喜歡而已？比方說有些成功人士看起來就屬於自戀型人格障礙，如果人家過得很好，尤其在各種具體層面上比起評價他們的心理學家或精神科醫師都更好，由我們來聲稱他們有病需要治療，合理嗎？即使合理也會變成基於道德更甚於科學，以社會共識來評論人應當如何生活與相處。這是心理學與精神醫學該做的事情嗎？

針對診斷提出疑問並非單純屬於不切實際的理論面。無論公家還是民間的健康保險都要針對疾病做給付，除非一開始就全部給付，否則必然得對疾病做出篩選。像我如果當天壓力特別大會覺得來杯威士忌很有幫助，但如果拿買酒的帳單向保險公司說是壓力日症候群療法並要求理賠，恐怕是想太多了。

或者想像一下我的班級有學生來信：「布倫教授你好，很抱歉我的報告會遲交，因為我有雙相情緒障礙，最近進入躁期。」我看了還會回信表達關心。可是如果學生說遲交原因是性愛成癮無暇顧及課業，我的反應大概截然不同，而且很不諒解，但為什麼？（話說回來，DSM裡沒有性愛成癮，曾有人提出「性慾亢進障礙」這個項目，不過最終被否決。（原注2））

也有人主張根本沒有精神疾病這種事情，他們認為疾病只能用在肉體上，用在精神只是譬喻，還是糟糕的譬喻。精神科醫師湯瑪士・薩斯（Thomas Szasz）在《精神疾病的神話》（*The Myth of Mental Illness*）中明確表態（原注3），他批判了精神科處置方式的強制性、診斷的模糊性，且認為精神疾病這樣的標籤讓當事人免責之後反而無法好好面對問題。所謂的病人其實不是生病，而是與日復一日的生命經驗對抗之後「被生命壓垮」。

毋庸置疑曾經有過不正當的精神診斷，例如舊蘇維埃時代反抗政府壓迫會被關進精神病院。十九世紀初的美國仍有奴隸制，當時有人提出被奴役者想要逃脫是罹患了漂泊症（drapetomania），也就是精神失常無法克制漂泊的欲望。同性戀被多數心理學家和精神醫師視為疾病並不是古時候的事，直到一九八〇年DSM第三版修訂的激烈爭辯後，它才終於被除病化。

除病化之前的情況可以用一個小故事來呈現。（原注4）一九七二年美國精神醫學學會特別成立討論小組，主題是「精神醫學：對同性戀者是敵是友？」與會者其中一人公開表示：「我就是個同性戀，也是個精神醫師，與在座各位多數一樣是學會成員，也引以為榮。」接著他說精神醫師應該運用自己的「技術和智慧……幫助自己與人性中名為同性戀的那小小一部分和平共處。」發言者以面具、假髮、變聲麥克風隱藏了真實身分。

寫就本章時，DSM第五版仍有性別不安（gender dysphoria）這一項，意指當事人的性別認同與出生性別不符。部分跨性別運動人士認為既然同性戀除病化了，性別不安應該比照辦理，他們擔心被視為精神疾病會造成污名化。（原注5）但也有人認為放進DSM比較好，保險會因此願意針對如激素療法等各種處置做理賠。

對現行精神科做法的另一種批評是主張「神經多樣性」（neurodiversity）。他們認為應該將所謂的精神疾病視為不同的思考模式、理解與因應世界的方法，而且這些被當成病的特質有可能對人類生活產生助益。

再來也有人提出顧慮，或許標準的精神科做法誤解了問題本質。（原注6）比方說有個人情緒低落、感受不到快樂、睡眠品質變差、總是覺得疲憊、無法專注、對飲食和性都失去興致，而且持續了好幾個星期。這個人符合所有重度憂鬱症的症狀了。問題是也許三週前他孩子出車禍走了。治療與藥物對他都真的有幫助，可是其實沒必要說他生病，畢竟遭遇慘劇之後人本來就該有這種反應。

心理學家與精神醫師也不是笨蛋。《精神疾病診斷與統計手冊》的過往版本就特別對診斷過程加入「喪親之慟排除條款」（bereavement exclusion）。儘管最新版刪除這個部分，但大家已經明白不要將正常的哀慟與重度憂鬱混為一談。（原注7）

即使如此，約翰．海利（Johann Hari）在其著作《照亮憂鬱黑洞的一束光》（*Lost Connections*）中表示他認為還不夠。既然承認憂鬱是面對生死的理性反應，為什麼不更進一步呢？

難道只有對死亡的憂鬱才符合理性？與結縭三十載的丈夫分別，不該憂鬱嗎？發現自己還要困在無意義又討厭的工作三十年，不該憂鬱嗎？窮困潦倒只能去橋下當遊民，不該憂鬱嗎？如果憂鬱在某個情境是合理的，或許還有很多情境都說得過去吧？（原注8）

海利認為：「會不會憂鬱症只是悲傷的一種形式，我們感慨的是人生不如己意？或者失去某種連結，但需求還在？」他也對生物性療法提出質疑（但十分小心並未全面否定）。從海利的角度，精神醫學將力氣用錯地方，問題不在內心，而是外界。

精神疾病的診斷與成因

這些都是很值得深思的觀點，但也都沒辦法說服我們徹底拋棄精神疾病這個概念。先看看神經多樣性，最常被拿出來討論的是自閉症，所以我們也從這裡切入。有些人認為自閉症其實是特殊的、與常態神經相異的資訊處理模式，但不代表自閉症患者比較差。（原注9）自閉症患者遭遇的困難實際上反映出社會主流的常態神經者不肯接納思考方式不同的人。

這個分析套用在某些案例看起來非常正確。丹尼爾・葛羅斯（Daniel Gross）與泰勒・科文（Tyler Cowen）在著作中討論如何找到人才，他們說：「現在大家都知道有很多自閉症人士在程式、數學等等技術面有極高天分，這個話題已經不新鮮了，所以出現一些企業，尤其在科技這個領域，會專門聘請自閉症人士任職。」（原注10）兩人也針對自閉症的優勢做了說明，例如比較不容易犯下推論偏誤，因此在其他領域同樣能發揮所長。此外，一些具有自閉症特質的人，像氣候運動人士格蕾塔．童貝里（Greta Thunberg）和諾貝爾經濟學獎得主弗農．史密斯（Vernon Smith）都有出色的表現。

這套論述的問題在於自閉症，或者現在更精準的名稱是自閉症類群障礙（autism spectrum disorder），涵蓋範圍很廣。奧利佛．薩克斯曾對這個主題表示意見，他觀察到多數人，尤其多數醫師談到自閉症時，腦海中的想像是：「嚴重缺乏自理能力的兒童，有典型的肢體動作，可能喜歡用頭撞牆，只使用基礎語言，幾乎無法與人互動，很難想像未來日子要怎麼辦。」（原注11）儘管如今大家對自閉症的刻板印象不同了，符合這敘述的孩子依舊存在也依舊需要持續照顧，所以對自閉症進行治療並非污名化或社會控制，而是真的為他們著想。

思覺失調、重度憂鬱、嚴重焦慮如恐慌症也是同樣道理。病人本身過得辛苦，若能成功治療，對他們才是最好的。神經多樣性論述和薩斯醫師提出的顧慮不是沒道理，但也不是每個案例都適用。

海利的說法又如何？他指出注意外界影響是對的，可是個體本身同樣重要。後面會提到基因與早期經驗是精神疾病的重要因素，就像有些人從事單調乏味的工作會陷入重度憂鬱，但也有很多人沒有感覺並且在其他地方找到愉悅和意義。

何況就算內在因素都是假的，精神疾病只是環境刺激造成，這並不構成放棄治療的理由。原因在外界不代表只能透過改變環境處理，癌症或許是很清楚的類比：環境有很多致癌物質，我們確實應該正視問題，但顯而易見癌症治療不必限制在控制環境因素，也沒有理由停止將癌症視為疾病。憂鬱症是同樣道理。

掌握前提以後，我們就來看看主要的疾病、症狀、潛在成因與治療方法。本章最後還是會提出一些懷疑和顧慮，因為我個人也對某些部分持保留態度。

思覺失調並不常見，全球僅約百分之一人口受其所苦。然而思覺失調或許是最嚴重的精神疾病。世界衛生組織也將之列為就經濟衝擊而言，全球十大嚴重疾病之一。（原注12）罹患思覺失調，預估壽命會因為自殺、意外、其他疾病而比一般人少十五年（原注13），因精神問題住院的病人有超過三分之一都被診斷出思覺失調。

思覺失調多半在青春期晚期到三十多歲間發作，女性發作時間晚於男性，男性比例比較高。（原注14）符合以下症狀敘述至少兩條且時間夠久，才構成確診條件（原注15）：

一、**幻覺**：病人經歷並未實際發生的事件，多半為聽覺，也就是會聽見不存在的聲音。典型表現是神、惡魔、惡人的責備或要求做可怕的事。

二、**妄想**：非理性信念而且很難改變，例如政府監控、自己是救世主、外星人讀取人類思考等等。

三、**言語紊亂**：怪異而不連貫的語言表達，極端案例中病人完全胡言亂語，有人以

「詞語拼盤」（word salad）形容。

四、行為紊亂或高度緊張：怪異且不妥的行為，比如不恰當時機發出笑聲、奇裝異服、動作遲緩，甚至僵硬，又或者頻繁進行無意義的動作。

上面幾項是**正性**症狀，也就是罹患思覺失調的人才有這種思考或行為。還有**負性**症狀則是病人會缺乏的思考或行為：

五、失去認知或情緒：包括情緒表達淡漠，欠缺動機、欠缺愉悅、退縮到個人世界。

很多人對思覺失調的印象來自電影，可惜電影的呈現未必正確。《美麗境界》（*A Beautiful Mind*）是真人真事改編，主角約翰．納許是天才數學家，以博弈理論研究聞名。電影拍得很精彩，但對思覺失調的描繪則很糟糕。諸多問題之一是劇情有很大部分是納許身旁的一個朋友會開導他，後期反轉發現這個朋友根本不存在，因為是幻覺。典型的思覺失調不是這樣子，幻覺多數限於聽覺，很少變成視覺，發展為栩栩如生的人物更是太罕見。還有電影過分強調人憑藉意志力也能在不靠藥物與治療的前提下，壓制思覺失調症狀。對此多數專家會說大錯特錯。

同樣以真實故事為基礎的《心靈獨奏》（*The Soloist*）在症狀描述上表現較佳，傑米．福克斯飾演罹患思覺失調的音樂家納撒尼爾．埃爾斯（Nathaniel Ayers），以出色演技表現出病人的狀態。

流行文化常常將思覺失調與「人格分裂」混為一談。人格分裂是口語，專業診斷叫做「解離性身分疾患」（dissociative identity disorder），後面會詳細說明。之所以混淆是因為思覺失調（schizophrenia）的詞根是希臘語「分裂」（*schizo*）和「心智」（*phren*），然而此處的分裂意識是與現實割裂，表現在情緒、動機、認知上。思覺失調病人在學習、記憶、處理速度、專注力等幾乎所有心智層面都出現障礙。

思覺失調最麻煩的地方是病人很難與旁人正常互動，於是導致社會孤立。社會孤立本身又對心理健康有害無益，他們會以妄想去解釋自己為什麼和旁人脫節。疾病導致孤立，孤立導致疾病惡化，兩者形成惡性循環。

思覺失調如何形成？以前學界懷疑元凶是腦內分泌物質多巴胺，或許是對應這種神經傳導物質的受器太敏感。對病人使用抗精神病藥物阻斷突觸接收多巴胺之後，症狀確實減輕了。另外也發現刺激多巴胺的藥物如安非他命，能誘發與思覺失調十分類似的錯亂狀態。

不過多巴胺理論的解釋力不夠全面。如果抗精神病藥物是經由調控多巴胺達成療效，照道理效果應該立竿見影，因為藥物對神經傳導物質會立刻生效，偏偏實際觀察到的療效很緩慢。再者也發現思覺失調患者的腦部有些問題與多巴胺無關，包括灰質過少（灰質是神經元、樹突、軸突末端的主要組織），以及充滿液體的腦室較大。這些結構異常程度並不輕微，ＭＲＩ就足以觀察到。（原注16）而且有些與多巴胺無關的精神藥物也能緩解思覺失

調症狀。各種跡象顯示背後成因沒那麼單純，所以有一派學者主張思覺失調「本質是神經連結紊亂引發的障礙」。（原注17）

思覺失調與基因相關，如果生物學上的近親患有思覺失調，自己發病的機率也比常人高出很多。同卵雙生中一人有思覺失調，另一人發病的機率大約百分之五十，但異卵雙生的話則在八分之一左右。（原注18）

話雖如此，實際上並沒有「思覺失調基因」這種東西，得分析幾十萬個基因才能判斷風險多高。（原注19）回想上一章提到的行為遺傳學第四定律：典型的人類行為特徵與許多基因變異有關，每個變異只能解釋行為差異的極小部分。（原注20）

而且基因分析反而凸顯環境的重要。倘若思覺失調是純粹的遺傳疾病，雙胞胎之一發病了，另一個也差不多該發病才對。但實際情況並非如此。

因此遺傳的並非疾病本身，而是易患性。思覺失調是心理學領域「素質壓力模型」（diathesis-stress model）的一個例子，發病是易患性（「素質」的英文diathesis不好理解，源自希臘語的「傾向」）加上能觸發疾病的高壓力事件。

但什麼事情是觸發點？有個理論認為童年時家庭環境不良是誘因。的確，思覺失調患者成年後描述童年生活時，常常提起特別糟糕的早期經驗。（原注21）然而這個案例也一樣，因果關係不好區分——或許精神疾病患者比較容易對早期經驗有負面觀感。不過這個理論的另一項證據，是思覺失調與特定壓力因子呈現高度相關：貧困家庭的兒童長大以後比較容易發作。（原注22）

也或許觸發因素並非一般意義上的創傷或惡劣環境，有可能是難產、孕婦營養不良、病毒感染等等。（原注23）這方面自閉症也一樣，研究中常常與分娩（原注24）、感染（原注25）產生關聯，還發現冬季受孕也會增加機率。（原注26）

最後值得注意的是：雖然思覺失調在成年初期才發作，卻能在兒時察覺端倪。一個設計很特殊的研究是讓心理學家觀看家庭影片，思覺失調病患在拍攝時僅五歲或更小，合影的手足長大後沒有發病。（原注27）觀影的受試者事前並不知道病人是誰，可是他們猜到影片中誰長大會發病的機率高於隨機值，主要依據是行為異常、正向面部表情太少、負向面部表情太多。

思覺失調患者因為幻覺與妄想而脫離現實，這個情況就叫做精神病（psychosis）。精神病並非思覺失調獨有，也出現在雙相情緒障礙和某些極端藥物反應上。多數人對精神病是什麼感覺並不熟悉，但其實少數人或許體驗過輕微的精神病。詹姆士・喬伊斯（James Joyce）找心理學家卡爾・榮格討論女兒露西亞的思覺失調，榮格敘述了露西亞會經歷什麼特殊的心理過程，喬伊斯聽完卻察覺這些現象與自己作品所描述的異常接近。於是他提問：「榮格醫師，你有沒有發現我和我女兒好像在同一條船上？」榮格回答：「沒錯，但你還在船上，她卻掉下去溺水了。」（原注28）

其他精神失調比較容易類比。你有沒有真的非常非常難過的經驗，不想下床、沒有食慾、生命彷彿黯淡無光？將這種感受放大好幾倍，就多多少少能明白重度憂鬱症是怎麼回事。（原注29）作家安德魯・所羅門（Andrew Solomon）這樣敘述：

大概從這時候開始，夜晚令人恐懼。我的書在美國發行，十月十一日朋友幫忙慶功……我沒力氣請太多人，整場累得沒起身幾次，整個晚上不停冒汗，宴會經過在記憶裡朦朦朧朧彷彿褪了色。到家以後我的心就慌了，倒在床上抱著枕頭尋求慰藉卻沒辦法睡著。兩個星期以後，我三十一歲生日之前，才終於又走出家門買日用品，卻在外面整個人忽然呆掉，還大便失禁。跑回家以後我渾身發抖，又爬上床但還是無法入睡，隔天則是下不了床。我應該通知大家取消慶生會，但連這點事情都做不到，只是躺著一動不動。腦袋裡有話想說，可是動動舌頭以後喉嚨發不出聲音，好像連話怎樣說也忘記了。我哭了，但哭不出眼淚。平躺著想翻身，一樣記不起來怎麼控制身體。我還懷疑自己是不是中風了。大概下午三點，我終於勉強起來進了浴室，再回到臥房時渾身顫抖。幸好住在市區的父親打電話來，我擠出聲音說：「今晚取消。」他反覆問：「怎麼回事？」我卻什麼也說不出來。（原注30）

憂鬱症十分常見，盛行率在男性約為百分之十五，女性則是百分之二十六。（原注31）憂鬱症與思覺失調一樣有遺傳因素，如果血親中有憂鬱症病患，則發病機率也會比較高。然而與思覺失調相同的另一點，是許多符合遺傳條件的人並沒有發作，因此必然也與環境有關。（其實本書探討的所有精神疾病都一樣，遺傳是成因之一，所以之後就不再贅述。）能引發憂鬱症的壓力因素如大家所想像，包括生命中特別悲慘的事件，如失戀或丟了工作等等。客觀上過著美好生活的人也可能得到重度憂鬱症，只是處境差的人更容易，窮人罹

患憂鬱症的機率比較高這一點也和思覺失調相同。（原注32）

解釋憂鬱症的一個理論，是體內某些神經傳導物質的濃度太低，例如血清素。證據是病人服用可以增加腦部血清素的藥物之後通常病情會有所改善，常見的選擇有百憂解（Prozac）、樂復得（Zoloft）、克憂果（Paxil）。

可惜機制也和思覺失調一樣並不單純，藥物對神經傳導物質的作用非常快，可是對病情的改善卻需要好幾週。此外，無論在憂鬱症的成因或者治療上，與血清素相關的證據出乎意料很薄弱。因此有人評論：「直截了當地說，沒有明確證據指出情緒低落是血清素過低導致。」（原注33）藥物通常有用，可是醫生無法確定原因。一個截然不同的理論則是憂鬱症是腦部整體可塑性下降，病人失去依據環境調整思考的能力——這個說法也並未成為共識。（原注34）

就認知層面而言，憂鬱症可以連結到某些特定的思考模式（但這些模式未必是成因，因果與相關還是很難分辨），其中包括反芻自身問題的習慣。（原注35）「反芻反應量表」（Ruminative Response Scale）會詢問受試者難過、低潮、沮喪時有以下反應的頻率多高：

> 我會想「自己為什麼這樣反應？」
> 我會想專注怎麼這麼困難。
> 我會想「不振作起來就沒辦法做事」。

反應得分與憂鬱症發作呈正相關，但無法預測憂鬱持續多久。心理學家蘇珊・諾倫．霍克塞瑪（Susan Nolen-Hoeksema）認為女性反芻思考的傾向比較強，或許正因如此憂鬱症的比例也較高。（原注36）

憂鬱症還與負面看待生命的思維模式有關。前面曾經提到人常常高估自己的能力或處境，這種偏誤反過來的話或許就與憂鬱症有關。沒有憂鬱症的學生成績差了會認為老師教不好、下次一定會進步；有憂鬱症的學生則會覺得自己很笨一輩子無法擺脫低分。一位精神科醫師指出：「做心理治療的人應該都習以為常了，有些病人是收入和社會地位都很高的職業，家庭幸福美滿，與生活圈裡所有人相處融洽，但他們一坐下就說：『我覺得自己人生好失敗、這輩子什麼成就也沒有、大家都不喜歡我。』」（原注37）

從這個角度觀察，罹患憂鬱症的人沒有變笨，完全一樣聰明，可惜卻將那份聰明用來對付自己。所羅門就說：「憂鬱症發作並不像是眼前蓋上紗幔、世界變成一片灰暗，反倒覺得是美化一切的紗幔被掀開了，自己終於看見真相。」（原注38）

情緒障礙症以重度憂鬱最常見，接下來我會簡單介紹較少見的雙相情緒障礙：百分之四的人可能發病，症狀是在躁期和鬱期來回擺盪。所謂躁期是指情緒異常亢奮，有時思維誇張化，像是自尊過度膨脹與行為紊亂。有些時候躁期令人感覺很棒，有時候則會造成憤怒，甚至結合精神病。

雙相情緒障礙的遺傳程度比重度憂鬱症來得高，似乎腦部機制也不同，所以治療用藥不一樣。家族病史通常只會有重度憂鬱或雙相障礙其中一種，不會兩者同時出現。（文獻

中雙相情緒障礙與思覺失調的相關度比較高，並非與重度憂鬱。（原注39）

許多充滿創意的名人如梵谷和吳爾芙都有雙相情緒障礙，於是有人主張雙相障礙能帶來偉大的創作。（原注40）即使這個前提成立，憂鬱症對當事人非常沉重，代價恐怕超過躁期得到的好處。如果優秀文藝創作者沒有情緒問題，或許能在作品投入更多心力。

焦慮如同哀傷，都是生命的一環，所有人都體驗過。前面章節曾經解釋討論：如果一個人不會害怕、完全沒有恐懼和焦慮，其實根本無法生存。然而當焦慮變得不理性、失控、妨礙思考，就會出問題，也就是所謂焦慮症。（原注41）焦慮症是最常見的心理疾患，終生盛行率[1]約為三成（原注42），與情緒障礙一樣女性較男性好發。

一個子分類是**廣泛性焦慮症**（generalized anxiety disorder），基本上就是時時刻刻為各種事物焦慮。大約每二十人就有一人會在生命中某個時間發作此症。（原注43）焦慮不只影響生活技能，還會造成頭痛、胃痛、肌肉緊繃之類生理症狀。

另一種特別的焦慮症表現為強烈的非理性恐懼，亦即**恐慌症**，之前已經介紹過，比較容易在童年就顯現。（原注44）

強迫症（obsessive-compulsive disorder）也和焦慮有關（強迫症明顯與焦慮有關，DSM先前版本也將其列在焦慮症下，可是第五版已經將它獨立出來）。不理性且干擾生活的念頭稱為強迫觀念，必須透過不斷重複特定動作或內心儀式如算數才能緩和情緒，這就是強迫行為。盛行率在男性為百分之一、女性為百分之一點五（原注45），病患的心路歷程看了叫人很心疼：

我六歲開始只肯用手肘碰東西，因為覺得用手掌拿的話手會髒掉。七歲開始平均每天洗手三十五次……吞口水的時候得蹲下來摸地板，深怕任何一滴口水掉在地上所以得用手整個掃一遍。後來又變成吞口水的時候會一直眨眼睛……每次吞口水都要配合動作，有段時間是肩膀碰下巴，我也不知道為什麼，說不出理由，但心裡會害怕，不這麼做就不舒服。（原注46）

我將情緒障礙與焦慮症分開說明，可能讓人以為它們互不相關，但並非如此，兩者之間的界線其實不明確，許多病人兩者皆有，一些藥物則對兩種問題都有效。因此或許可以將其視為同一種疾病的不同表現。海利形容為：「同一首歌由不同樂團翻唱，憂鬱症是重拍情緒搖滾風格，焦慮症是重金屬的吶喊，但其實是同樣的曲子。」（原注47）

各種疑難雜症介紹到最後，我們來看看可能是最多爭議的精神疾病——解離性障礙（dissociative disorders）。（原注48）根據DSM第五版，解離是指正常心智運作如意識、記憶、認同等等出現紊亂或斷裂的情形。

---

1 譯按：指一生中經歷該疾病一次（以上）的機率。

解離性障礙有兩個形態：**人格解體障礙**（depersonalization/derealization disorder）是脫離了自我或環境；**解離性失憶症**（dissociative amnesia）是失去記起自身重要訊息的能力。大家或許都有過類似經驗，比如大量攝取酒精及藥物，或是睡眠狀態很差時。一些特殊情況還會導致所謂靈魂出竅的經驗，又或者覺得自己變成沒有感覺的機器人、忽然想不起來某些重要的事情。臨床處理的解離性障礙其實類似，不過程度嚴重非常多，持續時間也長很多。

最受到關注也引發最多議論的解離性障礙是**解離性身分疾患**（Dissociative Identity Disorder），早期稱為**多重人格障礙**（multiple personality disorder）。用一般說法來說，病人有數個明確的人格，或者說是自我及身分，而且各有各的年齡、性別，與外界互動的方式也不一樣。通常這些人格會輪流控制身體，有些人格可能不知道也不記得其他人格的行為和經驗。社會大眾對解離性身分疾患的認識多半來自暢銷書籍或電影，大部分聲稱改編自真實案例，例如電影《三面夏娃》（*The Three Faces of Eve*）、小說及電影《寂寞診療室》（*Sybil*），還有知名導演奈·沙馬蘭（M. Night Shyamalan）拍攝的《分裂》（*Split*）及《異裂》（*Glass*）。近年在抖音或一些網站也出現以「多意識體」（systems）自稱的社群，意思是單一身體內有多個自我意識，吸引了數百萬人關注。

十九世紀末學術界對解離性身分疾患提出的標準理論，是源自童年創傷經驗。他們描述的孩子通常為女孩，經歷可怕的侵害以後為了對應或逃避，因而選擇了**分裂**，製造出不同的自我。就證據而言，研究者找到解離性身分疾患與自述童年受侵害之間的顯著相關，然而也有一定比例的病人不記得自己有受過創傷或被忽視。

另一種理論卻認為，解離性身分疾患很大部分是社會力量運作的結果。（原注49）換言之，流行文化中的書籍電影不只描述了這個精神疾病，還創造了它。治療人員也得負起很大責任，心理學家與精神醫師自己先深信有這種疾病存在，然後鼓勵病人以多重人格的方式去分析病情，比方說採用不同語調態度的不同「自我」去重演生活經驗，導致原本沒有這種問題的人後來也出現了不同人格。

第二種理論的根據在於一開始解離性身分疾患的診斷很罕見，但是書籍與電影引發熱議之後，短期內出現成千上萬病例，而且多數是女性。增加的不只是病人數量，連體內人格數也大幅提高，早期病例都只有兩、三個身分，後來平均上升到十五，極端案例聲稱有幾百個。（原注50）

關於解離性身分疾患本質究竟為何也眾說紛紜。沒有人否認確診病患有情緒低落、行為怪異的問題，也沒有人朝作假的方向思考。但有人懷疑多重人格是否真有其事，一顆腦袋裡面會不只一個人嗎（這句話本身又是什麼意思呢）？支持創傷理論的人通常是持肯定態度，可是支持社會解釋的人就覺得尚有疑義。曾有研究團隊的結論是：「解離性身分疾患的病人實際上並非許多內在身分的集合體，然而他們對此深信不疑。也就是說病人覺得有很多個自我，但那是**錯誤信念**。」（原注51）如果採用這個說法，則多重人格現象根本不存在，是病人這樣定義自己，那麼解離性身分疾患實質上是「自我理解障礙」。

無論站在哪一邊，最終問題仍是為何有人會出現這個障礙，而其他人不會。一個有趣的論點是與睡眠相關：有睡眠癱瘓症（sleep paralysis）[2]或入睡時有幻覺的人，比較容易產

2 譯按：俗稱的鬼壓床常被解釋為睡眠癱瘓症。

生解離性身分疾患。（原注52）從數據上來看，發病率與睡眠障礙的相關性確實比創傷經驗還要高。或許是難以分辨自己是睡是醒，導致各種解離經驗，其中包括多重人格（或自認有多重人格）。

精神疾病的治療

多數人最想知道的還是如何治療精神疾病。相信本書不少讀者以前或現在曾受到精神疾病所苦，或者有認識的親友還在煎熬中。我開設線上心理學導論課程以後收到很多來信，其中一些是探討理論或研究，但更多的是諮詢自身的心理問題。

其實我沒辦法給大家明確的建議，因為我走的是學術研究路線，並非臨床治療或精神科。因此我通常告訴對方：要是問題真的很嚴重，就去做治療試試看。

現在療法有很多。（原注53）**心理動力學療法**（psychodynamic therapy）以之前討論過的佛洛伊德學說為基礎，認為我們的精神問題只是症狀，想要根治必須找出底層的原因做處理。典型的佛洛伊德式「精神分析」過程很漫長，常常持續好幾年、每週數次，會採用自由聯想與夢境分析之類的技巧。

再來還有**行為療法**（behavior therapy），基礎是史金納的理論，譬如治療恐慌症就會運用古典制約的技術。

認知療法（cognitive therapy）以辨識和矯正扭曲的思維為目標，例如幫助喜歡負面思考的人意識到自己將負面事件的影響誇大了。

將後兩種療法結合起來或許是當前主流，稱為**認知行為療法**（cognitive- behavioral therapy），一方面分析病人的思考模式，同時透過技術來改變行為，並主張行為與心理狀態有密切關係。

再者還有藥物治療，抗精神病藥物用於思覺失調，抗焦慮藥物用於恐慌症，當然還有抗憂鬱藥物。若以美國而言，接受憂鬱症治療幾乎都會用藥。

其他選擇之一是**電痙攣療法**（electroconvulsive therapy），也就是讓電流通過腦部，用於治療重度憂鬱症。醫生不會一開始就用這種辦法，然而若談話治療和藥物都無效，電痙攣療法或許能夠挽回性命。現在有較溫和的版本引起很多人討論，**經顱磁刺激**（transcranial magnetic stimulation）這項新科技能夠以電流對大腦特定部位送出局部脈衝。

雖然我將療法分開介紹，但實務上並非涇渭分明，多數治療人員都會兼容並蓄。所以實際療程可能是先討論憂鬱症的成因，**同時**回家要做自我練習改善與他人互動，再**加上**設法改變適應不良的思維。如果由精神科醫師協助的話，可能**還會**使用處方藥物，如威博雋（Wellbutrin）。

我建議有需要的人去做治療，因為平均而言，治療後都會有所改善。

所謂改善並不單純只是治療以後病人覺得好轉。如果只是症狀緩和很難證明什麼，很多疾病原本就會隨時間逐漸消失。想知道療法的實際功效，做法同樣是得有實驗組和對照組，得到治療與沒得到治療的人隨機分布。譬如一百人預約了同樣治療，其中五十人先做

了，另外五十人還沒排到，以這種方式反覆統計分析後，會發現有治療還是比沒治療的狀態更好。（原注54）

而且治療師對精神疾病的認識之深令人折服。精神科醫師蘭多夫．內斯就提到：

> 學會辨識常見規律讓很多人以為臨床醫師都會讀心術。如果病人自述人生無望、毫無活力、對一切失去興趣，問他：「是不是覺得吃什麼都味如嚼蠟，早上四點就醒來？」通常對方會回答：「兩個都說中了！醫生你怎麼知道？」因為克制不住洗手慾望的人被猜到，「你開車是不是會繞圈子確認自己有沒有撞到人」也非常訝異。學生體重大幅減輕卻又很怕胖，說一句「妳成績都是A對吧」有同樣效果。臨床治療人員能迅速將獨立的症狀歸納為症候群，對應到重度憂鬱症、強迫症、厭食症等等。觀察了成千上萬實際病歷，專業治療師很快就能辨識特徵，如同園藝家看到不同植物品種可以立刻說出名字。（原注55）

治療師通常也知道如何幫助病人好轉，比如特定療法對焦慮症特別有效。內斯還提到：「恐慌症患者幾乎都會好起來。還好陪伴病人回歸正常生活能讓我們很開心，否則治療過程其實很枯燥。」（原注56）

而且根據分析，無論什麼療法似乎多少都會有幫助。（原注57）一九三六年有人以《愛麗絲夢遊仙境》的內容將這個現象稱作「渡渡鳥效應」（Dodo Bird effect）。故事裡許多角色泡了水，渡渡鳥忽然要大家沿著湖畔賽跑來弄乾身體，最後問牠誰贏了，牠思考之後說：「大家都贏了！都會有獎品！」（原注58）

渡渡鳥效應代表所有（或幾乎所有）治療都會在某個關鍵上發揮作用。這個關鍵很可能是病人與治療師建立了連結，也稱作「治療同盟」（therapeutic alliance）。（原注59）在同盟關係中，病人獲得支持，覺得有人接納自己、同情自己，站在自己這邊加以鼓勵引導。而且做治療就代表心存希望，如果認為成功率為零、不相信治療能生效，則一開始就不會接受才對。這種希望感可以發揮自證預言的作用，相信有效通常是真正有效的第一步。

因此我要再次強調：如果有重大心理問題，請接受治療，會有幫助的。但同時我不得不承認的是，精神疾病的治療尚處於原始階段。

勢態一度非常看好。十九世紀後期，學界發現當時的主要診斷之一「麻痺性痴呆」（general paralysis of the insane）其實是梅毒感染引起，只要治療梅毒就能連帶痊癒，於是大家希望其他精神疾病也能以同樣方式解決。（原注60）

我念研究所的時代出現另一波樂觀主義。很多人嘲笑湯瑪斯・薩斯輕視精神醫學的態度，深信精神疾病就是大腦出問題，很快能透過驗血及腦部掃描加以診斷，像生理疾病那樣藥到病除。

多年後的新一波指望，以湯瑪斯・因賽爾（Thomas Insel）為開端。當時他以院長身分表態說美國精神衛生研究院往後不再以《精神疾病診斷與統計手冊》為依歸（原注61），原因是DSM的判斷標準不科學：「和缺血性心臟病、淋巴瘤、愛滋病不一樣，DSM診斷不是建立在客觀的實驗室數據，只是將臨床症狀整理分類。對比其他醫學，這個做法好比根據胸怎麼痛或發燒幾度來創造診斷體系。」美國精神衛生研究院試圖透過神經科學與遺傳學找出更科學的分類法，為精神疾病治療帶來革新。

成果如何？很多年過去，因賽爾自己的總結有點無奈：

我在精神衛生研究院致力推動神經科學和遺傳學的精神疾病治療方向長達十三年。回首過去，我認為自己成功鼓勵了許多傑出科學家發表優秀研究，然而大約兩百億美元的巨大代價卻沒有真正降低自殺率、住院率，或者促進數千萬精神疾病患者的康復率。（原注62）

在他之前擔任院長的史蒂芬・海曼（Steven Hyman）（原注63）也發表了類似的感慨：「已經超過四十年了，無論藥物或療法的機制上都沒有重大突破。」

雖然學界對精神疾病的診斷和治療有了深入瞭解，持平而論，進展確實比預期慢很多。當年以為可以將憂鬱症當作糖尿病、思覺失調當作癌症那樣治療，實務上目前看不到可能性。

其實曾因為憂鬱症或焦慮症去接受治療的人可能都察覺到這個困境了。與治療師討論自身問題的談話療法通常都有效果，但我們無法解釋為什麼有效。更令人困惑的是，採用何種治療技術不那麼重要，治療師與病人的搭配似乎才是關鍵。中間癥結究竟是什麼沒人知道。

藥物也一樣。服藥多半會有幫助，卻又不像發炎吃抗生素那樣簡單明瞭。精神科醫師通常得與每個病人花很多時間嘗試，才能找出有效的配方，而且一開始有效的藥物過一段時間可能會失效，這時候又得重新回到試誤過程。加上藥物有副作用，有些副作用很嚴重，像體重下降、失眠、影響性功能等等，因此即使服藥能改善症狀，還是有許多病人沒辦法堅持下去。再者，開發新藥在金錢與時間上都是巨大成本，測試需要很久，還得符合繁瑣的法規，很多藥廠似乎不想再投入了。（原注64）

不過也可能很快會有一波革新。可能性來自神經刺激，或者以往用於娛樂或探索經驗的藥物，如K他命、西洛西賓、LSD、搖頭丸等等。有一群人熱切支持這兩種新方向，所以也一如既往看到很多美好得難以置信的研究發現。但二十年後的事情誰也說不準，或許屆時深陷悲傷或恐慌難以自拔的人，會在精神科醫師指示下戴好頭盔以對的方式電擊對的部位，再不然就是以處方箋領取小劑量LSD來增加幸福與活力。如果這些能夠成真也是美事一樁，不過現在論斷還太早。

話說回來，思覺失調、焦慮症、憂鬱症這些疾病到底為什麼會存在？我們知道基因扮演重要角色，導致某些人容易發病，或至少缺乏別人有的抗性，然而這種基因為什麼沒有在天擇中被淘汰？這樣的疑問不只發生在心理疾患，癌症、糖尿病之類也得接受檢視。

候選的解釋理論有好幾種。（原注65）某些疾病或許不會影響生殖成功，比方說特別高度的焦慮在人類演化歷程的自然環境中是否負面目前沒有定論，有可能根本不妨礙生存和繁衍，又或者某些疾病主要影響過了生育競爭的老年族群。

另一種考量是對抗某些疾病的基因或許本來就不存在。演化不是魔法，天擇也只能針對既有的素材，否則隱形或音速移動的能力對獵食動物是絕對優勢，但無論基因怎樣組合、怎樣變異都得不出這種結果。說不定免疫於肝癌或腦部免於思覺失調對基因而言就是不可能。

還有人認為導致特定疾病的基因或許同時帶來優勢。要注意，意思並不是思覺失調或雙相情緒障礙**本身**對病人有好處，而是說使人容易發病的基因還有別的作用。舉例而言，鐮刀型紅血球疾病的基因使人不易得到瘧疾因此遺傳至今，即使父母都有此基因時孩子會有很多健康問題。類似論點是思覺失調和雙相障礙與創意有關，呼應了喬伊斯懷疑的自身才華與女兒精神狀態是否為一體兩面。（原注66）

——

針對精神疾病還有另外一個層面的討論。有時候大家口中的精神疾病就好像癌症、愛滋病或流感，譬如我們說某某人得了思覺失調、雙相障礙、恐慌症，不管分類多細和程度輕重——有就是有，沒有就是沒有。

問題是診斷標準並非如此。以最常見的悲傷與焦慮為例，治療師與研究人員都很清楚正常人也會有這些反應，就像之前提到過，一定程度的焦慮是生存前提。要確診為情緒障礙或焦慮症之類，意思就是當事人特定的情緒反應**過多**了，可是多與少就牽涉到判斷的工夫。以重度憂鬱症為例，必須符合的標準包括情緒低落、難以產生愉悅感、明顯的體重下降、持續倦怠等等，但每個治療師對於**多**低落、**多**難愉悅的臨床判斷未必一樣。何況某些標準本身就模稜兩可，像症狀持續兩週這種事情是怎麼決定的呢？兩星期沒有特殊意義，但改成十三天憂鬱症人口就會提高，改成十五天則比例會降低。

精神病態也值得探討。（原注67）DSM第五版沒有這項診斷，它被歸類到反社會人格障礙底下，然後依據細節分辨。然而很多人依舊認為精神病態是明確的精神疾病，症狀是缺乏悔意及罪惡感、慣性說謊、麻木不仁、無同理心、追求刺激。而且別的分類標準保留了精神病態這個條目，ICD第十一版就還有。甚至可以做心理測驗，常用的是羅伯特・海爾（Robert Hare）開發的〈海爾病態人格檢測表修訂版〉（Hare Psychopathy Checklist-Revised）。（原注68）檢測表原本提供給臨床專業使用，但後來也用在自我評估，一般人填寫後可以當作研究資料。

有關精神病態分數的一些研究發現很有趣。獄友比大學生高分、男性比女性高分應該沒什麼新鮮感（原注69），但職業分布呢？一份樣本有五千四百人的英國研究，歸納出最低分的職業是：

> 社會健康助理人員、護理師、心理治療師、工匠、造型師、慈善工作者、教師、藝術創作者、內科醫師、會計師

而最高分的一群則是：

> CEO、律師、廣播或電視名嘴、銷售員、外科醫師、記者、神職人員、警官、大廚、公務員（原注70）

二〇二一年的一份文獻回顧提出疑問：在一般成年人口中，精神病態的比例究竟有多高？（原注71）取樣超過一萬一千人後，得到的答案是：百分之四點五。

研究作者群直接表示這個數字可以經由改變定義來增減。海爾檢測表的評分範圍是零到四十，美國會將三十分以上的人視為精神病態，三十分以下就不算。如果希望社會上多一點精神病態，將這個標準下修到二十五分就好，因為美國之外其他國家通常都以二十五分為準。希望人數少一點呢？有研究將門檻訂在三十二分。因此「一般成年人口中精神病態的比例究竟有多高」這個問題本身或許就不是科學意義精準的問題，好比「真的很高的人比例有多少」其實取決於如何定義「真的很高」。

但也不是說就不要分類了。我們之所以要對人做分類總是有理由。成熟是一個連續體（continum）的概念，社會卻還是對駕照、徵兵、飲酒做出明確資格限制。單身和已婚也有模糊地帶，許多人沒有登記卻過著配偶般的生活，但納稅的時候不會過問這麼多。如果不對社交焦慮症或思覺失調症做出清楚界定，各種健康保險恐怕窒礙難行。

即使診斷的手法模糊而任意，實際上這些精神疾病或許真的屬於有與無的二分形態。新冠肺炎並不是以發燒度數、身體疼痛與呼吸困難程度做判定，而是有一個明確標準，人類還開發出檢測方法。撇開目前的診斷手法，說不定未來精神病態與重度憂鬱症也能以同樣方式定義，只是正確的檢測技術還沒出現。

但這種可能性不算高。現階段資料指向多數精神疾病是連續體的概念。好比內向是相對的程度高低（因此至少以科學而言，我們該談論的是內向的程度，而不是給特定類型的人直接貼上「內向者」標籤），本章論及的各種疾病也是這種性質。針對這個主題，一份近期的統合分析整理多項研究後認為，「研究支持人類絕大多數的心理差異為隱性連續體的觀點，心理疾病也不例外。」（原注72）

如果連續體的觀點正確，對包括神經多樣性與精神疾病定義在內的基礎問題會有很大影響。屆時面對憂鬱、焦慮、成癮、泛自閉症障礙、思覺失調，就不再單純將它們視為要解決的問題。它們只是我們對於人類差異的極端值所賦予的名稱。至於極端到什麼地步需要治療，也就不單單是心理學的問題，還會涉及道德和政治。

第十五章
美好人生

心理學家花了很多時間研究負面的東西，理由也不難理解。精神疾病像詛咒一樣可怕，瞭解思覺失調、情緒障礙、焦慮症等等都有很明顯的意義。但人生的光明面呢？

幾十年前開始有些心理學家就擔心學界過分強調負面資訊，對正向發展不夠關切，沒有好好研究是什麼因素導向愉悅、有意義、具滿足感的生活。話雖如此，人類繁榮並非完全遭到忽視，心理學上一直有人文主義者的蹤跡，亞伯拉罕．馬斯洛（Abraham Maslow）與卡爾．羅傑斯（Carl Rogers）都是其中表率。（原注1）只是相較於針對苦痛的研究，力度小了很多。新的正向心理學（positive psychology）運動就以改變這個狀況為宗旨。（原注2）

本書會在這章進入尾聲。然而我必須先提醒：正向心理學是龍蛇雜處的領域。教導大眾如何幸福快樂可謂致富或成名的捷徑，但是想要站上講臺不下來，就得將故事說得自信滿滿不留餘地，如果支支吾吾表示很多事情需要進一步研究的話，不會得到ＴＥＤ或企業活動的邀請，也就賺不到那些錢。這個領域有很多優秀學者，他們也都發表過很棒的演講。（原注3）然而不擇手段想分一杯羹的人多不勝數（原注4），因此市面上許多暢銷書和網路影片內容充斥誇大不實的資訊，偶爾還直接撒謊造假。假如有機會和各位讀者私底下喝點小酒聊天的話，我可以分享很多真實案例。

更糟糕的是正向人生與道德和政治的連接特別緊密，這是其他心理學分支沒有的現象。每個人都對理想世界有一番描繪，建立在自己對宗教、婚姻、後代、貧富差距等等議題的價值觀上。雖然自身的價值觀是否得到研究支持其實並不那麼重要，大家還是很希望學者能為自己背書，可惜這種心態實則不利於客觀的科學發展。

最後要注意的是：正向心理學背後有大量的研究數據。本章會提到的研究可能以數百萬人為樣本，但同時會解釋為什麼分析數據如此困難，而且有心人士能夠從同樣資料中導出相反結論，其中包括很根本的主題，像是結婚到底會不會帶來幸福。

綜合上述原因，大家對心理學家宣傳的幸福方法應該多一分謹慎。不過這個領域確實有些真實又深具影響力的發現，而且可能令人大吃一驚。不久前我曾經和一群退休人士聊天，問了他們：各位是否覺得有錢人比窮人快樂？在場大約四十人裡只有兩個人舉手同意。可惜這是個常見的誤解。之後我將會解釋金錢與幸福之間的關係如何成為正向心理學研究的一大突破，而且只是個起點。

幸福美好的人生

如何定義美好人生？有些人引用哲學家伊比鳩魯（Epicurus）的主張，認為美好的人生不外乎充滿愉悅；也有些人更在乎迴避苦痛，但兩者殊途同歸。還有些人表示好的生活是當事人快樂又滿足、整體有良好感受，不需要針對每個當下的喜樂錙銖必較。更加崇高的信念則包括美好人生得過得非常有意義（至於意義是什麼意義又另當別論）、能對世界造成正向轉變，抑或是追求所謂的超越性或靈性。

美好生活的某些層面與心理狀態沒有太直接的關係，（原注5）比方說長壽。只要不是活得很辛苦很沉重，一般而言長命比短命好，因為活得久也就有更多機會得到快樂愉悅、幫助他人、尋找意義，或完成任何好事情。不過或許也有極限，一些人認為長生不死對人類有害無益。但無論如何，以心理幸福感相同為前提，八十年的好日子就是比五十年多，要是和僅僅五年相比差距就更明顯。因此若要比較不同國家的人民繁榮，不將壽命納入考量會是明顯疏漏。假設兩個國家的人民自述的幸福度與滿意度在各方面幾乎都相等，一邊預期壽命為五十、另一邊預期壽命為八十，其他條件不變下，能活八十年的國家當然表現更好。

我個人認為「如何定義美好人生」這問題無法用一兩個字交代清楚。大家當然都追求愉悅，同時期待有趣的活動、想要建立滿意的關係、追求意義等等。所以我要附和經濟學家泰勒・科文（Tyler Cowen）的意見：

> 個別人類的生命怎樣叫做好，沒辦法以單一價值決定。它不會僅只於美、僅只於正義或快樂。多元理論較可行，也就是將許多相關價值，如人類福祉、公平正義、美、追求極限、仁慈善良及其他許許多多時而彼此衝突的美好，全都放進來討論。畢竟生命是複雜的！（原注6）

我在前面章節探討心理動機時就曾表態支持多元主義，也指出許多心理學家下意識將人視為單一性質（但大家又對人到底是什麼沒有共識）。我認為將性、飲食、社交、道德等等各種動機都列入考慮比較實際。在我看來，無論在哲學或心理學，「動機多元論」都是比較完善的，我還特別寫了一本書為其辯護。（原注7）

不過或許有人想法不同。我彷彿已經聽見某些人內心的聲音：**什麼意義、理由、道德全閃邊！我只是想要過得快活！**這我完全能理解。支持多元論的人不會質疑快樂有多重

要，尤其連民調都得出同樣結果：在任何國家詢問大眾此生最在乎什麼，多數人的答案不出所料就是希望能夠過得快樂。（原注8）

問題是所謂幸福快樂究竟是什麼意思？測量方法會隨著定義的細微差距而有所不同。其中一種詮釋與日常經驗有關，例如部分研究是心理學家請受試者在手機安裝軟體，隨機觸發後請他們填寫問卷，內容包括當下的幸福感，收集數據以後再計算平均值。這個概念稱為**體驗式幸福感**（experienced happiness）。另一種詮釋則請受訪者主動回想一生歷程，因此會脫離當下情境並跨越很長時間，若他們發自內心說出「我度過很棒的人生」那就是真的幸福，這個概念稱作**回憶式幸福感**（remembered happiness）。（原注9）

兩種幸福感的測量結果相關但並不完全重疊。有些人自認人生幸福但每天的體驗卻不那麼快樂，或反過來一直有正面體驗卻對人生整體不太滿意。（原注10）至於何者比較重要，心理學界目前並沒有共識，而如我這種多元論者則主張兩者都值得追求。（原注11）

閒扯這麼多之後，我們來聊個應該大家都很有興趣的問題：地球上最幸福的一群人到底是誰？

為了得到答案，心理學家對一百六十六個國家的一千五百萬人做了歷時十年的大型調查，找到自述各方面都很幸福快樂的人——定義是每個項目都可以自評零分到十分，而他們在每一項都給了九或十。這群人表示自己時時體驗到喜悅，沒有來自前一天的煩惱、悲傷或憤怒。（原注12）

有個重大發現是，這種高度幸福的人都有豐富的社交關係。他們花大量時間與親友相伴。他們之中高達九成四的絕對多數表示自己碰上麻煩的話有人可以倚靠；九成八的人，也就是幾乎全部都表示前一天有得到他人的尊重對待。

相對其他人，這群幸福精英收入高、體態好、健康問題少、常運動、少抽菸、休息狀況良好、壓力低。此外，他們自由的時間較多，選擇活動的自由也高，而且較容易認為前一天自己有得到新知。

重點來了：有些中度幸福，甚至不幸福的人，其實也獲得尊重、與親友相處、物質層面過得不差等等。由此可見這些因素並不是幸福快樂的充分條件，但應該是必要條件；沒有滿足這些前提不太可能躋身世界最快樂的階層。

儘管我也很喜歡這個研究，但別急著下定論。要是有人看完研究結論，對世人宣稱幸福的訣竅就是多運動、少抽菸、睡眠良好、多學習、多賺錢，然後最重要的是建立深厚且滿足的社會關係，我會提醒對方：先別急。

癥結點在於，因和果沒有那麼容易區別（我知道這一點在本書裡講過一百遍了）。

以朋友來說，很快樂的人有朋友，所以推論朋友能使人快樂好像很合理。但會不會其實是自己快樂才導致有朋友呢？這樣推論也合理，畢竟歡喜的態度至少一定程度上能夠感染別人，總是板著臉或過分內斂的人要受歡迎相對困難。而且快樂和友誼未必得直接相關，或許是第三個變因對它們分別造成影響，比如某些人性格外向友善又愛交際，會不會是這些特質使人容易快樂也容易交到朋友，但其實快樂程度和受歡迎程度並無直接關係？

不過也別急著放棄。縝密的研究方法還是能夠區辨因果，譬如看看快樂和助人之間的關係。許多人談到幸福快樂的第一個問題就是：「良善待人究竟會不會讓人感到快樂？」文獻確實驗證了兩者的因果關係。

善良的一種表現是當義工，很多研究都發現當義工能連結到更高的生活滿意度與更低的沮喪感，而且無論國家富裕貧窮都一樣。（原注13）

很好，意思就是想過得快活，就去當義工？沒這麼單純。有好幾項研究讓隨機的樣本當義工或不當義工，結果在情緒、自尊等方面都沒有差異。（原注14）可是較新的縱向研究觀察了當義工前後的快樂度變化，找到了明確的正向效果。（原注15）所以到底是快樂的人比較愛當義工（先不管為何如此），還是當義工使人快樂，抑或兩個描述都成立？還是無法確定。

那麼捐款又如何？同樣能夠找到關聯性。針對超過一百萬人的研究發現，慈善捐款是生活滿意度的指標之一，這次因果關係終於比較明顯（原注16）：多項研究的做法是直接給受試者金錢，比方說二十美元鈔票，然後請他們設法用掉這筆錢。一組是用在自己身上，另一組則用在別人身上。結果無私的那組人比較快樂，通常將錢捐出去以後情緒立刻提升。雖然目前無法確定捐獻對生命整體的幸福感是否有幫助，但至少有了初步的分析方向。

針對幸福感的研究，一個主要發現在於它具有穩定性。有些背景因素導致人的幸福感在不同時間點差異不大。

生理特徵如身高體重、心理特徵如智力和經驗開放性都受到遺傳影響，幸福感也一樣。（原注17）白話說法就是有人天生笑嘻嘻、有人天生苦瓜臉。

某暢銷書聲稱幸福感有百分之五十由基因決定。（原注18）不過本章已經提出很多理由，建議大家對這麼精準的數據先持保留態度。遺傳度會隨著時間地點變化，尤其應該留意同樣基因一旦到了新環境，表現方式就有可能改變。換言之，所有人都有可能因此得到巨大的快樂或悲傷。不過行為遺傳學的研究發現，的確指向某些事情在出生前就被決定得差不多了。

有些研究則印證了心理學家丹尼爾・吉爾伯特（Daniel Gilbert）敘述的「情感預測」失靈現象。（原注19）人類通常不太能夠準確預測到自己的幸福感變化。與穩定性最有關的是，大家會覺得生活中各個事件的衝擊很大。但我們忘記人的韌性頗為堅強，能撐過負面經驗；遺憾的是，正面經驗對我們的影響同樣薄弱。

一項研究請大學生提供想申請的宿舍排名順序，並預估分配到首選或末位時自己的快樂程度。學生預期自己的情緒差異會很大，但真的分配完之後根本看不出差別。（原注20）另一項研究請足球迷預測某場重要決賽的結果對自己的快樂程度有何影響，還特別強調從整體思考而不是針對比賽這個單一事件的情緒。然而數據顯示，冠軍隊球迷還是高估了快樂程度，亞軍隊球迷同樣高估自己的遺憾程度。（原注21）兩千年美國總統大選喬治・布希勝出，支持者沒有想像中那麼開心，高爾的選民也沒有自己預期的那麼不開心。（原注22）其實就連更直接的事件如情侶分手也一樣，通常大家都會高估自己的快樂變化。（原注23）

為什麼我們的預測會失準？一個因素是做預測自然要針對事件，但是思考聚焦以後，就會高估往後想起事件的頻率。例如有人要我想像自己支持的候選人選輸了，進入想像情境當然就會情緒低落，這時要我預測選舉結束後的感想一定都朝負面思考，很難意識到平日並不會時時刻刻關心政治。同理，想像自己贏得大獎必然很興奮，在這個想像底下就會認為未來的日子很美好，不會特別考慮人生還有很多部分與此無關。丹尼爾．康納曼與理察．塞勒（Richard Thaler）指出，生命中每件事情都一樣，想著的時候很重要，放下的時候真的就沒那麼重要了。（原注24）

最後還有一個現象是，大部分人沒發現自己多擅長編故事與重新解讀訊息。我們不斷透過這種方式保持對於自身、自身所屬群體、自己堅持的價值觀的正面評價。吉爾伯特的團隊說得很好（讀者應該都認識佛洛伊德了；利昂．費斯廷格〔Leon Festinger〕則提出了前面章節提到社會心理學上的認知失調概念）：

從佛洛伊德到費斯廷格，許多心理學家描述過人類心智有多麼巧妙。我們日復一日對抗負面事件帶來的情緒影響，學會以忽略、填補、扭轉、重構資訊的方式為自己增添優勢。有時候方法很簡單（例如建立規則，把開頭就說「你這個智障」的訊息全部過濾掉）、有時候方法很複雜（例如想出四個理由解釋自己一開始就不希望彩券中獎）。整體而言，彷彿人類心理也有免疫系統，負責調節陰霾分量以保護個體。如華倫特所言：「防衛機制之於心靈，就好比免疫系統之於肉體。」（原注25）

各種影響幸福感的因素

前面提到幸福感的個別差異有將近一半取決於遺傳。這層關係有可能很直接，也就是基因直接影響人會不會快樂，但其實背後因果鏈錯綜複雜的可能性更高。比如基因影響人格，或者影響我們建立人際關係以及其他層面獲得成功的能力，轉了幾圈以後才反映在幸福感上。

不過既然基因占一半（請注意這是粗略估計），就代表非基因的部分也占一半。幸福感很大一部分與環境有關。什麼環境條件最重要？

研究持續發現某些國家的人民平均幸福感較高。（原注26）差異幅度並不小。舉例而言，根據二〇二〇年《世界幸福報告》（原注27），在零到十分的量表中，第一名（芬蘭）平均分數七點九，最後一名（摩爾多瓦）平均分數五點八，是很明顯的差距。撇開基因，居住地點恐怕是幸福感最重要的因素。

有些人會質疑這種分數究竟代表什麼，也擔心「幸福快樂」之類詞彙的定義是否隨著文化而有所不同。（原注28）這些顧慮很合理，不過研究發現計算方式或者問卷文字精準度似乎都不影響調查結果。《世界價值觀調查》直接詢問「幸福感」，其他調查則採用不同方式，例如請受試者對自己生活做零到十分（從最糟到最好）的評價等等。不同調查的結論基本上差不多，名列前茅的國家總是同樣那幾個，包括北歐地區的挪威、芬蘭、丹麥、瑞典，歐陸的瑞士、德國，還有冰島、荷蘭、加拿大、紐西蘭與澳洲。（原注29）

幸福國家有些條件符合預期，例如平均收入高——ＧＤＰ與國民幸福感之間有很強的關聯。然後預期壽命長、社會支持穩固，大眾感受的自由程度、信任、慷慨包容都較高。漸進稅率和出色的福利制度也能預測幸福感，同時還需要一定程度的經濟競爭（共產國家幸福感偏低）。（原注30）

將這種效應歸因於環境是公平的嗎？會不會跟住在哪裡沒關係，而是芬蘭人繼承了芬蘭基因，他們就算搬到摩爾多瓦也一樣過得開開心心？事實不然，多項研究發現雖然族裔背景確實有些影響，但移民的幸福度會與本地人大致相同（原注31），由此可見是地區而不是基因的問題。

還有什麼因素會影響幸福感？

金錢。（原注32）不只富裕國家的人民比貧困國家的人民更幸福，同一個國家裡富人也比窮人過得更快樂。當然古人說的「金錢買不到快樂」並非毫無道理，不開心的有錢人確實也很多。然而所謂金錢與幸福完全無關的說法則是誤解，以道德為支撐卻缺乏實證，提出那種主張的人只是陳述了自己希望看到的世界，而不是世界的真實模樣。

追根究柢，如果生活條件改善卻對幸福感毫無幫助，才是很奇怪的事情吧？而金錢能買到的東西確實可以改善生活，比方說醫療服務、給自己與子女的教育、居住空間、美味且健康的食物、更多閒暇時間、更多旅遊與其他各式各樣的機會。要是不喜歡目前的住處或工作，金錢可以直接買到自由。金錢帶來的優勢在每個社會程度不同，有些地方即使窮人也能享受很好的醫療照護，而其他地方沒錢的人連治病都辦不到。然而重點在於金錢造成的優勢並不會徹底消失，因此無論以什麼方式切割幸福感概念，都會得到窮人相對不快樂的結論，這一點沒什麼好訝異。

只是金錢帶來的優勢受到報酬遞減的限制。一千美元對原本年收入三萬美元的人不算小數目，但對原本年收入十萬美元的人就只是百分之一所以不起眼。有些人認為遞減到最後會完全失去意義，也就是達到一定程度的財富安全穩定以後，再怎麼增加收入都不會提升幸福感。部分研究確實發現有飽和點存在，大約就是年收入十萬美元的水準。然而不同國家的數據不完全相同，甚至也有研究顯示，高收入會**降低**幸福感。（原注33）或許極端富裕會妨礙社交才導致負面效應？

但其他研究顯示，金錢可以永無止境地買到更多快樂。二〇一九年的民調發現，高收入對生活滿意度造成很大差異：年收入超過五十萬美元的人（美國的前百分之一）有九成都對生活「非常」或「完全」滿意，遠比年收入高於二十五萬但未滿五十萬的族群要好。（原注34）還有一項針對超級富豪的研究發現，收入超過千萬美元的人也比賺一兩百萬的人對生活更加滿意（雖然差距很小）。（原注35）

前面一直提到的關聯性與因果問題在這邊很重要，我們必須考慮這些有錢人是否有某些特質就是與常人不同，即使他們沒這種收入同樣比較開心。

想測試這一點，方法本身簡單明瞭，只要給人一大筆錢看看發生什麼事情、觀察長期下來他們是否更快樂，就能得到答案。不過有個小小的實務障礙是……多數心理學家沒辦法拿出很多個一百萬美元給一大群人來做實驗。

幸好還有所謂的自然實驗這條路，也就是碰運氣去尋找符合實驗條件的隨機樣本。以這個例子而言，自然實驗做法就是找到真實世界情境中機緣巧合得到大筆金錢的人，而符合這種描述的情境就叫做中樂透。（不過有個重要前提：這個情境僅限於會去買彩券的人，因此有人會懷疑，一開始就不是隨機常態分布。）

一九七八年的一個實驗很知名，他們比較了伊利諾州二十二位樂透中獎者和另外二十二位隨機選出的未中獎者，結果卻發現兩組人的幸福感沒有明顯差異。（原注36）然而這次實驗樣本過小，其他實驗擴大樣本數以後，發現得獎者的整體幸福程度上升。（原注37）其他研究則觀察到別的意外之財情境同樣能提高幸福感，例如繼承大筆財富的人。（原注38）

健康也與幸福相關。同樣不令人意外，各種疾病損傷都會導致幸福感持續下降，若會影響活動能力尤其為甚，例如中風或者脊椎傷害。（原注39）

年齡也與幸福感有關，而且比較不直覺：人老了以後一般而言會逐漸喪失氣力與活動能力，更容易受傷也更容易罹患重病（多數癌症病患都年過六十五）。考慮到剛剛才說過健康與幸福感有關，應該會預期年齡與幸福感呈反比。此外，年紀大了還有身分危機，老年人常有的抱怨是覺得自己不重要也不受人尊重了，這個因素也會衝擊到幸福感。然而實際上幸福感並不是隨著年齡逐漸下降，而是在年齡分佈上呈現U形曲線。（原注40）十八歲年輕人相對最快樂，之後一路下滑到五十出頭，之後卻反轉上升，到八十多歲時是平均而言人生最快樂的階段。

與幸福感相關的另一個因素是宗教信仰，只是關係很複雜。單一國家內虔誠的人幸福

感較高，尤其國家貧窮時更明顯。但國家整體宗教氛圍強烈時，人民的平均幸福感卻又比起其他國家來得低。（原注41）

性別呢？無論社會多平等，男女總是會在很多層面有所差異，包括收入、家庭角色、工作等等。女性憂鬱症比例高，而憂鬱明顯會導致不快樂。可是男性對酒精或其他事物成癮比例高，也是暴力犯罪主要的加害及受害者。另外，男性預期壽命比女性短了不少。或許就是這麼多因素加加減減的結果，最後很意外的是性別造成影響不大，兩性體驗到的幸福程度差不多。（原注42）

談了各種影響幸福感的要素，最後回到人際關係。

前面提到世界上最快樂的人通常有良好親密的人際關係。婚姻是其中一環，我奶奶會說人生不找個伴不會圓滿。以前我妹還沒結婚的時候，奶奶總是趁家族聚會時高分貝提醒：什麼鍋都得配個蓋！我覺得好笑，我妹可笑不出來。我奶奶或許立場太強硬了些，有很多人沒找到伴還是過得不錯。但平均而言她也沒說錯，結婚的人通常幸福感較高。（原注43）

但是為什麼？每次面對兩個因素的交互作用，都會出現同樣三種考量，分別是甲造成乙、乙造成甲，或者第三因素丙分別對甲乙有影響，所以甲乙之間沒有直接關係。套用在婚姻就是：結婚使人幸福（算是合理推論），或者幸福感高就容易吸引別人想與自己結婚（同樣合理），又或者其他因素如財富或人格同時成就了婚姻與幸福（還是合理）。

嘗試分離這些可能性的一個做法是分階段觀察。如果結婚完幸福感立刻上升，那婚姻很可能是原因。學者確實觀察到這個現象，無論同性戀或異性戀都一樣，婚後至少頭幾年會過得比之前幸福（原注44），但之後會回到與婚前相同的程度。（原注45）更詳細的研究試圖釐清婚姻的長期效應，發現許多因素能導致細微差距，例如性別、年齡、成長的國家等等（原注46），所以婚姻究竟有沒有使人更幸福還是沒有明確定論。

那生育呢？這個話題引發很多辯論，而且合情合理——許多人都有內心掙扎。（原注47）以前答案曾經明確過。丹尼爾．康納曼團隊的實驗經常被引用（也常被沒生小孩的人掛在嘴邊），他們請大約九百位職業婦女在每天結束時回報當日活動和進行活動時的快樂程度。（原注48）結果顯示，照顧小孩一點也不幸福，比起看顧小孩，她們更享受看電視、購物、做菜等各種活動。另一項研究則發現，孩子出生以後家長的幸福感會下降很長一段時間（原注49），而且婚姻滿意度也連帶下降，必須等到孩子離家之後才會回升。（原注50）心理學家丹尼爾．吉爾伯特曾經說：「空巢症候群[1]唯一的症狀就是微笑變多。」（原注51）

聽起來其實很真實，養兒育女真的**辛苦**，孩子年幼的階段尤其明顯。不僅壓力大、有很多事情要操心，而且得花很多錢，過程又無聊，通常伴隨睡眠不足，而睡眠問題原本就與憂鬱症相關。單親時負擔更重，雙親時兩人關係則因此緊繃。作家珍妮佛．希尼爾（Jennifer Senior）指出，小孩是配偶之間最容易爭執的話題，「比起錢、工作、姻親、個人習慣、溝通方式、休閒活動、情感堅貞、朋友交際、性生活都還更嚴重。」（原注52）

不過如同很多研究案例：初步研究得到確切的答案，後續研究卻會發現事情沒那麼簡

1 譯按：指子女離家後父母因為不適應而產生焦慮和沮喪等情緒

單。譬如生小孩的負面效應影響母親多過父親、影響年輕家長多過上了年紀的伴侶，然後對單親家長最沉重。(原注53)此外，效果強弱跟所處國家有關，當地育幼政策和托嬰體制是否完善且平價會造成很大差距(原注54)，比如在挪威有小孩會比沒小孩更幸福，在美國則是有小孩之前得做足心理準備。

小孩通常會導致整體幸福感、日常愉悅和婚姻滿意度下降。然而這個問題是個謎：我還沒看過有人進行科學統計，但個人經驗以及與其他家長互動中，很少聽到有誰後悔生了小孩。事實上多數家長（包括我自己）都會說小孩是生活重心，態度非常正面。是我們有錯覺嗎？

某些研究幸福感的學者確實認為這有可能是認知失調現象的一種，是心理免疫系統運作的結果：小孩生都生了，家長也付出大量時間心血，所以不願意承認生命根本沒有因此變好，只能自欺欺人說我們做了明智的決定。

又或者家長扭曲了自己的記憶。後面我們還會對這現象多著墨一點。人類對於各種經驗的記憶通常只保留高峰和結尾，其餘瑣碎部分都會忘掉。同樣是珍妮佛．希尼爾的說法：「我們根據當下體驗，告訴研究者自己寧願洗碗、午睡、購物、回信也不要陪小孩。但回憶過去種種時卻又跟研究者說，世界上沒有比孩子更令自己喜悅的東西。這種喜悅未必是日常生活的一環，必須主動思考、回憶才會浮現，也就是構成人生故事的篇章。」(原注55)

擴及一百六十國數百萬人的研究呼應了她的想法：整體而言，有小孩的人比較不快樂，滿意度低、日常壓力大。(原注56)可是平日得到的喜悅卻又比較多。是因為爸媽只記得最棒的時刻？疫情期間我與記者視訊通話時，對方提到家裡有一個四歲孩子和一對兩歲雙胞胎，覺得養小孩像海洛因一樣，谷底很深，爬到高峰又十分美妙。作家查蒂・史密斯（Zadie Smith）描述起來也很類似：養育孩子是「恐怖、痛苦與喜悅的奇妙調和」。（原注57）

我認為只保留美好記憶的說法算是可信，不過還可以再加入新的考量。先過度簡化一下，姑且假設有了小孩以後愉悅快樂真的都下降，但回到本章開頭提過的多元論會發現很可能還是值得。例如我說自己從養育幾個兒子得到巨大滿足時，意思並不是成了父親以後整體愉悅上升，而是訴求更深沉的人生目的與意義。

人能在腦袋裡想出鴨子的模樣或數字七，為什麼不能想快樂就快樂呢？顯而易見心智並不是這樣運作的。但問題就是，為什麼不呢？

想回答這個問題就得先面對快樂為什麼存在。史蒂芬・平克從演化角度，給了我們一個足夠可信的答案（原注58）：

> 我們可以將快樂視為古老生物回饋系統的提醒，這個系統追蹤自然環境中有利適存度的訊號。人類會快樂通常是因為健康、舒適、安全、物資充沛、社會連結、性、愛。快樂的功能就是引導我們尋求這些提升適存度的條件。人不快樂就會想要爭取改變的機會，快樂則會珍惜現狀。

從這個角度思考，快樂演化為生活良好的指標訊號。這也解釋了人為什麼無法主動選擇快樂。想像如果有一輛汽車油表被動了手腳，永遠停在滿格。剛開始駕駛會很開心，以為自己永遠不必擔心沒油的問題，但時間拉長就很糟糕，因為油箱並不是真的用不完，車子遲早會跑不動。同樣道理，如果人沒吃東西卻可以自主選擇忽略飢餓感，甚至靠想像就體驗到飽餐一頓的感覺，最初也會覺得很方便很美好，然而如此一來沒有覓食動機，恐怕很快就會真的餓死。

如果人可以選擇永遠快樂，就無法察覺不快樂代表生活條件變差而需要改善。不快樂好比油表或空了的肚子，提醒我們察覺和處理問題，所以它其實對人類是有**好處**的。

一個單純的結論就是：大家盡量追求最好的生活，成功的話會快樂，不成功的話也會因為不快樂而有動機繼續努力。但如果我們就是不想接收到惱人的系統提醒，或真的無心無力去改善生活，有沒有辦法篡改系統資訊？

透過藥物是辦得到。有人認為一部分治療憂鬱症的藥不只使情緒從很差變成略差，還可以將不快樂變成快樂，甚至從普通快樂變成非常快樂。（原注59）也有人提出非藥物的簡單手段來提升快樂程度，譬如特定的飲食補充、感恩練習、正念冥想、曬太陽（尤其冬季）、各種體力活動等等。其中一些方法或許短期有效，但長期作用我認為還是保守看待比較好。

如果生活在個人主義較重的社會，有個建議乍看之下很矛盾：想要快樂，就不要太執著於快樂。越傾向將快樂視為第一優先的人，反而越容易感到孤獨憂鬱，整體而言生活狀

態也較差。（原注60）

讀者們應該習慣審視因果關係了：或許將快樂視為優先不是問題，但是過得不夠好的人才會這樣做。

撇開因果關係，強調追求快樂反而讓人不容易快樂還有其他理由能解釋。（原注61）過度重視快樂可能導致期待過高不切實際，也會讓人反覆思索自己多不快樂，於是造成反效果。再來就是有可能追求快樂時走錯方向，研究發現以賺錢或提升地位為目標並會不快樂，還會連結到更嚴重的憂鬱、焦慮或其他精神疾病。（原注62）想賺錢是很特殊的問題。一份統合分析得到的結論是：「受訪者表示幸福感與生活滿意度降低，活力、自我實現下降，憂鬱、焦慮、整體精神疾病比例上升，幅度呼應他們對賺錢與物質的重視，以及是否將其視為人生幸福成功的關鍵。」（原注63）

等等，剛才不是確定了金錢能增加幸福感嗎？這並沒有矛盾。金錢令人快樂，可是**想賺錢**不會令人快樂。（因此生為富二代是個好辦法。）

能不能從別的途徑尋求快樂？針對集體主義社會如某些東亞地區的研究發現，追尋快樂就真的會變快樂。（原注64）原因或許是在這種社會形態下追求快樂，反而與親朋好友連結更深，而這個做法效果比較好。

截至目前為止我們討論到的快樂（或者稱為主觀幸福感），多半是請人們評估自己對生活的感受。我們也看到大家會想要增進人生的某些面向。有些面向比較深層，例如目的

和意義，我們願意跑馬拉松、願意生小孩或許與此有關。另外，也有人注重生命的道德層次，或者強調豐富和趣味。（原注65）

其他目標比較立竿見影，比如通常我們會追求愉悅、迴避痛苦。幸福和意義是長遠目標，愉悅和痛苦則伴隨各種經驗立刻出現。但是我們如何思考與記憶這些經驗性質呢？在本章與本書結尾，我想提出有關這方面值得留意的幾項研究發現。

既然經驗的當下就伴隨自身好惡，經驗又會留存在記憶內，照道理兩者應該能對應，例如回想痛苦的經驗時，對兩小時事件的記憶應該比一小時的更難受。前一小時愉悅、後一小時痛苦，應該和前一小時痛苦、後一小時愉悅不相上下。

可是丹尼爾．康納曼團隊發現上面的敘述都不正確。（原注66）經驗的長度與我們如何記憶幾乎無關。（原注67）現實中，休假好好玩兩週得到的愉悅應該就是多於只玩一週；在愉悅程度不變、也沒玩到膩的前提下，愉悅量是兩倍。然而在記憶中，其實兩者相同，都只是**這次放假玩得好過癮**。負面經驗也一樣。想像自己坐在擁擠班機的中段，機內居然還沒有提供娛樂、沒有東西能讀，隔壁靠窗那位旅客三不五時就要起身去上廁所。待在這班機上四小時和八小時，哪個比較糟？單純看字面問題應該不難回答，只是放在人類回憶裡的話，四小時和八小時其實一樣糟，都是**好慘的航班**。

人類回想過去事件時，傾向聚焦在兩個點：高峰（強度最大的時刻）和結尾。一項研究栩栩如生呈現了這個現象。研究者讓受試者接觸不同等級的痛苦——請他們將雙手浸在幾乎要結凍的冰水中，但每次浸泡的時間長短不同。（原注68）比如下面的差異：

甲組：中等程度痛苦，六十秒。

乙組：相同的中等程度痛苦持續六十秒，之後三十秒水溫略微提升，維持在依舊痛苦但比較輕微的程度。

哪一組受試者的反應比較好？大家通常會猜甲組，原因還要問嗎？痛苦的時間比較短。偏偏事實上乙組的體驗好一點，原因是結尾有好轉。在另一項研究中（原注69），康納曼團隊走出實驗室，針對自願接受大腸鏡檢查的人做測試（那個年代技術不同，大腸鏡檢查與現在相比非常不適）。半數受試者的檢驗時間被拉長，可是多出來的三分鐘大腸鏡不會移動，所以只是不舒服但不會太痛苦。結果一樣，不適時間增加的人反而表示整體經驗沒那麼糟糕，因為結束在不那麼痛苦的感受上。

其實這種經驗很普遍。想像自己參加一場很棒的派對，卻有了一分鐘很糟糕的經驗，例如與人互動時很糗、說了很尷尬的話之類。你會希望這事情發生在什麼時間點？派對開始、中間，還是結束的時候？發生在哪個時間點有可能讓整場派對變成不好的記憶？常識與康納曼研究的結論一致：結尾很重要。

終於來到尾聲。

讀完整本書以後，讀者應該對心理學有了比較完整的認識，明白為何科學家相信大腦就是心智活動的源頭，瞭解佛洛伊德和史金納的理論內容，也知道了關於意識、兒童發展、語言、記憶、感知、理性、情緒、動機、社會行為、偏見、個體差異、精神疾病等許多方面，學界究竟掌握了什麼又不能掌握什麼。此外，讀者應該也熟悉了目前對於幸福感和愉悅的研究得到什麼結論。或許有些部分可以挪用到你自己的日常生活上。其餘部分，我希望至少你會覺得有趣且重要，即使不一定具有實用價值。

在這本書的開頭，我提到自己的小故事：以前讀了講述宇宙起源的書以後深深著迷，結果後來完全沒再接觸那個主題。或許這會是你最後一本談心理學的書。考慮到這一點，我想分享對於心理學的兩個態度，也是我在這領域待了大半輩子的心得。

首先就是虛心。畢竟直到現在仍有很多基礎問題沒人能夠回答。我們知道大腦是心智活動的來源，卻始終無法解釋為什麼物理性質的一塊肉能夠生出有意識的經驗。我們知道人格、智力、幸福感等等心理特質具有遺傳性，但尚未確認基因如何作用，也不確定生活經驗在個人發展中扮演怎樣的角色。我們知道社會對人影響很大，可是還不能透過這一點來利用與改變人類行為。我們對精神疾病有初步理解，可惜坦白說無論診斷或治療都還很原始。心理學無論什麼主題都還有很多謎題等待後世解答。

再者是樂觀。我相信心理學的科學方法終將勝出，關於人類最重要且最私密的層面、我們的信念與情緒、決策與判斷是非的能力，甚至意識經驗等等，都能經由建立與驗證科學假設得到解釋。一路以來我們已經有了長足進展，未來還會更好。

不過有些人反而對這個前景憂心忡忡。他們害怕以科學分析心智會導致人類不再獨特，變相矮化了我們自己。我的態度相反，希望大家讀完這本書之後能有共鳴：越是瞭解心智、越是明白如何以科學解釋心智結構，我們才越能夠讚嘆人心的複雜、獨特與美好。

致謝

本書內容不僅奠基於我開設的心理學導論課程，還涵蓋我參與的學術研究，以及之前撰寫的六本書，可謂個人心理學生涯集大成。也因為如此，要向生命中每位曾對我伸出援手的同事、朋友、學生致謝，是不可能的任務。我自知力有未逮。然而仍舊得藉此機會向幾位本書的幕後功臣獻上感謝。

在此之前，必須先提幾位心理學導論方面的頂尖人物，他們為我提供了靈感與方向。首先感謝 Marvin Chun、Chaz Firestone、David Pizarro、Nicholas Turk-Browne 慷慨分享教材；再來是兩本重量級教科書，分別為 Daniel Wegner、Daniel Gilbert、Daniel Schacter、Matthew Nock 合著的《心理學》（*Psychology*），以及《互動心理學：人類觀察》（*Interactive Psychology: People in Perspective*），作者為 James J. Gross、Toni Schmader、Bridgette Martin Hard、Adam K. Anderson、Beth Morling。

撰寫本書期間我經常向社群媒體尋求協助，例如「最先提出這套理論的是誰？」「這個效應有沒有臨床實驗證據？」，我深深為大家的熱心與博學感動。幫助我的不僅是好友，也包括素昧平生的新朋友，其中 Fiery Cushman 出手好幾次，令人印象深刻。再來是 David Pizarro 與 Tamler Sommers 邀請我在他們的 podcast 節目「Very Bad Wizards」聊聊威廉・詹姆斯，於是書中提起威廉・詹姆斯的部分也比原始計畫多了一些。

此外，整理初稿時發現三本好書對我影響極深值得感謝，分別是Matthew Cobb所著《大腦的概念：神經科學的過去與未來》（*The Idea of the Brain: The Past and Future of Neuroscience*）、Kathryn Paige Harden所著《基因樂透：DNA如何影響社會平等》（*The Genetic Lottery: Why DNA Matters for Social Equality*），以及Peter D. Kramer所著《佛洛伊德：現代心靈的發明家》（*Freud: Inventor of the Modern Mind*）。同樣感謝幾位我反覆引用的學者，包括：Susan Carey、Frank Keil、Elizabeth Spelke（兒童發展方面）、Edward Diener（幸福感）、Julia Galef（理性）、Daniel Gilbert（社會心理學）、Joseph Henrich（文化）、Steven Pinker（語言、理性）、Stuart Ritchie（智力）、Scott Alexander（認知、臨床心理學）。想必有些讀者會好奇如何更深入瞭解心理學，這份名單就是我的答案。

多位專家針對特定章節提供寶貴建議，特此感謝Arielle Baskin-Sommers、Amy Finn、Chaz Firestone、Rebecca Fortgang、Yoel Inbar、Michael Inzlicht、Peter Kramer、Stuart Ritchie、Katherine Vasquez。本書內容想必仍有錯漏，那肯定是我沒好好聽懂專家意見的後果。還有四位心理學家在出版前讀過文稿並提出大量精闢見解，非常感謝Frank Keil、Gregory Murphy、Christina Starmans、Matti Wilks。

一如既往，既是經紀人也是好友的Katinka Matson在過程中每一步都給了我寶貴建言。我先前兩本書的編輯Denise Oswald十分厲害，起初本書也是由她負責，可惜交出初稿時她正好離職（編輯流動率很高）。但我很幸運，接手的Sarah Murphy同樣高明，還有厚實的心理學背景，是再適合不過的人選。還有Ecco出版社另一位編輯Norma Barksdale對接近最終版本的稿件提出改善方針，Ashima Kaura細心整理了參考書目，Hendri Maulana繪製精美插圖，Jane Cavolina 一字不漏的校對功力。

然而，我最感激的終究是Christina Starmans。她對這本書出的力比其他人加起來還多，而且也是世界上最適合討論想法的夥伴。我期盼著兩個人未來更多的交流——因為送出完稿的隔天，我們結婚了。

原文注釋

前言

1. John D. Barrow, *The Origin of the Universe: Science Masters Series* (New York: Basic Books, 1997).
2. 免費課程網址：https://www.coursera.org/learn/introduction-psy chology.
3. John Updike, *Rabbit at Rest* (New York: Alfred A. Knopf, 1990), 206.

第一章

1. Malcolm Macmillan, "Phineas Gage—Unravelling the Myth," *Psychologist* 21 (2008): 828–31.
2. Oliver Sacks, "The Last Hippie," *New York Review of Books*, March 26, 1992, 53–62.
3. Francis Crick, *The Astonishing Hypothesis: The Scientific Search for the Soul* (New York: Scribner, 1994), 3.
4. Matthew Cobb, *The Idea of the Brain: The Past and Future of Neuroscience* (London: Profile Books, 2020), 104.
5. Paul Bloom, *Descartes' Baby: How the Science of Child Development Explains What Makes Us Human* (New York: Random House, 2005).
6. Owen J. Flanagan, *The Science of the Mind* (Cambridge, MA: MIT Press, 1991), 1.
7. Cited by Flanagan, *The Science of the Mind*, 2.
8. René Descartes, *Descartes: Philosophical Essays and Correspondence*, ed. Roger Ariew (Indianapolis, IN: Hackett Publishing Company, 2000), 61.
9. Bloom, *Descartes' Baby.* For a critique of this "intuitive dualism" theory, see Michael Barlev and Andrew Shtulman, "Minds, Bodies, Spirits, and Gods: Does Wide- spread Belief in Disembodied Beings Imply That We Are Inherent Dualists?," *Psychological Review* 128, no. 6 (2021): 1007–21.
10. Steven Pinker, *How the Mind Works* (New York: W. W. Norton, 1997), 64.
11. Cobb, *The Idea of the Brain*, 42.
12. Cobb, *The Idea of the Brain*, 43.
13. Pinker, *How the Mind Works*, 64.
14. Tomoyasu Horikawa et al., "Neural Decoding of Visual Imagery During Sleep,"*Science* 340, no. 6132 (2013): 639–42.
15. For review, see Howard Robinson, "Dualism," Stanford Encyclopedia of Philoso- phy Archive (Fall 2020 Edition), ed. Edward N. Zalta, https://plato.stanford.edu/archives/fall2020/entries/dualism/.
16. Cobb, *The Idea of the Brain*, 20.
17. Bertossa Franco et al., "Point Zero: A Phenomenological Inquiry into the Subjec- tive Physical Location of Consciousness," *Perceptual and Motor Skills* 107 (2008): 323–35.
18. Christina Starmans and Paul Bloom, "Windows to the Soul: Children and Adults See the Eyes as the Location of the Self," *Cognition* 123, no. 2 (2012): 313–18.
19. Cobb, *The Idea of the Brain*, 32.
20. Terry Bisson, "They're Made Out of Meat," *VOICES-NEW YORK* 39, no. 1 (2003): 66–68.
21. 腦部解剖學與生理學可參考Diane Beck and Evelina Tapia, "The Brain," in *Noba Textbook Series: Psychology*, eds. Robert Biswas-Diener and Ed Diener (Champaign, IL: DEF Publishers, 2022), http:// noba.to/jx7268sd; Sharon Furtak, "Neurons," in *Noba Textbook Series: Psychology*, http://noba.to/s678why4; and Uta Frith, Chris Frith, and Alex Frith, *Two Heads: A Graphic Exploration of How Our Brains Work with Other Brains* (New York: Scrib- ner, 2022).
22. Cobb, *The Idea of the Brain*.
23. Frederico A. C. Azevedo et al., "Equal Numbers of Neuronal and Nonneuronal Cells Make the Human Brain an Isometrically Scaled-Up Primate Brain," *Journal of Comparative Neurology* 513, no. 5 (2009): 532–41.
24. William James, *The Principles of Psychology* (New York: Henry Holt, 1908), 6–7.
25. Cited by Cobb, *The Idea of the Brain*, 110–11.
26. Andrew Hodges, "Alan Turing," Stanford Encyclopedia of Philosophy (Winter 2019 Edition), ed. Edward N. Zalta, https://plato.stanford.edu/archives/win2019/entries/turing/.
27. Elizabeth F. Loftus, "Leading Questions and the Eyewitness Report," *Cognitive Psychology* 7, no. 4 (1975): 560–72.
28. Stephen R. Anderson and David W. Lightfoot, "The Human Language Faculty as an Organ," *Annual Review of Physiology* 62, no. 1 (2000): 697–722.
29. Cobb, *The Idea of the Brain*, 80.
30. Cobb, *The Idea of the Brain*, 40.
31. Oliver Sacks, *The Man Who Mistook His Wife for a Hat and Other Clinical Tales*(Toronto: Vintage Canada, 2021).
32. Stanislas Dehaene et al., "How Learning to Read Changes the Cortical Networks for Vision and Language," *Science* 330, no. 6009 (2010): 1359–64.
33. Iftah Biran and Anjan Chatterjee, "Alien Hand Syndrome," *Archives of Neurology*61, no. 2 (2004): 292–94.
34. Edward H. F. de Haan et al., "Split-Brain: What We Know Now and Why This Is Important for Understanding Consciousness," *Neuropsychology Review* 30, no. 2 (2020): 224–33.
35. Jerry Fodor, "Diary: Why the Brain?," London Review of Books 21, no. 19 (1999): 68–69.
36. Cobb, *The Idea of the Brain*, 236.
37. Naomi I. Eisenberger, Matthew D. Lieberman, and Kipling D. Williams, "Does Rejection Hurt? An fMRI Study of Social Exclusion," *Science* 302, no. 5643 (2003): 290–92.
38. C. Nathan DeWall et al., "Acetaminophen Reduces Social Pain: Behavioral and Neural Evidence," *Psychological Science* 21, no. 7 (2010): 931–37.
39. David Chalmers, "The Hard Problem of Consciousness," in *The Blackwell Compan- ion to Consciousness*, ed. Max Velmans, Susan Schneider, and Jeffrey Gray (Oxford, Blackwell Publishers, 2007): 225–35.

第二章

1. F. Gooding, "From Its Myriad Tips," *London Review of Books* 43, no. 10 (2021): 68–69.
2. Jeremy Bentham, *The Collected Works of Jeremy Bentham: An Introduction to the Prin- ciples of Morals and Legislation* (London:

Clarendon Press, 1996).
3. John Locke, *An Essay Concerning Human Understanding*, ed. Paul H. Nidditch (Oxford: Clarendon Press, 1988), 389. For discussion, see Sydney Shoemaker, "The Inverted Spectrum," *Journal of Philosophy* 79, no. 7 (1982): 357–81.
4. Marcel Proust, *Swann's Way*, ed. Paul Negri (Newton Abbot, UK: David & Charles, 2012), 72.
5. Thomas Nagel, "What Is It Like to Be a Bat?," *Philosophical Review* 83, no. 4 (1974): 435–50.
6. William James, *The Principles of Psychology* (New York: Henry Holt, 1908), 488.
7. Alison Gopnik, *The Philosophical Baby: What Children's Minds Tell Us About Truth, Love, and the Meaning of Life* (New York: Random House, 2009).
8. For discussion, see Paul Bloom, "What's Inside a Big Baby Head?," *Slate*, August 9, 2009, https://slate.com/culture/2009/08/alison-gopnik-s-the-philosophical-baby.html.
9. 討論此問題很棒的科幻小說 Andy Weir, *Project Hail Mary: A Novel* (New York: Ballantine Books, 2021).
10. For discussion, see Jason Schukraft, "Does Critical Flicker-Fusion Frequency Track the Subjective Experience of Time?," *Rethinking Priorities*, August 3, 2020, https://rethinkpriorities.org/publications/does-critical-flicker-fusion-frequency-track-the-subjective-experience-of-time.
11. Frank Tong et al., "Binocular Rivalry and Visual Awareness in Human Extrastriate Cortex," *Neuron* 21, no. 4 (1998): 753–59.
12. Adrian M. Owen et al., "Detecting Awareness in the Vegetative State," *Science* 313, no. 5792 (2006): 1402.
13. James Somers, "The Science of Mind Reading," *New Yorker*, December 6, 2021.
14. Bernard J. Baars, "In the Theatre of Consciousness. Global Workspace Theory, a Rigorous Scientific Theory of Consciousness," *Journal of Consciousness Studies* 4, no. 4 (1997): 292–309.
15. Lucia Melloni, Liad Mudrik, Michael Pitts, and Christof Koch, "Making the Hard Problem of Consciousness Easier," *Science* 372, no. 6545 (2021): 911–12.
16. For an accessible review, see Paul M. Churchland, *Matter and Consciousness* (Cam- bridge, MA: MIT Press, 2013).
17. John R. Searle, "Minds, Brains, and Programs," *Behavioral and Brain Sciences* 3, no. 3 (1980): 417–24.
18. Eric Mandelbaum, "Everything and More: The Prospects of Whole Brain Emula- tion," *Journal of Philosophy*, in press.
19. David Chalmers, "The Hard Problem of Consciousness," in *The Blackwell Compan- ion to Consciousness*, ed. Max Velmans, Susan Schneider, and Jeffrey Gray (Oxford, Blackwell Publishers, 2007): 225–35, 203.
20. Ned Block, "On a Confusion About a Function of Consciousness," *Behavioral and Brain Sciences* 18, no. 2 (1995): 227–47.
21. Edgar Rubin, *Synsoplevede Figurer: Studier i Psykologisk Analyse* (Copenhagen: Gyl- dendal, Nordisk Forlag, 1915).
22. Barry Arons, "A Review of the Cocktail Party Effect," *Journal of the American Voice I/O Society* 12, no. 7 (1992): 35–50.
23. Stevan L. Nielsen and Irwin G. Sarason, "Emotion, Personality, and Selective At- tention," *Journal of Personality and Social Psychology* 41, no. 5 (1981): 945–60.
24. Daniel J. Simons and Christopher F. Chabris, "Gorillas in Our Midst: Sustained Inattentional Blindness for Dynamic Events," *Perception* 28, no. 9 (1999): 1059–74.
25. David L. Strayer, Frank A. Drews, and William A. Johnston, "Cell Phone-Induced Failures of Visual Attention During Simulated Driving," *Journal of Experimental Psychology: Applied* 9, no. 1 (2003): 23–32; D. A. Redelmeier and R. J. Tibshirani, "Association Between Cellular-Telephone Calls and Motor Vehicle Collisions," *New England Journal of Medicine* 336 (1997): 453–58.
26. Edward Gilman Slingerland, *Trying Not to Try: Ancient China, Modern Science, and the Power of Spontaneity* (New York: Broadway Books, 2014).
27. James, *The Principles of Psychology*, 122.
28. Daniel H. Pink, *When: The Scientific Secrets of Perfect Timing* (New York: Riverhead Books, 2019).
29. Maria Konnikova, *Mastermind: How to Think Like Sherlock Holmes*, epigraph (New York: Viking Penguin, 2013).
30. Jerry Fodor, *The Modularity of Mind* (Cambridge, MA: MIT Press, 1983).
31. J. Ridley Stroop, "Studies of Interference in Serial Verbal Reactions," *Journal of Experimental Psychology* 18, no. 6 (1935): 643.
32. Matthew A. Killingsworth and Daniel T. Gilbert, "A Wandering Mind Is an Un-happy Mind," *Science* 330, no. 6006 (2010): 932.
33. Thomas Gilovich, Victoria Husted Medvec, and Kenneth Savitsky, "The Spotlight Effect in Social Judgment: An Egocentric Bias in Estimates of the Salience of One's Own Actions and Appearance," *Journal of Personality and Social Psychology* 78, no. 2 (2000): 211–22.
34. Thomas Gilovich and Victoria Husted Medvec, "The Experience of Regret: What, When, and Why," *Psychological Review* 102, no. 2 (1995): 379–95.
35. Gustave Le Bon, *The Crowd: A Study of the Popular Mind* (Mineola, NY: Dover Publications, 2002), 8.
36. Ruud Hortensius and Beatrice De Gelder, "From Empathy to Apathy: The By- stander Effect Revisited," *Current Directions in Psychological Science* 27, no. 4 (2018): 249–56.
37. Edward Slingerland, *Drunk: How We Sipped, Danced, and Stumbled Our Way to Civilization* (New York: Little, Brown Spark, 2021), 290.
38. Roy F. Baumeister, "Masochism as Escape from Self," *Journal of Sex Research* 25, no. 1 (1988): 28–59.
39. Pat Califia, "Doing It Together: Gay Men, Lesbians and Sex," *Advocate* 7 (1983): 24–27. For more discussion, see Paul Bloom, *The Sweet Spot: The Pleasures of Suffer- ing and the Search for Meaning* (New York: Ecco/HarperCollins, 2021).
40. Robert Trivers, *The Folly of Fools: The Logic of Deceit and Self-Deception in Human Life* (New York: Basic Books, 2011).
41. See Steven Pinker, *How the Mind Works* (New York: W. W. Norton, 1997).
42. Rory Sutherland, *Alchemy: The Surprising Power of Ideas That Don't Make Sense* (New York: Random House, 2019).
43. Sutherland, *Alchemy*, 17.
44. Heidi Moawad, MD, "Ondine's Curse: Causes, Symptoms, and Treatment," Neu- rology Live, April 17, 2018, https://www.neurologylive.com/view/ondines-curse-causes-symptoms-and-treatment.

第三章

1. Peter D. Kramer, *Freud: Inventor of the Modern Mind* (New York: HarperCollins, 2009), 2. Much of what follows is based on this excellent book.
2. Kramer, *Freud*, 1.
3. Kramer, *Freud*, 2.
4. George Prochnik, "The Curious Conundrum of Freud's Persistent Influence," *New York Times*, August 14, 2017. The book is

Frederick Crews, *Freud: The Making of an Illusion* (New York: Henry Holt, 2017).
5. Kramer, *Freud*, 52.
6. Sigmund Freud, *Dora: An Analysis of a Case of Hysteria*, ed. Philip Rieff (New York: Touchstone Books, 1963), 69.
7. Sigmund Freud and James Strachey, *The Interpretation of Dreams*, vol. 4 (New York: Gramercy Books, 1996).
8. Cara C. MacInnis and Gordon Hodson, "Is Homophobia Associated with an Im- plicit Same-Sex Attraction?," *Journal of Sex Research* 50, no. 8 (2013): 777–85.
9. Karl Popper, *The Logic of Scientific Discovery* (New York: Basic Books, 1959).
10. For discussion, see Michael D. Gordon, "The Quest to Tell Science from Pseudo- science," *Boston Review*, March 23, 2021.
11. Sigmund Freud, *The Interpretation of Dreams*, ed. Abraham Brill (New York: Mac- millan, 1918), 249.
12. Frederick Crews, "The Verdict on Freud," Psychological Science 7, no. 2 (1996): 63–68.
13. Seth Stephens-Davidowitz, *Everybody Lies: Big Data, New Data, and What the In- ternet Can Tell Us About Who We Really Are* (New York: HarperCollins, 2017).
14. Joseph Heath, "Absent-Mindedness as Dominance Behaviour," *In Due Course* (Blog), September 5, 2017, http://induecourse.ca/absent-mindedness-as-domin ance-behaviour/.
15. Sigmund Freud, *The Basic Writings of Sigmund Freud*, ed. and trans. Abraham Brill (New York: Modern Library), 109.
16. Prochnik, "The Curious Conundrum of Freud's Persistent Influence."

第四章

1. John Watson, *Behaviorism*, ed. Gregory Kimble (New Brunswick, NJ: Transaction Publishers, 1998), 82.
2. Cited by Duane P. Schultz and Sydney Ellen Schultz, *A History of Modern Psychol- ogy* (Boston: Cengage Learning, 2015).
3. Michael Specter, "Drool," *New Yorker*, November 24, 2014.
4. Virginia Woolf, *Mrs. Dalloway* (New York: Warbler Classics, 2020), 1.
5. John B. Watson, "Psychology as the Behaviorist Views It," *Psychological Review* 20, no. 2 (1913): 158–77.
6. Geir Overskeid, "Looking for Skinner and Finding Freud," *American Psychologist* 62, no. 6 (2007): 590–95.
7. Overskeid, "Looking for Skinner and Finding Freud."
8. Specter, "Drool."
9. John B. Watson and Rosalie Rayner, "Conditioned Emotional Reactions," *Journal of Experimental Psychology* 3, no. 1 (1920): 1–14.
10. Hall P. Beck, Sharman Levinson, and Gary Irons, "The Evidence Supports Doug- las Merritte as Little Albert," *American Psychologist* (2010): 301–3. For a critical discussion, see Russell A. Powell, "Little Albert Still Missing," *American Psychologist* (2010): 299–300.
11. Laura Harcourt, "Creating the Coffee Break: Marketing and the Manipulation of Demand," Isenberg Marketing, January 28, 2016, https://isenbergmarketing.wordpress.com/2016/01/28/creating-the-coffee-break-marketing-and-the-manipulation-of-demand/. But there are other origin stories as well: see "Who Invented the Coffee Break," *Coffee for Less* (Blog), December 18, 2017, https://www.coffeeforless.com/blogs/coffee-for-less-blog/who-invented-the-coffee-break.
12. Joseph Wolpe et al., "The Current Status of Systematic Desensitization," *American Journal of Psychiatry* 130, no. 9 (1973): 961–65.
13. Hidehiro Watanabe and Makoto Mizunami, "Pavlov's Cockroach: Classical Con- ditioning of Salivation in an Insect," *PLoS One* 2, no. 6 (2007): e529.
14. Edward Lee Thorndike, *The Fundamentals of Learning* (New York: AMS Press, 1971).
15. Specter, "Drool."
16. B. F. Skinner, "Selection by Consequences," *Behavioral and Brain Sciences* 7, no. 4 (1984): 477–81.
17. B. F. Skinner, "'Superstition' in the Pigeon," *Journal of Experimental Psychology* 38, no. 2 (1948): 168–72.
18. Keller Breland and Marian Breland, "The Misbehavior of Organisms," *American Psychologist* 16, no. 11 (1961): 681–84.
19. John Garcia, Donald J. Kimeldorf, and Robert A. Koelling, "Conditioned Aversion to Saccharin Resulting from Exposure to Gamma Radiation," *Science* 122, no. 3160 (1955): 157–58.
20. Edward C. Tolman, "Cognitive Maps in Rats and Men," *Psychological Review* 55, no. 4 (1948): 189–208.
21. For review, see Lynn Nadel and Howard Eichenbaum, "Introduction to the Special Issue on Place Cells," *Hippocampus* 9, no. 4 (1999): 341–45.
22. B. F. Skinner, Verbal Behavior (Acton, MA: Echo Points Book & Media, 2008), 456.
23. Noam Avram Chomsky, "A Review of Skinner's Verbal Behavior," *Language* 35, no. 1 (1959): 26–58.
24. Kenneth MacCorquodale, "On Chomsky's Review of Skinner's Verbal Behavior," *Journal of the Experimental Analysis of Behavior* 13, no. 1 (1970): 83–99.
25. Chomsky, "A Review of Skinner's Verbal Behavior."
26. Chomsky, "A Review of Skinner's Verbal Behavior," 26–58.
27. Skinner, *Verbal Behavior*, 458.

第五章

1. Avshalom Caspi, "The Child Is Father of the Man: Personality Continuities from Childhood to Adulthood," *Journal of Personality and Social Psychology* 78, no. 1 (2000): 158–72.
2. William James, *The Principles of Psychology* (New York: Henry Holt, 1908), 488.
3. Cited by Philippe Rochat, *The Infant's World* (Cambridge, MA: Harvard University Press, 2009).
4. John Locke, *An Essay Concerning Human Understanding* (London: Tegg and Son, 1836), 51.
5. James J. Gross et al., *Interactive Psychology: People in Perspective* (New York: W. W. Norton, 2020), study unit 11.1.
6. Susan Curtiss, *Genie: A Psycholinguistic Study of a Modern-Day Wild Child* (Cam- bridge, MA: Academic Press, 2014).
7. David Eagleman, *Livewired: The Inside Story of the Ever-Changing Brain* (Toronto: Doubleday Canada, 2020), 26.
8. Gross et al., *Interactive Psychology*, study unit 11.6.
9. W. E. Dixon, *Twenty Studies That Revolutionized Child Psychology* (Saddle River, NJ: Pearson, 2015), 13.
10. Cited by Richard Kohler, *Jean Piaget* (London: Bloomsbury Publishing, 2014), 72.
11. George Berkeley, *A Treatise Concerning the Principles of Human Knowledge* (Phila- delphia: J. B. Lippincott, 1881).
12. Rheta De Vries, "Constancy of Generic Identity in the Years Three to Six," *Mono- graphs of the Society for Research in Child Development* 34, no. 3 (1969): iii–67.

13. Jeffrey Jenson Arnett, *Adolescence and Emerging Adulthood: A Cultural Approach* (Upper Saddle River, NJ: Prentice Hall, 2010), 89.
14. J. Roy Hopkins, "The Enduring Influence of Jean Piaget," *Psychology Today*, De- cember 1, 2011, https://www.psychologicalscience.org/observer/jean-piaget.
15. Dixon, *Twenty Studies That Revolutionized Child Psychology*, 12.
16. For a review, see Elizabeth S. Spelke, *What Babies Know: Core Knowledge and Com- position*, vol. 1 (Oxford: Oxford University Press, 2022).
17. Koleen McCrink and Karen Wynn, "Large-Number Addition and Subtraction by 9-Month-Old Infants," *Psychological Science* 15, no. 11 (2004): 776–81. For an op- posing view, see Sami R. Yousif and Frank C. Keil, "Area, Not Number, Dominates Estimates of Visual Quantities," *Scientific Reports* 10, no. 1 (2020): 1–13.
18. R. Baillargeon, E. S. Spelke, and S. Wasserman, "Object Permanence in Five- Month-Old Infants," *Cognition* 20, no. 3 (1985): 191–208.
19. Karen Wynn, "Addition and Subtraction by Human Infants," *Nature* 358, no. 6389 (1992): 749–50.
20. Elizabeth Spelke, "Initial Knowledge: Six Suggestions," *Cognition* 50, no. 1–3 (1994): 431–45.
21. This research is summarized in Susan A. Gelman, *The Essential Child: Origins of Essentialism in Everyday Thought* (New York: Oxford University Press, 2003).
22. Sheila J. Walker, "Culture, Domain Specificity and Conceptual Change: Natural Kind and Artifact Concepts," *British Journal of Developmental Psychology* 17, no. 2 (1999): 203–19.
23. For review of these studies, see Susan A. Gelman, "Learning from Others: Chil- dren's Construction of Concepts," *Annual Review of Psychology* 60 (2009): 115–40.
24. Frank Keil, *Concepts, Kinds, and Cognitive Development* (Cambridge, MA: MIT Press, 1989).
25. Meredith Meyer et al., "My Heart Made Me Do It: Children's Essentialist Beliefs About Heart Transplants," *Cognitive Science* 41, no. 6 (2017): 1694–1712.
26. Mark H. Johnson et al., "Newborns' Preferential Tracking of Face-Like Stimuli and Its Subsequent Decline," *Cognition* 40, no. 1–2 (1991): 1–19.
27. Teresa Farroni et al., "Eye Contact Detection in Humans from Birth," *Proceedings of the National Academy of Sciences* 99, no. 14 (2002): 9602–5.
28. Lauren B. Adamson and Janet E. Frick, "The Still Face: A History of a Shared Experimental Paradigm," *Infancy* 4, no. 4 (2003): 451–73.
29. Amanda L. Woodward, "Infants Selectively Encode the Goal Object of an Actor's Reach," *Cognition* 69, no. 1 (1998): 1–34. See also G. Gergely and G. Csibra, "Tel- eological Reasoning in Infancy: The Naïve Theory of Rational Action," *Trends in Cognitive Sciences* 7, no. 7 (2003): 287–92.
30. Valerie Kuhlmeier, Karen Wynn, and Paul Bloom, "Attribution of Dispositional States by 12-Month-Olds," *Psychological Science* 14, no. 5 (2003): 402–8.
31. J. Kiley Hamlin, Karen Wynn, and Paul Bloom, "Social Evaluation by Preverbal Infants," *Nature* 450, no. 7169 (2007): 557–59.
32. Michael Tomasello, "Uniquely Primate, Uniquely Human," *Developmental Science* 1, no. 1 (1998): 1–16.
33. All examples from Karen Bartsch and Henry M. Wellman, *Children Talk About the Mind* (Oxford: Oxford University Press, 1995).
34. 最早的「錯誤信念」實驗出處 Heinz Wimmer and Josef Perner, "Beliefs About Beliefs: Representation and Constraining Function of Wrong Be- liefs in Young Children's Understanding of Deception," *Cognition* 13, no. 1 (1983): 103–28. 此處敘述則引用自 Simon Baron-Cohen, Alan M. Leslie, and Uta Frith, "Does the Autistic Child Have a 'Theory of Mind'?," *Cognition* 21, no. 1 (1985): 37–46.
35. David Premack and Guy Woodruff, "Does the Chimpanzee Have a Theory of Mind?," *Behavioral and Brain Sciences* 1, no. 4 (1978): 515–26.
36. For example, C. Krachun, J. Call, and M. Tomasello, "A New Change-of-Contents False Belief Test: Children and Chimpanzees Compared," *International Journal of Comparative Psychology* 23, no. 2 (2010): 145–65.
37. Kristine H. Onishi and Renée Baillargeon, "Do 15-Month-Old Infants Under- stand False Beliefs?," *Science* 308, no. 5719 (2005): 255–58.
38. Paul Bloom and Tamsin German, "Two Reasons to Abandon the False Belief Task as a Test of Theory of Mind," *Cognition* 77, no. 1 (2000): B25–B31.
39. Susan A. J. Birch and Paul Bloom, "The Curse of Knowledge in Reasoning About False Beliefs," *Psychological Science* 18, no. 5 (2007): 382–86.
40. Birch and Bloom, "The Curse of Knowledge in Reasoning About False Beliefs."
41. Rebecca Saxe, "The New Puzzle of Theory of Mind Development," in *Navigat- ing the Social World: What Infants, Children, and Other Species Can Teach Us*, eds. Mahzarin Banaji and Susan Gelman (New York: Oxford University Press, 2013), 107–12.
42. Susan Carey, *Conceptual Change in Childhood* (Cambridge, MA: MIT Press, 1985); Susan Carey, *The Origin of Concepts* (New York: Oxford University Press, 2009). See also Annette Karmiloff-Smith and Bärbel Inhelder, "If You Want to Get Ahead, Get a Theory," *Cognition* 3, no. 3 (1974): 195–212.
43. Thomas S. Kuhn, *The Structure of Scientific Revolutions* (Chicago: University of Chi- cago Press, 2021).
44. Alison Gopnik, "Explanation as Orgasm," *Minds and Machines* 8, no. 1 (1998):101–18.
45. A. E. Stahl and L. Feigenson, "Observing the Unexpected Enhances Infants' Learning and Exploration," *Science* 348, no. 6230 (2015): 91–94.

第六章

1. David Crystal, *How Language Works: How Babies Babble, Words Change Meaning, and Languages Live or Die* (New York: Avery/Penguin, 2007), 1.
2. For discussion, see Steven Pinker, *The Language Instinct: How the Mind Creates Language* (New York: HarperCollins, 1994).
3. Charles Darwin, *The Descent of Man, and Selection in Relation to Sex* (New York: Appleton and Company, 1871), 53.
4. Dorothy V. M. Bishop, "What Causes Specific Language Impairment in Chil- dren?," *Current Directions in Psychological Science* 15, no. 5 (2006): 217–21.
5. Steven Pinker and Paul Bloom, "Natural Language and Natural Selection," *Behav- ioral and Brain Sciences* 13, no. 4 (1990): 707–27.

6. Philip Lieberman, "The Evolution of Human Speech: Its Anatomical and Neural Bases," *Current Anthropology* 48, no. 1 (2007): 39–66.
7. Much of the discussion here draws on Pinker, *The Language Instinct*.
8. Crystal, *How Language Works*.
9. Paul Bloom, *How Children Learn the Meanings of Words* (Cambridge, MA: MIT Press, 2000).
10. Paul Bloom, "Myths of Word Learning," in *Weaving a Lexicon*, eds. Geoffrey Hall and Sandra Waxman (Cambridge, MA: MIT Press, 2004), 205–24.
11. Pinker, *The Language Instinct*, 120.
12. "Do You Speak Corona? A Guide to COVID-19 Slang," *Economist*, April 8, 2020, https://www.economist.com/1843/2020/04/08/do-you-speak-corona-a-guide-to-COVID-19-slang.
13. Youka Nagase, "There's a Japanese Word for Drinking Online with Friends: On- Nomi," *Time Out*, March 25, 2020, https://www.timeout.com/tokyo/news/theres-a-japanese-word-for-drinking-online-with-friends-on-nomi-032620.
14. Noam Chomsky, *Syntactic Structures* (The Hague/Paris: Mouton de Gruyter, 1957), 15.
15. Pinker, *The Language Instinct*, 77.
16. Rachel L. Harris and T. Tarchak, "Showers and Pants Are So 2019," *New York Times*, September 11, 2020, https://www.nytimes.com/2020/09/21/opinion/corona virus-six-word-memoirs.html.
17. For example, Paul Smolensky, "On the Proper Treatment of Connectionism," *Be- havioral and Brain Sciences* 11, no. 1 (1988): 1–74.
18. For example, Adam H. Marblestone, Greg Wayne, and Konrad P. Kording, "To- ward an Integration of Deep Learning and Neuroscience," *Frontiers in Computa- tional Neuroscience* (2016): 1–41.
19. Steven Pinker, *Words and Rules: The Ingredients of Language* (New York: Basic Books, 2015).
20. Steven Pinker and Alan Prince, "The Nature of Human Concepts: Evidence from an Unusual Source," in *The Nature of Concepts*, ed. Philip Van Loocke (London and New York: Routledge, 1999), 20–63.
21. See, for example, Herbert S. Terrace, *Why Chimpanzees Can't Learn Language and Only Humans Can* (New York: Columbia University Press, 2019).
22. Juliane Kaminski, Josep Call, and Julia Fischer, "Word Learning in a Domestic Dog: Evidence for 'Fast Mapping,'" *Science* 304, no. 5677 (2004): 1682–83; for commentary, see Paul Bloom, "Can a Dog Learn a Word?," *Science* 304, no. 5677 (2004): 1605–6.
23. Paul Bloom and Lori Markson, "Capacities Underlying Word Learning," *Trends in Cognitive Sciences* 2, no. 2 (1998): 67–73.
24. John Macnamara, *Names for Things: A Study of Human Learning* (Cambridge, MA: MIT Press, 1982); Bloom, *How Children Learn the Meanings of Words*.
25. Anthony J. DeCasper and William P. Fifer, "Of Human Bonding: Newborns Prefer Their Mothers' Voices," *Science* 208, no. 4448 (1980): 1174–76.
26. Jacques Mehler et al., "A Precursor of Language Acquisition in Young Infants," *Cognition* 29, no. 2 (1988): 143–78.
27. Christine Moon, Robin Panneton Cooper, and William P. Fifer, "Two-Day-Olds Prefer Their Native Language," *Infant Behavior and Development* 16, no. 4 (1993): 495–500.
28. Janet F. Werker et al., "Developmental Aspects of Cross-Language Speech Percep- tion," *Child Development* (1981): 349–55.
29. Laura Ann Petitto and Paula F. Marentette, "Babbling in the Manual Mode: Evi- dence for the Ontogeny of Language," *Science* 251, no. 5000 (1991): 1493–96.
30. Elika Bergelson and Daniel Swingley, "At 6–9 Months, Human Infants Know the Meanings of Many Common Nouns," *Proceedings of the National Academy of Sci- ences* 109, no. 9 (2012): 3253–58.
31. Bloom, *How Children Learn the Meanings of Words*.
32. Michael C. Frank et al., *Variability and Consistency in Early Language Learning: The Wordbank Project* (Cambridge, MA: MIT Press, 2021), 57–58.
33. Kathy Hirsh-Pasek and Roberta Michnick Golinkoff, "The Intermodal Preferen- tial Looking Paradigm: A Window onto Emerging Language Comprehension," in *Methods for Assessing Children's Syntax*, ed. Dana McDaniel, Cecile McKee, and Helen Smith Cairns (Cambridge, MA: MIT Press, 1996), 105–24.
34. Yael Gertner, Cynthia Fisher, and Julie Eisengart, "Learning Words and Rules: Abstract Knowledge of Word Order in Early Sentence Comprehension," *Psycho- logical Science* 17, no. 8 (2006): 684–91.
35. Pinker, *The Language Instinct*, 271.
36. Jean Berko, "The Child's Learning of English Morphology," *Word* 14, no. 2–3 (1958): 150–77.
37. Pinker, *Words and Rules*.
38. Elissa L. Newport, Daphne Bavelier, and Helen J. Neville, "Critical Thinking About Critical Periods: Perspectives on a Critical Period for Language Acquisi- tion," in *Language, Brain and Cognitive Development: Essays in Honor of Jacques Mehler*, ed. Emmanuel Dupoux (Cambridge, MA: MIT Press, 2001), 481–502.
39. Joshua K. Hartshorne, Joshua B. Tenenbaum, and Steven Pinker, "A Critical Pe- riod for Second Language Acquisition: Evidence from 2/3 Million English Speak- ers," *Cognition* 177 (2018): 263–77.
40. Bishop, "What Causes Specific Language Impairment in Children?"
41. Alejandrina Cristia et al., "Child-Directed Speech Is Infrequent in a Forager- Farmer Population: A Time Allocation Study," *Child Development* 90, no. 3 (2019): 759–73. For a popular treatment, see Dana G. Smith, "Parents in a Re- mote Amazon Village Barely Talk to Their Babies—and the Kids Are Fine," *Scientific American*, December 5, 2017, https://www.scientificamerican.com/article/parents-in-a-remote-amazon-village-barely-talk-to-their-babies-mdash-and-the-kids-are-fine/.
42. Noam Chomsky, *On Language* (New York: New Press, 1998), 9–10.
43. Jenny R. Saffran, Richard N. Aslin, and Elissa L. Newport, "Statistical Learning by 8-Month-Old Infants," *Science* 274, no. 5294 (1996): 1926–28.
44. Bloom, *How Children Learn the Meanings of Words*.
45. John Locke, *An Essay Concerning Human Understanding* (Cleveland, OH: Merid- ian Books, 1964), 108.
46. For discussion, see Bloom, *How Children Learn the Meanings of Words*.
47. Willard Van Orman Quine, *Word and Object* (Cambridge, MA: MIT Press, 1960), 25.
48. For instance, Gregory L. Murphy and Edward E. Smith, "Basic-Level Superiority in Picture Categorization," *Journal of Verbal Learning and Verbal Behavior* 21, no. 1 (1982): 1–20.
49. Roger W. Brown, "Linguistic Determinism and the Part of Speech," *Journal of Abnormal and Social Psychology* 55, no. 1 (1957):

1–5.
50. Nancy Katz, Erica Baker, and John Macnamara, "What's in a Name? A Study of How Children Learn Common and Proper Names," *Child Development* (1974): 469–73.
51. Lila Gleitman, "The Structural Sources of Verb Meanings," *Language Acquisition* 1, no. 1 (1990): 3–55.
52. Helen Keller, *The Story of My Life*, vol. 1 (Alexandria, Egypt: Library of Alexan- dria, 2004).
53. Leonard Talmy, "Fictive Motion in Language and 'Ception,'" *Language and Space* 21 (1996): 1–276.
54. John McWhorter, *Nine Nasty Words: English in the Gutter: Then, Now, and Forever* (New York: Avery/Penguin Books, 2021).
55. George Lakoff and Mark Johnson, "Conceptual Metaphor in Everyday Lan- guage," *Journal of Philosophy* 77, no. 8 (1980), 453–86.
56. Noam Avram Chomsky, *Language and Mind* (Cambridge, UK: Cambridge Uni- versity Press, 2006), xv.
57. Peter Grice, "Logic and Conversation," in *Speech Acts*, eds. Peter Cole and Jerry Morgan (Leiden: Brill, 1975), 41–58.
58. H. H. Clark and D. H. Schunk, "Polite Responses to Polite Requests," *Cognition* 8 (1980): 111–43.
59. Benjamin Lee Whorf, *Language, Thought, and Reality: Selected Writings of Benjamin Lee Whorf*, ed. John Caroll (Cambridge, MA: MIT Press, 1956), 212. For a critical discussion, see Steven Pinker, *The Stuff of Thought: Language as a Window into Human Nature* (New York: Viking Penguin, 2007).
60. Gregory L. Murphy, "On Metaphoric Representation," *Cognition* 60, no. 2 (1996):173–204.
61. For review and discussion, see Pinker, *The Stuff of Thought*; Gary Lupyan et al., "Effects of Language on Visual Perception," *Trends in Cognitive Sciences* 24, no. 11 (2020): 930–44; John H. McWhorter, *The Language Hoax: Why the World Looks the Same in Any Language* (New York: Oxford University Press, 2014).
62. Jonathan Winawer et al., "Russian Blues Reveal Effects of Language on Color Discrimination," *Proceedings of the National Academy of Sciences* 104, no. 19 (2007): 7780–85.
63. Winawer et al., "Russian Blues Reveal Effects of Language on Color Discrimi- nation."
64. McWhorter, *The Language Hoax*, 149.
65. Stanislas Dehaene, *The Number Sense: How the Mind Creates Mathematics* (New York: Oxford University Press, 1997), 91–92.
66. Karen Wynn, "Addition and Subtraction by Human Infants," *Nature* 358, no. 6389 (1992): 749–50.
67. For discussion, see Elizabeth S. Spelke, *What Babies Know: Core Knowledge and Composition*, vol. 1 (Oxford: Oxford University Press, 2022).
68. Jill G. de Villiers and Peter A. de Villiers, "The Role of Language in Theory of Mind Development," *Topics in Language Disorders* 34, no. 4 (2014): 313–28.
69. Jennie E. Pyers and Ann Senghas, "Language Promotes False-Belief Understand- ing: Evidence from Learners of a New Sign Language," *Psychological Science* 20, no. 7 (2009): 805–12.
70. De Villiers and de Villiers, "The Role of Language in Theory of Mind Development."
71. Daniel C. Dennett, *Kinds of Minds: Toward an Understanding of Consciousness* (New York: Basic Books, 2008), 17.

第七章

1. William James, *The Principles of Psychology* (New York: Henry Holt, 1908), 403.
2. George Berkeley, *A Treatise Concerning the Principles of Human Knowledge* (Phila- delphia: J. B. Lippincott & Company, 1881).
3. John Horgan, "Do Our Questions Create the World," *Scientific American* (Blog), June 6, 2018, https://blogs.scientificamerican.com/cross-check/do-our-questions-create-the-world/.
4. James Boswell, *The Life of Samuel Johnson*, ed. Christopher Hibbert (New York: Penguin Books, 1986), 102.
5. Thomas Reid, *Essays on the Intellectual Powers of Man* (New York: Cambridge University Press, 2011), 45.
6. Cited by Steven Pinker, *Rationality: What It Is, Why It Seems Scarce, Why It Matters* (New York: Viking Penguin, 2021), 298.
7. For example, Stacey Aston et al., "Exploring the Determinants of Color Perception Using #Thedress and Its Variants: The Role of Spatio-Chromatic Context, Chro- matic Illumination, and Material–Light Interaction," *Perception* 49, no. 11 (2020): 1235–51; Karl R. Gegenfurtner, Marina Bloj, and Matteo Toscani, "The Many Colours of 'the Dress,'" *Current Biology* 25, no. 13 (2015): R543–R544.
8. Jerry A. Fodor, *The Modularity of Mind* (Cambridge, MA: MIT Press, 1983), 54.
9. Stanislas Dehaene, *Consciousness and the Brain: Deciphering How the Brain Codes Our Thoughts* (New York: Viking Penguin, 2014), 60.
10. Gösta Ekman, "Weber's Law and Related Functions," *Journal of Psychology* 47, no. 2 (1959): 343–52.
11. Steven Barthelme and Frederick Barthelme, *Double Down: Reflections on Gambling and Loss* (Boston: Houghton Mifflin Harcourt, 2001), 25.
12. James J. Gross et al., *Interactive Psychology: People in Perspective* (New York: W. W. Norton, 2020), study unit 4.1.
13. Reed Johnson, "The Mystery of S., the Man with an Impossible Memory," *New Yorker*, August 12, 2017.
14. Annu Singh, "Computer Vision: From a Summer Intern Project to Redefining AI Future," Medium, August 6, 2019, https://medium.com/analytics-vidhya/computer-vision-from-a-summer-intern-project-to-redefining-ai-future-5dc87fdc9f72.
15. Leda Cosmides and John Tooby, "Beyond Intuition and Instinct Blindness: To- ward an Evolutionarily Rigorous Cognitive Science," *Cognition* 50, no. 1–3 (1994): 41–77.
16. Kurt Koffka, *Principles of Gestalt Psychology* (Abingdon, Oxon, UK: Routledge, 2013).
17. Philip J. Kellman and Elizabeth S. Spelke, "Perception of Partly Occluded Objects in Infancy," *Cognitive Psychology* 15, no. 4 (1983): 483–524.
18. Gaetano Kanizsa, "Margini Quasi-Percettivi in Campi con Stimolazione Omoge- nea," *Rivista di Psicologia* 49, no. 1 (1955): 7–30.
19. Richard M. Warren, "Perceptual Restoration of Missing Speech Sounds," *Science* 167, no. 3917 (1970): 392–93.
20. Scott Alexander, "Mysticism and Pattern Matching," Slate Star Codex, August 8, 2015, https://slatestarcodex.com/2015/08/28/mysticism-and-pattern-matching/.
21. For discussion, see C. Firestone and B. J. Scholl, "Cognition Does Not Affect Per- ception: Evaluating the Evidence for 'Top-Down' Effects," *Behavioral and Brain Sciences* 39 (2016): 1–77.
22. John Locke, *An Essay Concerning Human Understanding*, ed. Paul H. Nidditch (Oxford: Clarendon Press, 1979).
23. For discussion, see Christina Starmans and Paul Bloom, "Nothing Personal: What Psychologists Get Wrong About Identity," *Trends in Cognitive Sciences* 22, no. 7 (2018): 566–68; M. Finlay and C. Starmans, "Not the Same Same: Distinguishing Between Similarity and Identity in Judgments of Change," *Cognition* 218 (2022): 104953.

24. Richard C. Atkinson and Richard M. Shiffrin, "Human Memory: A Proposed Sys- tem and Its Control Processes," in *The Psychology of Learning and Motivation*, vol. 2, eds. Kenneth Spence and Janet Taylor Spence (Cambridge, MA: Academic Press, 1968), 89–195.
25. Fergus I. M. Craik and Robert S. Lockhart, "Levels of Processing: A Framework for Memory Research," *Journal of Verbal Learning and Verbal Behavior* 11, no. 6 (1972): 671–84.
26. George A. Miller, "The Magical Number Seven, Plus or Minus Two: Some Lim- its on Our Capacity for Processing Information," *Psychological Review* 63, no. 2 (1956): 81–97.
27. Steven J. Luck and Edward K. Vogel, "Visual Working Memory Capacity: From Psychophysics and Neurobiology to Individual Differences," *Trends in Cognitive Sciences* 17, no. 8 (2013): 391–400.
28. K. Anders Ericsson, "Superior Working Memory in Experts," in *The Cambridge Handbook of Expertise and Expert Performance*, eds. K. Anders Ericsson et al. (Cam- bridge, UK: Cambridge University Press, 2018), 696–713.
29. Paul Reber, "What Is the Memory Capacity of the Human Brain?," *Scientific American*, May 1, 2010, https://www.scientificamerican.com/article/what-is-the-memory-capacity/.
30. Fergus I. M. Craik and Endel Tulving, "Depth of Processing and the Retention of Words in Episodic Memory," *Journal of Experimental Psychology: General* 104, no. 3 (1975): 268–94.
31. Joshua Foer, *Moonwalking with Einstein: The Art and Science of Remembering Every- thing* (New York: Penguin Books, 2012), 33.
32. Masaki Nishida and Matthew P. Walker, "Daytime Naps, Motor Memory Con- solidation and Regionally Specific Sleep Spindles," *PLoS One* 2, no. 4 (2007): e341.
33. Marcel Proust, *Swann's Way*, trans. C. K. Scott Moncrieff, in *Remembrance of Things Past* (London: Chatto & Windus, 1922), 52.
34. Donald W. Goodwin et al., "Alcohol and Recall: State-Dependent Effects in Man," *Science* 163, no. 3873 (1969): 1358–60.
35. Penelope A. Lewis and Hugo D. Critchley, "Mood-Dependent Memory," *Trends in Cognitive Sciences* 7, no. 10 (2003): 431–33.
36. Michael Connelly, Blood Work (New York: Little, Brown and Company, 1997), 186.
37. Jean C. Augustinack et al., "HM's Contributions to Neuroscience: A Review and Autopsy Studies," *Hippocampus* 24, no. 11 (2014): 1267–86. For a popular sum- mary, see Donald G. MacKay, *Remembering: What 50 Years of Research with Famous Amnesia Patient HM Can Teach Us About Memory and How It Works* (Buffalo, NY: Prometheus Books, 2019).
38. Francis Eustache, Béatrice Desgranges, and Pierre Messerli, "Edouard Claparède et la Mémoire Humaine," *Revue Neurologique (Paris)* 152, no. 10 (1996): 602–10.
39. Sigmund Freud, "Three Essays on the Theory of Sexuality," in *The Standard Edition of the Complete Psychological Works of Sigmund Freud*, ed. James Strachey (London: Hogarth Press, 1953), 174.
40. JoNell A. Usher and Ulric Neisser, "Childhood Amnesia and the Beginnings of Memory for Four Early Life Events," *Journal of Experimental Psychology: General* 122, no. 2 (1993): 155.
41. Carole Peterson, Qi Wang, and Yubo Hou, "'When I Was Little': Childhood Rec- ollections in Chinese and European Canadian Grade School Children," *Child De- velopment* 80, no. 2 (2009): 506–18.
42. Cited by Elizabeth Loftus and Katherine Ketcham, *Witness for the Defense: The Accused, the Eyewitness, and the Expert Who Puts Memory on Trial* (New York: St. Martin's Press, 1991), 19.
43. Henry L. Roediger and Kathleen B. McDermott, "Creating False Memories: Re- membering Words Not Presented in Lists," *Journal of Experimental Psychology: Learning, Memory, and Cognition* 21, no. 4 (1995): 803–14.
44. Gordon H. Bower, John B. Black, and Terrence J. Turner, "Scripts in Memory for Text," *Cognitive Psychology* 11, no. 2 (1979): 177–220.
45. Larry L. Jacoby et al., "Becoming Famous Overnight: Limits on the Ability to Avoid Unconscious Influences of the Past," *Journal of Personality and Social Psychol- ogy* 56, no. 3 (1989): 326.
46. Elizabeth F. Loftus, David G. Miller, and Helen J. Burns, "Semantic Integration of Verbal Information into a Visual Memory," *Journal of Experimental Psychology: Human Learning and Memory* 4, no. 1 (1978): 19–31.
47. Elizabeth F. Loftus, "Leading Questions and the Eyewitness Report," *Cognitive Psychology* 7, no. 4 (1975): 560–72.
48. For review, see Elizabeth F. Loftus, "Eyewitness Science and the Legal System,"*Annual Review of Law and Social Science* 14, no. 1 (2018): 1–10.
49. Brandon L. Garrett, *Convicting the Innocent: Where Criminal Prosecutions Go Wrong* (Cambridge, MA: Harvard University Press, 2011), 93–159.
50. Rachel Aviv, "Remembering the Murder You Didn't Commit," *New Yorker*, June 12, 2017, https://www.newyorker.com/magazine/2017/06/19/remembering-the-murder-you-didnt-commit.

第八章

1. 本段修改自 Paul Bloom, "The War on Reason," *Atlantic*, March 15, 2014).
2. A. Alfred Taubman, *Threshold Resistance: The Extraordinary Career of a Luxury Re- tailing Pioneer* (New York: HarperCollins, 2007), 62–64.
3. "List of Cognitive Biases," Wikipedia, https://en.wikipedia.org/wiki/List_of_cog nitive_biases.
4. Matthew S. McGlone and Jessica Tofighbakhsh, "Birds of a Feather Flock Con- jointly (?): Rhyme as Reason in Aphorisms," *Psychological Science* 11, no. 5 (2000): 424–28.
5. Amos Tversky and Daniel Kahneman, "Availability: A Heuristic for Judging Fre- quency and Probability," *Cognitive Psychology* 5, no. 2 (1973): 207–32.
6. Amos Tversky and Daniel Kahneman, "Extensional Versus Intuitive Reasoning: The Conjunction Fallacy in Probability Judgment," *Psychological Review* 90, no. 4 (1983): 293–315.
7. Tversky and Kahneman, "Extensional Versus Intuitive Reasoning."
8. Daniel Kahneman and Amos Tversky, "Evidential Impact of Base Rates," in *Judg- ment Under Uncertainty: Heuristics and Biases*, eds. Daniel Kahneman, Paul Slovic, and Amos Tversky (Cambridge, UK: Cambridge University Press, 1985), 153–60.
9. Thanks to Chaz Firestone for this example.
10. Amos Tversky and Daniel Kahneman, "The Framing of Decisions and the Psy- chology of Choice," in *Behavioral Decision Making*, ed. George Wright (Boston: Springer, 1985), 25–41.
11. For discussion, see Rory Sutherland, *Alchemy: The Surprising Power of Ideas That Don't Make Sense* (New York: Random House, 2019).

12. Tversky and Kahneman, "The Framing of Decisions and the Psychology of Choice." Note, however, that José Luis Bermúdez, "Rational Framing Effects: A Multidisciplinary Case," *Behavioral and Brain Sciences* (2022): 1–67, argues that there are some cases where framing effects can be rational.
13. Eldar Shafir, Itamar Simonson, and Amos Tversky, "Reason-Based Choice," *Cogni- tion* 49, no. 1–2 (1993): 11–36.
14. Peter C. Wason, "Reasoning About a Rule," *Quarterly Journal of Experimental Psy- chology* 20, no. 3 (1968): 273–81.
15. Wason, "Reasoning About a Rule."
16. John Theodore Macnamara, *A Border Dispute: The Place of Logic in Psychology* (Cam- bridge, MA: MIT Press, 1986).
17. L. Cosmides, "The Logic of Social Exchange: Has Natural Selection Shaped How Humans Reason? Studies with the Wason Selection Task," *Cognition* 31, no. 3 (1989): 187–276.
18. Daniel Kahneman, *Thinking, Fast and Slow* (New York: Farrar, Straus and Giroux, 2011).
19. Shane Frederick, "Cognitive Reflection and Decision Making," *Journal of Economic Perspectives* 19, no. 4 (2005): 25–42.
20. Keela S. Thomson and Daniel M. Oppenheimer, "Investigating an Alternate Form of the Cognitive Reflection Test," *Judgment & Decision Making* 11, no. 1 (2016).
21. Gordon Pennycook and David G. Rand, "Lazy, Not Biased: Susceptibility to Par- tisan Fake News Is Better Explained by Lack of Reasoning Than by Motivated Reasoning," *Cognition* 188 (2019): 39–50.
22. Amitai Shenhav, David G. Rand, and Joshua D. Greene, "Divine Intuition: Cog- nitive Style Influences Belief in God," *Journal of Experimental Psychology: General* 141, no. 3 (2012): 423.
23. Gordon Pennycook et al., "Fighting COVID-19 Misinformation on Social Media: Experimental Evidence for a Scalable Accuracy-Nudge Intervention," *Psychological Science* 31, no. 7 (2020): 770–80.
24. David Leonhardt, "COVID's Partisan Errors," *New York Times*, March 18, 2021, https://www.nytimes.com/2021/03/18/briefing/atlanta-shootings-kamala-harris-tax-deadline-2021.html.
25. Geoffrey L. Cohen, "Party over Policy: The Dominating Impact of Group In- fluence on Political Beliefs," *Journal of Personality and Social Psychology* 85, no. 5 (2003): 808–22.
26. Peter H. Ditto et al., "At Least Bias Is Bipartisan: A Meta-Analytic Comparison of Partisan Bias in Liberals and Conservatives," *Perspectives on Psychological Science* 14, no. 2 (2019): 273–91.
27. Keith E. Stanovich, Richard F. West, and Maggie E. Toplak, "Myside Bias, Ratio- nal Thinking, and Intelligence," *Current Directions in Psychological Science* 22, no. 4 (2013): 259–64.
28. Julia Galef, *The Scout Mindset: Why Some People See Things Clearly and Others Don't* (New York: Portfolio/Penguin, 2021), 7–8.
29. Jay J. Van Bavel et al., "How Social Media Shapes Polarization," *Trends in Cog- nitive Sciences* 25, no. 11 (2021): 913–16; Jonathan Haidt, *The Righteous Mind: Why Good People Are Divided by Politics and Religion* (New York: Vintage Books, 2012).
30. Peter Nauroth et al., "Social Identity Threat Motivates Science-Discrediting On- line Comments," *PLoS One* 10, no. 2 (2015): e0117476.
31. Kiara Minto et al., "A Social Identity Approach to Understanding Responses to Child Sexual Abuse Allegations," *PLoS One* 11, no. 4 (2016): e0153205.
32. Max H. Bazerman and Don A. Moore, *Judgment in Managerial Decision Making* (Hoboken, NJ: John Wiley & Sons, 2012).
33. David Byler and Yan Wu, "Opinion: Will You Fall into the Conspiracy Theory Rabbit Hole? Take Our Quiz and Find Out," *Washington Post*, October 6, 2021, https://www.washingtonpost.com/opinions/interactive/2021/conspiracy-theory-quiz/.
34. Hugo Mercier, *Not Born Yesterday* (Princeton, NJ: Princeton University Press, 2020).
35. Steven Pinker, *Rationality: What It Is, Why It Seems Scarce, Why It Matters* (New York: Viking Penguin, 2021), 300.
36. Pinker, *Rationality.*
37. Garrett Hardin, "The Tragedy of the Commons: The Population Problem Has No Technical Solution; It Requires a Fundamental Extension in Morality," *Science* 162, no. 3859 (1968): 1243–48.

第九章

1. Edward L. Thorndike, "Valuations of Certain Pains, Deprivations, and Frustra- tions," *Pedagogical Seminary and Journal of Genetic Psychology* 51, no. 2 (1937): 227–39.
2. Quoted from Bridgette Martin Hard et al., *Psychology: People in Perspective*, 1st ed. (New York: W. W. Norton, 2020).
3. For instance, Daniel Yon, Cecilia Heyes, and Clare Press, "Beliefs and Desires in the Predictive Brain," *Nature Communications* 11, no. 1 (2020): 1–4. For a popular overview, see Andy Clark, *Surfing Uncertainty: Prediction, Action, and the Embodied Mind* (New York: Oxford University Press, 2015).
4. Zekun Sun and Chaz Firestone, "The Dark Room Problem," *Trends in Cognitive Sciences* 24, no. 5 (2020): 346–48.
5. William James, *The Principles of Psychology* (New York: Henry Holt, 1908).
6. James, *The Principles of Psychology*, 293.
7. 天擇理論的深入探討可參考 Richard Dawkins, *The Blind Watchmaker: Why the Evidence of Evolution Reveals a Universe Without Design* (New York: W. W. Norton, 1996).
8. George Christopher Williams, *Adaptation and Natural Selection: A Critique of Some Current Evolutionary Thought* (Princeton, NJ: Princeton University Press, 2018).
9. Stephen Jay Gould, Richard Lewontin, and Christopher M. Anderson, "A Philo- sophical Critique of the Arguments Presented in *The Spandrels of San Marco and the Panglossian Paradigm: A Critique of the Adaptationist Programme*," *Proceedings of the Royal Society B: Biological Sciences* 205 (1979): 581–89.
10. Jac T. M. Davis et al., "Cultural Components of Sex Differences in Color Prefer- ence," *Child Development* 92, no. 4 (2021): 1574–89.
11. George John Romanes and Charles Darwin, *Mental Evolution in Animals: With a Posthumous Essay on Instinct by Charles Darwin* (London: Kegan Paul, Trench, 1883), 108.
12. William James, *The Principles of Psychology*, vol. 1 (Mineola, NY: Dover Publica- tions, 1950), 382.
13. Paul Ekman and Dacher Keltner, "Universal Facial Expressions of Emotion," in *Nonverbal Communication: Where Nature Meets Culture*, eds. Ullica Segerstrale and Peter Molnar (Oxfordshire, UK: Routledge, 1997), 27–46.
14. David Matsumoto and Bob Willingham, "Spontaneous Facial Expressions of Emotion of Congenitally and Noncongenitally Blind Individuals," *Journal of Per- sonality and Social Psychology* 96, no. 1 (2009): 1–10.
15. Lisa Feldman Barrett, "Are Emotions Natural Kinds?," *Perspectives on Psychological Science* 1, no. 1 (2006): 28–58; Lisa Feldman Barrett, *How Emotions Are Made: The Secret Life of the Brain* (London: Pan Macmillan, 2017).
16. Saba Safdar et al., "Variations of Emotional Display Rules Within and Across Cultures: A Comparison Between Canada, USA,

and Japan," *Canadian Journal of Behavioural Science/Revue Canadienne des Sciences du Comportement* 41, no. 1 (2009): 1–31.
17. 此處根據本人其他著作內容稍作修改，出處 Paul Bloom, *The Sweet Spot: The Pleasures of Suffering and the Search for Meaning* (New York: Ecco/ HarperCollins, 2021).
18. Barbara L. Fredrickson and Robert W. Levenson, "Positive Emotions Speed Re- covery from the Cardiovascular Sequelae of Negative Emotions," *Cognition & Emotion* 12, no. 2 (1998): 191–220.
19. Susan M. Hughes and Shevon E. Nicholson, "Sex Differences in the Assessment of Pain Versus Sexual Pleasure Facial Expressions," *Journal of Social, Evolutionary, and Cultural Psychology* 2, no. 4 (2008): 289–98.
20. Oriana R. Aragón et al., "Dimorphous Expressions of Positive Emotion: Displays of Both Care and Aggression in Response to Cute Stimuli," *Psychological Science* 26, no. 3 (2015): 259–73.
21. 此處根據本人其他著作內容稍作修改，出處 Paul Bloom, *Des- cartes' Baby: How the Science of Child Development Explains What Makes Us Human* (New York: Random House, 2005).
22. Steven Pinker, *How the Mind Works* (New York: W. W. Norton, 1997), 372; see also Robert H. Frank, *Passions Within Reason: The Strategic Role of the Emotions* (New York: W. W. Norton, 1988).
23. Richard Hanley, *Is Data Human? The Metaphysics of Star Trek* (Hampshire, UK: Boxtree, 1998).
24. Oliver Sacks, "The Last Hippie," *New York Review of Books*, March 26, 1992, 53–62.
25. Antonio R. Damasio, *Descartes' Error: Emotion, Reason and the Human Brain* (New York: Penguin Books, 1994), 36.
26. James, *The Principles of Psychology*, vol. 1 (Mineola, NY: Dover Publications, 1950), 308.
27. For a summary, see Joseph LeDoux, *Anxious: The Modern Mind in the Age of Anxiety* (New York: Simon and Schuster, 2015).
28. Frank Herbert, *Dune* (New York: Berkley Books, 1990), 12.
29. William W. Eaton, O. Joseph Bienvenu, and Beyon Miloyan, "Specific Phobias," *Lancet Psychiatry* 5, no. 8 (2018): 678–86.
30. Stefanie Hoehl et al., "Itsy Bitsy Spider . . . : Infants React with Increased Arousal to Spiders and Snakes," *Frontiers in Psychology* 8 (2017): 1710. See also Vanessa LoBue and Judy S. DeLoache, "Detecting the Snake in the Grass: Attention to Fear-Relevant Stimuli by Adults and Young Children," *Psychological Science* 19, no. 3 (2008): 284–89.
31. Example from David A. Pizarro and Paul Bloom, "The Intelligence of the Moral Intuitions: A Comment on Haidt (2001)," *Psychological Review* 110 (2003): 193–96.
32. 此處根據本人其他著作內容稍作修改，出處 Paul Bloom, *Just Babies: The Origins of Good and Evil* (New York: Broadway Books, 2013).
33. For reviews, see Paul Rozin, Jonathan Haidt, and Clark R. McCauley, "Disgust:The Body and Soul Emotion," in *Handbook of Emotions*, 3rd ed., eds. Michael Lewis, Jeannette M. Haviland-Jones, and Lisa F. Barrett (New York: Guilford Press, 1999), 429, 757–776; for a different perspective, see William Ian Miller, *The Anatomy of Disgust* (Cambridge, MA: Harvard University Press, 1998).
34. Jonathan Haidt, Clark McCauley, and Paul Rozin, "Individual Differences in Sen- sitivity to Disgust: A Scale Sampling Seven Domains of Disgust Elicitors," *Person- ality and Individual Differences* 16, no. 5 (1994): 701–13. For a modified version, see Bunmi O. Olatunji et al., "The Disgust Scale: Item Analysis, Factor Structure, and Suggestions for Refinement," *Psychological Assessment* 19, no. 3 (2007): 281.
35. Sigmund Freud, *Civilization and Its Discontents* (New York: W. W. Norton, 2010), 52.
36. Paul Rozin et al., "The Child's Conception of Food: Differentiation of Categories of Rejected Substances in the 16 Months to 5 Year Age Range," *Appetite* 7, no. 2 (1986): 141–51.
37. Daniel M. T. Fessler, Serena J. Eng, and C. David Navarrete, "Elevated Disgust Sensitivity in the First Trimester of Pregnancy: Evidence Supporting the Com- pensatory Prophylaxis Hypothesis," *Evolution and Human Behavio*r 26, no. 4 (2005): 344–51.
38. Bruno Wicker et al., "Both of Us Disgusted in My Insula: The Common Neu- ral Basis of Seeing and Feeling Disgust," *Neuron* 40, no. 3 (2003): 655–64; Paul Wright et al., "Disgust and the Insula: fMRI Responses to Pictures of Mutilation and Contamination," *Neuroreport* 15, no. 15 (2004): 2347–51.
39. Val Curtis, Robert Aunger, and Tamer Rabie, "Evidence That Disgust Evolved to Protect from Risk of Disease," *Proceedings of the Royal Society of London, Series B: Biological Sciences* 271, suppl. 4 (2004): S131–S133.
40. For a good overview, see David M. Buss, *The Evolution of Desire: Strategies of Hu- man Mating* (New York: Basic Books, 2016).
41. Peter Salovey, lecture, Yale Courses, Introduction to Psychology, YouTube, https:// www.youtube.com/watch?v=kZoBgX8rScg.
42. Donn Byrne, "An Overview (and Underview) of Research and Theory Within the Attraction Paradigm," *Journal of Social and Personal Relationships* 14, no. 3 (1997): 417–31.
43. Jill M. Mateo, "Kin-Recognition Abilities and Nepotism as a Function of Social- ity," *Proceedings of the Royal Society of London, Series B: Biological Sciences* 269, no. 1492 (2002): 721–27.
44. Edward Westermarck, *The History of Human Marriage*, 3 vols., 5th ed. (New York: Allerton Book Co., 1922).
45. Debra Lieberman, John Tooby, and Leda Cosmides, "The Architecture of Human Kin Detection," *Nature* 445, no. 7129 (2007): 727–31.
46. Some of what follows is drawn, with minor modifications, from Paul Bloom, *How Pleasure Works: The New Science of Why We Like What We Like* (New York: Random House, 2010).
47. 此處類比出自虛構的神經科學家，來源為 Ted Chiang, "Liking What You See: A Documentary," in *Stories of Your Life and Others* (New York: Orb Books, 2003).
48. Gillian Rhodes, "The Evolutionary Psychology of Facial Beauty," *Annual Review of Psychology* 57 (2006): 199–226.
49. Alan Slater et al., "Newborn Infants Prefer Attractive Faces," *Infant Behavior and Development* 21, no. 2 (1998): 345–54.
50. Judith H. Langlois and Lori A. Roggman, "Attractive Faces Are Only Average," *Psychological Science* 1, no. 2 (1990): 115–21.
51. Thomas R. Alley and Michael R. Cunningham, "Article Commentary: Averaged Faces Are Attractive, but Very Attractive Faces Are Not Average," *Psychological Sci- ence* 2, no. 2 (1991): 123–25.
52. David M. Buss, "Sex Differences in Human Mate Preferences: Evolutionary Hy- potheses Tested in 37 Cultures," *Behavioral and Brain Sciences* 12, no. 1 (1989): 1–14.
53. Kathryn V. Walter et al., "Sex Differences in Mate Preferences Across 45 Coun- tries: A Large-Scale Replication," *Psychological Science* 31, no. 4 (2020): 408–23.
54. Christian Rudder, *Dataclysm: Who We Are (When We Think No One's Looking)* (New York: Crown Publishers, 2014).
55. 此處根據本人其他著作內容稍作修改，出處Bloom, *How Pleasure* Works.
56. Robert L. Trivers, "Parental Investment and Sexual Selection," in *Sexual Selection and the Descent of Man*, ed. Bernard G. Campbell (Chicago: Aldine, 1972), 136–79. Trivers, I should add, is one of the more interesting characters in the field. The blurb for his autobiography starts: "Unlike other renowned scientists, Robert Trivers has spent time behind bars, drove a

getaway car for Huey P. Newton, and founded an armed group in Jamaica to protect gay men from mob violence."
57. Steve Stewart-Williams, *The Ape That Understood the Universe: How the Mind and Culture Evolve* (Cambridge, UK: Cambridge University Press, 2018), 72–74.
58. David P. Schmitt, "Universal Sex Differences in the Desire for Sexual Variety: Tests from 52 Nations, 6 Continents, and 13 Islands," *Journal of Personality and Social Psychology* 85, no. 1 (2003): 85. For different perspectives on how to make sense of these cultural differences, see Alice H. Eagly and Wendy Wood, "The Origins of Sex Differences in Human Behavior: Evolved Dispositions Versus Social Roles," *American Psychologist* 54, no. 6 (1999); Steven W. Gangestad, Martie G. Hasel- ton, and David M. Buss, "Evolutionary Foundations of Cultural Variation: Evoked Culture and Mate Preferences," *Psychological Inquiry* 17, no. 2 (2006): 75–95.
59. Stewart-Williams, *The Ape That Understood the Universe*, 76.
60. Buss, "Sex Differences in Human Mate Preferences: Evolutionary Hypotheses Tested in 37 Cultures."
61. For discussion, see Bloom, *Just Babies*.
62. Stanley Milgram, Leon Mann, and Susan Harter, "The Lost-Letter Technique: A Tool of Social Research," *Public Opinion Quarterly* 29, no. 3 (1965): 437–38.
63. Joseph Henrich, Steven J. Heine, and Ara Norenzayan, "The Weirdest People in the World?," *Behavioral and Brain Sciences* 33, no. 2–3 (2010): 61–83.
64. Bloom, *Just Babies*.
65. Felix Warneken and Michael Tomasello, "Altruistic Helping in Human Infants and Young Chimpanzees," *Science* 311, no. 5765 (2006): 1301–3.
66. Sarah Blaffer Hrdy, *Mothers and Others: The Evolutionary Origins of Mutual Under- standing* (Cambridge, MA: Harvard University Press, 2009).
67. Adam Smith, *The Theory of Moral Sentiments* (Los Angeles: Logos Books, 2018), 83.
68. Robert L. Trivers, "The Evolution of Reciprocal Altruism," *Quarterly Review of Biology* 46, no. 1 (1971): 35–57.
69. Frans De Waal, "One for All," *Scientific American* 311, no. 3 (2014): 68–71.
70. For discussion, see Justin W. Martin et al., "When Do We Punish People Who Don't?," *Cognition* 193 (2019): 104040.
71. For discussion, see Paul Bloom, "Did God Make These Babies Moral? Intelli- gent Design's Oldest Attack on Evolution Is as Popular as Ever," *New Republic* 13 (2014).
72. Francis Collins, *The Language of God: A Scientist Presents Evidence for Belief* (New York: Free Press, 2008).
73. From Peter Singer, *The Expanding Circle: Ethics, Evolution, and Moral Progress* (Princeton, NJ: Princeton University Press, 2011), 136. The rest of the paragraph is from, with minor modifications, Bloom, *Just Babies*.
74. For a popular exposition of this argument, see Kevin Simler and Robin Hanson, *The Elephant in the Brain: Hidden Motives in Everyday Life* (New York: Oxford University Press, 2017).
75. Jillian J. Jordan et al., "Third-Party Punishment as a Costly Signal of Trustworthi- ness," *Nature* 530, no. 7591 (2016): 473–76.
76. Randolph M. Nesse, *Good Reasons for Bad Feelings: Insights from the Frontier of Evolutionary Psychiatry* (New York: Dutton, 2019), 162.

第十章

1. John C. Turner et al., "Self and Collective: Cognition and Social Context," *Person- ality and Social Psychology Bulletin* 20, no. 5 (1994): 454–63.
2. For instance, Jay J. Bavel et al., "Using Social and Behavioural Science to Support COVID-19 Pandemic Response," *Nature Human Behaviour* 4, no. 5 (2020): 460–71.
3. 常見觀點可參考 Jesse Singal, *The Quick Fix: Why Fad Psychology Can't Cure Our Social Ills* (New York: Farrar, Straus and Giroux, 2021). For my own take, see Paul Bloom, "Afterword: Crisis? What Crisis?," in *Psychological Science Under Scrutiny: Recent Challenges and Proposed Solutions*, ed. Scott O. Lillenfeld and Irwin D. Waldman (Chichester: Wiley-Blackwell, 2017), 349–55.
4. Open Science Collaboration, "Estimating the Reproducibility of Psychological Science," *Science* 349, no. 6251 (2015). For critical remarks, see Daniel T. Gilbert et al., "A Response to the Reply to Our Technical Comment on 'Estimating the Reproducibility of Psychological Science'" (2016), https:/gking.harvard.edu/files/gking/filesgkpw_response_to_osc_rebutal.pdf.
5. For discussion, see Brian A. Nosek et al., "Replicability, Robustness, and Reproduc- ibility in Psychological Science," *Annual Review of Psychology* 73, no. 1 (2022): 719–48.
6. Michael Inzlicht, "The Replication Crisis Is Not Over," *Getting Better* (Blog), http://michaelinzlicht.com/getting-better.
7. Joseph P. Simmons, Leif D. Nelson, and Uri Simonsohn, "False-Positive Cita- tions," *Perspectives on Psychological Science* 13, no. 2 (2018): 255–59.
8. C. Glenn Begley and Lee M. Ellis, "Raise Standards for Preclinical Cancer Re- search," *Nature* 483, no. 7391 (2012): 531–33.
9. Diederik Stapel, "Faking Science: A True Story of Academic Fraud," trans. NicholasJ. L. Brown, 2016, http://nick.brown.free.fr/stapel/FakingScience-20161115.pdf.
10. Joseph Henrich, Steven J. Heine, and Ara Norenzayan, "The Weirdest People in the World?," *Behavioral and Brain Sciences* 33, no. 2 (2010): 61–83; see also Jeffrey Jensen Arnett, "The Neglected 95%: A Challenge to Psychology's Philosophy of Science," *American Psychologist* 64, no. 6 (2009): 571–74.
11. See Bloom, "Afterword: Crisis? What Crisis?"
12. Joseph Henrich, *The WEIRDest People in the World: How the West Became Psycho- logically Peculiar and Particularly Prosperous* (New York: Farrar, Straus and Giroux, 2020), 21.

第十一章

1. Thomas Gilovich, Victoria Husted Medvec, and Kenneth Savitsky, "The Spotlight Effect in Social Judgment: An Egocentric Bias in Estimates of the Salience of One's Own Actions and Appearance," *Journal of Personality and Social Psychology* 78, no. 2 (2000): 211–22.
2. Cited by David G. Myers, *The Inflated Self* (New York: Seabury Press, 1980).
3. Irene Scopelliti et al., "Bias Blind Spot: Structure, Measurement, and Conse- quences," *Management Science* 61, no. 10 (2015): 2468–86.
4. Christopher F. Chabris and Daniel J. Simons, *The Invisible Gorilla: And Other Ways Our Intuitions Deceive Us* (New York:

Harmony Books, 2010).
5. For instance, Peter E. De Michele, Bruce Gansneder, and Gloria B. Solomon, "Suc- cess and Failure Attributions of Wrestlers: Further Evidence of the Self-Serving Bias," *Journal of Sport Behavior* 21, no. 3 (1998): 242–55; James Shepperd, Wendi Malone, and Kate Sweeny, "Exploring Causes of the Self-Serving Bias," *Social and Personality Psychology Compass* 2, no. 2 (2008): 895–908.
6. Fiery Cushman, "Rationalization Is Rational," *Behavioral and Brain Sciences* 43, no. e28 (2019): 1–59.
7. Leon Festinger and James M. Carlsmith, "Cognitive Consequences of Forced Compliance," *Journal of Abnormal and Social Psychology* 58, no. 2 (1959): 203–10.
8. Jack W. Brehm, "Postdecision Changes in the Desirability of Alternatives," *Journal of Abnormal and Social Psychology* 52, no. 3 (1956): 384–89; Louisa C. Egan, Lau- rie R. Santos, and Paul Bloom, "The Origins of Cognitive Dissonance: Evidence from Children and Monkeys," *Psychological Science* 18, no. 11 (2007): 978–83. But see M. Keith Chen and Jane L. Risen, "How Choice Affects and Reflects Prefer- ences: Revisiting the Free-Choice Paradigm," *Journal of Personality and Social Psy- chology* 99, no. 4 (2010): 573–94, for a critical discussion.
9. Tali Sharot, Cristina M. Velasquez, and Raymond J. Dolan, "Do Decisions Shape Preference? Evidence from Blind Choice," *Psychological Science* 21, no. 9 (2010): 1231–35; Louisa C. Egan, Paul Bloom, and Laurie R. Santos, "Choice-Induced Preferences in the Absence of Choice: Evidence from a Blind Two Choice Para- digm with Young Children and Capuchin Monkeys," *Journal of Experimental Social Psychology* 46, no. 1 (2010): 204–7.
10. Nalini Ambady, Frank J. Bernieri, and Jennifer A. Richeson, "Toward a Histol- ogy of Social Behavior: Judgmental Accuracy from Thin Slices of the Behavioral Stream," in *Advances in Experimental Social Psychology*, vol. 32, ed. Mark P. Zanna (Cambridge, MA: Academic Press, 2000), 201–271.
11. For review, see Max Weisbuch and Nalini Ambady, "Thin-Slice Vision," *Science of Social Vision* (2011): 228–47.
12. Michal Kosinski, "Facial Recognition Technology Can Expose Political Orienta- tion from Naturalistic Facial Images," *Scientific Reports* 11, no. 1 (2021): 1–7.
13. Lee Ross, "From the Fundamental Attribution Error to the Truly Fundamental Attribution Error and Beyond: My Research Journey," *Perspectives on Psychological Science* 13, no. 6 (2018): 750–69. For some qualifications, see Bertram F. Malle, "The Actor-Observer Asymmetry in Attribution: A (Surprising) Meta-Analysis," *Psychological Bulletin* 132, no. 6 (2006): 895.
14. Lee D. Ross, Teresa M. Amabile, and Julia L. Steinmetz, "Social Roles, Social Con- trol, and Biases in Social-Perception Processes," *Journal of Personality and Social Psychology* 35, no. 7 (1977): 485–94.
15. Paul Rozin, "Paul Rozin: Time Management," *Research Digest*, October 4, 2009, http://bps-research-digest.blogspot.com/2009/10/paul-rozin-time-management.html.
16. Martie G. Haselton and David M. Buss, "Error Management Theory: A New Per- spective on Biases in Cross-Sex Mind Reading," *Journal of Personality and Social Psychology* 78, no. 1 (2000): 81–91.
17. Martie G. Haselton and Daniel Nettle, "The Paranoid Optimist: An Integrative Evolutionary Model of Cognitive Biases," *Personality and Social Psychology Review* 10, no. 1 (2006): 47–66.
18. Julia Galef, *The Scout Mindset: Why Some People See Things Clearly and Others Don't* (New York: Portfolio/Penguin, 2021), 33.
19. Randolph M. Nesse, *Good Reasons for Bad Feelings: Insights from the Frontier of Evolutionary Psychiatry* (New York: Dutton, 2019).
20. Nesse, *Good Reasons for Bad Feelings: Insights from the Frontier of Evolutionary Psy- chiatry*, 73.
21. Cited by Daniel T. Gilbert, "Ordinary Personology," *Handbook of Social Psychology* 2 (1998): 89–150.
22. Clifford Geertz, "'From the Native's Point of View': On the Nature of Anthropo-logical Understanding," *Bulletin of the American Academy of Arts and Sciences* (1974): 26–45.
23. Joseph Henrich, *The WEIRDest People in the World: How the West Became Psycho- logically Peculiar and Particularly Prosperous* (New York: Farrar, Straus and Giroux, 2020), 21–22.
24. Joseph Henrich, Steven J. Heine, and Ara Norenzayan, "The Weirdest People in the World?," *Behavioral and Brain Sciences* 33, no. 2 (2010): 61–83; Henrich, *The WEIRDest People in the World.*
25. Henrich, *The WEIRDest People in the World*, 33.
26. Discussed in M. Popova, "The Psychology of Conformity," *Atlantic*, January 17, 2012, https://www.theatlantic.com/health/archive/2012/01/the-psychology-of-con formity/251371/.
27. Robert Cialdini, "Don't Throw In the Towel: Use Social Influence Research," *APS Observer* 18 (2005): 33–39.
28. Solomon E. Asch, "An Experimental Investigation of Group Influence," in *Sym- posium on Preventive and Social Psychiatry* (Washington, DC: Walter Reed Army Institute of Research, 1958), 17.
29. Ian Parker, "Obedience," *Granta* 71, no. 4 (2000): 99–125.
30. Stanley Milgram, "Behavioral Study of Obedience," *Journal of Abnormal and Social Psychology* 67, no. 4 (1963): 371–78.
31. A. L. Forest et al., "Turbulent Times, Rocky Relationships: Relational Consequences of Experiencing Physical Instability," *Psychological Science* 26, no. 8 (2015): 1261–71.
32. Erik G. Helzer and David A. Pizarro, "Dirty Liberals! Reminders of Physical Cleanliness Influence Moral and Political Attitudes," *Psychological Science* 22, no. 4 (2011): 517–22.
33. Y. Inbar, D. A. Pizarro, and P. Bloom, "Disgusting Smells Cause Decreased Liking of Gay Men," *Emotion* 12, no. 1 (2012): 23–27.
34. Joshua M. Ackerman, Christopher C. Nocera, and John A. Bargh, "Incidental Haptic Sensations Influence Social Judgments and Decisions," *Science* 328, no. 5986 (2010): 1712–15.
35. Ackerman, Nocera, and Bargh, "Incidental Haptic Sensations Influence Social Judgments and Decisions."
36. Dana R. Carney, Amy J. C. Cuddy, and Andy J. Yap, "Power Posing: Brief Non- verbal Displays Affect Neuroendocrine Levels and Risk Tolerance," *Psychological Science* 21, no. 10 (2010): 1363–68.
37. Kathleen D. Vohs, "Money Priming Can Change People's Thoughts, Feelings, Motivations, and Behaviors: An Update on 10 Years of Experiments," *Journal of Experimental Psychology: General* 144, no. 4 (2015): e86.
38. S. Christian Wheeler, Jonah Berger, and Marc Meredith, "Can Where People Vote Influence How They Vote? The Influence of Polling Location Type on Voting Behav- ior," Stanford University Graduate School of Business Research Paper 1926, 2006.
39. John A. Bargh and Idit Shalev, "The Substitutability of Physical and Social Warmth in Daily Life," *Emotion* 12, no. 1 (2012): 154–62.
40. John A. Bargh, Mark Chen, and Lara Burrows, "Automaticity of Social Behavior: Direct Effects of Trait Construct and Stereotype Activation on Action," *Journal of Personality and Social Psychology* 71, no. 2 (1996): 230.

41. Chen-Bo Zhong and Katie Liljenquist, "Washing Away Your Sins: Threatened Morality and Physical Cleansing," *Science* 313, no. 5792 (2006): 1451–52.
42. Diederik A. Stapel and Siegwart Lindenberg, "Coping with Chaos: How Disor- dered Contexts Promote Stereotyping and Discrimination," *Science* 332, no. 6026 (2011): 251–53.
43. John A. Bargh and Tanya L. Chartrand, "The Unbearable Automaticity of Being," *American Psychologist* 54, no. 7 (1999): 462–79.
44. Robert S. Wyer Jr., *The Automaticity of Everyday Life: Advances in Social Cognition*, vol. x (Hove, UK: Psychology Press, 2014).
45. Lawrence E. Williams, Julie Y. Huang, and John A. Bargh, "The Scaffolded Mind: Higher Mental Processes Are Grounded in Early Experience of the Physical World," *European Journal of Social Psychology* 39, no. 7 (2009): 1257–67.
46. Zhong and Liljenquist, "Washing Away Your Sins: Threatened Morality and Physical Cleansing." For discussion, see Spike W. S. Lee and Norbert Schwarz, "Grounded Procedures: A Proximate Mechanism for the Psychology of Cleans- ing and Other Physical Actions," *Behavioral and Brain Sciences* 44 (2021): 1–78.
47. Claude Mathias Messner and Adrian Gadient-Brügger, "Nazis by Kraut: A Playful Application of Moral Self-Licensing," *Psychology* 6, no. 09 (2015): 1144–49.
48. Ian Ayres, Mahzarin Banaji, and Christine Jolls, "Race Effects on eBay," *RAND Journal of Economics* 46, no. 4 (2015): 891–917.
49. Marc W. Patry, "Attractive but Guilty: Deliberation and the Physical Attractive- ness Bias," *Psychological Reports* 102, no. 3 (2008): 727–33.
50. Jesse Singal, *The Quick Fix: Why Fad Psychology Can't Cure Our Social Ills* (New York: Farrar, Straus and Giroux, 2021), 9.
51. Lee and Schwarz, "Grounded Procedures: A Proximate Mechanism for the Psy- chology of Cleansing and Other Physical Actions."
52. Amy J. C. Cuddy, S. Jack Schultz, and Nathan E. Fosse, "P-Curving a More Com- prehensive Body of Research on Postural Feedback Reveals Clear Evidential Value for Power-Posing Effects: Reply to Simmons and Simonsohn (2017)," *Psy- chological Science* 29, no. 4 (2018): 656–66.
53. Joseph Henrich and Francisco J. Gil-White, "The Evolution of Prestige: Freely Conferred Deference as a Mechanism for Enhancing the Benefits of Cultural Transmission," *Evolution and Human Behavior* 22, no. 3 (2001): 165–96.

第十二章

1. Masha Gessen, "We Need to Change the Terms of the Debate on Trans Kids," *New Yorker*, January 13, 2021, https://www.newyorker.com/news/our-columnists/we-need-to-change-the-terms-of-the-debate-on-trans-kids.
2. David M. Messick and Diane M. Mackie, "Intergroup Relations," *A Psychology* 40 (1989): 45–81.
3. Shelley E. Taylor et al., "Categorical and Contextual Bases of Person Memory and Stereotyping," *Journal of Personality and Social Psychology* 36, no. 7 (1978): 778–93.
4. Jim Sidanius and Felicia Pratto, *Social Dominance: An Intergroup Theory of Social Hierarchy and Oppression* (New York: Cambridge University Press, 2001).
5. Robert Kurzban, John Tooby, and Leda Cosmides, "Can Race Be Erased? Coali- tional Computation and Social Categorization," *Proceedings of the National Acad- emy of Sciences* 98, no. 26 (2001): 15387–92.
6. Michael A. Woodley of Menie et al., "A Meta-Analysis of the 'Erasing Race' Effect in the United States and Some Theoretical Considerations," *Frontiers in Psychology* 11 (2020): 1635.
7. Gregory Murphy, *The Big Book of Concepts* (Cambridge, MA: MIT Press, 2004).
8. Murphy, *The Big Book of Concepts*, 1.
9. Lee Jussim et al., "The Unbearable Accuracy of Stereotypes," *Handbook of Preju- dice, Stereotyping, and Discrimination* 199 (2009): 227.
10. Qinggong Li et al., "Susceptibility to Being Lured Away by a Stranger: A Real- World Field Test of Selective Trust in Early Childhood," *Psychological Science* 31, no. 12 (2020): 1488–96.
11. John Sides, "Democrats Are Gay, Republicans Are Rich: Our Stereotypes of Politi- cal Parties Are Amazingly Wrong," *Washington Post*, May 13, 2016, https://www.washingtonpost.com/news/monkey-cage/wp/2016/05/23/democrats-are-gay-republicans-are-rich-our-stereotypes-of-political-parties-are-amazingly-wrong/.
12. For discussion of essentialism, see Susan A. Gelman, *The Essential Child: Origins of Essentialism in Everyday Thought* (New York: Oxford University Press, 2003); Paul Bloom, *How Pleasure Works: The New Science of Why We Like What We Like* (New York: Random House, 2010).
13. Alexander Noyes and Frank C. Keil, "Asymmetric Mixtures: Common Conceptual Priorities for Social and Chemical Kinds," *Psychological Science* 29, no. 7 (2018): 1094–1103.
14. Andrei Cimpian and Erika Salomon, "The Inherence Heuristic: An Intuitive Means of Making Sense of the World, and a Potential Precursor to Psychological Essentialism," *Behavioral and Brain Sciences* 37, no. 5 (2014): 461–80.
15. 有關劃分敵友的研究詳見 Paul Bloom, *Just Babies: The Origins of Good and Evil* (New York: Broadway Books, 2013).
16. Muzafer Sherif et al., *The Robbers Cave Experiment: Intergroup Conflict and Coop- eration* (Norman: University of Oklahoma Book Exchange, 1961); Gina Perry, *The Lost Boys: Inside Muzafer Sherif's Robbers Cave Experiment* (Pontiac, MI: Scribe Publishing Co., 2018).
17. David Shariatmadari, "A Real-Life Lord of the Flies: The Troubling Legacy of the Robbers Cave Experiment," *Guardian*, April 16, 2016. See also Perry, *The Lost Boys.*
18. 我對知名的史丹佛監獄實驗有類似想法，雖然轟動但感覺為了讓實驗出色而摻雜太多受試者的演出，詳見 Thibault Le Texier, "Debunking the Stanford Prison Experiment," *American Psychologist* 74, no. 7 (2019): 823–39.
19. Henri Tajfel et al., "Social Categorization and Intergroup Behaviour," *European Journal of Social Psychology* 1, no. 2 (1971): 149–78. See also Brian Mullen, Rupert Brown, and Colleen Smith, "Ingroup Bias as a Function of Salience, Relevance, and Status: An Integration," *European Journal of Social Psychology* 22, no. 2 (1992): 103–22.
20. For review, see Yarrow Dunham, "Mere Membership," *Trends in Cognitive Sciences* 22, no. 9 (2018): 780–93.
21. Dunham, "Mere Membership."
22. For review of all studies described in this section, see Katherine D. Kinzler, "Lan- guage as a Social Cue," *Annual Review of Psychology* 72 (2021): 241–64.
23. For example, Yair Bar-Haim et al., "Nature and Nurture in Own-Race Face Processing," *Psychological Science* 17, no. 2 (2006): 159–63; David J. Kelly et al., "Cross-Race Preferences for Same-Race Faces Extend Beyond the African Versus Caucasian

Contrast in 3-Month-Old Infants," *Infancy* 11, no. 1 (2007): 87–95.
24. Katherine D. Kinzler, Kristin Shutts, and Joshua Correll, "Priorities in Social Cat- egories," *European Journal of Social Psychology* 40, no. 4 (2010): 581–92.
25. Katherine D. Kinzler et al., "Accent Trumps Race in Guiding Children's Social Preferences," *Social Cognition* 27, no. 4 (2009): 623–34.
26. Deborah Belle, "'I Can't Operate, That Boy Is My Son!': Gender Schemas and a Classic Riddle," *Sex Roles* 85, no. 3 (2021): 161–71.
27. Ian Ayres, Mahzarin Banaji, and Christine Jolls, "Race Effects on eBay," *RAND Journal of Economics* 46, no. 4 (2015): 891–917.
28. For discussion, see Mahzarin R. Banaji and Anthony G. Greenwald, *Blindspot: Hidden Biases of Good People* (New York: Bantam Books, 2013).
29. 最早提出者為 Anthony G. Greenwald, Debbie E. McGhee, and Jordan L. K. Schwartz, "Measuring Individual Differences in Implicit Cognition: The Implicit Association Test," *Journal of Personality and Social Psychology* 74, no. 6 (1998): 1464–80; 概念架構則出自更早的 Anthony G. Green- wald and Mahzarin R. Banaji, "Implicit Social Cognition: Attitudes, Self-Esteem, and Stereotypes," *Psychological Review* 102, no. 1 (1995): 4–24.
30. Project Implicit, https://implicit.harvard.edu/implicit/.
31. Banaji and Greenwald, *Blindspot*.
32. Tessa E. S. Charlesworth and Mahzarin R. Banaji, "Patterns of Implicit and Ex- plicit Attitudes: I. Long-Term Change and Stability from 2007 to 2016," *Psycho- logical Science* 30, no. 2 (2019): 174–92.
33. Sarah Patton Moberg, Maria Krysan, and Deanna Christianson, "Racial Attitudes in America," *Public Opinion Quarterly* 83, no. 2 (2019): 450–71.
34. Shanto Iyengar and Sean J. Westwood, "Fear and Loathing Across Party Lines: New Evidence on Group Polarization," *American Journal of Political Science* 59, no. 3 (2015): 690–707.
35. Bertram Gawronski et al., "Temporal Stability of Implicit and Explicit Measures: A Longitudinal Analysis," *Personality and Social Psychology Bulletin* 43, no. 3 (2017): 300–312.
36. Frederick L. Oswald et al., "Predicting Ethnic and Racial Discrimination: A Meta- Analysis of IAT Criterion Studies," *Journal of Personality and Social Psychology* 105, no. 2 (2013): 171–92.
37. Eric Luis Uhlmann, David A. Pizarro, and Paul Bloom, "Varieties of Social Cogni- tion," *Journal for the Theory of Social Behaviour* 38, no. 3 (2008): 293–322.
38. Eric Luis Uhlmann, Victoria L. Brescoll, and Elizabeth Levy Paluck, "Are Mem- bers of Low Status Groups Perceived as Bad, or Badly Off? Egalitarian Negative Associations and Automatic Prejudice," *Journal of Experimental Social Psychology* 42, no. 4 (2006): 491–99.
39. B. Keith Payne and Jason W. Hannay, "Implicit Bias Reflects Systemic Racism," *Trends in Cognitive Sciences* 25, no. 11 (2021): 927–36.
40. Brian A. Nosek et al., "National Differences in Gender-Science Stereotypes Pre- dict National Sex Differences in Science and Math Achievement," *Proceedings of the National Academy of Sciences* 106, no. 26 (2009): 10593–597.
41. Jordan B. Leitner et al., "Racial Bias Is Associated with Ingroup Death Rate for Blacks and Whites: Insights from Project Implicit," *Social Science & Medicine* 170 (2016): 220–27.
42. 此處根據本人其他著作內容稍作修改，出處 Bloom, *Just Babies*.

第十三章

1. Noam Chomsky, *On Language* (New York: New Press, 1998), 61–62.
2. B. Schwartz et al., "Maximizing Versus Satisficing: Happiness Is a Matter of Choice," *Journal of Personality and Social Psychology* 83, no. 5 (2002): 1178–97.
3. Walter Mischel, Yuichi Shoda, and Rodolfo Mendoza-Denton, "Situation- Behavior Profiles as a Locus of Consistency in Personality," *Current Directions in Psychological Science* 11, no. 2 (2002): 50–54.
4. Paul Bloom, *Against Empathy: The Case for Rational Compassion* (New York: Ecco/ HarperCollins, 2017); Roy F. Baumeister, *Evil: Inside Human Cruelty and Violence* (New York: Henry Holt, 1996).
5. Ian Parker, "Obedience," *Granta* 71, no. 4 (2000): 99–125.
6. Damion Searls, *The Inkblots: Hermann Rorschach, His Iconic Test, and the Power of Seeing* (New York: Broadway Books, 2017).
7. Howard N. Garb et al., "Roots of the Rorschach Controversy," *Clinical Psychology Review* 25, no. 1 (2005): 97–118.
8. Joseph Stromberg and Estellen Caswell, "Why the Myers-Briggs Test Is Totally Meaningless," *Vox*, October 8, 2015, https://www.vox.com/2014/7/15/5881947/myers-briggs-personality-test-meaningless.
9. Gordon W. Allport, *Pattern and Growth in Personality* (New York: Holt, Rein- hart & Winston, 1961).
10. Oliver P. John and Richard W. Robins, "Gordon Allport," in *Fifty Years of Person- ality Psychology*, ed. Kenneth H. Craik, Robert Hogan, and Raymond N. Wolfe (New York: Springer, 1993), 215–36.
11. For discussion, see Rachel L. C. Mitchell and Veena Kumari, "Hans Eysenck's Interface Between the Brain and Personality: Modern Evidence on the Cogni- tive Neuroscience of Personality," *Personality and Individual Differences* 103 (2016): 74–81.
12. Raymond B. Cattell, *Personality and Motivation Structure and Measurement* (New York: World Book Co.: 1957).
13. Lewis R. Goldberg, "An Alternative 'Description of Personality': The Big-Five Factor Structure," *Journal of Personality and Social Psychology* 59, no. 6 (1990): 1216–29.
14. Michael C. Ashton, Kibeom Lee, and Reinout E. De Vries, "The HEXACO Honesty-Humility, Agreeableness, and Emotionality Factors: A Review of Research and Theory," *Personality and Social Psychology Review* 18, no. 2 (2014): 139–52.
15. Christiane Nieß and Hannes Zacher, "Openness to Experience as a Predictor and Outcome of Upward Job Changes into Managerial and Professional Positions," *PLoS One* 10, no. 6 (2015): e0131115.
16. Samuel D. Gosling et al., "A Room with a Cue: Personality Judgments Based on Offices and Bedrooms," *Journal of Personality and Social Psychology* 82, no. 3 (2002): 379–98.
17. James C. Tate and Britton L. Shelton, "Personality Correlates of Tattooing and Body Piercing in a College Sample: The Kids Are Alright," *Personality and Indi- vidual Differences* 45, no. 4 (2008): 281–85.
18. David P. Schmitt, "The Big Five Related to Risky Sexual Behaviour Across 10 World Regions: Differential Personality Associations of Sexual Promiscuity and Relationship Infidelity," *European Journal of Personality* 18, no. 4 (2004): 301–19.
19. Erik E. Noftle and Richard W. Robins, "Personality Predictors of Academic Out- comes: Big Five Correlates of GPA and SAT

Scores," *Journal of Personality and Social Psychology* 93, no. 1 (2007): 116–30.
20. S. E. Hampson and H. S. Friedman, "Personality and Health: A Lifespan Per- spective," in *Handbook of Personality: Theory and Research*, ed. O. P. John, R. W. Robins, and L. A. Pervin (New York: Guilford Press, 2008), 770–94.
21. Cameron Anderson et al., "Who Attains Social Status? Effects of Personality and Physical Attractiveness in Social Groups," *Journal of Personality and Social Psychol- ogy* 81, no. 1 (2001): 116–32.
22. Terri D. Fisher and James K. McNulty, "Neuroticism and Marital Satisfaction: The Mediating Role Played by the Sexual Relationship," *Journal of Family Psychology* 22, no. 1 (2008): 112–22.
23. Steve Stewart-Williams, *The Ape That Understood the Universe: How the Mind and Culture Evolve* (New York: Cambridge University Press, 2018), 84.
24. Timothy A. Judge and Daniel M. Cable, "The Effect of Physical Height on Workplace Success and Income: Preliminary Test of a Theoretical Model," *Journal of Applied Psychology* 89, no. 3 (2004): 428–41.
25. Wiebke Bleidorn et al., "Personality Maturation Around the World: A Cross- Cultural Examination of Social-Investment Theory," *Psychological Science* 24, no. 12 (2013): 2530–40.
26. Jonathan Rauch, *The Happiness Curve: Why Life Gets Better After 50* (New York: Thomas Dunne Books, 2018).
27. Robert R. McCrae and Antonio Terracciano, "Personality Profiles of Cultures: Aggregate Personality Traits," *Journal of Personality and Social Psychology* 89, no. 3 (2005): 407–25.
28. Michael Muthukrishna, Joseph Henrich, and Edward Slingerland, "Psychology as a Historical Science," *Annual Review of Psychology* 72 (2021): 717–49.
29. Dana R. Carney et al., "The Secret Lives of Liberals and Conservatives: Personality Profiles, Interaction Styles, and the Things They Leave Behind," *Political Psychology* 29, no. 6 (2008): 807–40.
30. Zhiguo Luo et al., "Gender Identification of Human Cortical 3-D Morphology Using Hierarchical Sparsity," *Frontiers in Human Neuroscience* 13 (2019): 29.
31. David P. Schmitt et al., "Why Can't a Man Be More Like a Woman? Sex Differ- ences in Big Five Personality Traits Across 55 Cultures," *Journal of Personality and Social Psychology* 94, no. 1 (2008): 168–82.
32. Tim Kaiser, Marco Del Giudice, and Tom Booth, "Global Sex Differences in Per- sonality: Replication with an Open Online Dataset," *Journal of Personality* 88, no. 3 (2020): 415–49.
33. Scotty Barry Kaufmann, "Taking Sex Differences in Personality Seriously," scott barrykaufmann.com, December 16, 2019, https://scottbarrykaufman.com/taking-sex-differences-in-personality-seriously./
34. Quoted by Stuart Ritchie, *Intelligence: All That Matters* (London: John Murray, 2015).
35. Steven Pinker, *The Blank Slate: The Modern Denial of Human Nature* (New York: Viking Penguin, 2003).
36. Michael Lewis, *The Undoing Project: A Friendship That Changed the World* (London: Allen Lane, 2016), 96.
37. Fredrik DeBoer, *The Cult of Smart: How Our Broken Education System Perpetuates Social Injustice* (New York: All Points Books, 2020), 27.
38. Much of the discussion that follows draws on Ritchie, *Intelligence: All That Matters*.
39. Heiner Rindermann, *Cognitive Capitalism: Human Capital and the Wellbeing of Nations* (Cambridge, UK: Cambridge University Press, 2018).
40. Ritchie, *Intelligence: All That* Matters.
41. Ian J. Deary, Alison Pattie, and John M. Starr, "The Stability of Intelligence from Age 11 to Age 90 Years: The Lothian Birth Cohort of 1921," *Psychological Science* 24, no. 12 (2013): 2361–68.
42. Linda S. Gottfredson, "Mainstream Science on Intelligence: An Editorial with 52 Signatories, History, and Bibliography," *Intelligence* 24, no. 1 (1997): 13–23.
43. Daniel L. Schacter, Daniel T. Gilbert, and Daniel M. Wegner, *Psychology*, 2nd ed. (New York: W. W. Norton, 2020), 394.
44. Katie M. Williams et al., "Phenotypic and Genotypic Correlation Between Myo- pia and Intelligence," *Scientific Reports* 7, no. 1 (2017): 1–8.
45. Harrison J. Kell, David Lubinski, and Camilla P. Benbow, "Who Rises to the Top? Early Indicators," *Psychological Science* 24, no. 5 (2013): 648–59.
46. David Lubinski, Camilla P. Benbow, and Harrison J. Kell, "Life Paths and Ac- complishments of Mathematically Precocious Males and Females Four Decades Later," *Psychological Science* 25, no. 12 (2014): 2217–32.
47. Angela L. Duckworth et al., "Grit: Perseverance and Passion for Long-Term Goals," *Journal of Personality and Social Psychology* 92, no. 6 (2007): 1087–1101; Angela Duckworth, *Grit: The Power of Passion and Perseverance* (New York: Scrib- ner, 2016), 90.
48. For review, see Steven Pinker, *The Better Angels of Our Nature: Why Violence Has Declined* (New York: Viking Penguin, 2012).
49. Roy F. Baumeister, *Evil: Inside Human Cruelty and Violence* (New York: Henry Holt, 1996).
50. Abigail A. Marsh et al., "Neural and Cognitive Characteristics of Extraordi- nary Altruists," *Proceedings of the National Academy of Sciences* 111, no. 42 (2014): 15036–41.
51. Adam Smith, *The Theory of Moral Sentiments* (Los Angeles: Logos Books, 2018), 165.
52. Naomi P. Friedman, Marie T. Banich, and Matthew C. Keller, "Twin Studies to GWAS: There and Back Again," *Trends in Cognitive Sciences* 25, no. 10 (2021): 855–69.
53. Much of the discussion that follows is based on Kathryn Paige Harden, *The Genetic Lottery: Why DNA Matters for Social Equality* (Princeton, NJ: Princeton University Press, 2021).
54. Eric Turkheimer, "Three Laws of Behavior Genetics and What They Mean," *Cur- rent Directions in Psychological Science* 9, no. 5 (2000): 160–64.
55. Emily A. Willoughby et al., "Free Will, Determinism, and Intuitive Judgments About the Heritability of Behavior," *Behavior Genetics* 49, no. 2 (2019): 136–53.
56. Richard C. Lewontin, "Race and Intelligence," *Bulletin of the Atomic Scientists* 26, no. 3 (1970): 2–8.
57. James R. Flynn, *What Is Intelligence?: Beyond the Flynn Effect* (Cambridge, UK: Cambridge University Press, 2007).
58. For discussion, see Pinker, *The Better Angels of Our Nature*.
59. Bernt Bratsberg and Ole Rogeberg, "Flynn Effect and Its Reversal Are Both En- vironmentally Caused," *Proceedings of the National Academy of Sciences* 115, no. 26 (2018): 6674–78.
60. Elliot M. Tucker-Drob and Timothy C. Bates, "Large Cross-National Differences in Gene × Socioeconomic Status Interaction on Intelligence," *Psychological Science* 27, no. 2 (2016): 138–49.
61. Richard E. Nisbett, "Intelligence: New Findings and Theoretical Developments," *American Psychologist* 67, no. 2 (2012): 130.

62. For discussion, see Harden, *The Genetic Lottery.*
63. Christopher Jencks, *Inequality: A Reassessment of the Effect of Family and Schooling in America* (New York: Basic Books, 1972).
64. Eric Turkheimer, "Three Laws of Behavior Genetics and What They Mean," *Cur- rent Directions in Psychological Science* 9, no. 5 (2000): 160–64.
65. For an exploration of this idea, see Judith Rich Harris, *The Nurture Assumption: Why Children Turn Out the Way They Do* (New York: Simon and Schuster, 2011).
66. For one example among many, Zvi Strassberg et al., "Spanking in the Home and Children's Subsequent Aggression Toward Kindergarten Peers," *Development and Psychopathology* 6, no. 3 (1994): 445–61.
67. K. Paige Harden, "'Reports of My Death Were Greatly Exaggerated': Behavior Genetics in the Postgenomic Era," *Annual Review of Psychology* 72 (2021): 37–60.
68. Christopher F. Chabris et al., "The Fourth Law of Behavior Genetics," *Current Directions in Psychological Science* 24, no. 4 (2015): 304–12.
69. Ming Qian, "The Effects of Iodine on Intelligence in Children: A Meta-Analysis of Studies Conducted in China," *Asia Pacific Journal of Clinical Nutrition* 14, no. 1 (2005): 32–42; Serve Heidari et al., "Correlation Between Lead Exposure and Cognitive Function in 12-Year-Old Children: A Systematic Review and Meta- Analysis," *Environmental Science and Pollution Research* 28, no. 32 (2021): 43064–73.
70. DeBoer, *The Cult of Smart: How Our Broken Education System Perpetuates Social Injustice.*
71. Harden, *The Genetic Lottery: Why DNA Matters for Social Equality.*
72. For similar concerns, see Daniel Markovits, *The Meritocracy Trap* (New York: Pen- guin Press, 2019).

第十四章

1. Christopher J. Ferguson and John Colwell, "Lack of Consensus Among Schol- ars on the Issue of Video Game 'Addiction,'" *Psychology of Popular Media* 9, no. 3 (2020): 359–66.
2. Rory C. Reid and Martin P. Kafka, "Controversies About Hypersexual Disorder and the DSM-5," *Current Sexual Health Reports* 6, no. 4 (2014): 259–64.
3. Thomas S. Szasz, *The Myth of Mental Illness: Foundations of a Theory of Personal Conduct* (New York: HarperCollins, 2011); see also Thomas Szasz, "The Myth of Mental Illness: 50 Years Later," *Psychiatrist* 35, no. 5 (2011): 179–82.
4. Jerome Groopman, "The Troubled History of Psychiatry," *New Yorker*, May 20, 2019.
5. For instance, Roy Richards Grinker, "Being Trans Is Not a Mental Disorder," *New York Times*, December 7, 2018, https://www.nytimes.com/2018/12/06/opinion/trans-gender-dysphoria-mental-disorder.html.
6. Johann Hari, *Lost Connections: Why You're Depressed and How to Find Hope* (Lon- don: Bloomsbury Publishing, 2019).
7. Ronald Pies, "The Bereavement Exclusion and DSM-5: An Update and Commen- tary," *Innovations in Clinical Neuroscience* 11, no. 7–8 (2014): 19–22.
8. Hari, *Lost Connections*, 51.
9. For instance, Steve Silberman, *NeuroTribes: The Legacy of Autism and the Future of Neurodiversity* (New York: Avery/Penguin, 2015).
10. Tyler Cowen and Daniel Gross, *Talent: How to Identify Energizers, Creatives, and Winners Around the World* (New York: St. Martin's Press, 2022), 158.
11. Oliver Sacks, *An Anthropologist on Mars: Seven Paradoxical Tales* (New York: Vin- tage Books, 1996), 246.
12. Getinet Ayano, "Schizophrenia: A Concise Overview of Etiology, Epidemiology Diagnosis and Management: Review of Literatures," *Journal of Schizophrenia Re- search* 3, no. 2 (2016): 2–7.
13. Thomas Munk Laursen, "Life Expectancy Among Persons with Schizophrenia or Bipolar Affective Disorder," *Schizophrenia Research* 131, no. 1–3 (2011): 101–4.
14. Kathryn M. Abel, Richard Drake, and Jill M. Goldstein, "Sex Differences in Schizophrenia," *International Review of Psychiatry* 22, no. 5 (2010): 417–28.
15. For an accessible summary, see Deanna M. Barch, "Schizophrenia Spectrum Dis- orders," in *Noba Textbook Series: Psychology*, eds. Robert Biswas-Diener and Ed Diener (Champaign, IL: DEF Publishers, 2020), http://noba.to/5d98nsy4.
16. Katherine H. Karlsgodt, Daqiang Sun, and Tyrone D. Cannon, "Structural and Functional Brain Abnormalities in Schizophrenia," *Current Directions in Psycho- logical Science* 19, no. 4 (2010): 226–31.
17. Karlsgodt, Sun, and Cannon, "Structural and Functional Brain Abnormalities in Schizophrenia."
18. Elena Ivleva, Gunvant Thaker, and Carol A. Tamminga, "Comparing Genes and Phenomenology in the Major Psychoses: Schizophrenia and Bipolar 1 Disorder," *Schizophrenia Bulletin* 34, no. 4 (2008): 734–42.
19. M. S. Farrell et al., "Evaluating Historical Candidate Genes for Schizophrenia," *Molecular Psychiatry* 20, no. 5 (2015): 555–62.
20. Christopher F. Chabris et al., "The Fourth Law of Behavior Genetics," *Current Directions in Psychological Science* 24, no. 4 (2015): 304–12.
21. Sarah Bendall et al., "Childhood Trauma and Psychotic Disorders: A Systematic, Critical Review of the Evidence," *Schizophrenia Bulletin* 34, no. 3 (2008): 568–79.
22. Shirli Werner, Dolores Malaspina, and Jonathan Rabinowitz, "Socioeconomic Sta- tus at Birth Is Associated with Risk of Schizophrenia: Population-Based Multi- level Study," *Schizophrenia Bulletin* 33, no. 6 (2007): 1373–78.
23. Trisha A. Jenkins, "Perinatal Complications and Schizophrenia: Involvement of the Immune System," *Frontiers in Neuroscience* 7 (2013): 1–9.
24. Hannah Gardener, Donna Spiegelman, and Stephen L. Buka, "Perinatal and Neo- natal Risk Factors for Autism: A Comprehensive Meta-Analysis," *Pediatrics* 128, no. 2 (2011): 344–55.
25. Hai-yin Jiang et al., "Maternal Infection During Pregnancy and Risk of Autism Spectrum Disorders: A Systematic Review and Meta-Analysis," *Brain, Behavior, and Immunity* 58 (2016): 165–72.
26. Ousseny Zerbo et al., "Month of Conception and Risk of Autism," *Epidemiology (Cambridge, Mass.)* 22, no. 4 (2011): 469.
27. Elaine F. Walker, Tammy Savoie, and Dana Davis, "Neuromotor Precursors of Schizophrenia," *Schizophrenia Bulletin* 20, no. 3 (1994): 441–51.
28. Quoted in "James Joyce and His Daughter Lucia (The Subtle Border Between Madness and Genius)," Faena Aleph, https://www.faena.com/aleph/james-joyce-and-his-daughter-lucia-the-subtle-border-between-madness-and-genius.
29. For an accessible summary, see Anda Gershon and Renee Thompson, "Mood Dis- orders," in *Noba Textbook Series: Psychology.*
30. Andrew Solomon, "Anatomy of Melancholy," *New Yorker*, January 4, 1998.

31. Deborah S. Hasin et al., "Epidemiology of Adult DSM-5 Major Depressive Dis- order and Its Specifiers in the United States," *Journal of the American Medical Association Psychiatry* 75, no. 4 (2018): 336–46.
32. Aislinne Freeman et al., "The Role of Socio-Economic Status in Depression: Re- sults from the COURAGE (Aging Survey in Europe)," *BMC Public Health* 16, no. 1 (2016): 1–8.
33. Matthew Cobb, *The Idea of the Brain: The Past and Future of Neuroscience* (London: Profile Books, 2020), 304.
34. Cristy Phillips, "Brain-Derived Neurotrophic Factor, Depression, and Physical Activity: Making the Neuroplastic Connection," *Neural Plasticity*, (2017): article 7260130.
35. Susan Nolen-Hoeksema, Blair E. Wisco, and Sonja Lyubomirsky, "Rethinking Rumination," *Perspectives on Psychological Science* 3, no. 5 (2008): 400–424.
36. Susan Nolen-Hoeksema, "Sex Differences in Unipolar Depression: Evidence and Theory," *Psychological Bulletin* 101, no. 2 (1987): 259–22.
37. Scott Siskind, "Depression," Lorien Psychiatry, 2022, https://lorienpsych.com/2021/06/05/depression/.
38. Andrew Solomon, *The Noonday Demon* (New York: Simon and Schuster, 2014), 129.
39. Alastair G. Cardno and Michael J. Owen, "Genetic Relationships Between Schizo- phrenia, Bipolar Disorder, and Schizoaffective Disorder," *Schizophrenia Bulletin* 40, no. 3 (2014): 504–15.
40. Kay Redfield Jamison, *Touched with Fire* (New York: Simon and Schuster, 1996).
41. For an accessible summary, see David H. Barlow and Kristen K. Ellard, "Anxiety and Related Disorders," in *Noba Textbook Series: Psychology.*
42. Ronald C. Kessler et al., "Lifetime Prevalence and Age-of-Onset Distributions of DSM-IV Disorders in the National Comorbidity Survey Replication," *Archives of General Psychiatry* 62, no. 6 (2005): 593–602.
43. Kessler et al., "Lifetime Prevalence and Age-of-Onset Distributions of DSM-IV Disorders in the National Comorbidity Survey Replication."
44. Peter Muris and H. Harald Merckelbach, "Specific Phobia: Phenomenology, Epi- demiology, and Etiology," in *Intensive One-Session Treatment of Specific Phobias,* eds. Thompson E. Davis III, Thomas H. Ollendick, and Lars-Göran Öst (New York: Springer, 2012), 3–18.
45. Emily J. Fawcett, Hilary Power, and Jonathan M. Fawcett, "Women Are at Greater Risk of OCD Than Men: A Meta-Analytic Review of OCD Prevalence World- wide," *Journal of Clinical Psychiatry* 81, no. 4 (2020): 13075.
46. Judith L. Rapoport, *The Boy Who Couldn't Stop Washing: The Experience and Treat- ment of Obsessive-Compulsive Disorder* (New York: Signet, 1991), 43–44.
47. Hari, *Lost Connections*, 15.
48. For an accessible review, see Delena van Heugten-van der Kloet, "Dissociative Dis- orders," in *Noba Textbook Series: Psychology*.
49. Steven Jay Lynn et al., "Dissociation and Dissociative Disorders Reconsidered: Beyond Sociocognitive and Trauma Models Toward a Transtheoretical Frame- work," *Annual Review of Clinical Psychology* 18 (2022): 259–89.
50. Paulette Marie Gillig, "Dissociative Identity Disorder: A Controversial Diagno- sis," *Psychiatry (Edgmont)* 6, no. 3 (2009): 24–29.
51. Steven Jay Lynn et al., "Dissociation and Its Disorders: Competing Models, Future Directions, and a Way Forward," *Clinical Psychology Review* 73 (2019): 101755.
52. Dalena van Heugten-van der Kloet et al., "Imagining the Impossible Before Breakfast: The Relation Between Creativity, Dissociation, and Sleep," *Frontiers in Psychology* 6 (2015): 324.
53. For an accessible review, see Hannah Boettcher, Stefan Hofmann, and Jade Wu, "Therapeutic Orientations," in *Noba Textbook Series: Psychology*.
54. For a general discussion, see Emily A. Holmes et al., "The Lancet Psychiatry Com- mission on Psychological Treatments Research in Tomorrow's Science," *Lancet Psychiatry* 5, no. 3 (2018): 237–86.
55. Randolph M. Nesse, *Good Reasons for Bad Feelings: Insights from the Frontier of Evolutionary Psychiatry* (New York: Dutton, 2019), 20.
56. Nesse, *Good Reasons for Bad Feelings*, 6.
57. For discussion, see Bruce E. Wampold et al., "A Meta-Analysis of Outcome Stud- ies Comparing Bona Fide Psychotherapies: Empirically, 'All Must Have Prizes,'" *Psychological Bulletin* 122, no. 3 (1997): 203–15; Rick Budd and Ian Hughes, "The Dodo Bird Verdict—Controversial, Inevitable and Important: A Commentary on 30 Years of Meta-Analyses," *Clinical Psychology & Psychotherapy: An International Journal of Theory & Practice* 16, no. 6 (2009): 510–22.
58. Saul Rosenzweig, "Some Implicit Common Factors in Diverse Methods of Psy- chotherapy," *American Journal of Orthopsychiatry* 6, no. 3 (1936): 412–15.
59. Louis G. Castonguay and Larry E. Beutler, eds., *Principles of Therapeutic Change That Work* (New York: Oxford University Press, 2005).
60. Groopman, "The Troubled History of Psychiatry."
61. Maria Konnikova, "The New Criteria for Mental Disorders," *New Yorker,* May 8, 2013.
62. Adam Rogers, "Star Neuroscientist Tom Insel Leaves the Google-Spawned Verily for . . . a Startup?," *Wired,* May 2017.
63. Groopman, "The Troubled History of Psychiatry."
64. Mary O'Hara and Pamela Duncan, "Why 'Big Pharma' Stopped Searching for the Next Prozac," *Guardian*, January 27, 2016, https://www.theguardian.com/society/2016/jan/27/prozac-next-psychiatric-wonder-drug-research-medicine-mental-illness.
65. Nesse, *Good Reasons for Bad Feelings*.
66. Robert A. Power et al., "Polygenic Risk Scores for Schizophrenia and Bipolar Dis- order Predict Creativity," *Nature Neuroscience* 18, no. 7 (2015): 953–55.
67. For review, see Stephane A. De Brito et al., "Psychopathy," *Nature Reviews Disease Primers* 7, no. 1 (2021): 1–21.
68. R. D. Hare, *The Hare PCL-R*, 2nd ed. (Toronto: Multi-Health Systems, 2003).
69. Ellison M. Cale and Scott O. Lilienfeld, "Sex Differences in Psychopathy and An- tisocial Personality Disorder: A Review and Integration," *Clinical Psychology Re- view* 22, no. 8 (2002): 1179–207.
70. K. Dutton, *The Wisdom of Psychopaths: What Saints, Spies, and Serial Killers Can Teach Us About Success* (Toronto: Anchor Canada, 2012).
71. Ana Sanz-García et al., "Prevalence of Psychopathy in the General Adult Population: A Systematic Review and Meta-Analysis," *Frontiers in Psychology* (2021): 3278.

72. Nick Haslam et al., "Dimensions over Categories: A Meta-Analysis of Taxometric Research," *Psychological Medicine* 50, no. 9 (2020): 1418–32.

第十五章

1. For discussion, see Scott Barry Kaufman, *Transcend: The New Science of Self- Actualization* (New York: Tarcher/Perigee, 2021).
2. M. E. Seligman and M. Csikszentmihalyi, "Positive Psychology: An Introduc- tion," *American Psychologist* 55, no. 1 (2000): 5.
3. For instance, Dan Gilbert, "The Surprising Science of Happiness," TED Video, 20:52, 2004, https://www.ted.com/talks/dan_gilbert_the_surprising_science_of_happiness.
4. For critical discussion, see Barbara Ehrenreich, *Bright-Sided: How Positive Thinking Is Undermining America* (New York: Metropolitan Books, 2009); Jesse Singal, *The Quick Fix: Why Fad Psychology Can't Cure Our Social Ills* (New York: Farrar, Straus and Giroux, 2021).
5. Steven Pinker, *Enlightenment Now: The Case for Reason, Science, Humanism, and Progress* (New York: Penguin Books, 2018).
6. Tyler Cowen, *Stubborn Attachments* (San Francisco: Stripe Press, 2018), 17.
7. Paul Bloom, *The Sweet Spot: The Pleasures of Suffering and the Search for Meaning* (New York: Ecco/HarperCollins, 2021).
8. Ed Diener, "Subjective Well-Being: The Science of Happiness and a Proposal for a National Index," *American Psychologist* 55, no. 1 (2000): 34–43.
9. Daniel Kahneman, Peter P. Wakker, and Rakesh Sarin, "Back to Bentham? Explo- rations of Experienced Utility," *Quarterly Journal of Economics* 112, no. 2 (1997): 375–406.
10. Johannes C. Eichstaedt et al., "Lifestyle and Wellbeing: Exploring Behavioral and Demographic Covariates in a Large US Sample," *International Journal of Well- being* 10, no. 4 (2020): 87–112.
11. Bloom, *The Sweet Spot.*
12. Ed Diener et al., "Happiest People Revisited," *Perspectives on Psychological Science* 13, no. 2 (2018): 176–84.
13. Lara B. Aknin et al., "Happiness and Prosocial Behavior: An Evaluation of the Evidence," in *World Happiness Report*, eds. John F. Helliwell, Richard Layard, and Jeffrey D. Sachs (New York: Sustainable Development Solutions Network, 2019), https://worldhappiness.report/ed/2019/happiness-and-prosocial-behavior-an-evaluation-of-the-evidence/.
14. Aknin et al., "Happiness and Prosocial Behavior: An Evaluation of the Evidence."
15. Ricky N. Lawton, Iulian Gramatki, Will Watt, and Daniel Fujiwara, "Does Vol- unteering Make Us Happier, or Are Happier People More Likely to Volunteer? Addressing the Problem of Reverse Causality When Estimating the Wellbeing Impacts of Volunteering," *Journal of Happiness Studies* 22, no. 2 (2021): 599–624.
16. Aknin et al., "Happiness and Prosocial Behavior: An Evaluation of the Evidence."
17. David Lykken and Auke Tellegen, "Happiness Is a Stochastic Phenomenon," *Psy- chological Science* 7, no. 3 (1996): 186–89.
18. Sonja Lyubomirsky, *The How of Happiness: A Scientific Approach to Getting the Life You Want* (New York: Penguin Books, 2008).
19. Daniel Gilbert, *Stumbling on Happiness* (New York: Vintage Books, 2009).
20. Elizabeth W. Dunn, Timothy D. Wilson, and Daniel T. Gilbert, "Location, Loca- tion, Location: The Misprediction of Satisfaction in Housing Lotteries," *Personal- ity and Social Psychology Bulletin* 29, no. 11 (2003): 1421–32.
21. Paul Dolan and Robert Metcalfe, "'Oops . . . I Did It Again': Repeated Focusing Effects in Reports of Happiness," *Journal of Economic Psychology* 31, no. 4 (2010): 732–37.
22. Timothy D. Wilson, Jay Meyers, and Daniel T. Gilbert, "'How Happy Was I, Any- way?': A Retrospective Impact Bias," *Social Cognition* 21, no. 6 (2003): 421–46.
23. Daniel T. Gilbert et al., "Immune Neglect: A Source of Durability Bias in Affective Forecasting," *Journal of Personality and Social Psychology* 75, no. 3 (1998): 617–38.
24. Daniel Kahneman and Richard H. Thaler, "Anomalies: Utility Maximization and Experienced Utility," *Journal of Economic Perspectives* 20, no. 1 (2006): 221–24.
25. Gilbert et al., "Immune Neglect: A Source of Durability Bias in Affective Forecast- ing," 617–638, references removed from quote.
26. Ed Diener et al., "Findings All Psychologists Should Know from the New Science on Subjective Well-Being," *Canadian Psychology/Psychologie Canadienne* 58, no. 2 (2017): 87–104. To look at the most recent data on happiness across countries, see https://worldhappiness.report.
27. John F. Helliwell et al., "World Happiness Report 2021," https://happiness-report.s3.amazonaws.com/2021/WHR+21.pdf.
28. Anna Wierzbicka, "'Happiness' in Cross-Linguistic & Cross-Cultural Perspec- tive," *Daedalus* 133, no. 2 (2004): 34–43. The discussion that follows is drawn, with minor modifications, from Bloom, *The Sweet Spot.*
29. Helliwell et al., "World Happiness Report 2021"; John F. Helliwell, Richard Lay- ard, Jeffrey D. Sachs, and Jan-Emmanuel De Neve, "World Happiness Report 2021: Happiness, Trust, and Deaths Under COVID-19," https://worldhappiness.report/ed/2021/happiness-trust-and-deaths-under-COVID-19/.
30. Diener et al., "Findings All Psychologists Should Know from the New Science on Subjective Well-Being."
31. Summarized in "World Happiness Report 2018," at https://worldhappiness.report/ed/2018/.
32. For instance, Ed Diener and Robert Biswas-Diener, "Will Money Increase Sub- jective Well-Being?," *Social Indicators Research* 57, no. 2 (2002): 119–69.
33. Andrew T. Jebb et al., "Happiness, Income Satiation and Turning Points Around the World," *Nature Human Behaviour* 2, no. 1 (2018): 33–38.
34. "Life Experiences and Income Inequality in the United States," Robert Wood Johnson Foundation, January 9, 2020, https://www.rwjf.org/en/library/research/2019/12/life-experiences-and-income-inequality-in-the-united-states.html; Christopher Ingraham, "The 1% Are Much More Satisfied with Their Lives Than Everyone Else, Survey Finds," *Washington Post*, January 9, 2020, https://www.washingtonpost.com/business/2020/01/09/1-are-much-more-satisfied-with-their-lives-than-everyone-else-survey-finds/. For similar results with life satisfac- tion, see Matthew A. Killingsworth, "Experienced Well-Being Rises with Income, Even Above $75,000 per Year," *PNAS* 118, no. 4 (January 18, 2021), https://www.pnas.org/content/118/4/e2016976118.short.
35. Grant E. Donnelly et al., "The Amount and Source of Millionaires' Wealth (Mod- erately) Predict Their Happiness," *Personality and Social Psychology Bulletin* 44, no. 5 (2018): 684–99.
36. Philip Brickman, Dan Coates, and Ronnie Janoff-Bulman, "Lottery Winners and Accident Victims: Is Happiness Relative?,"

Journal of Personality and Social Psychol- ogy 36, no. 8 (1978): 917–27.
37. Jonathan Gardner and Andrew J. Oswald, "Money and Mental Wellbeing: A Lon- gitudinal Study of Medium-Sized Lottery Wins," *Journal of Health Economics* 26, no. 1 (2007): 49–60.
38. Jonathan Gardner and Andrew Oswald, "Does Money Buy Happiness? A Lon- gitudinal Study Using Data on Windfalls," working paper, Warwick University, 2001, https://users.nber.org/~confer/2001/midmf01/oswald.pdf.
39. Ed Diener, Richard E. Lucas, and Shigehiro Oishi, "Advances and Open Ques- tions in the Science of Subjective Well-Being," *Collabra: Psychology* 4, no. 1 (2018).
40. Arthur A. Stone et al., "A Snapshot of the Age Distribution of Psychological Well-Being in the United States," *Proceedings of the National Academy of Sciences* 107, no. 22 (2010): 9985–90. For discussion, see Jonathan Rauch, *The Happiness Curve: Why Life Gets Better After 50* (New York: Thomas Dunne Books, 2018).
41. Angus Deaton and Arthur A. Stone, "Two Happiness Puzzles," *American Economic Review* 103, no. 3 (2013): 591–97.
42. Cassondra Batz and Louis Tay, "Gender Differences in Subjective Well-Being," in *Handbook of Well-Being* , ed. Ed Diener, Shigehiro Oishi, and Louis Tay (Salt Lake City, UT: DEF Publishers, 2018).
43. David G. Myers and Ed Diener, "The Scientific Pursuit of Happiness," *Perspectives on Psychological Science* 13, no. 2 (2018): 218–25.
44. Sonja Lyubomirsky, Laura King, and Ed Diener, "The Benefits of Frequent Posi- tive Affect: Does Happiness Lead to Success?," *Psychological Bulletin* 131, no. 6 (2005): 803–55.
45. Maike Luhmann et al., "Subjective Well-Being and Adaptation to Life Events: A Meta-Analysis," *Journal of Personality and Social Psychology* 102, no. 3 (2012): 592–615.
46. Kristen Schultz Lee and Hiroshi Ono, "Marriage, Cohabitation, and Happiness: A Cross-National Analysis of 27 Countries," *Journal of Marriage and Family* 74, no. 5 (2012): 953–72.
47. 此處根據本人其他著作內容稍作修改，出處 Bloom, *The Sweet Spot*.
48. Daniel Kahneman et al., "A Survey Method for Characterizing Daily Life Experi- ence: The Day Reconstruction Method," *Science* 306, no. 5702 (2004): 1776–80.
49. Richard E. Lucas et al., "Reexamining Adaptation and the Set Point Model of Happiness: Reactions to Changes in Marital Status," *Journal of Personality and So- cial Psychology* 84, no. 3 (2003): 527–39; Luhmann et al., "Subjective Well-Being and Adaptation to Life Events: A Meta-Analysis."
50. Jean M. Twenge, W. Keith Campbell, and Craig A. Foster, "Parenthood and Mari- tal Satisfaction: A Meta-Analytic Review," *Journal of Marriage and Family* 65, no. 3 (2003): 574–83.
51. Chuck Leddy, "Money, Marriage, Kids," *Harvard Gazette*, February 21, 2013, https://news.harvard.edu/gazette/story/2013/02/money-marriage-kids.
52. Jennifer Senior, *All Joy and No Fun: The Paradox of Modern Parenthood* (New York: Ecco/HarperCollins, 2014), 49.
53. S. Katherine Nelson et al., "In Defense of Parenthood: Children Are Associated with More Joy Than Misery," *Psychological Science* 24, no. 1 (2013): 3–10.
54. Jennifer Glass, Robin W. Simon, and Matthew A. Andersson, "Parenthood and Happiness: Effects of Work-Family Reconciliation Policies in 22 OECD Coun- tries," *American Journal of Sociology* 122, no. 3 (2016): 886–929.
55. Senior, *All Joy and No Fun*, 256–57.
56. Angus Deaton and Arthur A. Stone, "Evaluative and Hedonic Wellbeing Among Those With and Without Children at Home," *Proceedings of the National Academy of Sciences* 111, no. 4 (2014): 1328–33.
57. Zadie Smith, "Joy," *New York Review of Books*, January 10, 2013, 4.
58. Pinker, *Enlightenment Now*, 267.
59. Peter D. Kramer, *Listening to Prozac: A Psychiatrist Explores Antidepressant Drugs and the Remaking of the Self* (New York: Penguin Books, 1994).
60. Brett Q. Ford et al., "Desperately Seeking Happiness: Valuing Happiness Is Asso- ciated with Symptoms and Diagnosis of Depression," *Journal of Social and Clinical Psychology* 33, no. 10 (2014): 890–905.
61. B. Ford and I. Mauss, "The Paradoxical Effects of Pursuing Positive Emotion," in *Positive Emotion: Integrating the Light Sides and Dark Sides*, eds. J. Gruber and J.T. Moskowitz (Oxford: Oxford University Press, 2014): 363–82.
62. Ford and Mauss, "The Paradoxical Effects of Pursuing Positive Emotion."
63. Helga Dittmar et al., "The Relationship Between Materialism and Personal Well- Being: A Meta-Analysis," *Journal of Personality and Social Psychology* 107, no. 5 (2014): 879–924. The discussion that follows is drawn, with minor modifications, from Bloom, *The Sweet Spot*.
64. Brett Q. Ford et al., "Culture Shapes Whether the Pursuit of Happiness Predicts Higher or Lower Well-Being," *Journal of Experimental Psychology: General* 144, no. 6 (2015): 1053–62.
65. Shigehiro Oishi and Erin C. Westgate, "A Psychologically Rich Life: Beyond Hap- piness and Meaning," *Psychological Review* (2021). Advance online publication.
66. Daniel Kahneman et al., "When More Pain Is Preferred to Less: Adding a Better End," *Psychological Science* 4, no. 6 (1993): 401–5.
67. Simon Kemp, Christopher D. B. Burt, and Laura Furneaux, "A Test of the Peak- End Rule with Extended Autobiographical Events," *Memory & Cognition* 36, no. 1 (2008): 132–38. The discussion that follows is drawn, with minor modifications, from Bloom, *The Sweet Spot*.
68. Kahneman et al., "When More Pain Is Preferred to Less: Adding a Better End."
69. Donald A. Redelmeier, Joel Katz, and Daniel Kahneman, "Memories of Colonos- copy: A Randomized Trial," *Pain* 104, no. 1–2 (2003): 187–94.

國家圖書館出版品預行編目資料

人的心：耶魯大學最受歡迎的心理學公開課，探索人性的心智旅程
保羅・布倫 Paul Bloom 著 陳岳辰譯
初版. -- 臺北市：商周出版：城邦文化事業股份有限公司出版：英屬蓋曼群島商家庭傳媒股份有限公司城邦分公司發行
2024.02 面； 公分
譯自：Psych: The Story of the Human Mind
ISBN 978-626-390-008-0（平裝）

1. CST：心理學 2. CST：生理心理學

170 112021767

人的心：耶魯大學最受歡迎的心理學公開課，探索人性的心智旅程

原文書名／Psych: The Story of the Human Mind
作　　者／保羅・布倫 Paul Bloom
譯　　者／陳岳辰
責任編輯／陳玳妮
版　　權／林易萱

行銷業務／周丹蘋、賴正祐
總 編 輯／楊如玉
總 經 理／彭之琬
事業群總經理／黃淑貞
發 行 人／何飛鵬
法律顧問／元禾法律事務所 王子文律師
出　　版／商周出版　城邦文化事業股份有限公司
台北市南港區昆陽街16號4樓
電話：(02) 25007008　傳眞：(02)25007759
E-mail：bwp.service@cite.com.tw
Blog：http://bwp25007008.pixnet.net/blog
發　　行／英屬蓋曼群島商家庭傳媒股份有限公司城邦分公司
台北市南港區昆陽街16號8樓
書虫客服服務專線：(02)25007718；(02)25007719
服務時間：週一至週五上午 09:30-12:00；下午 13:30-17:00
24小時傳眞專線：(02)25001990；(02)25001991
劃撥帳號：19863813；戶名：書虫股份有限公司
讀者服務信箱：service@readingclub.com.tw
歡迎光臨城邦讀書花園　網址：www.cite.com.tw
香港發行所／城邦（香港）出版集團有限公司
香港九龍九龍城土瓜灣道86號順聯工業大廈6樓A室
E-mail：hkcite@biznetvigator.com
電話：(852) 25086231　傳眞：(852) 25789337
馬新發行所／城邦（馬新）出版集團【Cite (M) Sdn. Bhd.】
41, Jalan Radin Anum, Bandar Baru Sri Petaling,
57000 Kuala Lumpur, Malaysia.
Tel: (603) 90578822 Fax: (603) 90576622
Email: cite@cite.com.my

封面設計／萬勝安
排　　版／芯澤有限公司
印　　刷／卡樂彩色製版印刷有限公司
經 銷 商／聯合發行股份有限公司
電話：(02)2917-8022　傳眞：(02)2911-0053

■2024年02月02日初版
■2024年09月10日初版2.5刷

Printed in Taiwan

定價699元

ISBN 978-626-390-008-0

城邦讀書花園
www.cite.com.tw

廣 告 回 函
北區郵政管理登記證
北臺字第000791號
郵資已付，免貼郵票

104　台北市民生東路二段141號2樓

英屬蓋曼群島商家庭傳媒股份有限公司城邦分公司　收

請沿虛線對摺，謝謝！

書號：BK5215	書名：人的心	編碼：

請於此處用膠水黏貼

讀者回函卡

線上版讀者回函卡

感謝您購買我們出版的書籍！請費心填寫此回函卡，我們將不定期寄上城邦集團最新的出版訊息。

姓名：＿＿＿＿＿＿＿＿＿＿ 性別：□男 □女

生日：西元＿＿＿＿年＿＿＿＿月＿＿＿＿日

地址：＿＿＿＿＿＿＿＿＿＿

聯絡電話：＿＿＿＿＿＿ 傳真：＿＿＿＿＿＿

E-mail ：

學歷：□ 1. 小學 □ 2. 國中 □ 3. 高中 □ 4. 大學 □ 5. 研究所以上

職業：□ 1. 學生 □ 2. 軍公教 □ 3. 服務 □ 4. 金融 □ 5. 製造 □ 6. 資訊
□ 7. 傳播 □ 8. 自由業 □ 9. 農漁牧 □ 10. 家管 □ 11. 退休
□ 12. 其他＿＿＿＿＿＿

您從何種方式得知本書消息？

□ 1. 書店 □ 2. 網路 □ 3. 報紙 □ 4. 雜誌 □ 5. 廣播 □ 6. 電視
□ 7. 親友推薦 □ 8. 其他＿＿＿＿＿＿

您通常以何種方式購書？

□ 1. 書店 □ 2. 網路 □ 3. 傳真訂購 □ 4. 郵局劃撥 □ 5. 其他＿＿＿

您喜歡閱讀那些類別的書籍？

□ 1. 財經商業 □ 2. 自然科學 □ 3. 歷史 □ 4. 法律 □ 5. 文學
□ 6. 休閒旅遊 □ 7. 小說 □ 8. 人物傳記 □ 9. 生活、勵志 □ 10. 其他

對我們的建議：＿＿＿＿＿＿＿＿＿＿

請於此處用膠水黏貼